Copyright © 2002 by Harcourt, Inc.

All rights reserved. No part of this publication may be reproduced or transmitted in any form or by any means, electronic or mechanical, including photocopy, recording, or any information storage and retrieval system, without permission in writing from the publisher.

Requests for permission to make copies of any part of the work should be mailed to the following address: School Permissions, Harcourt, Inc., 6277 Sea Harbor Drive, Orlando, Florida 32887-6777.

HARCOURT and the Harcourt Logo are trademarks of Harcourt, Inc.

Acknowledgments appear in the back of this work.

Printed in the United States of America.

ISBN 0-15-320285-8

2 3 4 5 6 7 8 9 10 032 2003 2002 2001

Harcourt
Lenguaje

AUTORAS
Alma Flor Ada ◆ F. Isabel Campoy

Orlando   Boston   Dallas   Chicago   San Diego

Visita *The Learning Site!*
www.harcourtschool.com

Contenido

Introducción 18

Unidad 1
Arte/Creatividad

Gramática: Las oraciones
Escritura: Expresiva 22

CAPÍTULO 1 Oraciones

¿Qué es una oración? 24
Tipos de oraciones 26
Puntuación de las oraciones 28
Práctica adicional 30
Repaso del capítulo 32
■ **Observar:** Ser un buen observador 33

CAPÍTULO 2 Sujetos y sustantivos

Sujetos simples y completos 34
Los sustantivos en el sujeto 36
Combinar oraciones: Sujetos compuestos 38
Práctica adicional 40
Repaso del capítulo 42
■ **Escuchar y hablar:** Cómo escuchar y hablar bien 43

CAPÍTULO 3 El arte de escribir: Voz personal

Modelo de literatura: *Bailar con los indios*
  por Angela Shelf Medearis 44
Usar palabras vívidas 46
Punto de vista del escritor 47
Un párrafo descriptivo 48
  Antes de escribir y hacer el borrador • Editar • Compartir y reflexionar
■ **Vocabulario:** Palabras vívidas 51

2

CAPÍTULO 4 — Predicados/Verbos

Predicados simples y completos. **52**
Los verbos en el predicado. **54**
Combinar oraciones: Predicados compuestos. **56**
Práctica adicional **58**
Repaso del capítulo **60**
■ **Vocabulario:** Palabras de muchos lugares **61**

CAPÍTULO 5 — Oraciones simples y compuestas

Oraciones completas **62**
Oraciones simples y compuestas. **64**
Combinar oraciones **66**
Práctica adicional **68**
Repaso del capítulo **70**
■ **Destrezas de estudio:** Ser un buen lector. **71**

CAPÍTULO 6 — Escribir una narrativa personal

Modelo de literatura: de *Mi primera amiga americana*
  por Sarunna Jin **72**
  Antes de escribir • Borrador • Revisar • Corregir • Publicar **78**
■ **Escuchar y hablar:** Representa un cuento. **83**

Repaso de gramática de la unidad. **84**

Conclusión de la unidad
  Escribir sobre otras materias: Arte y creatividad **88**
  Libros de lectura **89**

Unidad 2

Salud

Gramática: Más sobre sustantivos y verbos

Escritura: Informativa/Explicativa (Explicación)

CAPÍTULO 7 — Más sobre sustantivos

Sustantivos	**92**
Sustantivos propios y comunes	**94**
Abreviaciones y títulos	**96**
Práctica adicional	**98**
Repaso del capítulo	**100**
■ **Destrezas de estudio:** Leer cuadros y tablas	**101**

CAPÍTULO 8 — Sustantivos singulares y plurales

Sustantivos en singular y en plural	**102**
Formar el plural con –*es*	**104**
Más sobre el plural de los sustantivos	**106**
Práctica adicional	**108**
Repaso del capítulo	**110**
■ **Destrezas de estudio:** Observar y representar	**111**

CAPÍTULO 9 — El arte de escribir: Organizar párrafos

Modelo de literatura: *El béisbol: Cómo jugar como las estrellas* por Mark Alan Teirstein **112**

Identificar el tema **114**

Usar palabras de secuencia **115**

Escribir instrucciones **116**

   Antes de escribir y hacer el borrador • Editar • Compartir y reflexionar

■ **Escuchar y hablar:** Cómo dar instrucciones orales **119**

CAPÍTULO 10 — Género del sustantivo

Sustantivos masculinos y femeninos **120**
Más sobre el género del sustantivo **122**
Cómo formar el masculino y el femenino **124**
Práctica adicional **126**
Repaso del capítulo **128**
■ **Tecnología:** Procesador de textos **129**

CAPÍTULO 11 — Verbos de acción y los verbos *ser* y *estar*

Verbos **130**
Verbos de acción **132**
Los verbos *ser* y *estar* **134**
Práctica adicional **136**
Repaso del capítulo **138**
■ **Vocabulario:** Clasificar las palabras **139**

CAPÍTULO 12 — Escribir un ensayo de instrucciones

Modelo de literatura: *Cómo ser un amigo* por Laurie Krasny y Marc Brown **141**
Antes de escribir • Borrador • Revisar • Corregir • Publicar **148**
■ **Escuchar y hablar:** Cómo hacer una presentación oral **153**

Repaso de gramática de la unidad **154**

Conclusión de la unidad
Escribir sobre otras materias: Salud **158**
Libros de lectura **159**

Repaso acumulativo: Unidades 1 y 2 .... **160**

Unidad 3

Estudios sociales

Gramática: Más sobre los verbos
Escritura: Persuasiva

CAPÍTULO 13 Verbos principales y auxiliares

Verbos principales y verbos auxiliares	166
Más sobre los verbos auxiliares	168
El infinitivo de los verbos	170
Práctica adicional	172
Repaso del capítulo	174
■ **Destrezas de estudio:** Cómo usar un diccionario	175

CAPÍTULO 14 Verbos en tiempo presente

Tiempos verbales	176
Verbos en tiempo presente	178
Concordancia entre el sujeto y el verbo	180
Práctica adicional	182
Repaso del capítulo	184
■ **Vocabulario:** Prefijos y sufijos	185

CAPÍTULO 15 El arte de escribir: Selección de vocabulario

Modelo de literatura: *Ramona y su madre* por Beverly Cleary	186
Verbos vívidos	188
Sustantivos específicos	189
Escribir una carta a un amigo	190
Antes de escribir y hacer el borrador • Editar • Compartir y reflexionar	
■ **Vocabulario:** Sustantivos generales y específicos	193

CAPÍTULO 16 Verbos en tiempo pasado y futuro

Verbos en tiempo pasado y futuro **194**
Más sobre los verbos en tiempo pasado y futuro **196**
Elegir el tiempo correcto **198**
Práctica adicional **200**
Repaso del capítulo **202**
■ **Escuchar y hablar:** Prestar atención a hechos y opiniones **203**

CAPÍTULO 17 Verbos irregulares

Verbos irregulares **204**
Más verbos irregulares **206**
Otros verbos irregulares **208**
Práctica adicional **210**
Repaso del capítulo **212**
■ **Destrezas de estudio:** Diccionario de sinónimos **213**

CAPÍTULO 18 Escribir un párrafo persuasivo

Modelo de literatura: *Así se entrena a la Sra. Parker*
  por Carla Heymsfeld **214**
  Antes de escribir • Borrador • Revisar • Corregir • Publicar **220**
■ **Escuchar y hablar:** Dar un reporte oral **225**

Repaso de gramática de la unidad **226**

Conclusión de la unidad

  Escribir sobre otras materias: Estudios sociales **230**
  Libros de lectura **231**

Unidad 4
Ciencias

Gramática: Pronombres y adjetivos
Escritura: Informativa/Explicativa (Clasificación)

CAPÍTULO 19 — Pronombres

Pronombres	234
Pronombres en singular y plural	236
Concordancia de pronombres	238
Práctica adicional	240
Repaso del capítulo	242
■ **Destrezas de estudio:** Las partes de un libro	243

CAPÍTULO 20 — Pronombre personal, complementario y demostrativo

Pronombre personal	244
Pronombre complementario	246
Pronombre demostrativo	248
Práctica adicional	250
Repaso del capítulo	252
■ **Tecnología:** Explorar el Internet	253

CAPÍTULO 21 — El arte de escribir: Oraciones eficaces

Modelo de literatura: *La vida de un tronco* por Wendy Pfeffer	254
Variedad de oraciones	256
Combinación de oraciones	257
Párrafo que hace una comparación	258
Antes de escribir y hacer el borrador • Editar • Compartir y reflexionar	
■ **Escuchar y hablar:** Cómo comparar la escritura y los discursos	261

8

CAPÍTULO 22   Más sobre los pronombres

Pronombres posesivos **262**
Pronombres indefinidos **264**
Pronombres interrogativos **266**
Práctica adicional **268**
Repaso del capítulo **270**
■ **Vocabulario:** Usar claves de contexto **271**

CAPÍTULO 23   Adjetivos

Adjetivos **272**
Género de los adjetivos **274**
Número del adjetivo **276**
Práctica adicional **278**
Repaso del capítulo **280**
■ **Escuchar y hablar:** Oradores invitados **281**

CAPÍTULO 24   Ensayo crítico

Modelo de literatura: *Hojas peculiares*
  por Deborah Churchman **282**
  Antes de escribir • Borrador • Revisar • Corregir • Publicar **288**
■ **Tecnología:** Hacer un vídeo **293**

Repaso de gramática de la unidad **294**

Conclusión de la unidad
  Escribir sobre otras materias: Ciencias **298**
  Libros de lectura **299**

Repaso acumulativo: Unidades 1–4 .... **300**

Unidad 5
Estudios sociales

Gramática: Artículos, adjetivos y adverbios
Escritura: Informativa: Informe de investigación

CAPÍTULO 25 Más sobre los adjetivos

Artículos **308**
Apócope del adjetivo **310**
Las expresiones comparativas y superlativas **312**
Práctica adicional **314**
Repaso del capítulo **316**
■ **Vocabulario:** Sinónimos y antónimos **317**

CAPÍTULO 26 Adverbios

Adverbios **318**
Adverbios de lugar y tiempo **320**
Adverbios de cantidad **322**
Práctica adicional **324**
Repaso del capítulo **326**
■ **Destrezas de estudio:** Cómo tomar notas y hacer un esquema ... **327**

CAPÍTULO 27 El arte de escribir: Organizar información

Modelo de literatura: de *Caballos de fuerza: Las maravillas de los caballos de carga* por Cris Peterson **328**
Hacer un esquema **330**
Propósito y público **331**
Párrafo informativo **332**
  Antes de escribir y hacer el borrador • Editar • Compartir y reflexionar
■ **Destrezas de estudio:** Cómo tomar notas **335**

CAPÍTULO 28 — Más sobre adverbios y adjetivos

¿Adjetivo o adverbio?..**336**
El lugar del adverbio en las oraciones.........................**338**
Más, *menos*, *mucho* y *poco* **340**
Práctica adicional..**342**
Repaso del capítulo...**344**
■ **Tecnología:** Hacer entrevistas para conocer tu comunidad......**345**

CAPÍTULO 29 — Problemas ortográficos

La *b* y la *v*, la *ll* y la *y* **346**
La *g* y la *j* **348**
La *s*, la *c* y la *z*..**350**
Práctica adicional..**352**
Repaso del capítulo...**354**
■ **Vocabulario:** Homófonos y homógrafos......................**355**

CAPÍTULO 30 — Informe de investigación

Modelo de literatura: *Haces de luz: Los faros*
  por Gail Gibbons **356**
  Antes de escribir • Borrador • Revisar • Corregir • Publicar......**364**
■ **Tecnología:** Presentación de multimedios...................**369**

Repaso de gramática de la unidad....................**370**

Conclusión de la unidad

  Escribir sobre otras materias: Estudios sociales..........**374**
  Libros de lectura...**375**

Unidad 6

Ciencias

Gramática: Uso y puntuación
Escritura: Expresiva

CAPÍTULO 31 Palabras negativas e indefinidas

Palabras negativas	378
Adjetivos indefinidos	380
Más sobre las palabras negativas	382
Práctica adicional	384
Repaso del capítulo	386
■ **Observar:** Comparar imágenes	387

CAPÍTULO 32 Comas y dos puntos

Las comas	388
Más sobre las comas	390
Los dos puntos	392
Práctica adicional	394
Repaso del capítulo	396
■ **Escuchar y hablar:** Presta atención cuando estés fuera del salón de clase	397

CAPÍTULO 33 El arte de escribir: Elaboración

Modelo de literatura: de *Allá en casa* por Gloria Jean Pinkney	398
Usa lenguaje figurado	400
Usa palabras precisas	401
Estudio de personaje	402

Antes de escribir y hacer el borrador • Editar • Compartir y reflexionar

■ **Destrezas de estudio:** Cómo observar obras de arte ... 405

12

CAPÍTULO 34 — Comillas y diálogos

Las comillas **406**
Más sobre las comillas **408**
La puntuación en el diálogo **410**
Práctica adicional **412**
Repaso del capítulo **414**
■ **Destrezas de estudio:** Tomar una prueba **415**

CAPÍTULO 35 — Títulos

Títulos subrayados **416**
Títulos con comillas **418**
Letras mayúsculas en los títulos **420**
Práctica adicional **422**
Repaso del capítulo **424**
■ **Observar:** Interpretar una ilustración **425**

CAPÍTULO 36 — Cuento

Modelo de literatura: de *Mediopollito* por Alma Flor Ada **426**
  Antes de escribir • Borrador • Revisar • Corregir • Publicar **434**
■ **Escuchar y hablar:** Equipo de trabajo **439**

Repaso de gramática de la unidad **440**

Conclusión de la unidad
  Escribir sobre otras materias: Ciencias **444**
  Libros de lectura **445**

Repaso acumulativo: Unidades 1–6 .... **446**

Manual 478

Modelos de escritura

Narrativa personal **480**
Ensayo de instrucciones **481**
Ensayo persuasivo **482**
Ensayo crítico **483**
Informe de investigación **484**
Cuento corto **486**
Párrafo descriptivo **488**
Crítica de un libro **489**
Un párrafo que compara **490**
Un párrafo que contrasta **491**
Carta a un amigo y su sobre **492**
Poemas: con rima y sin rima **494**

Pautas para escribir **496**

Destrezas y estrategias de estudio

Hojear y repasar un texto **502**
Cómo usar las partes de un libro **504**
Cómo usar un diccionario **505**
Cómo usar Internet **506**
Cómo usar una enciclopedia **507**
Cómo usar revistas y periódicos **508**
Cómo usar un atlas **509**
Cómo usar un almanaque **510**

Cómo usar un mapa **511**
Cómo usar gráficas **512**
Cómo usar tablas **513**
Cómo usar cuadros **514**
Cómo usar gráficas circulares **515**
Cómo tomar notas **516**
Cómo resumir información **518**
Esquema **520**
Estrategias para tomar pruebas
    Pruebas de selección múltiple **522**
    Pruebas de desarrollo **523**

Estrategias de ortografía **524**

Modelos de caligrafía **528**

Diccionario de sinónimos **530**

Glosario **548**

Índice **562**

Un vistazo

Gramática

Adjetivos 272–280, 306–316, 336–337, 340–344, 380–381, 472

Adverbios 1, 318–326, 336–344, 378–379, 382–383, 471–472

Oraciones.... 24–32, 38–39, 56–57, 59–60, 62–70, 255–257, 392–393, 454–457

    afirmaciones 24–32, 454
    exclamaciones 26–32
    mandatos 26–32
    oraciones compuestas ... 64–65, 68–70, 392–393, 457
    oraciones simples 64–65, 68–70, 457
    predicados........... 52–60, 456
    preguntas........... 26–32, 454
    sujetos 34–42, 52–53, 62–63, 178–181, 455
    variedad en las oraciones........ 255–256

Pronombres... 234–242, 244–252, 262–270, 466–468

Sustantivos ... 36–37, 40, 92–100, 102–108, 120–128, 187, 189, 193, 455, 458–460

Verbos..... 52–60, 130–138, 166–174, 176–184, 194–202, 204–212, 456, 461–465

Uso y puntuación

Abreviaciones........ 96–100

Acentos 525–527

Combinar partes de oraciones ... 38–42, 56–60, 66–70, 255, 257, 392–396

Comas....... 38–42, 56–60, 64–70, 388–396, 408–414, 475

Comillas 406–409, 418–419, 422–424, 476

Concordancia entre el pronombre y el sustantivo......... 238–241

Concordancia entre el sujeto y el verbo... 134–138, 180–184, 196, 197, 204–209

Palabras negativas .. 264–265, 378–386, 474

Puntos 24–32, 96–100, 408–414

Rayas en los diálogos 410–411, 476

Ser y *estar* 134–138, 204–205, 208–209, 461

Signos de exclamación .. 28–32, 408–414

Signos de interrogación 28–32, 408–414

Sílabas 525

Títulos 96–100, 416, 424, 477

Modelos de escritura

Carta a un amigo... 186–192, 492–493

Cita 406–411

Crítica de un libro 489

Cuento 426–43, 486–487, 501

Diálogo 410–411

Ensayo crítico....... 282–292, 483, 499

16

Escritura de diario 39, 47, 50, 57, 63, 93, 105, 115, 125, 137, 171, 177, 189, 195, 235, 245, 257, 279, 313, 331, 337, 351, 379, 389, 401, 409, 419

Escritura de reflexión 50, 82, 115, 118, 152, 189, 192, 224, 257, 292, 331, 334, 368, 401, 404, 438

Escritura descriptiva 44–50, 488

Escritura expresiva . . 44–50, 72–82, 398–404, 426–438, 480, 486–487, 496, 501

Escritura informativa 112–118, 140–152, 254–260, 282–292, 328–334, 356–368, 497, 499–500

Escritura para dar instrucciones 140–152, 481, 497

Escritura persuasiva 186–192, 214, 224, 482, 498

Escritura que compara o contrasta 254–260, 490–491

Esquema 327, 329–330, 520–521

Estudio de un personaje 398–404

Informe de investigación 328–334, 356–368, 484–485, 500

Instrucciones 112–118

Mensaje por correo electrónico 199, 506

Narrativa personal 72–82, 480, 496

Nota de agradecimiento 492–493

Poema 494–495

Preguntas para entrevistas 345

Resumen 518–519

Sobre 492–493

Tomar notas 327, 335, 516–517

Escuchar y hablar

Cómo comparar la escritura y los discursos 261

Cómo dar instrucciones orales 119

Cómo escuchar y hablar bien 43

Cómo hacer una presentación oral 153

Equipo de trabajo 439

Oradores invitados 281

Presta atención a los hechos y a las opiniones 203

Presta atención cuando estés fuera del salón de clase 397

Pronuncia un reporte oral 225

Representa un cuento . . . 83

Gramática: Así funciona el lenguaje

Todos aprendemos a hablar sin pensar en cómo funcionan las palabras. Por ejemplo, los niños que crecen hablando español aprenden a decir *el perro negro* en lugar de *el negro perro* antes de aprender acerca de los adjetivos y los sustantivos. Luego, estudiamos la gramática para aprender cómo funcionan las palabras. Al aprender gramática, nos convertimos en mejores escritores.

Los elementos fundamentales del lenguaje

Las palabras en español se pueden clasificar como diferentes partes del lenguaje oral. Éstos son los elementos fundamentales del lenguaje.

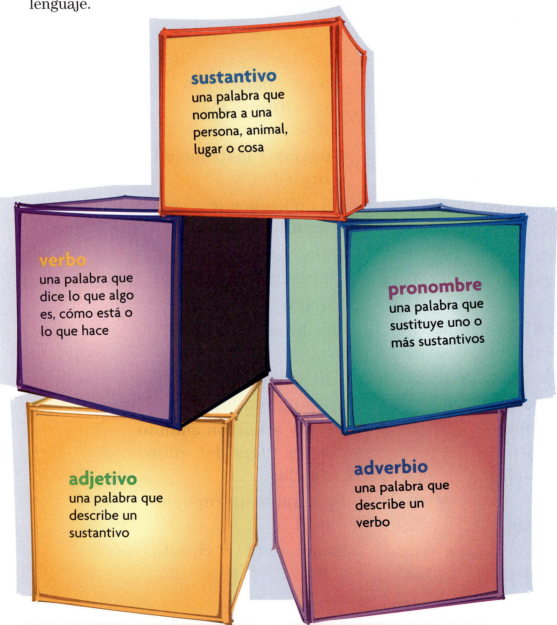

sustantivo
una palabra que nombra a una persona, animal, lugar o cosa

verbo
una palabra que dice lo que algo es, cómo está o lo que hace

pronombre
una palabra que sustituye uno o más sustantivos

adjetivo
una palabra que describe un sustantivo

adverbio
una palabra que describe un verbo

Escritura: Comprender el proceso

Cuando lees un libro, no ves los pasos que el escritor dio para escribirlo. Lo que ves en un libro puede ser diferente a la primera idea del escritor. El escritor puede haber escrito y vuelto a escribir algunas partes del libro muchas veces.

El proceso de escritura se puede dividir en cinco pasos. La mayor parte de los escritores salta de un paso a otro de diferentes maneras. No hay una sola manera correcta de escribir.

Antes de escribir
En este paso, planificas lo que vas a escribir. Eliges un tema, decides cuál será tu audiencia y el propósito, generas ideas y organizas la información.

Borrador
En este paso, escribes tus ideas en oraciones y párrafos. Sigue el plan que hiciste para escribir el primer borrador.

Revisar
Este paso es la primera parte de editar lo que escribes. Puedes trabajar solo o en grupo. Haz cambios para mejorar lo que escribas.

Corregir
En este paso, terminas de editar. Busca errores en la gramática, la ortografía, el uso de mayúsculas y la puntuación. Haz una copia en limpio de tu escrito.

Publicar
Finalmente, eliges una manera de compartir tu trabajo. Puede que quieras añadir ilustraciones o leerle en voz alta lo que has escrito a otros.

Cómo usar estrategias de escritura

Una estrategia es un plan para hacer algo bien. El uso de estrategias te ayudará a ser un mejor escritor. Lee la lista de estrategias que sigue. Aprenderás a usar éstas y otras estrategias en este libro. A medida que escribas, vuelve a mirar esta lista para recordar las estrategias que usan los buenos escritores.

Estrategias que usan los buenos escritores

Estrategias que usan los buenos escritores
- Establece un propósito para escribir.
- Piensa siempre en tu audiencia.
- Enumera o dibuja tus ideas principales.
- Usa una organización lógica.
- Usa tu propia voz personal.
- Elige palabras vívidas y exactas.
- Usa una variedad de oraciones eficaces.
- Elabora el texto con datos y detalles.
- Agrupa tus ideas en párrafos.
- Corrige los errores que haya.

Diario de un escritor

Muchos escritores llevan diarios. Tú también puedes usar un diario para escribir notas y probar ideas nuevas. No es donde escribes el trabajo final. Un diario es para practicar y divertirte con la escritura.

Puedes llevar tu propio diario. Elige un cuaderno que te guste. Hazle dibujos en la portada. Luego, empieza a llenar las páginas con notas e ideas.

El poder de las palabras

También puedes llevar un "banco de palabras" con diferentes tipos de palabras que puedes usar cuando escribes. Busca en cada capítulo la palabra que aparece en El poder de las palabras. También puedes escribir otras palabras que te parezcan interesantes.

El portafolio

Un portafolio es un lugar donde guardas lo que escribes. También lo puedes utilizar para mostrar tu trabajo.

Los estudiantes que son escritores llevan por lo general dos tipos de portafolio. Los **portafolios de trabajo** contienen trabajos que no has terminado. Los **portafolios de muestra** contienen trabajos que ya has terminado y que les quieres mostrar a los demás. Puedes sacar trabajos del portafolio de trabajo para ponerlos en tu portafolio de muestra.

Cuando te reúnas con el maestro, puedes usar tus portafolios y hablar de tu trabajo. Di lo que estás haciendo y lo que te gusta hacer. Establece tus propios objetivos como escritor.

Unidad 1

Gramática Las oraciones

Escritura Expresiva

CAPÍTULO 1
Oraciones 24

CAPÍTULO 2
Sujetos y sustantivos 34

CAPÍTULO 3
El arte de escribir:
Voz personal
Un párrafo descriptivo 44

CAPÍTULO 4
Predicados/Verbos 52

CAPÍTULO 5
Oraciones simples y
 compuestas 62

CAPÍTULO 6
Proceso de escritura
Escribir una narrativa personal 72

Querido tío Andrés:
 Ayer vi una escultura muy grande al aire libre. ¡Llegaba hasta por encima de los árboles!

Sr. Andrés Gómez
75 Oak Street
Lincoln, TX
77707

CAPÍTULO 1
Oraciones

El poder de las palabras

di-bu-jos a-ni-ma-dos. *s* Una serie de dibujos que se muestran como una película con figuras que se mueven. Cada dibujo cambia un poco comparado con el anterior para que parezca que la imagen se mueve.

¿Qué es una oración?

Una **oración** es un grupo de palabras que expresa una idea completa.

Una parte de la oración habla de alguien o de algo y se le llama el **sujeto**. La otra parte de la oración dice lo que la persona o cosa es o lo que hace. A esta parte se le llama el **predicado**.

Ejemplo:

⎡ sujeto ⎤   ⎡——— predicado ———⎤
Un artista talló este caballo de madera.

Las palabras de una oración están ordenadas de manera que tengan sentido. Una oración empieza con letra mayúscula y termina con punto final.

Práctica dirigida

A. Di si cada grupo de palabras es una oración o no. Di cómo lo sabes.

Ejemplo: Nosotros fuimos a un museo de arte folklórico.
oración

muchos tipos de arte.
no es oración

1. Hermosas colchas de muchos colores.
2. Todos vimos juguetes muy antiguos.
3. hechos de madera
4. Los trompos mis favoritos.
5. Los trompos giraban muy rápidamente.

Práctica individual

B. En cada grupo de palabras, escribe *oración* si las palabras forman una oración. Escribe *no es oración* si las palabras no forman una oración.

Ejemplo: Algunas colchas son obras de arte popular.
oración

6. diseños en las colchas
7. Algunos diseños de colchas cuentan historias.
8. Dibujos de personas, animales y plantas.
9. Muchos artistas de colchas usan diseños muy conocidos.
10. Otros artistas de colchas inventan sus propios diseños.

C. Forma una oración con cada grupo de palabras. Comienza cada oración con letra mayúscula y ponle un punto al final.

Ejemplo: retazos de tela los artistas usan
Los artistas usan retazos de tela.

11. los retazos diferentes colores son de
12. las piezas cortan y cosen los artistas
13. juntos las colchas pueden hacer los artistas
14. colcha esta de animales tiene diseños

Conexión con la escritura

Tarjeta Dobla un papel para hacer una tarjeta. En la portada, haz un dibujo de un lugar que te guste. Escribe un mensaje adentro. Por detrás, escribe al menos tres oraciones que hablen del lugar que dibujaste. Recuerda que cada oración debe expresar una idea completa. Empieza tus oraciones con letra mayúscula y ponles un punto al final.

Recuerda

que una oración expresa una idea completa. Las palabras están en un orden que tiene sentido. Empieza todas las oraciones con letra mayúscula y ponles un punto al final.

CAPÍTULO 1

Oraciones

Tipos de oraciones

Las afirmaciones, las preguntas, los mandatos y las exclamaciones son diferentes tipos de oraciones.

Una afirmación es una oración que dice algo.

Una pregunta es una oración que pregunta algo.

Un mandato es una oración que da una orden o instrucciones.

Una exclamación es una oración que muestra emociones fuertes.

Ejemplos:

Afirmación: Nosotros vamos al museo de arte.

Pregunta: ¿Te gusta este cuadro?

Mandato: Observa los colores vivos.

Exclamación: ¡Este cuadro es excelente!

Práctica dirigida

A. Di si cada oración es una afirmación, una pregunta, un mandato o una exclamación. Asegúrate de poder explicar tus respuestas.

Ejemplo: Vuelvan a traer sus creyones mañana.
mandato

1. Yo vi el dibujo que hiciste.
2. ¡Es muy bueno!
3. ¿Me enseñas a dibujar?
4. Colorea el papel con muchos colores diferentes.
5. ¿Qué hago ahora?

Práctica individual

B. Escribe si cada oración es una afirmación, una pregunta, un mandato o una exclamación.

Ejemplo: ¿Sabes que un mural es una pintura muy grande?
pregunta

6. ¿Quieres que pintemos un mural?
7. ¡Es una idea genial!
8. ¿Qué quieres que yo haga?
9. Piensa en algo que quieras pintar.
10. A mí me gusta pintar personas.
11. ¿Sabes dibujar plantas?
12. Lo haremos muy bien.
13. ¡Quiero empezar enseguida!
14. Compra pinturas de muchos colores.
15. Yo compraré las brochas y pinceles.
16. ¿Dónde pintaremos el mural?
17. Escucha la idea que tengo.
18. ¿Podemos pintarlo en aquella pared?
19. Deberíamos preguntar si podemos pintar la pared.
20. ¡Qué bueno que nos dejaron pintarla!

> **Recuerda**
> que una **afirmación** es una **oración** que dice algo. Una **pregunta** es una oración que pregunta algo. Un **mandato** es una oración que da una orden o instrucciones. Una **exclamación** es una oración que muestra emociones fuertes.

El arte de escribir: Tipos de oraciones Supón que tus amigos y tú están planificando una feria de arte en la escuela. ¿Cuándo será la feria? ¿Qué tipo de arte se exhibirá? Escribe un anuncio para la feria. Usa cada tipo de oración al menos una vez en el anuncio.

CAPÍTULO 1
Oraciones

Tipo de oración	Signos
Afirmación	.
Pregunta	¿?
Mandato	.
Exclamación	¡!

USO Y PUNTUACIÓN
Puntuación de las oraciones

Los escritores usan la puntuación en las oraciones para que los lectores entiendan lo que se dice.

Ya sabes que una oración dice una idea completa. Todas las oraciones empiezan con letra mayúscula. Cada tipo de oración también debe llevar los signos correctos al principio y al final.

Fíjate en los signos que lleva cada tipo de oración.

Ejemplos:

Afirmación: El arte de Diego Rivera muestra la historia.

Pregunta: ¿Cómo se refleja la historia en el arte?

Mandato: Averigua más datos sobre la vida de Rivera.

Exclamación: ¡Es fascinante!

Práctica dirigida

A. Di qué signo pondrías al final o al principio de cada oración. Prepárate para explicar cómo lo sabes.

Ejemplo: Por qué te gustan los murales ¿?

1. Los antiguos mayas pintaban murales
2. Investiga la historia de los mayas
3. Qué tan antiguos son los murales
4. Algunos se pintaron hace 1,200 años
5. Qué viejos son

28

Práctica individual

B. Escribe cada oración. Añade los signos correctos.

Ejemplo: Cómo funcionan los dibujos animados
¿Cómo funcionan los dibujos animados?

6. Tú puedes hacer dibujos animados
7. Elige un personaje para dibujarlo
8. Qué quieres que haga el personaje
9. Haz diez dibujos del personaje
10. Qué divertidos son los dibujos animados

C. Decide si los signos de cada oración son los correctos. Si lo son, escribe *correcto*. Si no lo son, escribe la oración con los signos correctos.

Ejemplo: ¿Quiero cambiar una sola cosa?
Quiero cambiar una sola cosa.

11. Engrapa todas las páginas.
12. Qué ocurre cuando pasas las páginas rápidamente.
13. Por qué parece que el personaje se mueve.
14. ¡Hay muchas cosas que se pueden hacer!
15. ¿Qué divertido es dibujar?

Recuerda

que las afirmaciones y los mandatos terminan con un punto. Las preguntas empiezan y terminan con signos de interrogación. Las exclamaciones empiezan y terminan con signos de exclamación.

Conexión con la escritura

Estudios sociales Piensa en una obra de arte que te interesa. Puede ser algo que has visto en un museo o en este libro. Investiga a la persona que la creó. Luego imagina que conoces a esa persona. Escribe una conversación que podrías tener con él o ella. Usa los diferentes tipos de oraciones y ponles los signos correctos.

CAPÍTULO 1

Oraciones

Recuerda

que una oración dice una idea completa. Todas las oraciones empiezan con letra mayúscula. Las afirmaciones y los mandatos terminan con un punto. Las preguntas empiezan y terminan con signos de interrogación, y las exclamaciones empiezan y terminan con signos de exclamación.

Práctica adicional

A. Escribe si cada oración es una afirmación, una pregunta, un mandato o una exclamación.
páginas 26–27

Ejemplo: ¿Cuál es tu instrumento favorito para dibujar?
pregunta

1. A Jeremías le gustan los marcadores de colores.
2. ¿Por qué le gustan tanto?
3. A él le gustan los colores vivos.
4. Él dice que con los marcadores dibuja mejor.
5. ¿Dibuja mucho Jeremías?
6. Él siempre tiene un marcador en el bolsillo.
7. Una vez se le olvidó ponerle la tapa a un marcador.
8. Adivina lo que pasó.
9. ¡El marcador le manchó la camisa!
10. ¿Qué crees que hizo luego?

B. Escribe cada oración. Añade los signos correctos. páginas 28–29

Ejemplo: Hay alguien que todavía use creyones
¿Hay alguien que todavía use creyones?

11. Carmen usa creyones para hacer grabados
12. Qué idea más estupenda
13. Cómo se hace
14. Pon una hoja de papel encima de un objeto con textura
15. Colorea el papel frotando con el costado del creyón

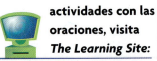

Para hallar más actividades con las oraciones, visita **The Learning Site:**
www.harcourtschool.com

C. Lee cada grupo de palabras. Pon las palabras en un orden que tenga sentido. Forma el tipo de oración que se indica. Usa los signos correctos.
páginas 24–29

Ejemplo: Pregunta – está una preparando de títeres Pedro obra
¿Está Pedro preparando una obra de títeres?

16. Afirmación – títeres muchos tendrá obra la
17. Mandato – títeres los ayúdale hacer a
18. Exclamación – con un títere ese calcetín hecho está
19. Afirmación – televisión vi unos yo por títeres
20. Pregunta – es títere marioneta una ese
21. Afirmación – con marionetas se cuerdas las mueven
22. Pregunta – puedes títeres dónde comprar
23. Afirmación – gusta me misma hacerlos yo mí a
24. Afirmación – ya que lo todo tienes necesitas
25. Exclamación – encanta títeres hacer me

Conexión con la escritura

Tecnología Usa una computadora para escribir una reseña de un concierto musical al que hayas ido en la escuela. ¿Qué tipo de música tocaron? ¿Qué te gustó del concierto? Usa los cuatro tipos de oraciones en la reseña. Luego escoge un tipo y tamaño de letra diferente para cada tipo de oración. Imprime la reseña y compártela con la clase.

CAPÍTULO 1
Oraciones

Repaso del capítulo

Elige la mejor manera de corregir cada oración numerada. Indica la letra de la respuesta correcta.

> (1) Alexander Calder un artista. (2) Has visto sus obras alguna vez . (3) Partes colgantes que se mueven hizo sus móviles con. Móvil significa "que se mueve". (4) Por qué crees que les llamaba móviles a esas piezas. (5) También piezas sin partes que se mueven. Las llamaba estábiles. La mayor parte de las obras de Calder son enormes y de vivos colores. (6)¡Son obras muy divertidas!

Para hallar más actividades de preparación para las pruebas, visita *The Learning Site:* www.harcourtschool.com

1 **A** Alexander Calder era un artista.
    B ¿Alexander Calder era un artista?
    C Un artista Alexander era Calder.
    D Está correcta

2 **F** Visto sus obras.
    G ¿Obras sus has alguna vez?
    H ¿Has visto sus obras alguna vez?
    J Está correcta

3 **A** ¿Hizo sus móviles con partes colgantes que se mueven?
    B Hizo sus móviles con partes colgantes que se mueven.
    C Móviles con partes colgantes que se mueven.
    D Está correcta

4 **F** Crees que les llamaba móviles a esas piezas.
    G Les llamaba móviles a esas piezas por qué crees.
    H ¿Por qué crees que les llamaba móviles a esas piezas?
    J Está correcta

5 **A** ¿También piezas sin partes que se mueven?
    B También creó piezas sin partes que se mueven.
    C ¡Piezas sin partes que se mueven!
    D Está correcta

6 **F** ¿Son obras muy divertidas?
    G Muy divertidas.
    H Muy divertidas son obras.
    J Está correcta

Ser un buen observador

Si observas las cosas con cuidado, se te hará más fácil entenderlas. Aquí tienes algunas estrategias para ser un buen observador.

Un buen observador:

- observa el arte detenidamente.
- se toma su tiempo para describirlo.
- observa lo que está pasando en la obra.
- piensa en lo que el artista quiere expresar.
- se forma opiniones personales acerca de la obra.
- habla de sus ideas con otras personas.

AHORA TE TOCA A TI

Busca una pintura, una ilustración u otra obra de arte para comentarla con un compañero. Usa algunas de las sugerencias que acabas de leer para observar la obra con detenimiento.

1. **Elige la obra de arte.**
2. **Habla con tu compañero de lo que ves.**
3. **Presta atención a los detalles. Fíjate en los colores y en el material del que está hecha la obra. ¿Qué es lo primero que ves?**
4. **Habla con tu compañero sobre el significado o mensaje de la obra.**
5. **Luego de pensar en la obra, presenten sus ideas a la clase.**

SUGERENCIA
Imagina las preguntas que podrían hacer tus compañeros sobre la obra de arte que elegiste. Prepárate para responder a esas preguntas

CAPÍTULO 2

Sujetos y sustantivos

Sujetos simples y completos

Todas las oraciones completas tienen un sujeto y un predicado.

El **sujeto simple** es la palabra del sujeto que nombra la persona, el lugar o la cosa de la que trata la oración. El **sujeto completo** de una oración contiene el sujeto simple y todas las demás palabras que lo describen. Para saber cuál es el sujeto de una oración, pregúntate de qué o de quién trata la oración.

En los ejemplos que siguen, el sujeto simple está encerrado en un círculo y el sujeto completo está subrayado.

Ejemplos:
Mi amigo (Pedro) toca la guitarra.
La (familia) que vive enfrente de mi casa toca muchos instrumentos.

Práctica dirigida

A. Busca el sujeto simple y completo de cada oración.

Ejemplo: Tu amigo quiere jugar con nosotros.
amigo/sujeto simple, Tu amigo/sujeto completo

1. La familia de Jaime toca música.
2. Cada miembro de la familia toca un instrumento diferente.
3. Su hermano toca el banjo.
4. Esa flauta es de su hermana.
5. La mamá toca la batería.

El poder de las palabras

ins-tru-men-to s. Un objeto que se usa para tocar música.

Práctica individual

B. Lee cada oración. Escribe el sujeto simple de cada oración.

Ejemplo: Las personas de todas partes del mundo tocan diferentes tipos de música.
personas

6. La música africana hace uso de los tambores.
7. Algunos tambores se hacen de troncos huecos.
8. Las pieles de animales se usan para hacer algunos instrumentos.
9. Algunos instrumentos africanos son de cuerdas.
10. Los músicos de África también tocan la flauta.

C. Escribe el sujeto completo de cada oración.

Ejemplo: La flauta de plata suena muy bien.
La flauta de plata

11. La flauta se toca en muchos países del mundo.
12. Unos investigadores encontraron en la China una flauta que tenía 9,000 años.
13. La flauta viejísima era de hueso.
14. El músico que vive al lado de mi casa toca la flauta.
15. La antigua flauta china todavía suena bien.

Recuerda

que el sujeto completo contiene el sujeto simple y todas las demás palabras que lo describen.

Conexión con la escritura

Música Imagina que te han pedido organizar una presentación musical. Haz una invitación. Dibuja a los músicos con sus instrumentos en el escenario. Escribe varias oraciones que describan la presentación. Subraya el sujeto simple de cada oración que escribas.

CAPÍTULO 2

Sujetos y sustantivos

Los sustantivos en el sujeto

El **sujeto** de una oración nombra a alguien o algo. La palabra más importante del sujeto puede ser un **sustantivo**. Un sustantivo es una palabra que nombra a una persona, lugar o cosa.

Ya sabes que el sujeto de una oración puede tener más de una palabra. A menudo, el sujeto simple es un sustantivo. Los sustantivos son palabras que pueden nombrar de quién o de qué trata la oración.

En las oraciones que siguen, el sujeto completo está subrayado. Fíjate que la palabra principal del sujeto completo es un sustantivo.

Ejemplos:
Muchas **personas** tocan música en su casa.
La **escuela** entera oía al cantante.
Algunos **estudiantes** conocían la canción.

Práctica dirigida

A. Identifica el sujeto completo de cada oración. Luego di el sustantivo que es el sujeto simple.

Ejemplo: La música es muy importante para la gente.
La música/sujeto completo
música/sustantivo

1. Casi todas las personas disfrutan de la música.
2. Los niños oyen música dondequiera que van.
3. Mi familia escucha la radio.
4. Los programas de televisión también tienen música.
5. Muchas tiendas ponen música por los altavoces.

¿LO SABÍAS?
El instrumento más antiguo que se conoce es una flauta hecha hace 33,000 años.

36

Práctica individual

B. Escribe cada oración. Subraya el sujeto completo y haz un círculo alrededor del nombre que es el sujeto simple.

Ejemplo: Esa (canción) tiene un ritmo rápido.

6. Esa música tiene una bella melodía.
7. El tamborilero de la banda toca el tambor con los palillos.
8. La clase entera fue a escuchar la banda.
9. El flautista toca muy bien.
10. Todos los padres bailan al ritmo de la música.
11. Tu vecino compone canciones.
12. Los hijos de la vecina practican la música todos los días.
13. El público aplaude mientras tú cantas.
14. El hermano de Luisa escucha música en la radio.
15. La maestra toca la guitarra en clase.

Recuerda
que todas las oraciones tienen un **sujeto** que dice de qué o de quién trata la oración. A menudo, el sujeto simple es un **sustantivo**.

Conexión con la escritura

Escritura de la vida real: Conversación
Con un compañero, habla de un instrumento que tocas o que te gustaría tocar. ¿Te gustaría tocar solo o con un grupo? ¿Cuánto tiempo le dedicarías a practicar? Escribe cuatro oraciones que describan el instrumento que elegiste. Luego subraya el sujeto completo de cada oración.

CAPÍTULO 2
Sujetos y sustantivos

USO Y PUNTUACIÓN

Combinar oraciones: Sujetos compuestos

Las oraciones que tienen <mark>sujeto compuesto</mark> tienen dos o más sujetos.

Los sujetos en un sujeto compuesto comparten el mismo predicado. Para unir los sujetos generalmente se usan las palabras *y* y *o*. Usa comas para separar tres o más sujetos.

Ejemplos:
Las guitarras y los violines son instrumentos de cuerda.

Ali, Lupe y Pablo tocan guitarra.

Para combinar dos oraciones que tienen el mismo predicado, une los dos sujetos con la palabra *y*.

Ejemplos:
El banjo tiene cuerdas. **El violoncelo** tiene cuerdas.

El banjo y el violoncelo tienen cuerdas.

Práctica dirigida

A. Halla el sujeto compuesto de cada oración.

Ejemplo: Diego y Eli tocan banjo.
Diego y Eli

1. Yuki, Reta y Sam tocan en la banda.
2. Los chicos y las chicas escuchan a los músicos.
3. Brianna y Max tocan trompeta.
4. Fred o Reta se sentará junto al tamborilero.
5. El estuche de mi violín y el estuche de tu violín son negros.

Práctica individual

Recuerda que en los **sujetos compuestos** hay dos o más sujetos combinados con *y* o con *o* para fomar una sola oración.

B. Escribe la oración. Subraya el sujeto compuesto de la oración.

Ejemplo: Nuestra <u>banda y la banda de la escuela</u> tocan juntas.

6. Kim y Ray son músicos de la banda.
7. Kim, Ray y José llevan uniforme rojo.
8. El papá o la mamá de Ray ayudará a la banda.
9. La tuba y la trompeta de Ray son nuevas.
10. Dos camionetas o el autobús llevarán a la banda.

C. Combina cada grupo de oraciones para formar una oración que tenga sujeto compuesto.

Ejemplo: El equipo espera. La banda espera.
El equipo y la banda esperan.

11. La banda de la escuela del Álamo toca bien. Nuestra banda toca bien.
12. Nuestra banda escolar participa en el concurso. La banda escolar de ella participa en el concurso.
13. Los aficionados animan a los equipos. Los miembros de las bandas animan a los equipos.
14. Los equipos se divierten. Las bandas se divierten. Los aficionados se divierten.
15. Tina tocará en la banda el año que viene. Yoko tocará en la banda el año que viene.

Conexión con la escritura

Anota tus ideas Haz una lista de todos los tipos de música que se te ocurran. Elige un tipo de música y escribe seis oraciones que lo describan. Combina por lo menos dos oraciones que tengan el mismo predicado para formar una sola oración.

CAPÍTULO 2
Sujetos y sustantivos

Recuerda

que todas las oraciones tienen **sujeto** y predicado. El sujeto completo contiene el **sujeto simple** y todas las demás palabras que lo describen.

Práctica adicional

A. Escribe cada oración. Subraya el sujeto completo de cada una. Luego haz un círculo alrededor del sustantivo que es el sujeto simple.
páginas 34–37

Ejemplo: (Mozart) fue un compositor famoso.

1. Mozart nació hace más de doscientos años.
2. Sus padres le pusieron Wolfgang.
3. Wolfgang Mozart aprendió a tocar música a los cuatro años.
4. El joven compositor empezó a escribir su propia música a los cinco años.
5. El niño tocó música en muchas ciudades.

B. Escribe el sujeto de cada oración. Escribe si el sujeto es simple o compuesto. *páginas 36–39*

Ejemplo: Julia es una cantante famosa.
   Julia/simple

6. La Escuela Central tiene un coro.
7. Estudiantes y maestros participan en el coro.
8. Algunos chicos y chicas de mi clase están en el coro.
9. Ana y sus hermanas cantan muy bien.
10. La chica pelirroja y el chico que está junto a ella cantan en un grupo.
11. Ricardo practica los miércoles.
12. Ceci dio un concierto en el centro comercial.
13. El cantante más joven y el cantante mayor del grupo son amigos.
14. Ana, Madison y Lía cantan juntos.
15. Todos deben callarse cuando ellos tocan.

Para hallar más actividades con sujetos y sustantivos, visita **The Learning Site:**
www.harcourtschool.com

C. **Combina cada grupo de oraciones para formar una sola oración con un sujeto compuesto. Escribe la oración nueva.** *páginas 38–39*

Recuerda
que un **sujeto compuesto** combina dos o más sujetos en uno, usando *y* u *o*.

Ejemplo: Juan eligió la música para la boda. Ana eligió la música para la boda.
Juan y Ana eligieron la música para la boda.

16. La novia bailó al ritmo de la música. El novio bailó al ritmo de la música.
17. El primo de ella tocó en la orquesta. El hermano de él tocó en la orquesta.
18. La novia quería que subieran el volumen. Los invitados querían que subieran el volumen.
19. La familia pidió una canción especial. Los amigos pidieron una canción especial.
20. Las familias cantaron. La pareja cantó. Todos los amigos cantaron.

Conexión con la escritura

El arte de escribir: Palabras que riman Con un compañero, escribe una canción que trate de algo que te encanta hacer. Hagan una lista de palabras sobre el tema que rimen. Usen las palabras en los sujetos de las oraciones de la canción. Canten la canción en clase.

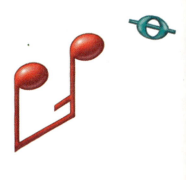

CAPÍTULO 2

Sujetos y sustantivos

Repaso del capítulo

Lee el párrafo. Elige el sujeto completo de cada oración numerada.

> (1) Mi amigo Miguel toca música. (2) Miguel dice que es fácil tocar música con diferentes objetos. (3) Las cajas, las latas y hasta las piedras sirven de tambores. (4) Cualquier persona puede hacer flautas con pajitas o tubos de plástico. (5) El amigo de Miguel hizo unas maracas con cajas de avena llenas de frijoles secos. (6) Mi instrumento favorito es una guitarra hecha con ligas elásticas estiradas sobre una caja.

SUGERENCIA Lee todas las respuestas a las preguntas de opción múltiple. Luego elige la mejor respuesta.

1 A Mi amigo Miguel
   B Miguel
   C Miguel toca
   D música

2 F Miguel dice
   G que puedes tocar música
   H Miguel
   J diferentes objetos

3 A Las cajas
   B Las cajas, las latas y hasta las piedras
   C las piedras sirven
   D tambores

4 F persona puede
   G flautas con pajas de sorber
   H hacer flautas
   J Cualquier persona

5 A El amigo de Miguel
   B El amigo
   C cajas de cereales
   D llenas de frijoles secos

6 F Mi instrumento favorito
   G Mi
   H una guitarra hecha con ligas elásticas
   J una caja

Para hallar más actividades con sujetos y sustantivos, visita *The Learning Site:*
www.harcourtschool.com

42

Cómo escuchar y hablar bien

Escuchar es una de las mejores maneras de aprender. Hablar es una manera de compartir ideas y emociones con los demás. Aquí tienes algunos consejos. Te ayudarán a escuchar y hablar correctamente.

Cuando escuches . . .

- Préstale atención a la persona que habla.
- No molestes a las personas que escuchan.
- Haz preguntas cuando la persona que habla termine.
- Toma notas acerca de lo que dijo la persona.

Cuando hables . . .

- Habla con claridad y correctamente.
- Ten calma y no hables demasiado rápido.
- Mira a la audiencia.
- Haz gestos con las manos y con el cuerpo para ilustrar tus ideas.
- Pide a la audiencia que te haga preguntas.

AHORA TE TOCA A TI

Formen grupos pequeños en clase y jueguen a las adivinanzas. Imagina que eres cierto tipo de artista. Preséntate al grupo pero no digas a qué te dedicas. El grupo debe hacerte preguntas y adivinar quién eres. Al jugar, practica las destrezas para hablar y escuchar que aprendiste.

ESCUCHAR Y HABLAR

CAPÍTULO 3

Escritura expresiva

El arte de escribir

Voz personal

Cuando describes algo, puedes decir lo que ves, oyes o hueles. Puedes decir lo que sientes cuando tocas o pruebas algo.

En los versos que siguen, una niña describe un baile que se presenta en el campamento de los indios Seminol que ella visita todos los años con su familia. Fíjate en la manera en que la niña describe lo que ve y lo que oye.

MODELO DE LITERATURA

> Empieza el Baile de las Cintas. Las mujeres se reúnen.
> Las conchas en muñecas y tobillos cantan canciones cristalinas.
> Los destellos de las cintas de satén saltan por dondequiera y forman arcos iris humanos al resplandor de la hoguera.
> Los mocasines bailarines suenan como la lluvia que cae afuera.
> Las cintas de satén revolotean, revolotean, revolotean.
> —de *Bailar con los indios*
> por Angela Shelf Medearis

Analiza el modelo

1. ¿Qué palabras usa la niña que te ayudan a formarte una imagen mental?
2. ¿Qué palabras usa la niña para describir los sonidos?
3. ¿Qué crees que piensa la niña de las bailarinas que observa? ¿Cómo lo sabes?

Usar la voz personal

Cuando escribes, usas tu voz personal, que es tu propia manera especial de expresarte. Usas tus propias palabras e ideas. Observa la tabla de la página siguiente.

El poder de las palabras

des-te-llo *s.*
Un brillo de luz vivo y corto.

44

Estrategias para usar la voz personal	Cómo usar las estrategias	Ejemplos
Usa palabras vívidas.	• Usa palabras interesantes para que el lector se forme una imagen mental de lo que estás describiendo.	• Usa frases como *dio brincos* o *se acercó de puntillas* en lugar de *fue*. Usa palabras como *enorme* o *gigantesco* en lugar de *grande*.
Expresa tu propia opinión.	• Exprésale al lector lo que piensas acerca del tema.	• Supón que estás describiendo un lagarto. Si piensas que es feo y que da miedo, dilo. Si piensas que es hermoso y fascinante, dilo.

AHORA TE TOCA A TI

PIENSA EN LA ESCRITURA DESCRIPTIVA Trabaja con uno o dos compañeros. Vuelvan a mirar cuentos y poemas que hayan leído. En cada uno busquen partes en las que el escritor ha descrito algo. Por turnos lean esas partes en voz alta.

Responde a estas preguntas:
1. ¿Qué describe el escritor?
2. ¿Qué palabras vívidas usa el escritor?
3. ¿Cómo te ayudan esas palabras a formarte una imagen mental?
4. ¿Qué piensa el escritor sobre el tema? ¿Cómo lo sabes?

CAPÍTULO 3

Escritura expresiva

Usar palabras vívidas

A. Elige una palabra vívida de la casilla para completar cada oración. Escribe la oración en tu hoja de papel.

gritó arrugada enorme enlodada disparados

1. El elefante tenía la piel gris y _____.
2. Estaba bebiendo agua _____.
3. Levantó su _____ trompa.
4. "¡Nos va a mojar!", _____ Tim.
5. Todos salieron _____.

B. Lee las oraciones. Piensa en palabras vívidas que puedas añadir para crear una imagen clara para el lector. Escribe las oraciones nuevas en tu hoja de papel.

6. Mira la bicicleta.
7. Ella se comió la manzana.
8. Sara oyó un sonido.
9. Héctor recogió la caja.
10. ¿Viste ese pájaro?
11. ¡Qué bonito atardecer!
12. Enrique tiene un perro.
13. Nosotros jugamos en el patio.
14. ¿Te gustan estos zapatos?
15. Yo me pondré un vestido para la fiesta.

Punto de vista del escritor

C. Lee cada descripción y las preguntas que siguen. Escribe la respuesta a cada pregunta en tu hoja de papel.

Descripción 1: Había tres melocotones en la fuente. Me podía imaginar lo dulces y jugosos que eran.

16. ¿Le gustan o le disgustan los melocotones al escritor?

17. ¿Cómo sabes cuál es el punto de vista del escritor?

Descripción 2: La casa vieja era un desastre terrible. Había polvo y suciedad por todas partes.

18. ¿Cuál es el punto de vista del escritor acerca de la casa?

19. ¿Cómo sabes lo que pensaba el escritor?

Descripción 3: El pequeño insecto correteó de un lado a otro de la habitación. Tenía unas preciosas rayas amarillas que resplandecían a la luz del sol.

20. ¿Qué piensa el escritor acerca del insecto?

21. ¿Cómo sabes cuál es el punto de vista del escritor?

Conexión con la escritura

Escribe para anotar tus reflexiones

Muchos escritores tienen temas favoritos sobre los cuales escriben a menudo. En tu diario enumera dos o tres de tus temas favoritos. Luego explica tu punto de vista en cuanto a cada tema y di por qué te gusta escribir acerca de ellos.

CAPÍTULO 3

Escritura expresiva

Un párrafo descriptivo

En los versos de *Bailar con los indios*, una niña describe un hermoso baile que vio cuando estaba de viaje con su familia. Cuando David fue al parque con su familia, vio unos cisnes nadando en un estanque. Lee el párrafo descriptivo que David escribió sobre los cisnes. Fíjate en las palabras vívidas.

MODELO

> Varias aves grandes y blancas nadaban en el estanque. Mi papá me dijo que eran cisnes. Los vi deslizarse silenciosamente por el agua como si patinaran sobre hielo. Sus cuellos largos se ondulaban de un lado a otro. ¡De repente hubo tremendo chapuzón! El cisne más grande se elevó, golpeando el agua con sus alas enormes. Di un salto y luego me reí. ¡Esos cisnes no eran tan tranquilos y delicados como pensé!

— palabras vívidas
— punto de vista del escritor

Analiza el modelo

1. ¿Qué palabras vívidas usa David para contar lo que vio y oyó?
2. ¿Qué palabras del párrafo de David te gustan? ¿Por qué te gustan?
3. ¿Cuál es el punto de vista de David en cuanto a los cisnes? ¿Cómo lo sabes?
4. ¿Te da el párrafo una imagen clara de lo que David vio y oyó? ¿Por qué?

AHORA TE TOCA A TI

TEMA DE ESCRITURA Da un vistazo a tu alrededor en el salón de clase. Busca un objeto interesante que te gustaría describir. Puedes elegir algo que te guste mucho o algo que no te guste. Escribe un párrafo que hable del objeto. Usa palabras vívidas para ayudar al lector a formarse una imagen del objeto que describes. Expresa tus ideas y tu punto de vista en lo que escribes.

ESTUDIA EL TEMA Pregúntate lo siguiente:

1. ¿Cómo elegirás un tema para escribir?
2. ¿Cuál es tu propósito para escribir?
3. ¿Qué incluirás en el párrafo?

Antes de escribir y hacer el borrador

Planifica el párrafo descriptivo Haz una red como la que sigue para empezar. Escribe el nombre del objeto en el centro de la red.

USANDO TU Manual

- Usa el diccionario de sinónimos para hallar palabras vívidas que te ayuden a describir el objeto.

- lo que hace el objeto, o lo que se hace con él
- palabras vívidas que dicen qué aspecto tiene el objeto
- palabras vívidas que dicen qué sonido hace el objeto
- palabras vívidas que dicen qué sientes al tocar el objeto
- tu punto de vista en cuanto al objeto
- palabras vívidas que hablan del olor o sabor que tiene el objeto

nombre del objeto

49

CAPÍTULO 3

Escritura expresiva

Marcas editoriales
- ꝼ Borrar texto
- ∧ Añadir texto
- ↺ Mover texto
- ¶ Párrafo nuevo
- ≡ Mayúscula
- / Minúscula
- ○ Corregir ortografía

Editar

Vuelve a leer el borrador de tu párrafo. ¿Quieres cambiar o añadir algo? Usa esta lista como ayuda para revisar el párrafo.

- ☑ ¿Crees que el lector podrá formarse una imagen del objeto?
- ☑ ¿Puedes usar palabras más vívidas para describir el objeto?
- ☑ ¿Expresaste tu punto de vista?
- ☑ ¿Cómo usaste tu voz personal en el párrafo?

Usa esta lista para corregir la ortografía del párrafo.

- ☑ Empecé las oraciones con letra mayúscula.
- ☑ Usé los signos de puntuación correctos al principio y al final de las oraciones.
- ☑ Comprobé que todas las oraciones tuvieran sujeto y predicado.
- ☑ Usé el diccionario para verificar cómo se escriben las palabras.

Compartir y reflexionar

Haz una copia final del párrafo. Luego léela a dos de tus compañeros. Escúchalos cuando ellos te lean sus párrafos. Diles lo que más te gusta de sus descripciones. Hablen de cómo mejorar lo que escribieron usando palabras vívidas y expresando sus puntos de vista. Escribe las observaciones en tu diario.

50

Palabras vívidas

Un grupo de estudiantes de tercer grado pensó en palabras vívidas que podían usar para describir algo que brilla. Mira las palabras en la red que hicieron.

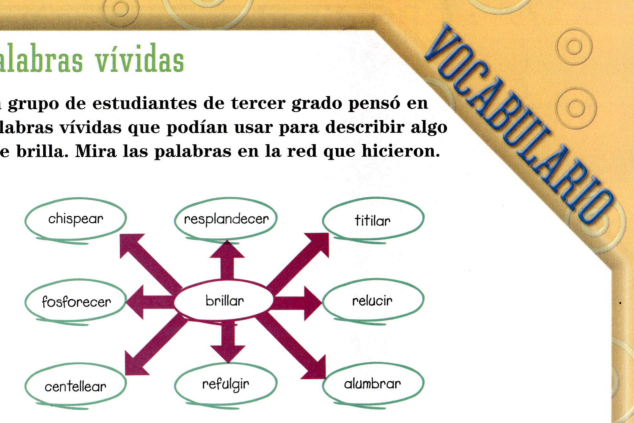

AHORA TE TOCA A TI

Juega con las palabras vívidas. Sigue estos pasos:

PASO 1 Siéntate en un círculo con dos o tres compañeros.

PASO 2 Por turnos, elijan una palabra de la red.

PASO 3 Reta a la persona que está a tu izquierda para que use la palabra en una oración.

PASO 4 Luego le toca a esa persona elegir una palabra y retar a la próxima. Cuando inventes una oración, piensa en el significado exacto de la palabra. Por ejemplo, podrías decir que una estrella titila, pero probablemente no dirías que fosforece.

PASO 5 Continúen hasta que hayan usado todas las palabras.

Después de jugar, el grupo puede hacer su propia red. Pueden pensar en palabras que sirvan para describir algo frío o para describir el sonido del viento.

CAPÍTULO 4
Predicados/Verbos

Predicados simples y completos

Todas las oraciones tienen un sujeto y un predicado.

El **predicado completo** está hecho de todas las palabras que dicen lo que el sujeto es o lo que hace. Por lo general, el predicado se encuentra después del sujeto de la oración.

El **predicado simple** es la palabra más importante del predicado.

En los ejemplos que siguen, las palabras en negrita son los predicados completos. Las palabras subrayadas son los predicados simples.

Ejemplos:
Las casas, escuelas y tiendas **son edificios**.
Un edificio **tiene muchas partes**.
El tejado **cubre el edificio**.

El poder de las palabras

car-pin-te-ro(a) *s.* Una persona que hace, construye o repara cosas de madera.

Práctica dirigida

A. **Lee cada oración. Di cuál es el predicado completo. Luego di qué palabra es el predicado simple.**

Ejemplo: El constructor *hace* un plano para un edificio nuevo.
hace un plano para un edificio nuevo | hace

1. El señor Thompson construyó nuestra casa nueva.
2. Él trazó un dibujo de la casa.
3. El dibujo es un plano.
4. El plano muestra todos los pisos y las habitaciones.
5. Mi dormitorio es la habitación grande del segundo piso.

52

Práctica individual

Recuerda que el predicado dice lo que el sujeto es o lo que hace.

B. Escribe cada oración. Subraya el predicado completo.

Ejemplo: El carpintero habló de la construcción de las casas.
El carpintero _habló de la construcción de las casas_.

6. Los carpinteros siguen un plano.
7. El armazón es de madera o de acero.
8. Los pisos de mi casa están alfombrados.
9. Las paredes de mi dormitorio son azules.
10. Esa pared tiene una ventana muy grande.

C. Escribe cada oración. Subraya el predicado simple.

11. La puerta de la casa hace ruido.
12. El carpintero planificó bien la casa.
13. Esta casa es hermosa.
14. Alguien construyó la casa de Sasha hace 100 años.
15. Nuestra casa es nueva.

Conexión con la escritura

Tecnología ¿Cuándo crees que se construyó la casa donde vives? ¿Cómo crees que se construyó? Habla con tus vecinos y tu familia acerca del lugar donde vives. Luego usa la computadora o libros de la biblioteca para hallar más información sobre la construcción de casas. Escribe varias oraciones sobre lo que aprendas. Luego subraya el predicado completo de cada oración. Haz un círculo alrededor del predicado simple.

CAPÍTULO 4
Predicados/Verbos

Recuerda

que todos los predicados tienen un verbo que dice lo que el sujeto es o lo que hace.

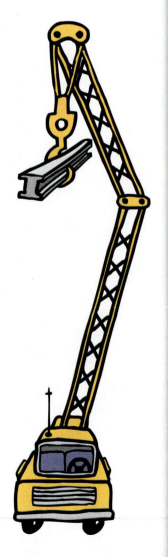

Los verbos en el predicado

El **verbo** es la palabra más importante del predicado de una oración.

Todo predicado tiene un verbo que dice lo que el sujeto es o lo que hace. Casi siempre, el verbo es la misma palabra que el predicado simple. Las demás palabras del predicado dan más detalles acerca del verbo.

En los ejemplos, las palabras en negrita son los predicados completos. Las palabras subrayadas son los verbos.

Ejemplos:

El padre de Jack **construye edificios muy altos en Nueva York.**

El Empire State Building **es de acero.**

Nosotros **subimos las escaleras corriendo.**

Práctica dirigida

A. Lee cada oración. Halla el verbo en el predicado completo subrayado.

Ejemplo: Algunos edificios altos tienen más de 100 pisos. *tienen*

1. La construcción de esos edificios toma más de un año.
2. Los carpinteros construyen primero los pisos de abajo.
3. Las grúas elevan enormes piezas de acero.
4. Los trabajadores arman las escaleras.
5. Algunos edificios de oficinas tienen paredes exteriores de vidrio.

Práctica individual

B. Escribe cada oración. Subraya el predicado con una línea. Subraya el verbo con dos líneas.

Ejemplo: La Sra. Venegas traza los planos de muchos tipos de edificios.
La Sra. Venegas <u>traza</u> <u>los planos de muchos tipos de edificios</u>.

6. Ella diseña escuelas, hospitales y hoteles.
7. La Sra. Venegas estudia los edificios antiguos.
8. Ella quiere que sus edificios y almacenes duren muchos años.
9. La compañía Venegas construyó el nuevo centro comercial.
10. Todos hicieron un buen trabajo.
11. Nosotros vamos de compras a los grandes almacenes.
12. Yo prefiero las tiendas bien iluminadas y alfombradas.
13. El periódico anunció la apertura del centro comercial.
14. La parte central del centro comercial tiene varios restaurantes.
15. La Sra. Venegas recibió un premio por el diseño del centro.

¿LO SABÍAS? Las paredes exteriores de vidrio de algunos edificios permiten que entre el calor del sol. Eso ayuda a calentar el interior.

Conexión con la escritura

El arte de escribir: Verbos vívidos Piensa en un lugar al que te gusta ir. ¿Qué podrías hacer allí? Escribe un párrafo acerca del lugar, usando verbos interesantes en los predicados. Luego subraya los verbos que uses.

CAPÍTULO 4

Predicados/ Verbos

LA GRAMÁTICA Y LA ESCRITURA

Combinar oraciones: Predicados compuestos

En los **predicados compuestos** hay dos o más predicados que tienen el mismo sujeto. Un predicado compuesto tiene dos o más verbos. Los predicados de un predicado compuesto están unidos por las palabras *y* u *o*.

Ejemplos:

Sarita hace **dibujos** y **lee** cuentos en su dormitorio.

Sarita **duerme**, **estudia** o **juega** en su dormitorio.

Combina dos o más oraciones para formar una oración con un predicado compuesto.

Ejemplo:

La Sra. Liang **recogió flores**.

La Sra. Liang **pintó un cuadro**.

La Sra. Liang **recogió flores y pintó un cuadro**.

Práctica dirigida

A. Lee cada oración. Di cuáles son los predicados simples de cada predicado compuesto.

Ejemplo: Nosotros comemos, dormimos y descansamos en nuestro hogar. *comemos, dormimos, descansamos*

1. Tim siembra y riega las plantas del jardín.
2. Nosotros pintamos y decoramos las habitaciones.
3. Ellos estudian, juegan y duermen en sus dormitorios.
4. Nosotros corremos y jugamos con la pelota.
5. Ellos cocinan, comen y hablan en la cocina.

56

Práctica individual

B. Lee las dos oraciones. Luego escribe una oración con un predicado compuesto.

Ejemplo: Pintar es fácil. Pintar es divertido.
Pintar es fácil y divertido.

6. Algunas personas compran muebles antiguos. Algunas personas ahorran mucho dinero.
7. Las personas pintan los muebles. Las personas arreglan las piezas rotas.
8. Esta lámpara está rota. Esta lámpara necesita una pantalla nueva.
9. El piso está sucio. El piso necesita una alfombra.
10. El cuarto amarillo parece más grande. El cuarto amarillo es alegre.
11. Los colores vivos son divertidos. Los colores vivos van bien en los dormitorios de niños.
12. Los cuadros adornan las paredes. Los cuadros hacen que la habitación sea más interesante.
13. Marcos quiere pintar la casa. Marcos pinta muy bien.
14. Alma elige el color de la pintura. Alma compra muebles.
15. La Sra. Pineda decora casas. La Sra. Pineda escoge los muebles.

Recuerda

que en los **predicados compuestos** hay dos o más predicados que tienen el mismo sujeto.

Conexión con la escritura

El diario de un escritor: Describe una habitación Diseña una habitación que te gustaría tener. Haz un dibujo de la habitación y escribe ocho oraciones acerca de ella. Luego combina algunas oraciones usando predicados compuestos.

CAPÍTULO 4
Predicados/Verbos

Recuerda

que el predicado de una oración dice lo que el sujeto de la oración es o lo que hace. El predicado simple es la palabra más importante del predicado.

Práctica adicional

A. Escribe cada oración. Subraya el predicado completo con una línea. Subraya el predicado simple con dos líneas. *páginas 52–53*

Ejemplo: Muchas ciudades tienen varios edificios del gobierno.
Muchas ciudades <u>tienen varios edificios del gobierno</u>.

1. Los edificios son el ayuntamiento, el edificio de correos y la estación de bomberos.
2. Los carpinteros usaron madera.
3. Algunas personas diseñan los parques.
4. Algunos parques tienen columpios.
5. La gente usa los parques por diferentes motivos.

B. Lee cada oración. Escribe el verbo de cada oración. *páginas 54–55*

Ejemplos: El arquitecto de parques estudia las necesidades de nuestra comunidad.
estudia

6. La gente llega al parque en auto o a pie.
7. A veces, la gente de la ciudad viaja al parque en autobús.
8. El parque del pueblo tiene un estacionamiento.
9. El parque municipal está cerca de paradas del autobús y del tren.
10. Los niños juegan en los columpios.
11. La gente practica esquí acuático en el lago.
12. Los campos de béisbol necesitan gradas.
13. El arquitecto escoge plantas y árboles.
14. Los árboles y arbustos les dan refugio a los pájaros y animales.
15. Los patos y los cisnes nadan en el estanque.

Para más actividades con predicados, visita *The Learning Site:* www.harcourtschool.com

C. Lee las oraciones de cada grupo. Luego escribe una oración con un predicado compuesto.

páginas 56–57

Recuerda que un **predicado compuesto** tiene dos o más predicados, los cuales comparten un mismo sujeto.

Ejemplo: Sun Li diseña escuelas. Sun Li planifica bibliotecas.
Sun Li diseña escuelas y planifica bibliotecas.

16. Los decoradores buscan colores vivos para los salones de clase. Los decoradores escogen colores suaves para la biblioteca.
17. La cafetería de la escuela se ve alegre. La cafetería de la escuela tiene mesas resistentes.
18. El gimnasio y la cafetería siempre están llenos de gente. El gimnasio y la cafetería son lugares ruidosos.
19. Los estudiantes trabajan en grupo en clase. Los estudiantes necesitan mucho espacio.
20. Ella le puso buena iluminación a la sala de las computadoras. Ella escogió sillas cómodas. Ella indicó dónde poner las tomas de corriente.

Conexión con la escritura

Tecnología En pareja, planifiquen un parque, una escuela o una tienda. Primero, dibujen los planos a mano. Luego, usen una computadora para trazar el plano. ¿Qué diferencias hay entre dibujar a mano y por computadora? Escribe cinco oraciones acerca de las diferencias. Intercambia las oraciones con tu compañero o compañera. Haz un círculo alrededor de los predicados de las oraciones.

CAPÍTULO 4

Predicados/ Verbos

Repaso del capítulo

Sigue las instrucciones de cada pregunta. Escribe la letra de la respuesta que elegiste.

En las preguntas 1-4, escoge el predicado simple, o el verbo, de cada oración.

1 Nuestra clase aprendió datos sobre los castillos.
     A   B   C   D

2 Los castillos son hermosos y resistentes.
       A   B   C   D

3 La gente hacía castillos de piedra.
     A   B   C   D

4 Un ejército de soldados vivió en el castillo.
       A   B   C   D

5 Halla el grupo de palabras que es una oración y que está escrita correctamente.
   A Muchos castillos por altas murallas.
   B Rodeados muchos castillos altas murallas.
   C Muchos castillos estaban rodeados por altas murallas.
   D Rodeados por altas murallas.

6 Halla la oración que mejor combina estas dos oraciones.

> *Nuestra clase fue de excursión a un castillo.*
> *Nuestra clase entró en todos los salones.*

   A Nuestra clase y nuestra maestra fueron de excursión.
   B Fue de excursión a un castillo y entró.
   C Nuestra clase fue de excursión a un castillo y los salones.
   D Nuestra clase fue de excursión a un castillo y entró en todos los salones.

STANDARDIZED TEST PREP

SUGERENCIA
Acuérdate de leer cuidadosamente todas las respuestas posibles. Luego toma tu decisión.

Para más actividades con predicados, visita *The Learning Site:*
www.harcourtschool.com

60

Palabras de muchos lugares

VOCABULARIO

Imagina que viajas a Francia, Japón y Hawai. Cuando llegues, quieres saludar a las personas que conozcas. Aquí tienes algunas maneras de saludar a alguien en cada lugar.

En Francia, la gente habla en francés. Se saludan así:

BONJOUR [bonyur]

Saluda a un compañero en francés. Estréchale la mano.

En Japón, la gente habla en japonés. Ésta es una de las maneras de saludar a alguien:

Ko·ni·chi·wa [ko·ni·chi·ua]

Saluda a un compañero en japonés.

En el estado de Hawai, la gente habla en inglés la mayor parte del tiempo. Aun así, todavía usan muchas palabras en hawaiano. En el idioma hawaiano se usa la misma palabra para saludar a alguien que para despedirse. Así se saluda a alguien en hawaiano:

A·lo·ha [aloja]

A veces las personas les dan la bienvenida a los visitantes de Hawai poniéndoles un collar de flores al cuello. El collar se llama un *lei*. Saluda a un compañero o compañera en hawaiano. Simula que le pones un *lei* al cuello.

AHORA TE TOCA A TI

Busca a Brasil y China en un mapa. Con un compañero, usa una computadora o la biblioteca de la escuela para hallar más información acerca de esos países. ¿Cómo se llaman los idiomas que se hablan allí? Averigüen cómo saludar a alguien en los idiomas de esos dos países.

CAPÍTULO 5

Oraciones simples y compuestas

El poder de las palabras

fan-ta-sí-a *s.* Cuento sobre personas y cosas que no podrían ser reales.

Oraciones completas

Una <mark>oración completa</mark> es un grupo de palabras que tiene un sujeto y un predicado. Expresa una idea completa.

Un grupo de palabras que no expresa una idea completa y que no tiene sujeto y predicado no es una oración completa.

Ejemplos:

Oración completa	No es oración completa
Me gusta leer cuentos.	Leer cuentos.
¿Qué tipo de cuentos te gusta leer?	¿Qué tipo de cuentos?
María disfruta leyendo cuentos de aventura.	Leyendo cuentos de aventura.

Práctica dirigida

A. Di si cada grupo de palabras es una oración completa. Explica cómo lo sabes.

Ejemplos: Algunos libros para niños son cuentos imaginarios.
oración completa

Algunos cuentos imaginarios son.
no es oración completa

1. Sobre animales que hablan.
2. Los animales hablan como si fueran personas.
3. La literatura puede hacer reír a los niños.
4. Hablando inglés muy bien.
5. Personajes en algunos cuentos populares.

Práctica individual

B. Lee cada oración. Escribe *oración completa* si el grupo de palabras es una oración completa. Si no es una oración completa, vuelve a escribir el grupo de palabras para que sea una oración completa.

> **Recuerda**
> que una oración completa es un grupo de palabras que expresa una idea completa. Tiene un sujeto y un predicado.

Ejemplo: Escribe poemas cortos.
Ella escribe poemas cortos.

6. A veces cómicos y sencillos.
7. La literatura para niños a veces rima.
8. Los poemas de la Mamá Gansa son muy antiguos.
9. "La señora del zapato" una rima vieja.
10. La palabra señora rima con ahora.
11. Algunos poemas son divertidos de leer una y otra vez.
12. Los poemas pueden contar algo.
13. No tienen rimar.
14. Los buenos poemas mucho en escribirse.
15. Algunos poetas poemas muy largos.

Conexión con la escritura

Diario de un escritor: Evaluación de la escritura Piensa en un animal de un cuento que hayas leído. Escribe un poema en el que describas al personaje. Luego intercambia tu poema con un compañero y escribe dos oraciones en tu diario sobre el poema de tu compañero. Di algo que te gustó de su poema. Lee o muestra tus oraciones a tu compañero.

CAPÍTULO 5

Oraciones simples y compuestas

Una oración que expresa una sola idea completa es una **oración simple**. Dos o más oraciones simples se pueden combinar para formar una **oración compuesta**.

Las palabras *y*, *pero* y *o* son las que se usan con más frecuencia para combinar oraciones. A veces se usa una coma antes de la palabra que las combina.

Ejemplos:

Oraciones simples Yo leo muchas fábulas. Éstas me enseñan lecciones.

Oración compuesta Yo leo muchas fábulas y éstas me enseñan lecciones.

¿LO SABÍAS?
En los Estados Unidos abril es el mes nacional de la poesía.

Práctica dirigida

A. Di si cada oración es una oración simple o una oración compuesta.

Ejemplo: Las fábulas de Esopo son literatura clásica.
oración simple

1. Las fábulas son cuentos imaginarios de animales.
2. Las fábulas de animales enseñan lo que está bien y mal hecho.
3. Las fábulas están escritas y los mayores se las leen a los niños.
4. Hace mucho tiempo, las personas contaban las fábulas en voz alta.
5. "Caperucita Roja" es una fábula antigua, pero a los niños todavía les gusta leerla.

Práctica individual

B. Lee cada oración. Escribe si es una oración simple o una oración compuesta.

Ejemplo: Ella escribe libros y él hace dibujos.
oración compuesta

6. Muchos libros para niños tienen ilustraciones.
7. El artista lee el cuento para niños y luego imagina cómo son los personajes del libro.
8. La imaginación del artista da vida a los personajes.
9. Las ilustraciones pueden ser en blanco y negro, o pueden ser en colores.
10. Algunos escritores dibujan sus propias ilustraciones, pero hacer las ilustraciones de un libro siempre requiere de mucho tiempo.
11. Los autores a veces escriben sobre algo que pasó.
12. Una historia de la vida real puede tener personajes que parecen reales.
13. Algunas historias de la vida real son alegres, pero otras historias son tristes.
14. Yo disfruto cuando leo esas historias.
15. Les cuento a mis amigos los libros que leo y ellos comparten sus libros conmigo.

Recuerda

que una **oración simple** expresa una idea completa. Una **oración compuesta** se forma con dos o más oraciones simples combinadas con una palabra que las une, y a veces con una coma.

Conexión con la escritura

El arte de escribir: Voz personal Piensa en algo cómico que te ha pasado. Usa oraciones simples y compuestas para contar lo que te pasó.

CAPÍTULO 5
Oraciones simples y compuestas

USO Y PUNTUACIÓN

Combinar oraciones

Cuando escribes, es buena idea combinar las oraciones. Si hay muchas oraciones cortas, lo que escribes será entrecortado. Si combinas oraciones, lo que escribas será más interesante y vívido.

Ejemplo:

Oraciones simples Quizás Yolanda escriba un cuento de misterio. Quizás ella escriba una poesía.

Oración compuesta Quizás Yolanda escriba un cuento de misterio o quizás ella escriba una poesía.

Práctica dirigida

A. Combina cada par de oraciones usando la palabra para combinar que aparece.

Ejemplo: Los cuentos de ciencia ficción son sobre las ciencias. Son imaginarios. *y*
Los cuentos de ciencia ficción son sobre las ciencias y son imaginarios.

1. La ciencia ficción es un tipo de literatura. Ése no es el único tipo de literatura que existe. *pero*
2. Algunos cuentos de ciencia ficción son sobre el espacio. Otros cuentos ocurren en la Tierra. *y*
3. Un cuento famoso es sobre el océano. La historia sucede en el fondo del océano. *y*
4. Un cuento de ciencia ficción puede ser sobre las computadoras. El cuento puede ser sobre naves espaciales. *o*
5. A mí me gustan los cuentos de ciencia ficción. A mi hermano no le gustan. *pero*

66

Práctica individual

B. Vuelve a escribir las siguientes oraciones. Usa la palabra que aparece para combinar las oraciones.

Ejemplo: A mí me gusta leer. A ella le gusta leer. *y*
A mí me gusta leer y a ella le gusta leer.

6. Algunos de los personajes que aparecen en los cuentos históricos son reales. Otros son inventados.   *pero*
7. Un cuento puede describir la ropa que llevaba la gente hace mucho tiempo. El cuento puede decir lo que comían.   *o*
8. Algunos cuentos históricos tienen mapas. Pueden tener fotografías también.   *y*
9. Los mapas muestran dónde vivía la gente. A veces muestran por dónde viajaban.   *y*
10. A algunas personas no les gusta leer sobre el pasado. Yo disfruto de los cuentos históricos.   *pero*
11. *La casa de la pradera* se desarrolla a finales del siglo diecinueve. El libro trata de la vida de los pioneros.   *y*
12. Laura Ingalls Wilder es la autora. Hay nueve libros en la colección.   *y*
13. Los libros cuentan una historia real. Uno de los personajes cuenta la historia.   *y*

Recuerda

que si combinas oraciones, lo que escribes será más interesante y más fácil de leer. Usa las palabras *y*, *pero* y *o* para combinar oraciones. Si es necesario, usa una coma (,) antes de la palabra que combina las oraciones.

Conexión con la escritura

Escritura de la vida real: Informe de noticias
Con un compañero, escribe un informe noticioso sobre un acontecimiento que pasará dentro de poco en la escuela. Luego revisen el informe, combinando las oraciones que puedan.

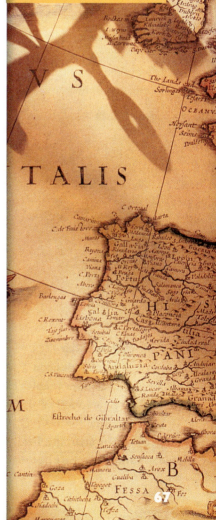

CAPÍTULO 5
Oraciones simples y compuestas

Práctica adicional

Recuerda

que una oración expresa una idea completa. Dos o más oraciónes simples se pueden combinar para formar una oración compuesta.

A. Escribe *oración completa* si el grupo de palabras es una oración completa. Si no es una oración completa, vuelve a escribir el grupo de palabras para formar una oración completa.
páginas 62–63

1. Algunas revistas de ciencias.
2. Otras revistas para niños tratan de historia.
3. No leer todos los artículos de una revista.
4. Tú puedes aprender mucho de las revistas.
5. Revistas para quienes usan la computadora.

B. Escribe si cada oración es una oración simple o una oración compuesta. *páginas 64–65*

Ejemplos: A veces leo cuentos de aventura. *oración simple*

El cuento era sobre un viaje peligroso y me asustó. *oración compuesta*

6. Por lo general, los niños disfrutan de los cuentos de aventura.
7. Los niños del cuento son valientes y tienen muchas aventuras.
8. Algunos cuentos de aventura se desarrollan en tierras lejanas, pero otros se desarrollan cerca de casa.
9. Un niño del cuento estaba en peligro, pero su perro lo rescató.
10. Los personajes de los cuentos de aventura escalan montañas, navegan en veleros y exploran cavernas.

Para hallar actividades con oraciones simples y compuestas, visita *The Learning Site*:
www.harcourtschool.com

C. Usa la palabra que aparece para combinar cada par de oraciones. *páginas 66–67*

Ejemplo: Los escritores de cuentos para niños trabajan duro. Ellos disfrutan de lo que hacen. *y*
Los escritores de cuentos para niños trabajan duro y disfrutan de lo que hacen.

11. A algunos niños les gusta leer en voz alta. Sus padres les leen cuentos.   *o*
12. Muchas personas escriben libros para niños. Ellos tienen que entender a los niños.   *y*
13. Los escritores tienen que saber qué les gusta leer a los niños. Ellos saben hacer reír a los niños.   *y*
14. Los escritores necesitan ideas buenas. Ellos también tienen que tener una viva imaginación.   *y*
15. Las ilustraciones ayudan a los niños a entender un cuento. Las palabras también son importantes.   *pero*

16–20. Piensa en un libro o cuento que te haya gustado. Escribe cinco oraciones compuestas que describan el lugar, los personajes y lo que pasa en el cuento. *páginas 64–65*

Conexión con la escritura

El arte de escribir: Escribe un resumen Imagina que estás planificando un programa de televisión sobre tu clase. En un grupo pequeño, escriban un resumen del programa. Escriban por lo menos diez oraciones. Luego revisen su resumen. Hallen maneras de unir oraciones.

CAPÍTULO 5

Oraciones simples y compuestas

SUGERENCIA
Primero, lee las instrucciones. Intenta decirlas con tus propias palabras para asegurarte de que entiendes lo que tienes que hacer.

Para más actividades de preparación para la prueba, visita *The Learning Site:*
www.harcourtschool.com

70

Repaso del capítulo

Elige la mejor manera de escribir la parte subrayada de cada oración. Escribe la letra de la respuesta que elegiste. Si no hay ningún error, elige "La oración está correcta".

1. Casi todas las bibliotecas tienen una <u>sala para los niños a veces tienen un lugar especial</u> para los libros infantiles.

   A sala para los niños tienen un lugar especial
   B sala para los niños. a veces un lugar especial
   C sala para los niños, o a veces tienen un lugar especial
   D La oración está correcta.

2. <u>Personas trabajan en una biblioteca para niños</u>.

   F Personas que trabajan en una biblioteca para niños.
   G Las personas que trabajan en una biblioteca para niños conocen a los niños.
   H Una biblioteca para niños conocen a los niños.
   J La oración está correcta.

3. Los bibliotecarios saben lo que <u>les gusta leer a los niños ellos compran libros</u> que encantan a los niños.

   A les gusta leer a los niños y ellos compran libros
   B les gusta leer a los niños comprando libros
   C les gusta leer a los niños, nunca compran libros
   D La oración está correcta.

4. <u>Tal vez ellos lean un libro ilustrado</u>.

   F Leyendo un libro ilustrado.
   G Tal vez un libro ilustrado.
   H Tal vez lean libro.
   J La oración está correcta.

Ser un buen lector

Los buenos lectores leen con un propósito. Se aseguran de entender lo que leen. Para ser un buen lector, tienes que practicar. Aquí tienes varias estrategias que puedes usar al leer:

Dale un vistazo a la selección para que tengas una idea de lo que se trata.

Establece un propósito para la lectura de la selección. ¿Estás leyendo para obtener información o para divertirte?

Haz predicciones y confírmalas al leer. Haz predicciones sobre lo que vas a aprender o sobre lo que va a pasar a continuación. ¿Fueron acertadas tus predicciones? Puedes cambiar tus predicciones a medida que lees más detalles sobre el tema o relato.

Usa organizadores gráficos para concentrarte en el propósito de lectura. Puedes usar mapas de los cuentos para selecciones de ficción. Las tablas de S-Q-A son útiles para las selecciones que no sean ficción.

Resume lo que has aprendido a medida que lees partes de la selección. Si no estás seguro de entender lo que acabas de leer, **vuelve a leer** esa parte.

AHORA TE TOCA A TI

Elige un artículo o cuento corto que quieras leer. Lee la selección una vez y luego resume lo que leíste. Lee la selección de nuevo usando las estrategias que acabas de aprender. Escribe unas oraciones en las que digas las diferencias entre la primera lectura y la segunda.

MODELO DE LITERATURA

En el capítulo 3 aprendiste acerca de la voz personal. En este capítulo usarás lo que aprendiste para escribir una narrativa personal, o sea una historia sobre ti mismo. Antes de comenzar, vas a leer una narrativa personal de una niña china que encuentra una amiga por primera vez en los Estados Unidos. Mientras lees, piensa en el punto de vista de la escritora y en lo que esta historia cuenta sobre ella.

Mi primera amiga americana

por Sarunna Jin
ilustrado por Stacey Schuett

Sarunna Jin dejó su casa en China cuando tenía apenas seis años. Como alumna del tercer grado, ella escribió esta narrativa acerca de su experiencia con una amiga cuando llegó a los Estados Unidos por primera vez.

Poco después de llegar a los Estados Unidos, entré en el primer grado. No sabía nada de inglés. Por eso, era difícil para mí hacer las cosas. Trataba de hablar con otros niños pero no nos entendíamos.

73

CAPÍTULO 6
Narrativa personal

Nadie jugaba conmigo. Qué triste me sentía, y qué falta me hacían las amigas y amigos que había dejado atrás. Me puse más triste todavía cuando mi mamá leyó una carta de mi abuela. Decía que una de mis amigas en China había tocado a la puerta y había preguntado, "¿Ya regresó Sarunna?". Eso me puso más triste. Entonces ocurrió algo que me hizo sentir mejor.

Yo estaba sentada en mi pupitre a la hora del juego, cuando una niña llamada Ali vino a jugar conmigo. Ali tenía ojos azules, una sonrisa simpática y pelo rubio muy bonito. Yo nunca había visto pelo tan bonito. Aunque yo hablaba muy poquito inglés, Ali y yo nos divertimos mucho. Ella me dejó tocar su lindo pelo.

Desde ese día en adelante, siempre jugábamos juntas en la escuela. A veces jugábamos en los columpios, a veces jugábamos en el rodadero.

En el salón, armábamos cubos y pintábamos juntas. Ali y yo nos convertimos en mejores amigas y nos sentíamos muy felices.

Al terminar el año escolar, Ali me dijo que se iba a mudar a otra escuela. Me sentí triste otra vez porque mi mejor amiga se iba. El último día de escuela, nos abrazamos y nos despedimos.

En el segundo grado, mi inglés mejoró mucho. Todavía tenía algunos problemas con el idioma, pero hice muchos amigos nuevos.

Este año estoy en tercer grado, ¡y mi inglés es perfecto! Ahora tengo muchos amigos. Me siento muy contenta, pero siempre recordaré a Ali, mi primera amiga americana.

El poder de las palabras

ex•pe•rien•cia *s.* Algo que uno ha vivido; conocimiento o habilidad que se gana al hacer algo.

Analiza el modelo

1. Cita algunas palabras coloridas que Sarunna usa para ayudarte a imaginar los sucesos de su narrativa personal.
2. ¿Qué hacen el principio, el medio y el final de una narrativa personal?
3. Piensa en lo que Sarunna aprendió. ¿Qué dirías tú si un amigo te dijera: "Me da miedo hacer amigos en mi escuela nueva"?

CAPÍTULO 6

Narrativa personal

LA LECTURA Y LA ESCRITURA

Partes de una narrativa personal

En su narrativa personal, Sarunna Jin describió un suceso importante de su vida. Estudia esta narrativa personal, escrita por un estudiante que se llama Marty. Fíjate en las partes de una narrativa personal.

MODELO

La práctica hace al maestro

- *punto de vista del escritor*
- *principio*

Me encanta tocar la trompeta. En primer grado, todos me decían que tenía mucho talento y me lo creí. Sólo practicaba la música que me gustaba.

- *diálogo/ uso de Yo*

Yo pertenecía a la banda de la escuela. Un día, el director me dijo: "Marty, aquí tengo un solo. Quiero que lo toques en el concierto. Asegúrate de practicar mucho".

"¡Lo puedo tocar con los ojos cerrados!", dije.

- *uso de mi*
- *medio*

Llegó el día del ensayo final. Yo no había practicado nada de mi solo. El director levantó la batuta y empezamos a tocar. Todo nos fue muy bien hasta que llegó mi solo. El sonido salió claro, pero las notas y el ritmo estaban totalmente mal. Al final casi se me salían las lágrimas.

Por suerte, me quedaba una semana antes del concierto. Estuve practicando el solo todas las noches. Me quedaba despierto hasta la hora que me permitieran mis padres.

La noche del concierto, toqué el solo bien pero no era lo mejor que había tocado. Mi experiencia me enseñó que practicar es muy importante. ¡Y estaba seguro de que me prepararía mejor para el próximo concierto!

— detalles/uso de *yo*

— final/punto de vista del escritor

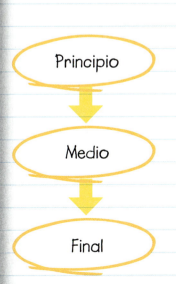

Analiza el modelo

1. ¿Por qué escribe Marty sobre la trompeta?
2. ¿Qué detalles usa Marty para ayudarte a formar una imagen de los sucesos?
3. ¿Qué puedes aprender del relato de Marty?

Resume el modelo

Usa un diagrama para definir los hechos principales en la narrativa personal de Marty. Luego escribe un resumen. Incluye los puntos importantes, no los detalles.

Principio → Medio → Final

El arte de escribir

Voz personal Busca palabras y oraciones en la narrativa personal de Marty que expresen lo que piensa y lo que siente. Di por qué Marty las usa.

77

CAPÍTULO 6
Narrativa personal

Antes de escribir

Propósito y audiencia

Marty escribió un relato real sobre la importancia de practicar la trompeta. ¿Qué te encanta hacer a ti? ¿Has aprendido algo acerca de ti mismo al llevar a cabo esa actividad? En este capítulo, les contarás a tus compañeros acerca de una actividad que es importante para ti por medio de una narrativa personal.

Estrategias que usan los buenos escritores

- Decide cuál es tu propósito y tu audiencia.
- Haz un mapa del principio, el medio y el final de tu narrativa.

TEMA DE ESCRITURA Escribe una narrativa personal para tus compañeros acerca de una actividad que te encanta. Describe un suceso que te pasó cuando llevabas a cabo esa actividad. Luego cuenta algo que este suceso te enseñó acerca de ti mismo. Organiza tu relato para que tenga un principio, medio y final.

Antes de empezar, piensa en tu audiencia y en tu propósito. ¿Para quién escribes? ¿Qué se supone que les digas?

MODELO

Marty hizo un mapa de escritura para planificar su narrativa personal:

| Me encanta tocar la trompeta. | → | No practiqué el solo y toqué mal en el ensayo final. | → | Practicar es importante. |

Principio (Actividad)   **Medio** (Suceso importante)   **Final** (Lo que aprendí)

AHORA TE TOCA A TI

Elige una actividad sobre la cual escribir. Luego usa un mapa de escritura como el de Marty para planificar tu narrativa personal.

Borrador

CAPÍTULO 6

Narrativa personal

Organización y elaboración

Antes de empezar tu borrador, lee estos pasos:

PASO 1 Primero, describe la actividad. Diles a los lectores por qué te gusta la actividad.

PASO 2 Usa detalles para describir algo que pasó cuando llevaste a cabo la actividad.

PASO 3 Usa las estrategias de voz personal que aprendiste en el capítulo 3.

PASO 4 Al final, diles a los lectores lo que has aprendido acerca de ti mismo como resultado de la actividad.

MODELO

Aquí tienes el principio de la narrativa personal de Marty. ¿Qué actividad va a describir?

> Me encanta tocar la trompeta. En primer grado, todos me decían que tenía mucho talento y me lo creí. Sólo practicaba la música que me gustaba.

AHORA TE TOCA A TI

Escribe un borrador de tu narrativa personal. Usa como guía el mapa de escritura que hiciste. Cuenta el suceso y explica lo que aprendiste. Recuerda que debes usar tu voz personal.

Estrategias que usan los buenos escritores

- Usa palabras descriptivas vívidas.
- Usa tu voz personal para describir lo que piensas y sientes.

Usa una computadora para hacer el borrador de tu ensayo. Puedes usar el programa de corrector de palabras (spell-check) para verificar la ortografía.

CAPÍTULO 6

Narrativa personal

Revisar

Organización y elaboración

Lee tu borrador cuidadosamente. Piensa en estas preguntas:

- ¿Cómo puedo mejorar el principio, el medio y el final?
- ¿Dónde debería añadir datos o detalles?
- ¿Hay datos que no son necesarios?
- ¿Cómo puedo explicar más claramente lo que aprendí?

Estrategias que usan los buenos escritores

- Añade los datos que el lector va a necesitar para entender los sucesos.
- Elimina los datos innecesarios.
- Une las oraciones que puedas.

MODELO

Mira cómo Marty revisó su narrativa personal. ¿Qué información añadió? Busca una oración que haya eliminado. Fíjate en la última oración. Observa cómo cambió la oración para "mostrar" en lugar de "decir" algo de sí mismo.

> Yo pertenecía a la banda de la escuela. Un día, el director me dijo: ~~"Eso es todo por hoy~~. Marty, aquí tengo un solo. Quiero que lo toques en el concierto. Asegúrate de practicar mucho".
> "Lo puedo tocar con los ojos cerrados!" dije.
> ~~Pero a mí me encantaba jactarme, y yo pensaba que nunca tendría que practicar.~~

AHORA TE TOCA A TI

Revisa tu narrativa personal. Añade detalles para ayudar al lector a comprender los hechos claramente. Elimina los detalles que no necesites. Si quieres, puedes intercambiar tu ensayo con el de un compañero y pueden darse sugerencias.

Corregir

CAPÍTULO 6
Narrativa personal

Revisar el uso del idioma

Cuando corriges el texto, buscas errores en la gramática, en la ortografía de las palabras, en la puntuación y en el uso de mayúsculas. Si no corriges esos errores, puede ser que lo que escribas no les quede claro a los lectores.

MODELO

Así continúa el trabajo de Marty. Después de revisarlo, corrigió la ortografía de su relato. Fíjate en los signos de puntuación que añadió. ¿Qué otros errores corrigió?

> Llegó
> El día del ensayo final. Yo no había practicado nada de mi solo. El director levantó la batuta. Empezamos a tocar. Todo nos fue muy bien hasta que llegó mi solo. el sonido salió claro, pero las notas y el ritmo estaban totalmente mal. Al final casi se me salían las lágrimas.

AHORA TE TOCA A TI

Corrige tu relato. Asegúrate de:
- usar oraciones completas.
- empezar las oraciones con mayúscula.
- añadir los signos de puntuación necesarios al principio y al final de las oraciones.
- revisar la ortografía.

Estrategias que usan los buenos escritores

- Usa oraciones completas.
- Añade los signos de puntuación necesarios al principio y al final de las oraciones.
- Revisa la ortografía.

Marcas editoriales
- Borrar texto
- Añadir texto
- Mover texto
- Párrafo nuevo
- Mayúscula
- Minúscula
- Corregir ortografía

CAPÍTULO 6
Narrativa personal

Publicar

Compartir tu trabajo

Ahora vas a publicar tu narrativa personal. Responde a estas preguntas como ayuda al decidir cuál es la mejor manera de mostrar tu trabajo:

1. ¿Quién es tu audiencia? ¿Cómo puedes publicar tu narrativa personal de manera que tu audiencia pueda leerla y disfrutarla?

2. ¿Deberías incluir ilustraciones con la narrativa personal para ayudar a los lectores a imaginarse más claramente los sucesos que describes?

3. ¿Deberías presentarle tu narrativa personal en voz alta? Para representar tu relato, usa la información que aparece en la página 83.

USANDO TU Manual

Usa la guía de calificación de la página 496 para evaluar tu narrativa personal.

Reflexionar sobre lo escrito

 Usar tu portafolio ¿Qué aprendiste sobre tu modo de escribir en este capítulo? Escribe la respuesta a cada pregunta que sigue.

1. ¿Lo que escribiste cumplió su propósito?

2. Según la guía de calificación de tu Manual, ¿qué calificación le darías a lo que escribiste?

Coloca tus respuestas y tu narrativa personal en tu portafolio. Luego revisa tu narrativa personal, el primer ensayo de tu portafolio. Haz una lista de maneras de mejorar lo que escribes. Coloca la lista en tu portafolio.

Representa un cuento

Marty decidió representar su narrativa personal. Tocó la trompeta para representar varias partes de ella. Si quieres representar tu narrativa personal, sigue estos pasos:

PASO 1 Planifica cómo deben verse y sonar los personajes de tu narrativa personal. ¿Mueven las manos de cierta manera? ¿Cómo son sus voces?

PASO 2 Busca objetos para representar tu relato. Ya que tu narrativa es sobre algo que te gusta hacer, busca algo relacionado con esa actividad. Puedes usar diferentes tipos de ropa, fotos y otros objetos.

PASO 3 Decide cómo quieres presentar tu narrativa personal. ¿Quieres leerla exactamente como está o quieres dejar a un lado lo que escribiste y presentarlo más dramáticamente? Puedes pedir a tus amigos de la clase que te ayuden a presentar tu narrativa personal como obra de teatro.

Presentación oral

Éstas son algunas sugerencias para mejorar tu presentación oral:

- Busca la voz apropiada para cada persona de tu narrativa. Ensaya con tu voz. Prueba voces fuertes, voces bajas, voces que hablan lentamente y otras.

- Imita las acciones de las personas que aparecen en tu narrativa.

- Practica antes de presentar tu narrativa para que no tengas que estar mirando las palabras constantemente.

Unidad 1
Repaso de gramática
CAPÍTULO 1
Oraciones páginas 24–25

Oraciones *páginas 24–33*

A. Escribe *oración* si el grupo de palabras forma una oración completa. Escribe *no es una oración* si el grupo de palabras no es un oración completa.

1. Me encanta la artesanía.
2. Dibujos en unas vasijas de arcilla.
3. Vasijas de muchos colores distintos.
4. Algunos artesanos dibujaron animales en sus vasijas.
5. Hacer algo de artesanía.

Tipos de oraciones *páginas 26–27*

B. Escribe si las siguientes oraciones son una afirmación, una pregunta, un mandato o una exclamación.

6. Mira mi colcha.
7. ¡Es tan bonita!
8. ¿La hizo un artesano?
9. Mi padre la compró en una feria de artesanía.
10. ¿Te gusta?

Puntuación de las oraciones *páginas 28–29*

C. Escribe correctamente las siguientes oraciones. Comiénzalas con mayúscula. Pon los signos de puntuación que correspondan.

11. viste las colchas que había en la feria de artesanía
12. explícame cómo se hacen estas colchas
13. cosieron muchos retazos juntos
14. qué hermosa es aquella colcha
15. tenía unos dibujos muy coloridos

Sujetos simples y completos

páginas 34–35

A. Escribe una oración. Subraya los sujetos completos. Subraya con doble línea los sujetos simples.

1. Mi hermana Anita cantó mi canción favorita.
2. Nuestra mamá nos la enseñó hace años.
3. La hermosa canción tiene muchas notas agudas.
4. Nuestra maestra de música le enseñó a Anita a cantar.
5. Nuestro perro la canta a coro con nosotras.

Sustantivos en el sujeto *páginas 36–37*

B. Escribe el sujeto completo de cada oración. Escribe el sustantivo que es el sujeto simple.

6. Los estudiantes de mi clase trajeron discos.
7. Mi mejor amigo trajo un libro de canciones.
8. El estilo favorito de Carla es el jazz.
9. El niño que se sienta a mi lado trajo una vieja grabación.
10. La maestra compartió algunas de sus canciones.

Combinación de oraciones: Sujetos compuestos *páginas 38–39*

C. Formar una oración con un sujeto compuesto.

11. Carlos toca el piano. Javier toca el piano.
12. Sus padres estaban muy contentos. Sus abuelos estaban muy contentos.
13. Su abuela les compró un piano. Su abuelo les compró un piano.
14. Sus amigos acudieron a oírlos tocar. Sus vecinos acudieron a oírlos tocar.
15. La música llenó la casa. La risa llenó la casa.

Unidad 1 Repaso de gramática

CAPÍTULO 2

Sujetos y sustantivos

páginas 34–43

Unidad 1
Repaso de gramática
CAPÍTULO 4
Predicados/ Verbos
páginas 52–61

Predicados simples *páginas 52–53*

A. Subraya los predicados completos una vez. Subraya los predicados simples dos veces.

1. Algunas familias compran casas nuevas.
2. Otras familias construyen casas nuevas.
3. Algunas construyen la casa por su cuenta.
4. Otras contratan a una empresa constructora.
5. Un contratista hizo esta casa.

Verbos en el predicado *páginas 54–55*

B. Subraya el verbo que es el predicado simple.

6. Lino es un buen constructor.
7. Él sabe mucho sobre las técnicas de construcción.
8. Lino contrata obreros buenos.
9. Sus obreros y él trabajan en equipo.
10. Todos hacen su trabajo bien.

Combinar oraciones: Predicados compuestos *páginas 56–57*

C. Une cada par de oraciones para formar una sola oración con un predicado compuesto.

11. Tanika compró una casa antigua. Tanika la arregló.
12. Ella escogió los colores de la cocina. Ella compró la pintura.
13. Tanika pintó la cocina. Tanika esperó que la pintura se secara.
14. El fregadero era viejo. El fregadero necesitaba tuberías nuevas.
15. Tamika quitó las tuberías viejas. Tamika puso unas nuevas.

Oraciones completas *pages 62–63*

A. Escribe *oración completa* u *oración incompleta*.

1. Cuento popular como éste.
2. ¿Qué son los cuentos populares?
3. Son cuentos muy antiguos.
4. Miles de años.
5. Alguien le contó el cuento a otra persona.

Oraciones simples y compuestas *páginas 64–65*

B. Escribe si las oraciones son simples o compuestas.

6. A menudo, los personajes buenos de los cuentos ganan.
7. Los personajes malos hacen cosas malas y son castigados.
8. Los actos de buena voluntad son recompensados.
9. Algunas personas no sabían por qué ocurrieron ciertas cosas, y se inventaron la explicación.
10. Algunas personas no entendían los truenos, e inventaron sus propias explicaciones.

Combinación de oraciones

páginas 66–67

C. Usa la palabra que hay entre paréntesis para unir cada par de palabras. No olvides usar las comas.

11. Este cuento es un poco triste. Me gustó, de todas formas. (pero)
12. Lo escribí yo misma. Hice el dibujo. (e)
13. Los hijos crecen. Se van a vivir lejos de sus familias. (y)
14. Se casó con la mujer que quería. Ella vive lejos. (pero)
15. Quizás cambie el final. Tal vez lo deje como está. (o)

Unidad 1
Repaso de gramática

CAPÍTULO 5

Oraciones simples y compuestas

páginas 62–71

Unidad 1
Conclusión

Escribir sobre otras materias:
Arte y creatividad

Había una vez . . .

Los cuentos se pueden contar de muchas maneras. A veces se escriben, pero también se pueden contar con ilustraciones, canciones y movimientos. Elige un cuento que conoces bien. Luego cuéntalo de diferentes maneras. Aquí tienes varios pasos que te ayudarán a hacerlo.

Elige un cuento

Con un grupo de compañeros elige un cuento que todos conozcan. Vuelvan a leer el cuento y respondan las siguientes preguntas:

- ¿Quiénes son los personajes? Descríbanlos.

- ¿Cuáles son los sucesos principales? Hagan una lista de ellos.

- ¿Dónde ocurre el cuento? Describan el lugar.

- ¿Qué les hace sentir el cuento? Expliquen su respuesta.

Cuenta el cuento de otra manera

- Cuenten el cuento con ilustraciones. Planifiquen las escenas que van a ilustrar del cuento y pidan a cada miembro del grupo que dibuje una escena. Pongan las ilustraciones en un cartel en la secuencia en que ocurren. Añadan o cambien ilustraciones si el cuento es difícil de entender. Exhiban el cartel.

- Escriban una canción que relate el cuento. Asignen diferentes partes de la canción a cada miembro del grupo. Canten la canción a sus compañeros. Asignen papeles a los miembros del grupo y representen el cuento con movimientos solamente.

Compara los cuentos

- Con el grupo habla de qué otra manera contaron el cuento. ¿Qué fue fácil y difícil de contar con las ilustraciones, la canción y los movimientos?

- Escriban un ensayo corto comparando las diferentes maneras en que contaron el cuento. Compartan el ensayo con sus compañeros.

Libros de lectura

La danza de Yaxum
por Rossana Bohórquez
FICCIÓN
El joven Yaxum amó tanto al Sol que quiso ofrecerle una danza. Aprendió a bailar imitando los movimientos de todo lo que veía.

Camila come cuentos
por Laurence Herbert
FICCIÓN
A Camila le gustan tanto los libros que se los come. Los toma tan en serio que se transforma en diferentes personajes.

Unidad 2

Gramática — Más sobre sustantivos y verbos

Escritura — Informativa: Explicación

CAPÍTULO 7
Más sobre sustantivos 92

CAPÍTULO 8
Sustantivos singulares y plurales 102

CAPÍTULO 9
El arte de escribir:
Organizar párrafos
Escribir instrucciones 112

CAPÍTULO 10
Género del sustantivo 120

CAPÍTULO 11
Verbos de acción
 y verbos *ser* y *estar* 130

CAPÍTULO 12
Proceso de escritura
Escribir un ensayo de instrucciones . . 140

Receta para la ensalada de frutas de Nancy

manzanas
naranjas   melones
fresas   kiwis
                  uvas

• Corta las frutas en bocados pequeños.
• Mezcla todo en una fuente grande.

CAPÍTULO 7

Más sobre sustantivos

Sustantivos

Un **sustantivo** es una palabra que nombra una persona, un animal, un lugar o una cosa.

Puedes hacer que lo que escribes sea más claro y más interesante de leer si eliges con mucho cuidado los sustantivos que usas.

Ejemplos:

persona: Asegúrate de que un **adulto** te ayude cuando cocines.

animal: Saco a mi **perro** con la correa puesta.

lugar: No corran por los **pasillos.**

cosa: Usamos **gafas** protectoras en la clase de ciencias.

El poder de las palabras

pre-cau-ción

s. Cuidado que se toma por adelantado; medida que se toma para evitar un daño o un peligro.

Práctica dirigida

A. Halla todos los sustantivos de la oración.

Ejemplo: En el laboratorio hay muchos frascos.
laboratorio, frascos

1. Consulta a un adulto antes de comer comida extraña.
2. Guarda todos tus juguetes.
3. No dejes los juguetes en las escaleras.
4. Usa una alfombrilla en la bañera para no resbalarte.
5. Asegúrate de que el agua no esté demasiado caliente.
6. Nunca toques una estufa caliente.
7. Cuando uses herramientas, pide a los adultos que te ayuden.
8. Es peligroso usar la electricidad cerca del agua.
9. Ten cuidado con los perros que no conozcas.
10. Deja que los adultos recojan el vidrio roto.

Práctica individual

B. Escribe las oraciones. Subraya los sustantivos.

Ejemplo: Nunca corras en los pasillos de la escuela.
Nunca corras en los <u>pasillos</u> de la <u>escuela</u>.

11. Escucha las instrucciones de tu maestro.
12. Quédate sentado en tu silla.
13. Maneja las tijeras con cuidado.
14. Toma turnos en el parque.
15. Mantén el piso limpio.

C. Escribe si la palabra subrayada es *persona*, *animal* o *cosa*.

Ejemplo: Siéntate en el <u>autobús</u> escolar. *cosa*

16. Mantén tus <u>brazos</u> dentro del autobús.
17. Presta atención al <u>conductor</u>.
18. Habla silenciosamente con un <u>amigo</u>.
19. Ten cuidado cuando llegues a tu <u>parada</u>.
20. Fíjate en los <u>carros</u> al cruzar.

Conexión con la escritura

Diario de un escritor: Banco de palabras Para ayudar a los estudiantes a hacer una lista de sustantivos relacionados con la seguridad, pídales que piensen en distintos lugares en donde deberían prestar atención por su seguridad, como en casa, en la escuela y en las zonas donde juegan. Luego los estudiantes pueden trabajar en pareja para escribir sus listas.

Personas/Animales	Lugares	Cosas
bombero perros	estación de policía	alarma de fuegos semáforo

93

CAPÍTULO 7
Más sobre sustantivos

Sustantivos propios y comunes

Un **sustantivo común** nombra a cualquier persona, animal, lugar o cosa. Un **sustantivo propio** es el nombre de una persona, animal, lugar o cosa en particular.

Los sustantivos comunes comienzan con letra minúscula. Los sustantivos propios comienzan con letra mayúscula.

Ejemplos:
Nombres comunes:
Para su seguridad, los **niños** deben mirar bien antes de cruzar una **calle**.

Nombres propios:
Carmen y **María** miraron bien antes de cruzar la calle **Central**.

Práctica dirigida

A. Di si el sustantivo subrayado es un sustantivo común o propio.

Ejemplo: "No corras al cruzar la calle Central," dijo María.   *propio, propio*

1. Las niñas se detuvieron en la acera.
2. María miró en ambas direcciones.
3. Los niños esperaron el autobús frente a los Almacenes Rico.
4. Usa los ojos y los oídos para saber si vienen carros.
5. Le enseñamos a nuestra perra, Mandy, a sentarse en la acera.

94

Práctica individual

Recuerda que un sustantivo nombra una persona, un animal, un lugar o una cosa.

B. Escribe cada oración poniendo mayúscula en el sustantivo propio.

Ejemplo: carmen se pone el cinturón de seguridad.
Carmen se pone el cinturón de seguridad.

6. Su gata elsa irá segura en su cesta.
7. La familia garcía usa el cinturón de seguridad cuando hace viajes largos para ver al tío alan.
8. Tambien usan el cinturón de seguridad en viajes cortos a los ángeles.
9. estela le dice a maría que no saque la mano por la ventanilla.
10. Los hijos de julio se portan bien.

C. Reemplaza las palabras subrayadas con sustantivos propios.

Ejemplo: El maestro nos enseñó a andar en bicicleta.
El señor Sánchez nos enseñó a andar en bicicleta.

11. Fíjate de usar bien la bicicleta.
12. Pide a un adulto que te ayude a revisar los frenos.
13. Lleva a arreglar la bicicleta a un negocio cuando se te rompa.

Conexión con la escritura

Tecnología Busca en Internet temas de seguridad. Imprime la información que encuentres. Haz una lista en grupo sobre temas de seguridad. Organiza los temas en diferentes listas, cada una encabezada con los siguientes títulos: *Personas/Animales, Lugares, Cosas.* Cuando hagas la lista de sustantivos propios, no te olvides de usar mayúsculas.

CAPÍTULO 7

Más sobre sustantivos

USO Y PUNTUACIÓN
Abreviaciones y títulos

Una **abreviación** es una manera corta de escribir una palabra.

Casi todas las abreviaciones terminan con un punto. Las abreviaciones de los **títulos** de las personas, como *Sr., Sra., Srta., Dr.* y *Dra.* comienzan con mayúscula, pero cuando se escribe la palabra completa, se escribe con minúscula: *la doctora Gómez, el Sr. Valdés.*

Ejemplo:
La **Srta.** Ruiz nos da clases de natación.

Algunas abreviaciones comunes		
Prof. (profesor)	ej. (ejemplo)	av. (avenida)
Ud. (usted)	depto. (departamento)	km (kilómetros)
pág. (página)	lb (libras)	m (metros)
cap. (capítulo)	min (minutos)	cm (centímetros)
a.m. (mañana)	s (segundos)	mm (milímetros)

Práctica dirigida

A. Di la abreviatura de las palabras subrayadas.

Ejemplo: Aprende a nadar con el <u>señor</u> Miranda.   Sr.

1. <u>Usted</u> puede tomar una clase en la alberca.
2. La mejor hora para nadar sin riesgos en el lago son las 10 <u>de la mañana</u>.
3. Nada solamente cuando la <u>señorita</u> Wong, que es salvavidas, esté allí.
4. La pianista famosa vive en <u>avenida</u> Corrientes.
5. El <u>doctor</u> Ramírez dijo que usemos chalecos salvavidas en los botes.

Práctica individual

B. Vuelve a escribir las oraciones. Escribe la palabra completa que corresponde a cada abreviación subrayada.

Ejemplo: El depto. de seguridad de la ciudad está preparando un manual.   *departamento*

6. El manual tiene muchos caps. importantes.
7. Se presentan los temas con un ej. interesante.
8. Lo estoy leyendo y voy por la pág. 30.
9. Recomienda no salir al sol ni por un min. sin crema protectora.
10. Las horas más peligrosas para salir al sol en verano empiezan a las 11 a.m.
11. El periodo de mayor riesgo termina a las 2 p.m.
12. El Prof. Peña fue uno de los asesores del manual.
13. La Dra. Gutiérrez escribió la sección de primeros auxilios.
14. La Srta. Umpierre me dijo que es bueno tomar agua.
15. Yo le pregunté: "¿Ud. usa crema protectora para el sol?"

Recuerda

que una abreviación es una manera corta de escribir una palabra. Casi todas las abreviaciones terminan con un punto. Las abreviaciones de los títulos de las personas comienzan con mayúscula, pero cuando se escribe la palabra completa, se escribe con minúscula.

Conexión con la escritura

Escritura de la vida real: Cartel de seguridad
Usa libros o Internet para hacer un cartel de seguridad en tu barrio. Escribe el límite de velocidad para los conductores, y las calles y avenidas que los niños pueden usar para andar en bicicleta. Usa abreviaciones cuando puedas. Añade dibujos de colores para que tu cartel sea más atractivo.

CAPÍTULO 7
Más sobre sustantivos

Práctica adicional

A. Escribe todos los sustantivos de cada oración. *páginas 92–93*

Ejemplo: Nunca juegues con fósforos o velas.
fósforos, velas

1. No pongas papeles cerca de calentadores.
2. Sólo los adultos pueden encender el fuego.
3. Tu familia debe limpiar la chimenea.
4. Nunca uses la estufa sin estar con un adulto.
5. Lo mejor es tener un plan de escape.

B. Vuelve a escribir cada oración. Pon en mayúscula los sustantivos propios. *páginas 94–95*

Ejemplo: Patina en la acera, no en calle central.
Patina en la acera, no en calle Central.

6. El señor díaz dice que siempre debemos usar un casco y protectores cuando patinamos.
7. El doctor ramos dice que debes hacer un precalentamiento antes de patinar.
8. Patina en lakewood park.
9. jacinto se queda a la derecha.
10. Puedes comprar equipo protector en tommy's super skateland.

C. Escribe la abreviación de cada palabra subrayada. *páginas 96–97*

Ejemplo: Mira 5 <u>metros</u> adelante cuando patines.   *m.*

11. Debes patinar a las 9:00 (<u>de la mañana</u>).
12. A las 9:00 (<u>de la noche</u>) es muy oscuro.
13. ¿Cuántos <u>kilómetros</u> puedes patinar?
14. No te distraigas ni siquiera por un <u>minuto</u>.
15. A veces puedes tener sólo un <u>segundo</u> para esquivar a otro patinador.

Recuerda

que el sustantivo común lleva minúscula. El sustantivo propio lleva mayúscula. Una abreviación termina con un punto. Las abreviaciones de los títulos de las personas comienzan con mayúscula, pero cuando se escribe la palabra completa, se escribe con minúscula.

Para hallar más actividades con sustantivos y abreviaciones, visita **The Learning Site:** www.harcourtschool.com

D. Lee las siguientes oraciones. Si las mayúsculas son usadas correctamente, escribe *correcto*. Si hay un error, escribe *incorrecto*. Luego escribe la oración correctamente.

páginas 96–97

Ejemplo: "Usa protectores cada vez que patines", recordó el sr. Bell.   *incorrecto: Sr.*

16. Usa adhesivos que brillen de noche si patinas a las 9:00 p.m.
17. Necesito comprar un vendaje para el pie que me duele en la farmacia max.
18. El sr. Torres dice que es mejor pisar con los patines hacia afuera cuando bajas las escaleras.
19. No patines en chung park o en cualquier parte donde diga "Prohibido patinar".
20. Ten cuidado con las ramitas o las piedras del camino.

Conexión con la escritura

El arte de escribir: Dar razones Escribe una oración que explique una medida de seguridad importante. Luego pide a varias personas que te cuenten si esta medida de seguridad los ayudó en alguna oportunidad. Luego de hablar con varias personas, haz una lista de las distintas razones expuestas para seguir la medida de seguridad. Usa la lista de ideas para escribir un párrafo que explique por qué la medida de seguridad es importante de seguir. Al terminar, intercambia tu escrito con el de un compañero. Subraya los sustantivos comunes. Luego traza un círculo en los sustantivos propios.

CAPÍTULO 7
Más sobre sustantivos

Repaso del capítulo

Lee el pasaje. Algunas partes están subrayadas. Elige la mejor forma de escribir la parte subrayada y marca la letra correspondiente como respuesta. Si la parte subrayada no necesita cambios, marca "Sin error".

---

(1) <u>Wonder park</u> tiene carteles para los visitantes. (2) El cartel de entrada dice "Primer Sendero 500 <u>m</u>" (3) Hay otro cartel que indica: <u>sendero del lago</u> 1 km. (4) El guardaparques, <u>Carlos Montes</u>, te advierte que debes saber el pronóstico del tiempo antes de visitar el parque. (5) No es muy bueno comenzar la visita a las <u>7:00 PM</u> . (6) El <u>sr. Rivera</u> dice que siempre debes visitar el parque con un adulto.

SUGERENCIA
Lee el pasaje para estar seguro de que lo entiendes. Luego vuelve a leerlo para responder las preguntas.

1
A wonder park
B Wonder Park
C Wonder Pk
D Sin error

2
F m.
G mt
H met.
J Sin error

3
A Sendero del Lago
B Del lago Sendero
C Sendero del lago
D Sin error

4
F Carlos montes
G carlos Montes
H Montes Carlos
J Sin error

5
A 7:00.
B 7:00 P.m.
C 7:00 p.m.
D Sin error

6
F Srs. Rivera
G Sr. Rivera
H Sr. rivera
J Sin error

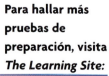

Para hallar más pruebas de preparación, visita *The Learning Site:*
www.harcourtschool.com

Leer cuadros y tablas

La tabla que sigue te ayuda a nadar en condiciones seguras. Es importante saber cómo leer cuadros y tablas.

Condiciones seguras para nadar				
Cantidad de nadadores	1–10	11–25	26–35	36–50
Cantidad de salvavidas	1	1	2	2
Cantidad de observadores	1	2	3	4

Usa la tabla para responder las preguntas que siguen.

1. ¿Qué te dicen los números de la fila del medio?
2. ¿Cuántos salvavidas tienen que haber si hay diez personas nadando?
3. ¿Cuántos observadores tienen que haber si hay treinta personas nadando?
4. ¿Cuántas personas tienen que haber en total si hay cuarenta personas nadando?

AHORA TE TOCA A TI

Trabaja con un compañero para hacer una tabla que muestre cuántas personas siguen los consejos de seguridad. Aquí tienes los pasos que debes seguir:

1. Piensa en tres consejos que usarás. Pregunta a niños y adultos si siguen cada consejo. Anota sus respuestas.

2. En la parte superior de la tabla, escribe los tipos de persona a los cuales les hiciste la pregunta: Adultos, Niños.

3. Escribe los consejos a la izquierda de la tabla.

4. Llena la información que recogiste para mostrar cuántos niños y cuántos adultos usan cada uno de los consejos.

DESTREZAS DE ESTUDIO

CAPÍTULO 8
Sustantivos singulares y plurales

El poder de las palabras

nu-trien-te *s.* Algo en la comida que ayuda a las personas, animales y plantas a mantenerse sanos.

Sustantivos en singular y en plural

Un **sustantivo singular** nombra a una persona, animal, lugar o cosa. Un **sustantivo plural** nombra a más de una persona, animal, lugar o cosa.

Si el sustantivo termina en una vocal, puedes formar el plural añadiendo una -s.

Ejemplos:

Sustantivos en singular	Sustantivos en plural
manzana	manzanas
comida	comidas
planta	plantas

Práctica dirigida

A. Indica si la palabra subrayada en estas oraciones es un sustantivo singular o plural.

Ejemplo: La comida viene de <u>plantas</u> y animales.
sustantivo plural

1. Cada país tiene <u>comidas</u> distintas.
2. Unos alimentos vienen de las <u>plantas</u>.
3. Otros <u>alimentos</u> vienen de los animales.
4. Piensa en <u>lasaña</u>.
5. La <u>pasta</u> se hace de harina.
6. Los <u>granos</u> para la harina vienen de una planta.
7. La salsa también viene de <u>plantas</u>.
8. El <u>queso</u> se saca de la leche de vaca.
9. Los <u>condimentos</u> vienen de plantas distintas.
10. La lasaña lleva <u>salsa</u> de tomate.

102

Práctica individual

B. Escribe si cada palabra subrayada en las siguientes oraciones es un sustantivo singular o un sustantivo plural.

Ejemplo: La <u>comida</u> puede proceder de las plantas.
sustantivo singular

11. Piensa en los <u>alimentos</u> que comes.
12. Es fácil reconocer cada <u>tipo</u> de alimento.
13. La espinaca y la col son <u>plantas</u>.
14. La <u>zanahoria</u> y el rábano son raíces.
15. La <u>manzana</u> crece en un árbol.

C. Escribe el sustantivo o los sustantivos plurales de cada oración. Luego escribe la forma singular de cada sustantivo.

Ejemplo: Muchos alimentos vienen de las plantas.
alimentos, alimento; plantas, planta

16. Preparamos estas plantas de muchas maneras distintas.
17. Los desayunos con cereal son muy saludables.
18. Las galletas, la pasta y el pan se hacen de diferentes granos.
19. Los huevos, la carne y el queso son deliciosos.
20. Las frutas están protegidas por una cáscara.

Conexión con la escritura

Ciencias Haz una lista de alimentos que vienen de las plantas. Luego haz otra lista de alimentos que vienen de los animales. Repasa tu lista con un compañero. Busquen los sustantivos singulares y plurales de ambas listas.

Recuerda

que un sustantivo singular nombra a una sola persona, animal, lugar o cosa, y que un sustantivo plural nombra a varios.

CAPÍTULO 8

Sustantivos singulares y plurales

Formar el plural con -es

Unos sustantivos forman el plural añadiendo -es.

Los sustantivos singulares que terminan en una consonante forman el plural añadiendo -es. Observa los ejemplos de la tabla siguiente.

Sustantivos en singular	Sustantivos en plural
sal	sales
melocotón	melocotones
col	coles
pan	panes
melón	melones
frijol	frijoles
limón	limones

Práctica dirigida

A. Escribe el plural de los sustantivos entre paréntesis ( ).

Ejemplo: A Estrella le gusta comer con sus (familiar). *familiares*

1. Ella busca entre los (cajón) las cosas para poner la mesa.
2. Luego coloca los cuchillos, cucharas y (tenedor) en la mesa.
3. Su papá prepara un delicioso pollo con (frijol).
4. Le encantan también los diferentes (pan) que su mamá le prepara.
5. Para el postre, Estrella elige uno de los (melón) de la huerta.

104

Práctica individual

B. Escribe las siguientes oraciones. Escribe en plural los sustantivos que están entre paréntesis ( ).

Ejemplo: Marta ha plantado muchos (vegetal) en su huerta. *vegetales*

6. Marta tiene una huerta junto a los (jardín) de la finca de su tío Ignacio.
7. La huerta se riega por medio de un sistema de (canal).
8. Marta recoge algún tipo de vegetal en todas las (estación) del año.
9. Con los frutos de su huerta, Marta prepara auténticos (festín) para su familia.
10. A Marta le gusta cocinar para sus (familiar).

Recuerda

que los sustantivos terminados en vocal forman el plural añadiendo —*s*; los sustantivos terminados en consonante forman el plural añadiendo —*es*.

Conexión con la escritura

Diario de un escritor: Listas de sustantivos ¿Piensas que tu alimentación es equilibrada? Haz una lista de los alimentos que deberías añadir a tu dieta. Luego escribe una lista de los alimentos que comes y que no son muy saludables. Escribe correctamente los plurales de estos alimentos.

CAPÍTULO 8
Sustantivos singulares y plurales

USO Y PUNTUACIÓN

Más sobre el plural de los sustantivos

Existen algunas excepciones a la regla que acabas de estudiar. Los sustantivos que terminan en *-z* forman el plural añadiendo *–ces*.

| Sustantivos que forman el plural añadiendo *-ces* ||
Singular	Plural
hoz	hoces
pez	peces
nariz	narices
nuez	nueces
haz	haces

Práctica dirigida

A. Escribe el plural de los sustantivos que están entre paréntesis.

Ejemplo: Los (arroz) de diferentes países son distintos.
arroces

1. Los (maíz) sudamericanos son de gran calidad.
2. Los (pez) del río nos sirven de alimento.
3. Las (perdiz) son unas aves deliciosas.
4. Las (actriz) y deportistas cuidan mucho su alimentación.
5. Mi abuelo comía (codorniz) todas las semanas.

Práctica individual

Recuerda que los sustantivos terminados en –z forman el plural añadiendo –ces.

B. Lee las siguientes oraciones. Escribe el plural correcto.

Ejemplo: El labrador tenía varias (hoses/hoces) en su caseta de campo.
hoces

6. Muchos campesinos trabajan a las órdenes de (capataces/capataces).
7. En invierno, recogen muchos (hases/haces) de leña para calentarse.
8. A (veses/veces) no llueve mucho y las cosechas son pobres.
9. A menudo tienen que limpiar las huertas de hierbas y (raísez/raíces).
10. Los (pezes/peces) también sirven de alimento.
11. Marta mide cuatro (pies/pieces).
12. Sus hermanos serán (hombres/hombreses) fuertes.
13. Pedro se comió cinco (papases/papas).
14. Ayer vimos (lombrices/lombrizes) de tierra.
15. Los (gatos/gatoses) son blancos.

Conexión con la escritura

Escritura de la vida real: Publicidad
Imagina que se inaugura un restaurante de mariscos. Escribe un anuncio para el restaurante. Incluye el nombre del restaurante y algunos platos especiales. Usa por lo menos tres sustantivos en plural.

CAPÍTULO 8
Sustantivos singulares y plurales

Práctica adicional

A. Escribe los sustantivos que están en plural en las siguientes oraciones. *páginas 102–103*

Ejemplo: La pirámide de los alimentos sirve para comer de forma equilibrada.
alimentos

1. En la base de la pirámide están las comidas hechas de granos .
2. Estos alimentos están repletos de nutrientes.
3. Después vienen las verduras y frutas que contienen vitaminas.
4. Las proteínas se encuentran en la carne y los productos lácteos.
5. Los frutos secos y los guisantes contienen también muchas proteínas .

B. Escribe la forma plural de cada sustantivo subrayado. *páginas 102–105*

Ejemplo: Alicia sirvió dos vaso de jugo.
vasos

6. Los frijol contienen mucho hierro.
7. Yo como verduras dos vez al día.
8. Las sartén se ponen muy calientes.
9. El trigo, la avena y el maíz son cereal.
10. Las carnes y pescado son ricos en proteínas.

Recuerda

que los sustantivos singulares sirven para nombrar a una sola persona, lugar, animal o cosa, y los sustantivos plurales sirven para nombrar a varias. La mayoría de los sustantivos forman el plural añadiendo –s o –es después de la última letra.

Para hallar más actividades con sustantivos en plural y en singular, visita **The Learning Site**: www.harcourtschool.com

C. Escribe correctamente el plural de los sustantivos subrayados. *páginas 106–107*

Ejemplo: Todo estaba listo en la mesa, menos los <u>tenedor</u>.
tenedores

11. Los <u>familiar</u> de Elías llegaron a la cena.
12. Al contrario de otras <u>vez</u>, Elías lo tenía todo casi listo.
13. Sacó todos los cubiertos y los dos <u>mantel</u>.
14. La tía Elena hizo algunos comentarios sobre los cuadros de las <u>pared</u>.
15. Roberto fue quien más <u>frijol</u> comió.

D. Vuelve a escribir cada oración. Convierte los sustantivos plurales en sustantivos singulares.
páginas 102-107

Ejemplo: Luis no necesitó ayuda para terminarse el delicioso <u>tamales</u>.
tamal

16. Juan y Silvia, que llegaban de jugar fútbol, tenían mucho <u>apetitos</u>.
17. Juan había perdido un <u>calcetines</u>.
18. José tenía un lindo <u>relojes</u> nuevo.
19. El papá de Elías probó las <u>codornices</u> preparada por la tía Úrsula.
20. En la mesa había un <u>platos</u> grande de papas.

Conexión con la escritura

El arte de escribir: Explicaciones claras
¿Qué le dirías a un amigo que quiere mejorar sus hábitos alimenticios? Escribe un párrafo que explique cómo mantener una dieta equilibrada. Menciona al menos seis tipos de alimentos saludables en tu párrafo. Usa los plurales correctos de todos los sustantivos.

¿LO SABÍAS?
En general, las frutas y vegetales de color oscuro son más nutritivos que los de color claro.

CAPÍTULO 8

Sustantivos singulares y plurales

SUGERENCIA Lee las instrucciones con atención antes de comenzar.

Repaso del capítulo

Halla el plural que mejor corresponda a las siguientes oraciones.

1. Piensa en las _____ y vegetales del supermercado.
   - A fruts
   - B frutas
   - C silla
   - D sillas

2. Las frutas y _____ se cultivan en muchos estados.
   - A cablez
   - B vegetals
   - C cables
   - D vegetales

3. Florida produce gran cantidad de naranjas y _____.
   - A limones
   - B limóns
   - C ruedaz
   - D ruedas

4. Las manzanas y _____ crecen en Michigan.
   - A melocotons
   - B codornices
   - C codorniz
   - D melocotones

5. Vivas donde vivas, puedes plantar tus propios _____.
   - A tomates
   - B relojes
   - C relojs
   - D tomatez

6. Puedes plantar frijoles y _____ .
   - A cols
   - B raíses
   - C coles
   - D raíz

7. También puedes plantar melones y _____ .
   - A pantalones
   - B pantalón
   - C plátanoses
   - D plátanos

8. Mis vegetales favoritos son el maíz y las _____ .
   - A zanahorias
   - B guisantes
   - C zanahoriaz
   - D papa

Para hallar más actividades de preparación para las pruebas, visita **The Learning Site**:
www.harcourtschool.com

Observar y representar
Cómo leer mapas especiales

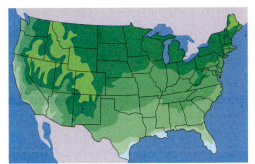 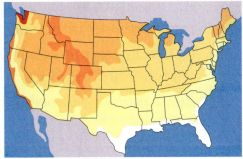

Fechas promedio en primavera
- Junio 1 - Junio 30
- Mayo 1 - Mayo 31
- Abril 1 - Abril 30
- Marzo 1 - Marzo 31
- Febrero 1 - Febrero 26
- Enero 1 - Enero 31

Fechas promedio en otoño
- Julio 1 - Julio 31
- Agosto 1 - Agosto 31
- Septiembre 1 - Septiembre 30
- Octubre 1 - Octubre 31
- Noviembre 1 - Noviembre 30
- Diciembre 1 - Diciembre 31

La mayor parte del país experimenta el fenómeno de las heladas. El mapa de la izquierda representa la última helada en cada zona. Este mapa te sirve para averiguar cuándo comienza la temporada para plantar las frutas y vegetales. El mapa de la derecha representa cuándo se produce la primera helada. Con él puedes averiguar cuándo finaliza la temporada de cultivo.

Busca tu estado en ambos mapas. Comprueba las fechas. Puedes plantar tu propia huerta después de la última helada y antes de la primera.

AHORA TE TOCA A TI

LEER UN MAPA   Elige a un compañero. Observen ambos mapas juntos. Comenten lo que ven en los mapas. Contesten las siguientes preguntas.

1. ¿En qué partes del país dura casi todo el año la temporada de cultivo?
2. ¿Cuál de los estados de Nueva Inglaterra tiene la temporada de cultivo más corta?
3. Si vivieras en Minnesota, ¿cuál sería el mejor mes para plantar una huerta?
4. ¿Cuándo podrías plantar una huerta si vivieras en la parte central de Florida?

DESTREZAS DE ESTUDIO

CAPÍTULO 9

Escritura informativa

El arte de escribir

Organizar párrafos

La escritura **informativa** es un tipo de escritura que proporciona **información** o explica algo.

Lee las siguientes instrucciones de bateo tomadas de El béisbol: Cómo jugar como las estrellas. A medida que lees, fíjate en el orden de los pasos.

MODELO DE LITERATURA

"Primero, debes escoger un bate que puedas manejar con facilidad, uno que no sea muy pesado", dice Mattingly. "…Luego, toma tu postura. Debes tener los pies a la misma distancia que tienes de un hombro al otro. La distancia entre los pies debe ser cómoda; no deben estar ni muy lejos ni muy cerca el uno del otro".

Levanta el bate. Las manos deben quedar a la altura del hombro posterior. Debes intentar pegarle a la pelota a la altura que viene o desde arriba. Nunca intentes pegarle desde abajo.

—tomado de *El béisbol: Cómo jugar como las estrellas* por Mark Alan Teirstein

Analiza el modelo

1. ¿Qué te explican estas instrucciones?
2. ¿Qué palabras te dicen el orden de los pasos?
3. ¿En qué se diferencian el primero y el segundo párrafo?

Formar párrafos

Cada **párrafo** habla de una idea principal. Todas las oraciones del párrafo se refieren a esa idea principal. La tabla de la página siguiente muestra cómo organizar un escrito en párrafos.

El poder de las palabras

i•lu•mi•nar *v.* Dar luz.

Estrategias para organizar párrafos	Aplicar las estrategias	Ejemplos
Identifica el tema.	• Comienza cada párrafo con una **oración principal** que diga la idea principal.	• Es bueno comer frutas.
Incluye detalles.	• En otras oraciones, da **detalles** acerca de la idea principal.	• Muchas frutas son dulces. Las frutas son nutritivas.
Usa palabras que indiquen la secuencia.	• Usa palabras que muestren la secuencia de los pasos o ideas, como **primero**, **luego**, y **entonces**.	• Primero, elige un banano maduro y amarillo. Luego, lo pelas.

AHORA TE TOCA A TI

PIENSA EN LA ESCRITURA INFORMATIVA

Trabaja con dos compañeros. Busquen artículos de revista que den instrucciones o expliquen algo. Hablen de cómo los escritores han organizado los párrafos.

Responde a estas preguntas:

1. ¿Qué información te da el escritor?
2. ¿Cuál es la idea principal del primer párrafo?
3. ¿Qué detalles incluye el escritor?

CAPÍTULO 9

Escritura informativa

Identificar el tema

A. Lee las tres oraciones principales. Elige la mejor para el pasaje. Escribe el párrafo completo en una hoja. Recuerda que la primera línea comienza más adentro del margen.

ORACIONES PRINCIPALES:

- Los perros y los gatos son buenas mascotas.
- Los perros necesitan que alguien los cuide.
- Los animales no requieren de muchos cuidados.
- Alguien tiene que alimentar al perro diariamente.

Alguien tiene que asegurarse de que el perro tenga suficiente agua para beber. A los perros hay que pasearlos, bañarlos y peinarlos. ¡Algunos perros de pelo largo necesitan corte de pelo! Los perros, especialmente los cachorritos, necesitan alguien que juegue con ellos.

Usar detalles

B. Lee la oración principal. Elige tres detalles que vayan con la oración principal. Escribe el párrafo completo en una hoja. Recuerda que la primera línea comienza más adentro del margen.

ORACIÓN PRINCIPAL:

Es importante tener los dientes limpios.

DETALLES:

- Cepíllate los dientes después de cada comida.
- Para tener las manos limpias, lávatelas a menudo.
- Usa un cepillo de dientes suave.
- Lávate los dientes por delante y por detrás.

Usar palabras de secuencia

C. Escribe el párrafo en tu hoja de papel. Para llenar cada espacio, elige de la casilla la mejor palabra que indique la secuencia, de manera que el párrafo tenga sentido.

> **Después Finalmente Luego Primero**

Así fue que hice un grabado de una hoja. ____, puse la hoja sobre papel de periódico. ____ usé un rodillo pequeño para ponerle pintura a la hoja. ____ de eso, puse la hoja en papel blanco, con la parte pintada hacia abajo. Cubrí la hoja con un periódico limpio. ____, froté el periódico suavemente para hacer el grabado.

Pensar y escribir

Escribe tus reflexiones A veces tienes que leer instrucciones. Quizá estés jugando un juego nuevo, haciendo un proyecto de arte o tomando una prueba en la escuela. Algunas instrucciones son fáciles de seguir, pero otras no. ¿Qué hace que las instrucciones sean fáciles o difíciles de entender? Escribe tus reflexiones en tu diario.

CAPÍTULO 9

Escritura informativa

Escribir instrucciones

El pasaje que leíste explicaba cómo batear una pelota de béisbol. Tina quería decirles a sus compañeros cómo hacer una escultura de jardín. Lee las instrucciones que Tina escribió. Observa la oración principal y los detalles de cada párrafo. Fíjate en cómo Tina usó las palabras que indican secuencia para ayudarte a entender el orden de los pasos.

MODELO

oración principal —

palabras de secuencia/ detalles —

oración principal —

palabras de secuencia/ detalles —

Es fácil y divertido hacer una escultura de jardín. Primero, consigue un plato de arcilla, de los que van debajo de las macetas. Usa creyones para decorar la parte exterior del plato. Luego, llena 3/4 del plato de tierra. Rocía la tierra con agua para humedecerla. Luego, esparce una capa de semillas de pasto. Cubre las semillas con una capa fina de tierra y vuelve a rociarla con agua. ¡Ya estás listo para disfrutar de tu jardín! Pon el plato junto a una ventana con mucho sol. Una vez al día, rocía la tierra con agua. Después de que nazca tu jardín, puedes añadir otras decoraciones como ramitas, piedrecitas, conchas o juguetitos.

Analiza el modelo

1. ¿Qué te explican estas instrucciones?
2. ¿Cuál es la idea principal del primer párrafo? ¿Cómo lo sabes?
3. ¿Qué palabras de secuencia usa Tina? ¿Por qué son importantes?

AHORA TE TOCA A TI

TEMA DE ESCRITURA ¿Sabes cómo hacer un sándwich, tacos u otro plato? Escribe al menos dos párrafos que den las instrucciones. Léelos o muéstralos a tus compañeros. Cada párrafo debe tener una oración principal, detalles y palabras que indiquen la secuencia.

ESTUDIA EL TEMA Pregúntate lo siguiente:

1. ¿Quién es tu audiencia?
2. ¿Cuál es el propósito que tienes para escribir?
3. ¿Qué instrucciones les darás a los lectores?
4. ¿Qué forma de escritura usarás?

Antes de escribir y hacer el borrador

Organiza tus ideas Escribe los pasos de las instrucciones. Luego usa un diagrama como éste para planificar tus párrafos.

PRIMER PÁRRAFO
Comienza con una oración principal que diga lo que el lector va a aprender. Dale detalles.

⬇

OTROS PÁRRAFOS
Explica los pasos en orden. Escribe una oración principal para cada párrafo. Usa palabras de secuencia.

USANDO TU Manual

- Usa el diccionario de sinónimos para hallar palabras de secuencia que muestren el orden de los pasos.

CAPÍTULO 9
Escritura informativa

Editar

Vuelve a leer el borrador de tus instrucciones. ¿Puedes hacerlas más fáciles de entender? Usa esta lista como ayuda para revisar las instrucciones.

- ☑ ¿Crees que el lector podrá seguir las instrucciones fácilmente?
- ☑ ¿Están los pasos en el orden correcto?
- ☑ ¿Has usado palabras de secuencia para ayudar al lector a entender el orden?
- ☑ ¿Entenderá el lector de qué trata cada párrafo?

Usa esta lista para corregir la ortografía del párrafo.

- ☑ Empecé las oraciones con letra mayúscula.
- ☑ Usé los signos de puntuación correctos al principio y al final de las oraciones.
- ☑ Escribí los nombres propios con mayúscula.
- ☑ Usé los sustantivos en plural correctamente.
- ☑ Comencé la primera línea de cada párrafo más adelante del margen.
- ☑ Usé el diccionario para verificar cómo se escriben las palabras.

Marcas editoriales
- ꝑ Borrar texto
- ∧ Añadir texto
- ↻ Mover texto
- ¶ Párrafo nuevo
- ≡ Mayúscula
- / Minúscula
- ◯ Corregir ortografía

Compartir y reflexionar

Haz una copia de tus instrucciones. Intercámbialas con un compañero. Lean y simulen que están llevando a cabo las instrucciones. Hablen de lo que más les gustó y lo que podrían mejorar la próxima vez. Escribe tus reflexiones en tu diario.

Cómo dar instrucciones orales

ESCUCHAR Y HABLAR

No siempre escribes las instrucciones que das. Muchas veces le dices las instrucciones a alguien. Cuando das instrucciones habladas en vez de escritas, se llaman instrucciones orales.

En cierto sentido, las instrucciones orales y las instrucciones escritas son iguales. En otro sentido, son diferentes. Fíjate en el diagrama de Venn que sigue.

Instrucciones escritas
el lector puede volver a leer las instrucciones divididas en párrafos

Ambas
dan los pasos en el orden en que ocurren; usan palabras de secuencia

Instrucciones orales
el que escucha tiene que recordarlas o pedirle al que habla que las repita

AHORA TE TOCA A TI

Con uno o dos compañeros, practica cómo dar instrucciones orales. Sigue estos pasos:

PASO 1 Decide para qué serán las instrucciones. Pueden ser para cumplir una tarea de la clase.

PASO 2 Da las instrucciones en voz alta. No las escribas. Por turnos, los miembros del grupo deben dar instrucciones.

PASO 3 Mientras cada persona habla, los demás deben escuchar con atención. Luego, simulen que están llevando a cabo las instrucciones.

PASO 4 Cuando terminen, hablen de lo que han aprendido sobre cómo dar buenas instrucciones orales y por qué es importante.

Estrategias para escuchar y hablar

Usa las estrategias que siguen para dar, entender y seguir instrucciones orales.

- El que habla debe usar una velocidad, volumen, tono y voz que sean apropiados para la audiencia y el propósito.
- Los que escuchan deben hacerlo con atención y recordar el orden de los pasos.

CAPÍTULO 10
Género del sustantivo

Sustantivos masculinos y femeninos

Los sustantivos pueden ser femeninos o masculinos. A esto se le llama el **género del sustantivo**.

Los sustantivos son femeninos si nombran hembras. A menudo terminan en *–a* o *–as*. Los sustantivos son masculinos si nombran machos. A menudo terminan en *–o* u *–os*.

Ejemplo:

femenino   masculino
Rita fue a ver al **Dr. Cancio**.

Para referirse a varias personas o animales, que son masculinos y femeninos, casi siempre se usa el sustantivo masculino.

Ejemplo:

masculino
Juan, Laura y Patricia son los **enfermeros** del Dr. Cancio.

El poder de las palabras

ca-ries *s.* Un agujero en un diente, causado por el deterioro.

Práctica dirigida

A. Di si los sustantivos subrayados de cada oración son femeninos o masculinos.

Ejemplo: Los niños que el Dr. Cancio atiende lo quieren mucho.
niños, masculino; Dr. Cancio, masculino

1. Mis hermanas me acompañaron a ver al dentista.
2. Había muchos niños en la sala de espera.
3. La enfermera que me atendió es muy amable.
4. El técnico me sacó unas placas de los dientes.
5. El dentista es muy bueno.

Práctica individual

B. Escribe si los sustantivos subrayados de cada oración son femeninos o masculinos.

Ejemplo: La Dra. Ramos es la dentista de Julio.
Dra. Ramos, femenino; doctora, femenino; Julio, masculino

11. Isabel es la ayudante de la dentista.
12. Isabel le regaló un cepillo de dientes y un vaso a mi amigo.
13. El vaso tiene un diseño de patitos y gallinitas.
14. Los niños y los adultos deben cepillarse los dientes dos veces al día.
15. El cepillo de dientes de mi hermana es verde y el de mi papá es amarillo.

C. Lee las oraciones. Escribe los sustantivos que nombran personas o animales. Luego escribe si son femeninos o masculinos.

Ejemplo: Todos los dentistas tienen que hacer muchos estudios.   *dentistas, masculino*

16. La secretaria de la oficina nos dio hilo dental.
17. Mi papá tiene hilo dental en el cuarto de baño.
18. A mis hermanos les gusta la pasta de dientes roja.
19. La maestra nos dijo que lavarse los dientes ayuda a evitar las caries.
20. Diana y Silvia se cuidan mucho los dientes.

Recuerda

que para nombrar hembras usamos sustantivos femeninos, y éstos a menudo terminan en −a o −as. Para nombrar machos usamos sustantivos masculinos, y éstos a menudo terminan en −o u −os. Para referirse a personas o animales de ambos géneros se usa el sustantivo masculino.

Conexión con la escritura

El arte de escribir Escribe un párrafo sobre una persona que se cuida los dientes y las encías muy bien. Usa sustantivos femeninos y masculinos en el párrafo.

CAPÍTULO 10

Género del sustantivo

Más sobre el género del sustantivo

Los sustantivos son masculinos o femeninos.

Ya sabes que muchos sustantivos que terminan con –*a* o –*as* son femeninos, y muchos sustantivos que terminan con –*o* u –*os* son masculinos. Las palabras *la, las, una* y *unas* van delante de un sustantivo femenino. Las palabras *el, los, un, unos, del* o *al* van delante de un sustantivo masculino.

Ejemplos:

    femenino   masculino masculino
        | | |
Las **pestañas** protegen los **ojos** del **polvo**.

    masculino   masculino
        | |
Los **párpados** también protegen los **ojos**.

Práctica dirigida

A. Di si los sustantivos subrayados de cada oración son femeninos o masculinos.

Ejemplo: La <u>oficina</u> del Dr. Cancio queda en un <u>pueblo</u> vecino.
oficina, femenino; pueblo, masculino

1. La <u>vista</u> es un <u>sentido</u> muy importante.
2. Las <u>palabras</u> de los <u>libros</u> se veían borrosas.
3. No veía bien las <u>letras</u> que la maestra escribía en la <u>pizarra</u>.
4. Las <u>casas</u> de mi <u>vecindario</u> no se veían claramente.
5. El <u>consejo</u> del doctor es que use <u>gafas</u>.

Práctica individual

B. Escribe si los sustantivos subrayados de cada oración son femeninos o masculinos.

Ejemplo: La salud de los ojos debe cuidarse.
salud, femenino; ojos, masculino

6. Mario y Sofía trabajan en una construcción.
7. Ellos no usan las sierras ni las herramientas peligrosas.
8. Los bordes de las sierras son muy afilados.
9. El polvo sale volando de las obras.
10. Se usan unas gafas especiales para proteger la vista.

C. Escribe los sustantivos que hay en cada oración. Luego escribe si son femeninos o masculinos.

Ejemplo: Quiero que me examinen la vista.
vista, femenino

11. En la oficina hay un cartel especial.
12. El cartel tiene unas letras.
13. Tengo que leer todos los renglones.
14. Luego me ponen unos lentes que me ayudan a leer el cartel.
15. En la tienda, me muestran unas gafas.

> **Recuerda** que muchos sustantivos que terminan con *–a* o *–as* son femeninos, y muchos sustantivos que terminan con *–o* u *–os* son masculinos. Las palabras *la, las, una* y *unas* van delante de los sustantivos femeninos. Las palabras *el, los, un, unos, del* o *al* van delante de los sustantivos masculinos.

Conexión con la escritura

Ciencias Piensa en cosas que tus amigos o parientes hacen para cuidar sus ojos. Luego escribe varias oraciones que digan por qué esas cosas son útiles. Usa sustantivos femeninos y masculinos en tus oraciones.

CAPÍTULO 10
Género del sustantivo

Cambian *o* por *a*
niño/niña
gato/gata
panadero/panadera

Añaden *a*
señor/señora
autor/autora
doctor/doctora

USO Y PUNTUACIÓN
Cómo formar el masculino y el femenino

Hay varias maneras de formar el masculino y el femenino de los sustantivos.

Muchos sustantivos cambian una *o* por una *a* para obtener la forma femenina. Los sustantivos que terminan en consonante añaden una *a* para obtener el femenino. Fíjate en los ejemplos de la tabla de la izquierda.

Algunos sustantivos son iguales en masculino y femenino.

Ejemplos:

el paciente/la paciente   el dentista/la dentista

Otros sustantivos cambian completamente.

Ejemplos:

padre/madre   caballo/yegua

Práctica dirigida

A. Di el género de los sustantivos subrayados. Luego di la forma femenina si es masculino, o la forma masculina si es femenino.

Ejemplo: Las niñas jugaban al baloncesto.
femenino; niños

1. Nina era la mejor jugadora del equipo.
2. Un señor observaba a las jugadoras.
3. El señor les dijo que su hermana era entrenadora.
4. Nina le dijo que su padre era jugador.
5. El señor fue testigo de que juegan bien.

Práctica individual

B. Escribe el género de los sustantivos subrayados. Luego escribe la forma femenina si es masculino, o masculina si es femenino. No olvides *cambiar lo, los, la, las* también.

Ejemplo: Los nadadores practican mucho en la alberca.
nadadores: masculino; las nadadoras

6. Los padres de los nadadores se aseguran de que ellos duerman bien.
7. Siempre se preocupan mucho por la salud de sus hijos.
8. El equipo de las niñas compite muy bien.
9. A mi vecina le encanta nadar.
10. El equipo de los niños de mi escuela se llama los Toros.
11. El equipo femenino se llama las Leonas.
12. La entrenadora de mi equipo es estricta, pero es muy buena.
13. La natación siempre ha sido el deporte favorito de mi hermano.
14. Siempre hay aficionados en las competencias de natación.
15. Las estudiantes del tercer grado participan en el equipo.

Recuerda

que sustantivos cambian una *o* por una *a* para dar el género femenino. Los que terminan en consonante añaden una *a* para dar el femenino. Algunos sustantivos son iguales en masculino y femenino, y otros cambian completamente.

Conexión con la escritura

Diario de un escritor: Anotar ideas
Piensa en los deportistas que te gustan. Anota en tu diario las actividades que hacen tus deportistas favoritos. Por ejemplo, podrías escribir: "Tiger Woods es mi golfista preferido". Usa sustantivos masculinos y femeninos.

CAPÍTULO 10
Género del sustantivo

Recuerda

Muchos sustantivos que terminan con *–a* o *–as* son femeninos, y muchos que terminan con *–o* u *–os* son masculinos. Los sustantivos femeninos suelen tener las palabras *la, las, una* y *unas* delante. Los sustantivos masculinos suelen tener las palabras *el, los, un, unos, del* o *al* delante.

Para hallar más actividades con el género del sustantivo, visita **The Learning Site:** www.harcourtschool.com

Práctica adicional

A. Escribe el género de los sustantivos subrayados de cada oración.

páginas 120–123

Ejemplo: La maestra sugirió que hicieran ejercicio.
   maestra: femenino; ejercicio: masculino

1. El plan de ejercicios de Elena empezó poco a poco.
2. Al principio hizo unos minutos solamente.
3. Le dio vueltas a la pista de la escuela.
4. Fue a nadar a la alberca de un amigo.
5. Luego empezó a ir a la cancha de la escuela a jugar al baloncesto.
6. También salía con su mamá a correr por el parque.
7. El plan de Elena animó a su amiga Marta.
8. Marta decidió tomar una clase de baile moderno.
9. Marta y Elena hablaron en el salón acerca de la condición física.
10. La maestra se alegró de que siguieran sus consejos.

B. Lee cada oración y escribe los sustantivos. Luego escribe si son femeninos o masculinos.

páginas 120–123

Ejemplo: La estación favorita de Elena es el verano.
   estación: femenino; Elena: femenino;
   verano: masculino

11. En el verano, la temperatura es muy caliente.
12. Los rayos del sol pueden quemarte la piel.
13. Puedes usar crema para el sol para protegerte.
14. Mis primos siempre la llevan cuando salen de su casa.

15. Mi tía se preocupa mucho por la salud de sus hijos.

C. **Vuelve a escribir las oraciones. Cambia las palabras que están entre paréntesis ( ) para que sean del género correcto.** *páginas 124–125*

Ejemplo: Roberto García fue a la oficina del (doctora).
Roberto García fue a la oficina del doctor.

16. Lo acompañaron sus (madres), los señores García.
17. El doctor es (una mujer) muy joven.
18. Él dijo que es bueno para los (niñas) tomar mucha leche de (toro).
19. También le recomendó a Roberto que fuera al (dentista).
20. Roberto y los (señoras) García salieron satisfechos de la oficina.

Recuerda

Muchos sustantivos cambian para obtener la forma femenina. Algunos sustantivos son iguales en masculino y femenino. Otros cambian completamente.

¿LO SABÍAS?

Las personas que empiezan a hacer ejercicio desde pequeñas generalmente serán activas toda la vida. Las personas que hacen ejercicio se sienten mejor y son más sanas que las personas que no lo hacen.

Conexión con la escritura

Escritura auténtica: Carta Escríbele una carta a un amigo. Describe las cosas que haces durante el día para cuidarte el cuerpo. Usa varias palabras para indicar la secuencia y sustantivos masculinos y femeninos. Por ejemplo, podrías escribir: "Primero, me paso el hilo dental para protegerme las encías".

CAPÍTULO 10

Género del sustantivo

Repaso del capítulo

Lee el párrafo. Elige el sustantivo correcto para cada espacio numerado. Escribe la letra de la respuesta que elegiste.

> Mi __(1)__ quiere mejorar su programa de educación física. La escuela está haciendo pruebas de la __(2)__ y del oído en la oficina de la __(3)__. Varios __(4)__ estudiarán los resultados de las __(5)__. Los __(6)__ que necesiten ayuda la recibirán. La próxima __(7)__ de ciencias trata de la buena nutrición. La __(8)__ es muy importante.

SUGERENCIA Lee todas las respuestas posibles antes de decidir cuál es la correcta.

1 **A** escolar
  B escuelo
  C escuela
  D escolo

2 **F** vista
  G visto
  H visionaria
  J visita

3 **A** dirige
  B dirigir
  C director
  D directora

4 **F** doctores
  G doctoras
  H doctoros
  J doctorado

5 **A** probar
  B pruebos
  C pruebas
  D probado

6 **F** estudiantas
  G estudiantos
  H estudiantes
  J estudiar

7 **A** clasa
  B clase
  C claso
  D clasista

8 **F** salud
  G saludable
  H sanar
  J sano

Para hallar más actividades de preparación para las pruebas, visita *The Learning Site:* www.harcourtschool.com

128

Procesador de textos

TECNOLOGÍA

Casi todas las computadoras tienen un programa de procesador de textos que hace más fácil escribir y revisar. Para usar un programa de procesador de textos, empieza a escribir con el teclado. Si cometes errores, puedes fácilmente corregir o cambiar lo que escribes con la computadora.

- Para mover palabras, grupos de palabras, oraciones o párrafos, destaca las palabras que quieres mover. Luego, haz clic en CUT. Mueve el cursor hasta el lugar donde quieres poner esas palabras. Luego, haz clic en PASTE.

- Para añadir palabras o signos de puntuación, coloca el cursor en el lugar donde quieres añadir algo y escribe lo que quieras añadir.

- Para borrar palabras o signos de puntuación, destaca las palabras que quieres borrar. Luego, oprime la tecla DELETE.

- Para comprobar la ortografía, haz clic en el botón SPELL CHECK. Si hay alguna palabra mal escrita, el programa te dará sugerencias para que la escribas correctamente.

AHORA TE TOCA A TI

1. Escribe de seis a diez oraciones usando un programa de procesador de textos.

2. Usa **CUT** y **PASTE** para combinar dos oraciones y formar una oración compuesta.

3. Añade palabras para unir dos oraciones, y usa **DELETE** para borrar las palabras innecesarias.

4. Usa **SPELL CHECK** para comprobar la ortografía.

Si no tienes computadora en la escuela, puedes hacer la actividad en hojas de papel.

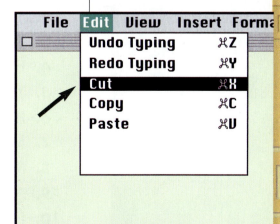

CAPÍTULO 11

Verbos de acción y los verbos *ser* y *estar*

Verbos

Un **verbo** es la palabra más importante del predicado de una oración.

Ya sabes que las oraciones tienen un sujeto y un predicado. El predicado dice lo que el sujeto es o lo que hace. El verbo es la palabra más importante del predicado de una oración.

Ejemplos:

Predicado
Lola y Lilia **duermen** ocho horas todas las noches.

Predicado
Yo **estoy** mejor hoy.

Predicado
Todos en mi familia **beben** jugo por la mañana.

Predicado
Nosotros **comemos** manzanas todos los días.

Predicado
Lilia **se lava** los dientes.

El poder de las palabras

va•cu•na *s.* Medicina que introduce en el cuerpo gérmenes de cierto tipo para prevenir una enfermedad.

Práctica dirigida

A. Halla el verbo de cada oración.

Ejemplo: Lola está enferma. *está*

1. Mi hermana tiene catarro.
2. Mi mamá le toca la frente.
3. Lola siente el cuerpo cansado y débil.
4. El doctor escucha los latidos del corazón.
5. Yo traigo la medicina.
6. Ella descansa en la cama.
7. Mi papá pone muchas mantas en la cama.
8. Mi mamá le sirve jugo.
9. A Lola le vuelven las fuerzas.
10. Ella está mejor.

Práctica individual

B. Escribe las oraciones. Subraya el verbo de cada oración.

Ejemplo: La piel cubre todo el cuerpo.
La piel <u>cubre</u> todo el cuerpo.

11. Nuestra piel nos protege.
12. La piel mantiene los gérmenes fuera del cuerpo.
13. Los gérmenes son pequeños.
14. Todos tenemos gérmenes en el cuerpo.
15. Las personas llevan gérmenes en las manos.

C. Elige un verbo de la casilla para completar cada oración. Escribe la oración.

hacen   causan   lavo   ganan   están   pelea

Ejemplo: No todos los gérmenes _____ enfermedades.
No todos los gérmenes causan enfermedades.

16. Algunos gérmenes _____ en el hogar.
17. A veces los gérmenes _____ que una persona se enferme.
18. Pero el cuerpo _____ contra ellos.
19. Tú y tu cuerpo casi siempre _____ la pelea.
20. Yo me _____ las manos para eliminar los gérmenes.

> **Recuerda**
> que el verbo es la palabra más importante del predicado de una oración.

Conexión con la escritura

Escritura de la vida real: Lista de recordatorios
Trabaja con un compañero. Hagan una lista de las maneras en que se puede evitar el contagio de las enfermedades. Subrayen los verbos de la lista. Coloquen la lista en sus casas donde la puedan leer otros miembros de la familia.

CAPÍTULO 11
Verbos de acción y los verbos *ser y estar*

Verbos de acción

Un **verbo de acción** es una palabra que dice lo que hace el sujeto de una oración.

Ya sabes que el sujeto de una oración es a menudo un sustantivo. Un verbo de acción dice lo que hace el sustantivo. Para hallar un verbo de acción en una oración, busca palabras que se refieran a una acción.

Ejemplos:
Juan **abre** los ojos bien abiertos en la consulta del doctor.
El doctor le **enseña** un tablón con letras.
Juan **ve** mejor con lentes.

Práctica dirigida

A. Halla el verbo de acción de cada oración.

Ejemplo: Ana se mete a la ducha todos los días.
mete

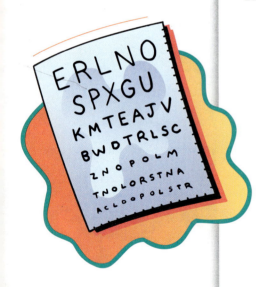

1. Joel disfruta de su baño.
2. Ellos usan agua y jabón perfumado.
3. Ellos también se lavan el pelo todos los días.
4. El baño y la ducha eliminan muchos gérmenes.
5. Las vacunas evitan las enfermedades.
6. Marta y Luis juegan afuera.
7. Ellos se lavan las manos antes de comer.
8. Ellos llevan ropa limpia todos los días.
9. Tomás come alimentos muy sanos.
10. Mónica bebe ocho vasos de agua al día.

Práctica individual

B. Escribe cada oración. Subraya el verbo de acción.

Ejemplo: Hoy yo tengo una cita con la doctora.
Hoy yo <u>tengo</u> una cita con la doctora.

11. La Dra. Elena Gómez vive en mi calle.
12. Ella sabe muchas cosas del cuerpo humano.
13. La Dra. Gómez trabaja en el hospital.
14. Ella sonríe a todos sus pacientes.
15. Ella siempre me cura.

C. Elige un verbo de acción de la casilla para completar cada oración. Escribe la oración.

| observan   quieren   examina   abre   pone   escucha |

Ejemplo: Hoy Irma _____ su propia consulta médica.
Hoy Irma abre su propia consulta médica.

16. Ahora Irma _____ a niños enfermos.
17. Ella les _____ los latidos del corazón.
18. Sus asistentes _____ la boca y los oídos de los niños.
19. A veces ella les _____ vacunas a los niños.
20. Los niños _____ mucho a la Dra. Gómez.

Recuerda
que un verbo de acción dice lo que hace el sujeto de la oración.

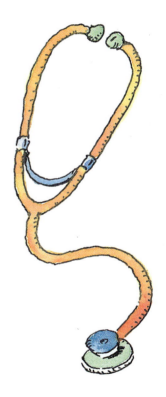

Conexión con la escritura

El arte de escribir: Verbos vívidos En un párrafo, anota ideas acerca de lo que puedes hacer para mantenerte saludable. Usa verbos de acción vívidos en las oraciones que escribas. Luego intercambia tu párrafo con un compañero o compañera. Pídele que haga un círculo alrededor de los verbos de acción del párrafo.

CAPÍTULO 11

Verbos de acción y los verbos *ser y estar*

USO Y PUNTUACIÓN

Los verbos *ser y estar*

Los verbos *ser y estar* conectan el sujeto con una o más palabras del predicado.

Ya sabes que un verbo de acción dice lo que hace el sujeto de una oración. Los verbos *ser y estar* no describen una acción. El verbo *ser* conecta el sujeto con una descripción. El verbo *estar* conecta el sujeto con una condición o lugar.

Ejemplo:
Julia **es** fuerte.
Tú **estás** mejor hoy.
Yo **estoy** en la enfermería.

Sujeto	Verbo *Ser*
Singular	
yo	soy
tú	eres
él/ella	es
Plural	
nosotros	somos
ustedes	son
ellos/ellas	son

Sujeto	Verbo *Estar*
Singular	
yo	estoy
tú	estás
él/ella	están
Plural	
nosotros	estamos
ustedes	están
ellos/ellas	están

Práctica dirigida

A. Elige la forma correcta del verbo *ser* o *estar* que aparece entre paréntesis ( ).

Ejemplo: Mi familia (es|está) preparada para un caso de emergencia. *está*

1. Simón (está|es) en la sala con la rodilla herida.
2. El botiquín (es|está) en el baño.
3. Los botiquines de primeros auxilios (están|son) importantes.
4. Las curitas (son|están) buenas para las cortaduras pequeñas y los raspazos.
5. Limpiar las cortaduras (es|está) parte importante de los primeros auxilios.
6. La rodilla de Simón (está|es) sucia.
7. Mis manos (son|están) limpias.
8. Yo (estoy|soy) cuidadosa al limpiarle la rodilla.
9. Él (está|es) mejor ya.
10. Ambos (somos|estamos) contentos de nuevo.

Práctica individual

B. Completa cada oración usando una forma del verbo *ser* o *estar*. Escribe la oración.

Ejemplo: Las vacunas _____ disponibles hoy en día.
Las vacunas están disponibles hoy en día.

11. Las vacunas _____ medicinas que sirven para combatir las enfermedades.
12. Yo _____ vacunada contra las enfermedades.
13. El doctor _____ a cargo de las vacunas.
14. Las vacunas _____ allí en su armario.
15. Las vacunas _____ una buena manera de protegerse de las enfermedades.

C. En cada oración, elige la forma correcta del verbo ser o estar que aparece entre paréntesis ( ). Escribe la oración.

16. Tú (eres|estás) el primero en ponerte la vacuna este año.
17. Yo (estoy|soy) nervioso de que me pongan la vacuna.
18. Ahora (soy|estoy) agradecido porque me la pusieron.
19. Mi hermana (es|está) asustada porque se tiene que poner la vacuna.
20. Ahora los dos (soy|somos) valientes.

Recuerda

que los verbos *ser* y *estar* conectan el sujeto con una o varias palabras del predicado. *Ser* conecta el sujeto con una descripción y *estar* conecta el sujeto con una condición o lugar.

Conexión con la escritura

Arte Haz un cartel que muestre lo que sabes acerca de la salud. Dibuja varias cosas que las personas pueden hacer para mantenerse sanas. Luego escribe tres o cuatro oraciones que describan los dibujos.

CAPÍTULO 11
Verbos de acción y los verbos *ser y estar*

Práctica adicional

A. Subraya el verbo de cada oración. *páginas 130–131*

Ejemplo: Los científicos <u>estudian</u> las enfermedades.

1. Ellos descubren las causas de las enfermedades.
2. Su trabajo es una labor difícil.
3. Los científicos encuentran curas nuevas.
4. A veces ellos tardan muchos años.
5. Yo estoy interesada en la medicina y las ciencias.

B. Escribe cada oración. Subraya el verbo de acción de cada oración. *páginas 132–133*

Ejemplo: A veces una persona le contagia una enfermedad a otra.
A veces una persona le <u>contagia</u> una enfermedad a otra.

6. Los médicos saben de enfermedades.
7. Los médicos les hacen tratamientos a sus pacientes.
8. Algunas enfermedades ocurren más durante el verano.
9. Un tipo de vacuna evita el contagio de la gripe.
10. A veces un miembro de la familia le contagia la gripe a otro.

C. Indica si es un verbo de acción o si es una forma del verbo ser o estar. *páginas 132–135*

Ejemplo: Mi mamá es científica.
es, forma del verbo ser

11. Algunos científicos estudian las enfermedades.
12. Tú eres muy bueno para las ciencias.
13. Los científicos le dan la información al público.
14. Sasha examina los gérmenes con un lente.
15. Él es muy cuidadoso con las muestras.

Recuerda

que el **verbo** es la palabra más importante del predicado de una oración. Un **verbo de acción** dice lo que hace el sujeto de la oración. Los verbos **ser** y **estar** conectan el sujeto con una o varias palabras del predicado.

Para hallar más actividades con los verbos de acción y los verbos *ser* y *estar*, visita **The Learning Site:**
www.harcourtschool.com

D. Completa cada oración usando la forma correcta del verbo ser o estar que aparece entre paréntesis ( ). páginas 134–135

Ejemplo: Yo (soy, estoy) en la lluvia sin un paraguas.
estoy

16. Tú (estás, eres) seco.
17. Yo (estoy, soy) enfermo hoy.
18. Mi mamá (es, está) muy buena conmigo.
19. Yo (soy, estoy) en la consulta del doctor.
20. Margarita (es, está) una persona muy sana.

E. Vuelve a escribir cada oración, usando la forma correcta del verbo *ser* o *estar*. páginas 134–135

21. Las ideas para prevenir el contagio _____ importantes.
22. Cuando las personas _____ enfermas, tienen que cuidarse de no contagiar a los demás.
23. Si una persona con catarro ha usado un vaso, el vaso _____ contaminado.
24. Yo siempre _____ cuidadoso.
25. La enfermera dice que _____ bueno taparse la boca al toser.

Conexión con la escritura

Diario de un escritor: Reflexiones sobre la salud Imagina que le estás enseñando a alguien cómo mantenerse sano. Elige unas de estas acciones que son buenas para la salud: lavarse las manos, lavarse los dientes, dormir bien, ponerse vacunas. Escribe un párrafo que diga cómo hacer la acción que elegiste. Usa palabras como *primero, luego* y *después* en el párrafo que escribas.

CAPÍTULO 11
Verbos de acción y los verbos *ser y estar*

SUGERENCIA
Asegúrate de que entiendes las instrucciones antes de empezar a contestar las preguntas.

Repaso del capítulo

Lee el párrafo y elige la palabra que corresponde en cada espacio. Escribe la letra de la respuesta que elegiste.

> Casi todos en la clase __(1)__ catarro. Los gérmenes __(2)__ esa enfermedad. Nadie __(3)__ a la hora del recreo. Algunos estudiantes se __(4)__ en casa. Ahora __(5)__ mejor. Ya __(6)__ hora de que todos vuelvan a la escuela. Todos __(7)__ sanos de nuevo. Yo __(8)__ contento de volver a la escuela.

1 A uegan
   B están
   C tienen
   D soy

2 F soy
   G están
   H causan
   J escriben

3 A es
   B juega
   C estoy
   D hace

4 F soy
   G sienten
   H dan
   J quedan

5 A es
   B tienen
   C están
   D soy

6 F es
   G soy
   H corre
   J está

7 A están
   B tienen
   C soy
   D es

8 F es
   G tengo
   H estoy
   J están

Para hallar más actividades con los verbos de acción y los verbos *ser y estar*, visita **The Learning Site:**
www.harcourtschool.com

Clasificar las palabras

VOCABULARIO

El saber clasificar las cosas es una destreza importante. Al clasificar, dividimos en categorías los objetos que se parecen.

Por ejemplo, cuando piensas en una vida sana, puede ser que pienses en la dieta y en el ejercicio. Fíjate en cómo se clasifican en estas dos categorías las palabras que siguen.

Dieta	Ejercicio
fruta	caminar
verduras	correr

AHORA TE TOCA A TI

1. ¿Cómo te describirías? Haz una lista de cuatro categorías donde te pondrías como amiga, hermana, estudiante y otras.

2. Observa tu lista de categorías. ¿Qué palabras usarías para describirte en cada categoría? Clasifica algunas de estas palabras en cada categoría.

CAPÍTULO 12

Taller de escritura

Ensayo de instrucciones

MODELO DE LITERATURA

ESCRITORA E ILUSRTRADOR PREMIADOS

Ya sabes que los textos con instrucciones sirven para explicar cómo hacer algo. En esta guía práctica, los autores explican cómo ser un amigo y cómo resolver conflictos. Al leer, piensa cómo los autores organizan sus consejos para que queden bien claros.

CÓMO SER UN AMIGO

Una guía para hacer amigos y conservarlos

por Laurie Krasny Brown y Marc Brown

Maneras de ser un amigo

Existen muchas maneras de demostrarle a alguien que te cae bien y que quieres ser su amigo.

Puedes ser justo con tu amigo. Lanza al aire una moneda para ver quién comienza.

Puedes compartir tus juguetes y otras cosas.

141

CAPÍTULO 12
Ensayo de instrucciones

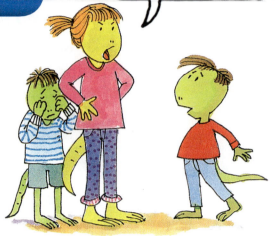

Puedes proteger a un amigo si alguien lo molesta.

Puedes defender a tus amigos, incluso si los demás se quejan o se burlan de ellos.

Puedes invitarlos a jugar contigo.

Puedes escuchar a tus amigos y prestar atención a lo que dicen.

Puedes tratar de alegrar a un amigo que está triste.

Puedes cooperar. A veces, haz lo que *tu amigo* quiere hacer.

Puedes ofrecerles ayuda a tus amigos cuando la necesiten.

CAPÍTULO 12
Ensayo de instrucciones

Puedes cumplir tu palabra. Así tus amigos sabrán que pueden confiar en ti.

Puedes hacer cosas para tus amigos, como regalos especiales.

Puedes elogiar a tu amiga, aunque ella gane y tú pierdas. ¡Eso es tener espíritu deportivo!

Hablando se entiende la gente
Aquí tienes varios consejos para resolver cualquier conflicto.

1. Deja de discutir.
2. Cálmate. Respira profundamente, cuenta al revés, relaja los músculos o aléjate del grupo por un instante.
3. Ponte de acuerdo con los demás para resolver el conflicto hablando.
4. Cada uno tiene su turno para contar, y no para discutir. Los demás lo escucharán sin interrumpir.
5. Piensa en muchas soluciones para el problema.
6. Trata de escoger la mejor solución, es decir, la que parezca bien a todo el mundo y la que todos piensen que va a funcionar.
7. Decide cómo poner en práctica tu plan.
8. Ponlo en práctica.
9. Recuerda: se permite discutir, pero no se permite portarse mal con los demás.

Recuerda:
Si quieres que todos estén satisfechos, es posible que no logres todo lo que querías.

El poder de las palabras

co-o-pe-rar *v.* Trabajar con otra persona para lograr un propósito en común.

Analiza el modelo

1. Los autores describen muchas maneras de ser un amigo. Nombra tres de ellas.
2. ¿Las ilustraciones de esta guía te ayudaron a comprender la información? ¿Cómo?
3. ¿Por qué crees que los autores numeran los consejos que te dan para resolver conflictos?

CAPÍTULO 12

Ensayo de instrucciones

LA LECTURA Y LA ESCRITURA

Partes de un ensayo de instrucciones

MODELO

Cómo armar un rompecabezas

Armar un rompecabezas puede ser difícil, pero cuando termines, el premio será una hermosa imagen. Aquí tienes varios pasos que te pueden ayudar cuando armes un rompecabezas.

lista de materiales — Tendrás que buscar una mesa grande. Esparce todas las piezas sobre la mesa con el lado de colores hacia arriba.

los pasos en orden

palabras de secuencia, Primero, Luego, Finalmente.

Primero, busca todas las piezas que tengan bordes rectos. Esas piezas serán el borde exterior del rompecabezas. Luego, divide las demás piezas según el color o la imagen. Por ejemplo, podrías buscar piezas azules para un cielo azul o piezas verdes para la hierba verde. Usa como guía la foto que sale en la tapa de la caja.

Luego, empieza a armar el borde del rompecabezas, conectando las piezas que tienen bordes rectos. Puede que tengas que hacer varios intentos antes de encontrar las piezas que encajen, pero no te rindas. Pronto tendrás armado el borde exterior del rompecabezas.

Finalmente, puedes empezar a armar el interior del rompecabezas buscando piezas del mismo color que encajen. Al final, tendrás varias secciones grandes que encajarán entre sí para formar la imagen grande.

palabras de secuencia

detalles que explican el paso

Analiza el modelo

1. ¿Cuál es el propósito del ensayo de Mario?
2. ¿Qué paso describe primero Mario? ¿Y luego? ¿Y finalmente?
3. ¿Por qué es importante el orden de los pasos?

Resume el modelo

Usa un diagrama de flujo como éste para decir los pasos que Mario describió en su ensayo. Luego, usa tus apuntes para escribir un resumen de su ensayo con instrucciones. Recuerda que sólo debes incluir los puntos importantes.

El arte de escribir

Organizar en párrafos Mario usó los párrafos para organizar su ensayo con instrucciones. Haz una lista de las oraciones temáticas que usó. Luego haz una lista de los detalles que incluyó en cada párrafo. Indica cómo las palabras de señal/secuencia te ayudan a seguir los pasos del ensayo de Mario.

147

CAPÍTULO 12

Ensayo de instrucciones

Antes de escribir

Propósito y público

En este capítulo, escribirás un ensayo de instrucciones para hacer algo que sabes hacer bien.

TEMA DE ESCRITURA Escribe un ensayo de instrucciones para explicar a tus compañeros cómo cumplir alguna actividad que sepas hacer bien. Di qué materiales necesitan. Luego describe cada paso usando palabras de secuencia. Recuerda que cada párrafo debe tener una oración temática y detalles.

Estrategias que usan los buenos escritores

- Decide cuál es tu propósito y tu público.
- Piensa en los pasos que se necesitan para hacer algo.

MODELO

Para empezar, Mario pensó en las cosas que le gusta hacer. Decidió explicar cómo armar un rompecabezas. Hizo el diagrama de flujo que sigue para organizar sus ideas.

Instrucciones
Armar un rompecabezas

1. Busca todas las piezas que tengan borde recto.

2. Divide las otras piezas por color.

3. Conecta las piezas que tienen bordes rectos.

4. Para el interior, conecta las piezas que sean del mismo color.

AHORA TE TOCA A TI

Elige una actividad que sepas hacer bien. Usa un diagrama de flujo y organiza los pasos necesarios para llevar a cabo la actividad.

Borrador

CAPÍTULO 12
Ensayo de instrucciones

Organización y elaboración

Antes de empezar tu borrador, lee estos pasos:

PASO 1 Lista de materiales
Haz una lista de todos los materiales necesarios para completar la actividad.

PASO 2 Describe cada paso
Da los pasos a seguir en orden.

PASO 3 Usa palabras de secuencia
Usa detalles y palabras como *primero*, *luego* y *finalmente* para ayudar a los lectores a seguir los pasos.

MODELO

Lee el principio del ensayo de Mario. ¿Qué piensa él de la actividad que está describiendo?

> Armar un rompecabezas puede ser difícil, pero cuando termines, el premio será una hermosa imagen. Aquí tienes varios pasos que te pueden ayudar cuando armes un rompecabezas.
>
> Tendrás que buscar una mesa grande. Esparce todas las piezas sobre la mesa con el lado de colores hacia arriba.

AHORA TE TOCA A TI

Sigue los pasos de arriba para escribir un borrador. Fíjate en las ideas que escribiste en el diagrama de flujo que hiciste antes de escribir. Usa el ensayo de instrucciones de Mario como modelo.

Estrategias que usan los buenos escritores

- Enumera todos los materiales necesarios.
- Usa una palabra de señal/secuencia en cada paso.
- Usa detalles que te ayuden a describir cada paso.

 Tal vez quieras usar una computadora para escribir el borrador. Luego puedes usar la tecla INSERT para reemplazar las palabras que quieras cambiar.

CAPÍTULO 12

Ensayo de instrucciones

Revisar

Organización y elaboración

Para empezar, vuelve a leer tu borrador cuidadosamente.

- ¿He organizado bien los pasos? ¿Faltan pasos?
- ¿Qué palabras usé para que el orden de los pasos quede claro?

MODELO

Mira los cambios que hizo Mario a una parte de su borrador. Fíjate que añadió palabras de secuencia para que el orden de los pasos quedara más claro. ¿Qué otros cambios hizo? ¿Fueron útiles los cambios?

Es importante asegurarse de que no falten piezas del rompecabezas. **Primero** Busca todas las piezas que tengan bordes rectos. Esas piezas serán el **borde** exterior del rompecabezas. **Luego** Divide las demás piezas según el color o la imagen. Por ejemplo, podrías buscar piezas azules para un cielo azul o piezas verdes para la hierba verde. **Usa como guía la foto que sale en la tapa de la caja.**

Estrategias que usan los buenos escritores

- Añade palabras de secuencia para que el orden quede claro.
- Añade detalles para que la información sea más interesante.
- Usa oraciones temáticas.

💻 Guarda una copia del primer borrador antes de hacerle cambios. Así puedes recuperar el original si no te gustan los cambios que has hecho.

AHORA TE TOCA A TI

Vuelve a leer tu ensayo con instrucciones para ver si el orden de los pasos tiene sentido. Asegúrate de que hayas usado palabras de señal/secuencia.

Corregir

CAPÍTULO 12
Ensayo de instrucciones

Revisar el uso del idioma

Es importante corregir los errores de gramática, ortografía y puntuación. Cuando hay errores, puede ser más difícil entender los pasos.

MODELO

Mario revisó su ensayo. Luego corrigió la ortografía. Fíjate en las palabras corregidas. ¿Qué otros errores corrigió?

> Luego, empieza a armar el borde del rompecabezas, conectando las piezas que tienen bordes rectos. Puede que tengas que hacer varios intentos antes de encontrar las piezas que ~~encagen~~ encajen, pero no te rindas. Pronto tendrás armado el borde exterior del rompecabezas.
>
> Finalmente, puedes empezar a ~~formar~~ armar el interior del rompecabezas buscando piezas del mismo color que encajen. al final, tendrás varias ~~secsione~~ secciones grandes que se encajarán entre sí para formar la imagen grande.

AHORA TE TOCA A TI

Después de revisar, corrige tu ensayo. Léelo tres veces:
- **Primero, corrige la ortografía.**
- **Luego, corrige la gramática.**
- **Por último, la puntuación y mayúsculas.**

Estrategias que usan los buenos escritores

- Revisa las formas correctas de los verbos.
- Usa un diccionario para comprobar la ortografía de palabras difíciles.
- Comienza las oraciones con mayúscula.
- Fíjate en los signos de puntuación.

Marcas editoriales

- ⤴ Eliminar texto
- ∧ Añadir texto
- ⟲ Mover texto
- ¶ Párrafo nuevo
- ≡ Mayúscula
- / Minúscula
- ◯ Corregir ortografía

151

CAPÍTULO 12
Ensayo de instrucciones

Publicar

Compartir tu trabajo

Ahora vas a compartir tu ensayo. Usa estas preguntas como ayuda para decidir cómo publicarlo:

1. ¿Quién es el público?

2. ¿Debes escribir el ensayo en una computadora o a mano? ¿Debes escribirlo en letra de molde o en cursiva? Piensa qué forma sería mejor para el público.

3. ¿Debes presentar tu ensayo oralmente? Para dar una presentación oral, sigue los pasos que aparecen en la página 153.

Reflexionar sobre lo escrito

Usar tu portafolio Piensa en lo que aprendiste acerca de la escritura en este capítulo. En tu portafolio, responde cada pregunta.

1. ¿Qué parte hiciste mejor: antes de escribir, el borrador o la revisión? Explica por qué. ¿Qué parte fue la más difícil? ¿Por qué?

2. Según las pautas de evaluación de tu Manual, ¿qué calificación le darías a tu escrito? Explica.

Coloca tus respuestas y tu ensayo en tu portafolio. Luego observa los diferentes trabajos escritos que hay en tu carpeta. ¿Cuál es el mejor trabajo? Di por qué te parece el mejor.

USANDO TU
Manual

- Usa las pautas de la página 497 para evaluar tu párrafo.

Cómo hacer una presentación oral

ESCUCHAR Y HABLAR

Mario decidió compartir su ensayo de instrucciones con sus compañeros en una presentación oral. También puedes presentar oralmente tu ensayo de instrucciones.
Sigue estos pasos:

PASO 1 En tarjetas, escribe con letra grande
- los materiales necesarios.
- los pasos en orden.
- la razón de hacer la actividad.

PASO 2 Cuando hables, usa tus notas, pero mira al público parte del tiempo. Si miras al público, se interesarán más por tu presentación.

PASO 3 Habla con una voz fuerte y clara para que todos puedan oírte y entenderte.

PASO 4 Cuando termines, pregunta si alguien tiene preguntas sobre tu ensayo. Luego responde a las preguntas de tus compañeros.

Estrategias para escuchar y hablar

Escucha las presentaciones de tus compañeros con atención. Usa estas estrategias para entender mejor sus ideas.
- Presta atención a los materiales necesarios para hacer la actividad.
- Escucha el orden de los pasos.
- Decide si quieres llevar a cabo la actividad.

Unidad 2
Repaso de gramática
CAPÍTULO 7
Más sobre sustantivos
páginas 92–101

Sustantivos páginas 92–93

A. Escribe cada oración. Luego subraya los sustantivos de cada una.

1. Mi hermana hizo una ensalada.
2. Mi amiga le pidió a su mamá que cortara los vegetales.
3. Los niños no deben usar cuchillos filosos.
4. Se derramó un poco de salsa en el suelo.
5. Mi papá limpió la salsa para que no nos resbalemos.

Sustantivos propios y comunes páginas 94–95

B. Escribe cada oración. Escribe con mayúscula todos los sustantivos propios.

6. La familia pineda quiere ir a san diego.
7. carlos le pedirá a su mamá que lo ayude a empacar.
8. rita y carlos viajarán en el asiento trasero del carro.
9. pelusa, el perro se quedará en casa.
10. Irán al zoológico de san diego.

Abreviaciones y títulos páginas 96–97

C. Escribe la abreviación de la palabra subrayada.

11. El señor Wu quiere ser salvavidas.
12. Tiene un manual de seguridad de 20 capítulos.
13. Debe estudiarse todas las páginas.
14. Es necesario que cruce la alberca en pocos segundos.
15. Le dije: "Usted va a ser un buen salvavidas".

Unidad 2
Repaso de gramática
CAPÍTULO 8
Sustantivos singulares y plurales *páginas 102–111*

Sustantivos en singular y en plural *páginas 102–103*

A. Escribe los sustantivos comunes y propios de cada oración. Luego escribe si cada uno es singular o plural.

1. Algunos días, Consuelo quiere comer rosquillas para el desayuno.
2. Sus padres dicen que el cereal es más sano.
3. A mi hermano le gustan los huevos fritos.
4. Se come dos rebanadas de pan tostado.
5. También le gusta comer manzanas por la mañana.

Formar el plural con –es *páginas 104–105*

B. Escribe la forma plural de cada sustantivo que está entre paréntesis ( ).

6. A Estela le gusta comer (frijol).
7. A veces trae a la escuela (pan) recién horneados.
8. Su mamá nunca le pone (pastel).
9. Pedro comparte sus (vegetal) con Estela.
10. Ella le da algunos de sus (melocotón).

Más sobre el plural de los sustantivos *páginas 106–107*

C. Escribe la forma plural de cada sustantivo que está entre paréntesis ( ).

11. En muchas partes se comen (arroz) de diferentes tipos.
12. Los (maíz) también varían mucho de una zona a otra.
13. ¡Yo no creía que existía maíz azul hasta que lo vi frente a mis propias (nariz)!
14. Los (pez) de río pueden ser muy sabrosos.
15. A (vez) me voy a pescar con mi tío.

155

Unidad 2
Repaso de gramática
CAPÍTULO 10
Género del sustantivo *páginas 120–129*

Sustantivos masculinos y femeninos *páginas 120–121*

A. Escribe si los sustantivos subrayados de cada oración son femeninos o masculinos.

1. David escucha los consejos de su <u>mamá</u>.
2. Ella se preocupa por la salud de su <u>hijo</u>.
3. Su <u>papá</u> también tiene buenos consejos.
4. El <u>maestro</u> recomienda que lean las etiquetas.
5. David le lee a su <u>hermana</u> el contenido de una lata de sopa.
6. Todos los <u>productos</u> alimenticios llevan etiquetas.
7. Es importante leer las <u>etiquetas</u> de los productos.
8. Las etiquetas dicen los alimentos que el <u>cuerpo</u> necesita.
9. Las <u>empresas</u> que producen alimentos tienen que poner etiquetas en sus productos.
10. La etiqueta también advierte de los <u>efectos</u> negativos del producto.

Cómo formar el masculino y femenino *páginas 124–125*

B. Lee cada oración. Escribe si los sustantivos subrayados son femeninos o masculinos. Luego escribe la forma femenina si es masculino, o masculina si es femenino.

11. Vanessa se fijó en los almuerzos de sus <u>amigos</u>.
12. Su <u>vecina</u> Alicia tenía un almuerzo sano.
13. Otra <u>niña</u> trajo muchos vegetales crudos.
14. El <u>papá</u> de Vanessa le puso varios alimentos saludables.
15. La <u>mujer</u> le dijo que era un buen almuerzo.

Unidad 2
Repaso de gramática
CAPÍTULO 11

Verbos de acción y los verbos *ser* y *estar*

páginas 130–139

Verbos *páginas 130–131*

A. Escribe cada oración. Subraya el verbo de cada oración.

1. Marta no va a la escuela hoy.
2. Ella protege a sus compañeros de los gérmenes del catarro.
3. A veces se contagia de catarro en la escuela.
4. Marta descansa todo el día.
5. La familia de Marta la cuida .

Verbos de acción *páginas 132–133*

B. Escribe cada oración. Subraya el verbo de acción de cada oración.

6. Marta se siente mejor hoy.
7. Ella se viste por la mañana.
8. Su mamá le saca ropa cálida.
9. Marta generalmente camina a la escuela.
10. Hoy su papá la lleva.

Los verbos *ser* y *estar* *páginas 134–135*

C. En cada oración, elige la forma correcta del verbo *ser* o *estar* que está entre paréntesis ( ). Escribe la oración.

11. León (es, está) una persona amable y simpática.
12. Yo lo (soy, estoy) cuidando.
13. (Es, Está) casi totalmente recuperado del catarro.
14. Tú (estás, eres) muy amable por haberle traído la tarea.
15. Nosotros (estamos, somos) muy contentos de que seas amigo de León.

157

Unidad 2
Conclusión

Escribir sobre otras materias: Salud

Dime lo que comes y te diré quién eres

¿Qué alimentos comes todos los días? ¿Podría ser más sana tu dieta? Aquí tienes varios pasos que te ayudarán a decidirlo.

Haz un calendario de comidas

- Haz un calendario de los próximos siete días. Empieza con el día de mañana.
- Divide cada día en cuatro secciones.
- Rotula las secciones así: *Desayuno, Almuerzo, Cena, Merienda*.

Fíjate en lo que comes

- Desde mañana empieza a fijarte en los alimentos que comes.
- Escribe los alimentos en la sección correcta de la tabla.
- Ve a la biblioteca de la escuela a investigar los alimentos que comiste.

Revisa tu calendario de comidas

- Observa tu tabla y haz un círculo alrededor de los alimentos que son saludables. Tacha los alimentos que no lo son.
- Escribe en el calendario alimentos saludables que podrías haber comido. Escríbelos junto a los alimentos que tachaste.

Haz un informe de tu dieta

- Usa el calendario de comidas para preparar un informe. ¿Qué puedes hacer para que tu dieta sea más sana?

- Decora el calendario. Haz dibujos de los alimentos que quieres añadir a tu dieta.

- Comparte tu informe y tu calendario con tus compañeros.

Libros de lectura

Pasteles de manzana en familia
por Gare Thompson
FICCIÓN REALISTA
El narrador cuenta, paso por paso, cómo se hacen los pasteles de manzana que tanto le gustan a su familia.

Manzanas y más manzanas
por Michael K. Smith
NO FICCIÓN
En este libro encontrarás todo lo que necesites saber sobre las manzanas.

Repaso acumulativo Unidad 1

Las oraciones

Oraciones *páginas 24–27*

Escribe cada oración. Indica si es una *afirmación*, un *mandato*, una *pregunta* o una *exclamación*.

1. La orquesta de la Escuela Central tiene muchos instrumentos diferentes.
2. ¿Has oído un flautín alguna vez?
3. ¡No sabes cuánto pesa una tuba!
4. Ten cuidado con el tambor.
5. Todos los estudiantes quieren tocar en la orquesta.

Sujetos y predicados *páginas 34–37, 52–55*

Escribe cada oración. Subraya el sujeto completo una vez y el predicado completo dos veces. Haz un círculo alrededor del sujeto simple y del predicado simple.

6. La escritora nos leyó sus libros ilustrados.
7. Nuestra clase vio todos sus libros.
8. La autora escribió acerca de muchos temas.
9. Algunos escritores escriben todos los días.
10. Cada escritor trabaja de una manera diferente.

Oraciones simples y compuestas *páginas 62–65*

Escribe las oraciones. Escribe si es *oración simple*. Si es una oración compuesta, escribe la palabra que une las dos oraciones simples.

11. La ciudad construyó un parque nuevo.
12. El parque es pequeño, pero es muy bonito.
13. Tiene senderos para correr y tiene un lago pequeño.
14. Los peces y los patos nadan en el lago.
15. Podemos poner barcos de juguete en el lago, o podemos darles de comer a los patos.

Repaso acumulativo Unidad 2

Más sobre sustantivos y verbos

Sustantivos propios y comunes
páginas 94–95

Escribe cada oración. Subraya los sustantivos comunes. Haz un círculo alrededor de los sustantivos propios.

1. El Sr. Alberti enseñó a nadar a los niños.
2. Carlos Díaz es el salvavidas principal.
3. Le salvó la vida a alguien el año pasado.

Sustantivos en singular y en plural
páginas 102–105

Subraya los sustantivos singulares. Haz un círculo alrededor de los sustantivos plurales.

4. Los estudiantes se lavan las manos a menudo.
5. Se tapan la boca cuando tosen.
6. Los gérmenes son difíciles de combatir.

Género del sustantivo *páginas 120–123*

Subraya los sustantivos femeninos.

7. Clara tiene problemas con los ojos.
8. Las pruebas indicaron que necesitaba gafas.
9. A sus compañeros les gustaron los lentes nuevos.

Verbos de acción *páginas 130–133*

Escribe las oraciones. Subraya los verbos de acción.

10. Algunos mosquitos transmiten enfermedades.
11. Las garrapatas pican a los animales y a la gente.
12. Le duele mucho la garganta.

Verbos *ser* y *estar* *páginas 134–135*

Elige la forma correcta del verbo en paréntesis ( ).

13. Silvia (es/soy) muy simpática.
14. Los estudiantes (somos/son) muy aplicados.

Repaso acumulativo
Unidades 1–2

Uso del lenguaje

Lee cada oración. Observa las palabras subrayadas de cada una. Puede haber un error de puntuación, de mayúsculas o del uso de las palabras. Si hallas un error, elige la respuesta que sea la mejor manera de escribir la parte subrayada de la oración. Si no hay ningún error, elige "Está correcta".

1 Luisa es la lanzador del equipo.
   - **A** Luisa es la lanzadoro
   - **B** Luisa es la lanzadoras
   - **C** Luisa es la lanzadora
   - **D** Está correcta

2 ¿Te lavas los dientes al menos dos veces al día
   - **F** dos veces al día?
   - **G** dos veces al día.
   - **H** dos veces al día!
   - **J** Está correcta

3 Algunos poemas riman, pero otros poemas no.
   - **A** riman, pero, otros
   - **B** riman pero otros,
   - **C** Riman, pero otros
   - **D** Está correcta

4 La sra martínez, que es enfermera, le habló a la clase.
   - **F** La Sra Martínez,
   - **G** La Sra. Martínez,
   - **H** La Sra. martínez,
   - **J** Está correcta

5 Todos los jugador del equipo de fútbol americano toman un gran desayuno.
   - **A** Todos los jugadors
   - **B** Todos los jugadores
   - **C** Todos los jugadoros
   - **D** Está correcta

6 Delia son una buena violinista.
   - **F** Delia es
   - **G** Delia somos
   - **H** Delia son
   - **J** Está correcta

Expresión escrita

Usa el párrafo para responder a las preguntas 1–4.

> Antes de comenzar a correr, debes hacer ejercicios de estiramiento durante varios minutos. Empieza a correr lentamente. Incrementa gradualmente la velocidad y el tiempo. Debes ser capaz de hablar mientras corres. Si no puedes hablar, estás corriendo demasiado rápido. A algunas personas no les gusta correr. Asegúrate de que los zapatos te queden cómodos.

Repaso acumulativo
Unidades 1–2

1. Elige la mejor oración inicial para el principio del párrafo.
   - **A** Cuando empieces a correr, debes comenzar poco a poco.
   - **B** Nunca corras solo de noche.
   - **C** Antes yo corría, pero ahora camino en lugar de correr.
   - **D** A veces los corredores sufren de dolor en las espinillas.

2. ¿Qué oración se debería eliminar del párrafo?
   - **F** Debes ser capaz de hablar mientras corres.
   - **G** Si no puedes hablar, estás corriendo demasiado rápido.
   - **H** A algunas personas no les gusta correr.
   - **J** Asegúrate de que los zapatos te queden cómodos.

3. ¿En qué lugar pondrías la última oración?
   - **A** Donde está ahora
   - **B** Antes de la primera oración
   - **C** Entre la oración 4 y la 5
   - **D** Entre la oración 5 y la 6

4. Elige la mejor oración que puedas añadir al final del párrafo.
   - **F** Ten cuidado cuando cruces las calles.
   - **G** Si lo haces con cuidado, verás que correr puede ser un gran ejercicio.
   - **H** También puedes correr en una cinta de andar.
   - **J** La gente corre en condiciones de tiempo de todo tipo.

163

Unidad 3

Gramática Más sobre los verbos

Escritura Persuasiva

CAPÍTULO 13
**Verbos principales y
  auxiliares** **166**

CAPÍTULO 14
Verbos en tiempo presente **176**

CAPÍTULO 15
**El arte de escribir:
Selección de vocabulario
Escribir una carta a un amigo** **186**

CAPÍTULO 16
Verbos en tiempo pasado y futuro .. **194**

CAPÍTULO 17
Verbos irregulares **204**

CAPÍTULO 18
**Proceso de escritura
Escribir un párrafo persuasivo** **214**

164

CAPÍTULO 13

Verbos principales y auxiliares

Verbos principales y verbos auxiliares

A veces el predicado de una oración tiene dos o más partes verbales que funcionan juntas.

El **verbo principal** es el verbo más importante del predicado. El verbo *haber* en sus diferentes conjugaciones funciona con el verbo principal para referirse a una acción. *Haber* es un **verbo auxiliar**.

Ejemplos:

verbo auxiliar | verbo principal
Kimi **ha comido** pescado, frijoles negros y fideos.

Práctica dirigida

A. En cada oración, di cuál de las palabras subrayadas es el verbo principal y cuál es el verbo auxiliar.

Ejemplo: Los padres de Kimi <u>han</u> <u>trabajado</u> en los Estados Unidos por tres años.
han: verbo auxiliar; trabajado: verbo principal

1. Le han enseñado a Kimi las tradiciones japonesas.
2. Kimi ya ha aprendido acerca de las tradiciones japonesas del día de Año Nuevo.
3. "¡Me he comprado ropa nueva!", dice Kimi.
4. ¿Habrá limpiado la casa la familia ayer?
5. Los padres de Kimi han preparado platos especiales.

El poder de las palabras

tra·di·ción
s. Costumbre que pasa de padres a hijos.

Práctica individual

B. En cada oración, escribe cuál de los verbos subrayados es el verbo principal y cuál es el verbo auxiliar.

Ejemplo: Los padres de Chim <u>habían vivido</u> en Vietnam antes de mudarse a los Estados Unidos.
habían: verbo auxiliar; vivido: verbo principal

6. Ellos <u>han construido</u> una casa en Nueva York.
7. Es bueno que la familia de Chim <u>haya conservado</u> las tradiciones de Vietnam.
8. Entre todos <u>han preparado</u> una comida especial para el día de Año Nuevo.
9. "Me <u>he puesto</u> ropa nueva", dice Chim.
10. Me imagino que sus padres le <u>habrán dado</u> un sobre rojo.

Recuerda

que el verbo principal es el verbo más importante del predicado. El verbo auxiliar *haber* en sus diferentes conjugaciones funciona con el verbo principal para referirse a una acción.

Conexión con la escritura

Estudios sociales Habla con un compañero acerca de las razones por las cuales la gente se muda de un país a otro. Usa un verbo principal y un verbo auxiliar en cada oración para escribir de tres a cinco oraciones que reflejen tus ideas.

CAPÍTULO 13

Verbos principales y auxiliares

Más sobre los verbos auxiliares

Ya sabes que el predicado de una oración puede tener dos o más partes verbales que funcionan juntas.

Además de **haber**, los verbos *ir* y *estar* también pueden funcionar como verbo auxiliares con el verbo principal para referirse a una acción.

Ejemplos:
DeShay y su familia **están siguiendo** la tradición de Kwanzaa.

La celebración **va** a **durar** siete días.

DeShay **ha disfrutado** mucho de la celebración.

Práctica dirigida

A. Di cuál es el verbo auxiliar de cada oración.

Ejemplo: He aprendido más sobre la celebración de Kwanzaa.
He

1. La celebración de Kwanzaa va a durar siete días.
2. Las festividades van a terminar el día de Año Nuevo.
3. DeShay ha encendido una vela de Kwanzaa todos los días.
4. Hoy voy a verla encender la última vela.
5. DeShay y su hermano están ayudando a preparar la fiesta.

Práctica individual

B. Escribe cada oración. Subraya el verbo auxiliar una vez y el verbo principal dos veces.

Ejemplo: Tom estará despierto hasta tarde hoy.

6. Tom ha vivido en la ciudad de Nueva York toda su vida.
7. La gente de Nueva York estará celebrando como todos los años.
8. Tom y sus padres siempre han ido a Times Square para despedir el año.
9. Van a celebrar de la misma manera este año.
10. Ha llegado el gran momento.
11. La familia de Tom está adentrándose en la multitud que hay en Times Square.
12. Han instalado un gran reloj que dice la hora exacta.
13. El gentío está contando los segundos que faltan para que sea la medianoche.
14. Todos van a celebrar cuando sea medianoche.
15. ¡Están haciendo un alboroto tremendo!

Recuerda

que el predicado de una oración puede tener dos o más partes verbales que funcionan juntas. Además de *haber*, los verbos *ir* y *estar* también pueden funcionar como ==verbos auxiliares== con el ==verbo principal== para referirse a una acción.

Conexión con la escritura

El arte de escribir: Verbos interesantes Piensa en una fiesta que tu familia celebra. Haz una lista de verbos interesantes que podrías usar para describir lo que hace tu familia para esa fecha especial, como comer y celebrar. Luego elige cuatro de los verbos y úsalos en oraciones acerca de la fiesta. Las oraciones pueden describir lo que has hecho en el pasado o lo que esperas hacer. Usa verbos auxiliares en las oraciones con los verbos principales que elegiste.

CAPÍTULO 13

Verbos principales y auxiliares

USO Y PUNTUACIÓN
El infinitivo de los verbos

El infinitivo es la forma básica del verbo. Todos los verbos en infinitivo terminan con *ar, er* o *ir*.

A menudo el infinitivo se usa después de los verbos *gustar, querer, poder, deber* o *tener* para referirse a una acción.

Ejemplos:

A mí me *gusta* mucho **viajar** a otros países.

Debemos **conocer** otros países.

Quiero **volver** a viajar pronto.

Práctica dirigida

A. **Di cuáles son los verbos en infinitivo de cada oración.**

Ejemplo: A Ignacio le gusta aprender otros idiomas.
aprender

1. Ignacio sabe hablar español, inglés y francés.
2. En Francia, pudo conversar con los franceses.
3. Hay que estudiar mucho para aprender un idioma extranjero.
4. A Ignacio le gustaría vivir en otro país.
5. Va a pedir una beca en la universidad para ir a Italia.
6. Ignacio también quiere visitar el Perú.
7. Allí podría hablar en español y visitar las ruinas de los incas.
8. Ignacio debe ahorrar dinero.
9. Por eso tiene que trabajar durante el verano.
10. Mi tío lo quiere acompañar al Perú.

Práctica individual

B. Escribe el infinitivo de cada verbo subrayado.

Ejemplo: Mi vecina Alma no <u>encontró</u> una escuela de medicina donde <u>vivía</u>.
encontrar, vivir

6. Alma no se <u>da</u> por vencida fácilmente.
7. Se <u>mudó</u> a California y se <u>matriculó</u> en la escuela de medicina.
8. Allí <u>toma</u> muchas clases y <u>aprende</u> cómo ser una buena doctora.
9. <u>Lee</u> y <u>escribe</u> muchísimo para completar sus tareas.
10. Alma <u>será</u> una doctora excelente.

> **Recuerda**
> que el infinitivo es la forma básica del verbo. Todos los verbos en infinitivo terminan con *ar*, *er* o *ir*. A menudo el infinitivo se usa después de los verbos *gustar*, *querer*, *poder*, *deber* o *tener* para referirse a una acción.

Conexión con la escritura

Diario de un escritor: Reflexionar sobre la escritura Con un compañero, haz una lista de verbos en infinitivo. Asegúrense de que todos terminen con *ar*, *er* o *ir*. Luego usa los verbos para escribir sugerencias que le podrías dar a un recién llegado en tu comunidad. Puedes usar los verbos en infinitivo con los verbos debes, tienes y puedes para escribir las sugerencias. Léele las sugerencias a tu compañero. ¿Son interesantes las oraciones que escribiste? ¿Crees que es una buena idea usar varias partes verbales que funcionen juntas? ¿Por qué?

CAPÍTULO 13
Verbos principales y auxiliares

Práctica adicional

A. Escribe la forma del verbo auxiliar *haber* de cada oración. *páginas 166–167*

Ejemplo: Personas de todas partes del mundo han llegado a los Estados Unidos.
han

1. La Estatua de la Libertad les ha dado la bienvenida a muchas de ellas.
2. Ha estado en el puerto de Nueva York durante muchos años.
3. Puede que hayas visto fotos de la estatua.
4. Muchos turistas han visitado la Estatua de la Libertad este año.
5. Las personas que han ido no olvidan la experiencia.

B. Haz una tabla con dos columnas. Ponle a la primera columna el encabezado *Verbo auxiliar* y a la segunda el encabezado *Verbo principal*. Escribe cada verbo subrayado en la columna correcta. *páginas 166–169*

Ejemplo: Yen <u>va</u> a <u>ver</u> la Estatua de la Libertad.

Verbo auxiliar	Verbo principal
va	ver

6. <u>Va</u> a <u>viajar</u> a Nueva York el año que viene.
7. Ella <u>está recordando</u> su visita al puente Golden Gate en San Francisco.
8. <u>Había viajado</u> desde la China en un avión.
9. "<u>Estábamos aterrizando</u> en San Francisco", explica Yen.
10. "Yo nunca <u>había visto</u> un puente tan largo", dice.

Recuerda

que el **verbo auxiliar** *haber* funciona con el **verbo principal** para referirse a una acción. Los verbos *ir* y *estar* también pueden funcionar como verbos auxiliares con el verbo principal para referirse a una acción.

Para hallar más actividades con los verbos principales y verbos auxiliares, visita **The Learning Site:** www.harcourtschool.com

C. **Lee cada oración. Si los verbos subrayados son infinitivos, escribe *infinitivo*. Si no lo son, escribe *no es infinitivo*.** páginas 170–171

Ejemplo: Flora pensó que no se quería mudar a otro país.
pensó: no es infinitivo; mudar: infinitivo

11. Al principio, Los Ángeles le pareció muy difícil para vivir.
12. Tenía que aprender inglés porque no lo hablaba muy bien.
13. No tenía a sus amigas allí y no las podía ver.
14. Pronto se dio cuenta de que no iba a estar sola.
15. "No te tienes que preocupar", dijo María. "Yo acabo de llegar también!"

D. **Escribe el infinitivo de los verbos subrayados en cada oración.** páginas 170–171

Ejemplo: Sita no nació en los Estados Unidos.
nacer

16. Su familia llegó de la India hace dos años.
17. Sita les escribe cartas a sus parientes en la India.
18. Sus primos le envían correo electrónico a Sita.
19. Sita y su familia no se olvidan de sus tradiciones y costumbres.

Recuerda

que el infinitivo es la forma básica del verbo. Todos los verbos en infinitivo terminan con *ar*, *er* o *ir*.

¿LO SABÍAS?
En 1884 el pueblo francés le regaló la Estatua de la Libertad al pueblo estadounidense.

Conexión con la escritura

Escritura de la vida real: Haz un cartel Trabaja con un compañero para hacer una lista de sugerencias que le podrían dar a una persona que acaba de venir por primera vez a los Estados Unidos. Usa al menos dos verbos auxiliares y dos infinitivos. En papel de cuaderno, hagan un cartel que presente las sugerencias. Luego hagan ilustraciones en el cartel.

CAPÍTULO 13
Verbos principales y auxiliares

Repaso del capítulo

Elige la parte de la oración que sea verbo auxiliar.

1. Los estudiantes han hablado del nuevo proyecto de investigación.
   - **A** hablado
   - **B** han
   - **C** estudiantes
   - **D** han hablado

2. Pedro no ha podido ver bien a los bailarines desde su asiento.
   - **A** podido
   - **B** no ha
   - **C** ha
   - **D** ver

3. Sus abuelos siempre le habían tratado con cariño.
   - **A** tratado
   - **B** le habían
   - **C** habían tratado
   - **D** habían

4. Sus padres habían vivido en Alemania por un tiempo antes de venir a los Estados Unidos.
   - **A** venir
   - **B** habían
   - **C** vivido
   - **D** habían vivido

5. No está bien que Paco no haya saludado a tu prima.
   - **A** haya
   - **B** haya saludado
   - **C** no la haya
   - **D** está

6. Creo que tu mamá te habrá hecho la torta que le pediste para tu cumpleaños.
   - **A** Creo
   - **B** hecho
   - **C** pediste
   - **D** habrá

7. Tú ya has aprendido muchas costumbres de extranjeros que viven en tu comunidad.
   - **A** aprendido
   - **B** viven
   - **C** has
   - **D** aprendido muchas

STANDARDIZED TEST PREP

SUGERENCIA
Recuerda leer todas las respuestas posibles antes de elegir una.

Si necesitas mayor preparación para la prueba, visita *The Learning Site:*
www.harcourtschool.com

Cómo usar un diccionario

Los diccionarios son herramientas muy útiles para estudiar. Cuando buscas una palabra en el diccionario, te dice qué parte de la oración es y las definiciones de la palabra.

Ya sabes que en un diccionario, las palabras están organizadas en orden alfabético. Hallarás **palabras guía** en la parte superior de cada página del diccionario. Las palabras guía indican cuál es la primera y la última palabra de cada página. Por ejemplo, si buscas la palabra *república*, sabes que tienes que buscarla en la página que tenga las palabras guía *rehusar* y *retablo*, porque según el orden alfabético, cae entre esas dos palabras. ¿Crees que hallarías la palabra costumbre en la misma página?

palabra guía — **parte de la oración** — **definición** — **palabra**

rehusar   187   **retablo**

rehusar *tr.* alejar; no acceptar aglo; excusar.
reinado *m.* período de gobierno de un rey.
reja *f.* red hecha de barrotes de hierro, útil para cerrar un hueco; pieza del arado para remover la tierra.
relacionar *tr.* formar relación de un hecho; hacer o poner en relación.
relámpago *m.* luz que se produce por una fuerta descarga eléctrica en las nubes.
relegar *tr.* desterrar; expulsar.
relínchar *intr.* proferir el caballo su voz.

república *f.* Estado: dicese del pais en que se gobernia sin monarca.
repudíar *tr.* alejar de sí lo propio.
repungar *tr.* chocar una cosa con otra; resistirse a aceptar algo. *U.t.c.r.*
repulsar *tr.* repeler.
reputación *f.* gama; honor.
requerir *tr.* galantear o solicitar a una mujer.
requesón *m.* masa mantecosa que se forma al cuajar la leche.

R

AHORA TE TOCA A TI

Busca las siguientes palabras en el diccionario. Escribe el número de la página donde encuentres cada palabra. Luego escribe las palabras guía que hay en esa página.

1. aventura
2. patrimonio
3. bienvenida
4. fiesta
5. tradiciones
6. celebrar

SUGERENCIA

Antes de buscar una palabra, decide si la encontrarás en el principio, medio o final del diccionario

CAPÍTULO 14

Verbos en tiempo presente

Tiempos verbales

El tiempo del verbo dice cuándo ocurrió la acción.

Ya sabes que todos los predicados tienen un verbo que dice lo que el sujeto hace o lo que es. El verbo también dice si la acción está ocurriendo ahora, ha ocurrido en el pasado o va a ocurrir en el futuro.

Ejemplos:

Hoy Juan **trabaja** en la biblioteca.

Takesha **ayudó** al bibliotecario la semana pasada.

Anna **prestará** ayuda voluntaria mañana.

Práctica dirigida

A. Di si el verbo subrayado muestra una acción que está ocurriendo en el presente, ha ocurrido en el pasado o va a ocurrir en el futuro.

Ejemplo: Sólo los ciudadanos <u>votan</u> en las elecciones.
presente

1. La gente <u>toma</u> decisiones importantes.
2. Cada cuatro años los ciudadanos <u>elegirán</u> al presidente de los Estados Unidos.
3. En 1971, el Congreso <u>cambió</u> la edad del voto para que fuera a los dieciocho años.
4. Los adultos se <u>inscriben</u>, para votar.
5. Mucha gente <u>decidirá</u> por quién votar.
6. La gente <u>gritaba</u> para dar su voto en la época colonial.
7. Los ciudadanos <u>anotaban</u> sus votos en un papel.
8. Algunas personas todavía <u>escriben</u> sus votos en papel.
9. La mayoría de los votantes <u>usan</u> máquinas electorales hoy en día.
10. Pronto las personas <u>votarán</u> por computadora.

El poder de las palabras

ins-cri-bir-se
s. Apuntarse en una lista oficial.

176

Práctica individual

B. Escribe cada oración y subraya el verbo. Escribe si el verbo muestra una acción en el presente, pasado o futuro.

Ejemplo: Las máquinas electorales mantienen secreto el voto.
Las máquinas electorales <u>mantienen</u> secreto el voto. presente

11. Las primeras máquinas electorales pesaban 700 libras.
12. Las máquinas electorales de hoy en día usan una computadora.
13. Las máquinas verifican los votos.
14. Leerán 1,000 votos por minuto.
15. Éstas mejoraron con el paso de los años.
16. Las elecciones le permiten a la gente tomar decisiones.
17. Los estados harán que las votaciones sean más fáciles el año próximo.
18. Algunos estados inscribirán a los votantes el día de las elecciones.
19. Durante años, las personas enviaban sus votos por correo desde el exterior.
20. El voto de una persona es secreto.

Recuerda
que el tiempo del verbo dice cuándo ocurrió la acción.

¿LO SABÍAS?
El famoso inventor Thomas Alva Edison hizo la primera máquina electoral que registró votos en 1868. A los miembros del Congreso no les gustó, porque decían que hacía que el proceso electoral fuera... ¡demasiado rápido!

Conexión con la escritura

Diario de un escritor: Idea para la escritura Los ciudadanos deben seguir muchas reglas. Los reglas nos dan seguridad. ¿Cuál es una regla importante que sigues? En un párrafo, explica por qué crees que es importante seguir esa regla. Recuerda usar el tiempo presente.

CAPÍTULO 14

Verbos en tiempo presente

Terminaciones de los verbos en tiempo presente

Si terminan en –*ar*:
–o,–as,–a,–amos,–an

Si terminan en –*er*:
–o,–es,–e,–emos,–en

Si terminan en –*ir*:
–o,–es,–e,–imos,–en

Verbos en tiempo presente

Un verbo en tiempo presente indica una acción que está ocurriendo ahora.

Ya sabes que el infinitivo es la forma básica del verbo. Para formar el tiempo presente, quítale la terminación *ar*, *er* o *ir* al infinitivo y añade las terminaciones que aparecen en la casilla de la izquierda. La terminación que escojas depende del sujeto.

Ejemplos:

verbo infinitivo *plantar:*

　Yo plant**o**　　　Tú plant**as**　　　Él plant**a**

　Nosotros plant**amos**　　Ustedes/Ellos plant**an**

verbo infinitivo *aprender:*

　Yo aprend**o**　　Tú aprend**es**　　Él aprend**e**

　Nosotros aprend**emos**　　Ustedes/Ellos aprend**en**

verbo infinitivo *escribir:*

　Yo escrib**o**　　Tú escrib**es**　　Él escrib**e**

　Nosotros escrib**imos**　　Ustedes/Ellos escrib**en**

Práctica dirigida

A. **Elige la forma correcta del tiempo presente del verbo en paréntesis.**

　Ejemplo: Los niños (estudian, estudia) mucho.
　　　　　　estudian

1. Los niños (participan, participas) en grupos.
2. Otros (creo, crean) sus propios grupos.
3. Ellos no le (temen, temes) a los obstáculos.
4. Nosotros (escribimos, escribe) en un cartel.
5. La maestra (comparte, compartes) sus ideas.

Práctica individual

B. Elige la forma correcta del tiempo presente del verbo en paréntesis. Escribe cada oración.

Ejemplo: Los voluntarios (logro, logran) hacer cambios.
Los voluntarios logran hacer cambios.

11. Los voluntarios (deciden, decides) lo que quieren hacer.
12. Una persona (investigan, investiga) quién necesita ayuda.
13. A veces un grupo de la comunidad (solicita, solicitamos) ayuda.
14. Shamonda (toca, tocas) música.
15. Ella y sus amigas (vemos, ven) a los ancianos todas las semanas.
16. Las niñas les (traes, traen) regalos a los ancianos.
17. Shamonda se alegra cuando una señora (abre, abrimos) su regalo y sonríe.
18. "Cada vez que doy de mi tiempo, (recibes, recibo) mucho más a cambio", dice Shamonda.
19. ¿Cómo (creo, crees) que puedes colaborar?
20. Todos (tomamos, tomen) una buena decisión.

> **Recuerda**
> que un verbo en tiempo presente indica una acción que está ocurriendo ahora.

Conexión con la escritura

El arte de escribir: Dar razones Escribe un párrafo acerca de una regla que quieras crear. ¿Por qué es importante? Intercambia tu párrafo con el de un compañero. Círcula los verbos que están en tiempo presente. Piensa en las razones que dio tu compañero para crear la regla. ¿Cómo podrían expresarse más claramente esas razones? Da sugerencias para ayudar a tu compañero a hacer que el párrafo sea más claro.

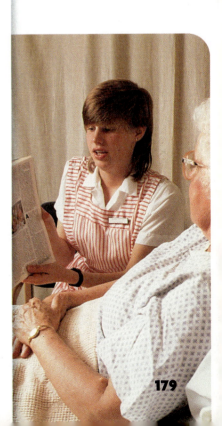

CAPÍTULO 14

Verbos en tiempo presente

USO Y PUNTUACIÓN

Concordancia entre el sujeto y el verbo

El verbo de una oración tiene que concordar con el sujeto.

La terminación de un verbo en tiempo presente depende del sujeto de la oración.

A veces la oración no tiene un sujeto escrito. Esto se llama sujeto tácito. En esos casos, la forma del verbo indica cuál es el sujeto de la oración.

Ejemplos:

Trabajas para ayudar a la comunidad. (sujeto: tú)

Debemos luchar por los asuntos importantes. (sujeto: nosotros)

Práctica dirigida

A. **Di el sujeto de la oración. Mira los verbos en paréntesis y elige el que concuerda con el sujeto.**

Ejemplo: Los ciudadanos (debo, deben) cooperar.
Los ciudadanos, deben

1. Muchos ciudadanos (asisten, asistes) a reuniones gubernamentales.
2. A veces un ciudadano (escribo, escribe) cartas sobre asuntos importantes de la comunidad.
3. Un ciudadano que se interesa mucho se (presentamos, presenta) como candidato a un cargo.
4. Nosotros (ayudamos, ayudas) a la campaña.
5. La comunidad (agradecen, agradece) el tener dirigentes dedicados.

Práctica individual

B. Si el verbo de la oración concuerda con el sujeto escribe correcto. Si el verbo no concuerda con el sujeto, escribe el verbo correctamente.

Ejemplo: La televisión informas a la comunidad.
La televisión informa a la comunidad.

6. Los estudiantes participan en el gobierno.
7. Los ciudadanos interesados le escribes al Congreso.
8. Los niños leo para aprender lo que ocurre.
9. La bibliotecaria les enseña libros de temas gubernamentales.
10. En el periódico tú leemos acerca de lo que está pasando.

C. Para cada oración sin sujeto escrito, escribe cuál es el sujeto.

Ejemplo: Llaman por teléfono a los votantes.
ustedes, ellos o ellas

11. Ayudas a los candidatos.
12. Repartimos hojas sueltas.
13. Envían cartas a favor del candidato.
14. Decido presentarme como candidata algún día.
15. Cree que es una buena idea.

> **Recuerda**
> que el verbo de una oración tiene que concordar con el sujeto.

Conexión con la escritura

Escritura de la vida real: Anuncio Con un compañero, piensa en alguna actividad en grupo que pudiera hacer un cambio positivo en tu comunidad. Juntos, escriban un anuncio que diga por qué es importante el proyecto. Puede que quieran pedirle a la escuela o a la comunidad entera que participe en el proyecto.

CAPÍTULO 14

Verbos en tiempo presente

Práctica adicional

Recuerda

que el tiempo del verbo muestra cuándo ocurre una acción. Los verbos en **tiempo presente** describen una acción que está ocurriendo ahora. El verbo de una oración tiene que **concordar** con el sujeto.

A. Escribe cada oración y subraya el verbo. Di si muestra una acción que está ocurriendo en el presente, que ocurrió en el pasado, o que ocurrirá en el futuro. *páginas 176–177*

Ejemplo: Isis reúne alimentos para un comedor.
Isis <u>reúne</u> alimentos para un comedor. *presente*

1. Empezó a los cuatro años de edad.
2. Los vecinos de Isis y su abuela donan alimentos.
3. Ellas reunirán miles de productos.
4. Ayudaron a muchas personas con la comida.
5. Isis ayudará a muchas personas más.

B. Escribe el verbo entre paréntesis ( ) que concuerde con el sujeto. *páginas 178–179*

Ejemplo: Cristóbal (colaboramos, colabora) con su comunidad ayudando a los animales. *colabora*

6. Él (trabajan, trabaja) en un refugio de animales.
7. Los voluntarios (cuidan, cuido) a los gatos.
8. Cristóbal (recaudas, recauda) fondos para el refugio.
9. Él (alimenta, alimento) a los gatos.
10. Los gatos (juegas, juegan) con Cristóbal.
11. Las leyes (protegemos, protegen) a los animales.
12. Las leyes (hacen, haces) que la comunidad sea un lugar seguro.
13. A veces un ciudadano (quiero, quiere) que haya un reglamento nuevo.
14. Yo (piensas, pienso) mucho acerca de los reglamentos.
15. Todos (deciden, decides) si los reglamentos nuevos serán leyes.

C. En cada oración, di cuál es el sujeto. Luego escribe la oración, usando la forma correcta del verbo que está entre paréntesis.

páginas 180–181

Ejemplo: Los voluntarios (ayuda, ayudan) a construir hogares para quienes los necesitan.
Los voluntarios
Los voluntarios ayudan a construir hogares para quienes los necesitan.

16. Primero, ellos (crean, creas) un plan de lo que van a hacer.
17. Luego los voluntarios (escoges, escogen) un terreno donde construir.
18. Cada persona (hace, hacen) un esfuerzo por cumplir el plan.
19. Otro grupo se (encargamos, encarga) de colocar a una familia en la casa.
20. Los grupos comunitarios se (enorgulleces, enorgullecen) de su trabajo.

Conexión con la escritura

Tecnología Usa una computadora para escribir el anuncio de una actividad de la comunidad. Las computadoras tienen diferentes fuentes o estilos de letras. De la misma manera que los sujetos y los verbos que escribes deben concordar, el mensaje y el estilo de letras que usas deben concordar también. Prueba diferentes estilos de letra. ¿Son tradicionales algunos estilos? ¿Cuáles son modernos? Si no puedes usar una computadora, escribe tu anuncio con diferentes colores y tipos de letras. Piensa en los colores y en los tipos de letras que mejor le van a tu mensaje.

Para hallar más actividades con los verbos en tiempo presente, visita *The Learning Site:*
www.harcourtschool.com

CAPÍTULO 14
Verbos en tiempo presente

Repaso del capítulo

Lee el siguiente fragmento y elige el verbo en tiempo presente que corresponde en cada espacio. Marca la letra de la respuesta que elegiste.

> Una manera en que las personas (1) la nación es aprobando leyes nuevas. El Congreso (2) las leyes. Los miembros del Congreso (3) las ideas para las leyes nuevas. Luego ellos (4) estas ideas en un proyecto de ley. Los miembros (5) a favor o en contra de cada proyecto de ley. Finalmente, ellos (6) para decidir si el proyecto se convertirá en ley. El presidente también (7) si está de acuerdo o no con los proyectos de ley. Después de que un proyecto de ley se (8) en la ley, la gente tiene que obedecerla.

SUGERENCIA
Recuerda leer todas las opciones posibles antes de elegir tu respuesta.

1   **A** mejora
     B mejoran
     C mejoró
     D mejorar

2   **F** aprobó
     G aprobaron
     H aprueba
     J aprobar

3   **A** escuchan
     B escuchas
     C escuchó
     D escucharán

4   **F** escribirá
     G escribir
     H escribieron
     J escriben

5   **A** hablan
     B hablaron
     C hablas
     D hablar

6   **F** votó
     G votaron
     H votan
     J voto

7   **A** dijo
     B dice
     C decir
     D dicen

8   **F** convertir
     G convertiste
     H convirtió
     J convierte

Para hallar más actividades con las que prepararte para las pruebas, visita *The Learning Site:*
www.harcourtschool.com

Prefijos y sufijos

Un **prefijo** es una parte de la palabra que se añade al principio de la palabra. El prefijo cambia el significado de la palabra. Un **sufijo** es una parte de la palabra que se añade al final de la palabra. El sufijo también cambia el significado de la palabra.

Al combinar los prefijos y los sufijos con palabras como *ver* y *respeta*, se crean nuevas palabras con nuevos significados.

pre- + *ver* = *prever* (ver con anticipación lo que va a pasar)

respeta + *-able* = *respetable* (que merece respeto)

VOCABULARIO

Prefijos	
re-	otra vez o de nuevo
des-	no o ausencia
in-	no o hacer lo opuesto
mal-	mal o mal hecho

Sufijos	
-able	puede ser o merece
-ista	se dedica a o se caracteriza por
-oso/-osa	se caracteriza por
-ito/-ita	pequeño o pequeña

AHORA TE TOCA A TI

Añadir prefijos y sufijos para formar palabras.

1. Elige una raíz de la siguiente casilla.
2. Observa la lista de prefijos. Elige un prefijo para combinarlo con la raíz.
3. Elige otra raíz y añade un sufijo de la lista.
4. Continúa añadiendo prefijos y sufijos hasta que hayas usado todas las raíces de la casilla.

> hecho   entendido   acuerdo   lamenta
> grato   culpa   ocio   mesa

SUGERENCIA
Asegúrate de que las palabras que formas son reales. Búscalas en un diccionario.

CAPÍTULO 15

El arte de escribir

Escritura persuasiva

Selección de vocabulario

Persuasión significa tratar de convencer a alguien de que acepte tus ideas. Por ejemplo, podrías persuadir a un amigo de que use una idea que tienes para un proyecto de la clase.

Lee el siguiente párrafo del libro *Ramona y su madre*. En el párrafo, Beezus persuade a su madre de que le permita cortarse el pelo en una academia de belleza local.

MODELO DE LITERATURA

"Unas niñas de la escuela se cortan el pelo en la Escuela de Belleza de Roberto. La gente que está aprendiendo a cortar el pelo hace el trabajo, pero un profesor los observa para asegurarse de que lo hagan bien. Cuesta menos que un salón de belleza normal. He ahorrado mi mesada, y hay una señora que se llama Dawna que es muy buena. Ella sabe cortar el pelo para que quede como el de la chica que patina sobre hielo en la televisión, la que tiene el pelo que parece flotar cuando empieza a dar giros y luego cae en su lugar cuando se detiene."

—de *Ramona y su madre*
por Beverly Cleary

Analiza el modelo

1. ¿Qué quiere Beezus que haga su madre?
2. ¿De qué manera intenta persuadir a su madre?
3. ¿Por qué describe Beezus a la chica que patina sobre hielo?

Cuando quieres persuadir a alguien, debes elegir tus palabras con cuidado. Las palabras que usas pueden afectar lo que la persona pensará de tus ideas. Para aprender más sobre la selección de palabras, observa la tabla de la página siguiente.

Estrategias para elegir palabras	Cómo usar las estrategias	Ejemplos
Usa verbos vívidos.	• Elige verbos interesantes para describir las acciones.	• El carro **voló**. El cachorrito se fue **rodando** cuesta abajo.
Usa sustantivos específicos.	• Elige sustantivos que nombran una sola cosa y no un grupo entero. Usa el sustantivo más específico que sirva.	• A Jonás le encantan las frutas. A Jonás le encantan las **manzanas** y los **melocotones**.

AHORA TE TOCA A TI

PIENSA EN LA SELECCIÓN DE VOCABULARIO
Trabaja con uno o dos compañeros. Busquen en el salón de clase ejemplos de escritura que intenta persuadir. Por ejemplo, miren carteles, hojas sueltas, avisos y anuncios. Hablen de los ejemplos que hallen.

Responde a estas preguntas:

1. ¿De qué intentan persuadirte los escritores?
2. ¿Qué verbos vívidos usan los escritores?
3. ¿Qué sustantivos específicos usan?
4. ¿Logran persuadirte las palabras de los escritores? ¿Por qué?

CAPÍTULO 15

Escritura persuasiva

Verbos vívidos

A. Elige un verbo vívido de la casilla para sustituir la palabra subrayada de cada oración. Escribe la oración nueva en tu hoja de papel.

| encaramó   susurró   voló |
| revoloteó   repiqueteó |

1. Ana <u>fue</u> a su casa.
2. El pájaro <u>movió</u> las alas.
3. Gerónimo se <u>subió</u> al árbol.
4. La campana <u>sonó</u>.
5. "Silencio, por favor", <u>dijo</u> Catalina.

B. Lee el párrafo. Piensa en verbos vívidos que puedas usar para llenar los espacios. Escribe el párrafo completo en tu hoja de papel.

   Mientras se aproximaba la tormenta, los niños _____ por el campo. La lluvia pronto comenzó _____. El viento _____. Los niños pronto vieron sus ropas _____. Pese a ello, _____ estar afuera. La lluvia era tan _____. Hasta el viento parecía _____ en la piel. Finalmente, los niños _____ en un pequeño cobertizo. "Oh, no", _____ Mateo, "¡cae agua del techo!"

Sustantivos específicos

C. Elige un sustantivo específico de la casilla para sustituir el sustantivo general que está subrayado en cada oración. Escribe la oración nueva en tu hoja de papel.

> granero   computadora   sofá   cabaña   papeles

1. Pon este disco en la abertura de la máquina.
2. Ese mueble es muy pesado para cargarlo.
3. ¿Puedes mover esa pila de cosas?
4. Las vacas viven en un edificio.
5. Abraham Lincoln vivía en una casa de troncos.

D. Observa cada par de sustantivos. Decide qué sustantivo es más específico. Escribe ese sustantivo en tu hoja de papel.

1. libro, texto
2. chaqueta, ropa
3. máquina, computadora
4. ajedrez, juego
5. instrumento, piano

Pensar y escribir

Escribe para anotar tus reflexiones

A veces, la publicidad te persuade de comprar cosas que no necesitas. ¿Cómo decides si debes comprar lo que alguien te trata de vender? Escribe tus reflexiones en tu diario.

CAPÍTULO 15

Escritura persuasiva

Escribir una carta a un amigo

Beezus intentó persuadir a su madre de que le dejara cortarse el pelo en una academia de belleza. Carmen también quiere cortarse el pelo, pero no está segura de qué corte quiere. Le envió una foto a su amiga Teresa. Lee esta carta que Teresa escribió para persuadir a Carmen de que se corte el pelo.

MODELO

encabezado

22 calle De la Torre
Ciudad, Estado
Fecha

saludo

Querida Carmen:

cuerpo de la carta

Tengo delante la fotografía que me enviaste. Creo que este corte de pelo te quedaría muy bien. Me encanta como se ondula por la parte de arriba de la cabeza y se riza hacia afuera justo debajo de las orejas.

Te puedo imaginar con el pelo meciéndose al compás de la música cuando bailas. Se balancearía cuando dieras un gran salto, y luego descendería con gracia.

No se me ha olvidado el recital de ballet que tienes el fin de semana que viene. Mi mamá me prometió llevarme. Te veré allí, y ¡espero ver también tu nuevo corte de pelo!

despedida y firma

Tu amiga,
Teresa

Analiza el modelo

1. ¿De qué está persuadiendo Teresa a Carmen?
2. ¿Qué verbos vívidos usa Teresa?
3. ¿Por qué es una buena idea que Teresa use sustantivos específicos en lugar de sustantivos más generales como *cosa*?
4. ¿Crees que la carta de Teresa logrará persuadir a Carmen? ¿Por qué?

AHORA TE TOCA A TI

TEMA DE ESCRITURA Escribe una carta para persuadir a un amigo que vive en otro pueblo de que vaya a la feria científica contigo. Usa verbos vívidos y sustantivos específicos. Usa el formato correcto de una carta.

ESTUDIA EL TEMA Pregúntate lo siguiente:

1. ¿Cuál es tu propósito para escribir?
2. ¿Quién es tu audiencia?
3. ¿Qué razones darás para persuadir al lector?

Antes de escribir y hacer el borrador

Planifica la carta. Usa un diagrama como éste.

> Cuéntale tu idea a tu amigo.
>
> ↓
>
> Da razones para persuadir a tu amigo de que acepte tu idea. Elige las palabras con cuidado.
>
> ↓
>
> Termina tu carta en forma amistosa.

USANDO TU Manual

- Usa el diccionario de sinónimos del escritor para hallar verbos vívidos y sustantivos específicos que puedas usar en tu carta.

CAPÍTULO 15

Escritura persuasiva

Editar

Vuelve a leer el borrador de tu carta. ¿Quieres hacer algún cambio? Usa esta lista como ayuda para revisar la carta.

- ☑ ¿Dejaste claro lo que quieres que haga el lector?
- ☑ ¿Diste buenas razones para persuadir al lector?
- ☑ ¿Usaste verbos vívidos?
- ☑ ¿Hay lugares donde puedas usar más sustantivos específicos?
- ☑ ¿Usaste la carta correctamente?

Usa esta lista para corregir la ortografía de la carta:

- ☑ Empecé las oraciones con letra mayúscula.
- ☑ Usé los signos de puntuación correctos al principio y al final de las oraciones.
- ☑ Comprobé que los sujetos y los verbos concuerdan.
- ☑ Comprobé que los sustantivos están correctos en género y en número.
- ☑ Usé el diccionario para verificar cómo se escriben las palabras.

Marcas editoriales

- ⌐ Borrar texto
- ∧ Añadir texto
- Mover texto
- ¶ Párrafo nuevo
- ≡ Mayúscula
- / Minúscula
- ○ Corregir ortografía

Compartir y reflexionar

Intercambia tu carta con un compañero. Compartan ideas sobre cómo pueden mejorar sus escritos persuasivos usando verbos vívidos y sustantivos específicos. Escribe tus reflexiones en tu diario.

Sustantivos generales y específicos

Los sustantivos generales, como **vehículo,** nombran grupos grandes. Los sustantivos más específicos, como **camión,** nombran grupos más pequeños. Otros, como **volqueta,** son aún más específicos.

Vehículo (General)

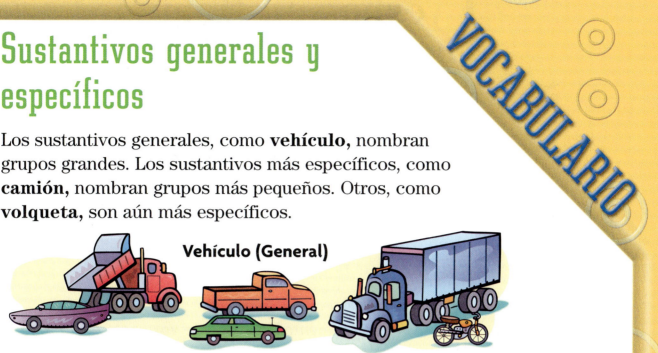

Camión (Más específico)

Volqueta (El más específico)

AHORA TE TOCA A TI

Trabaja con un compañero para crear un diagrama como el de esta página. Puedes hacer los dibujos o escribir las palabras. Usa uno de los siguientes sustantivos generales para comenzar tu diagrama, o piensa en una idea nueva.

Sustantivos generales	
mueble	animal
planta	persona
lugar	comida

CAPÍTULO 16

Verbos en tiempo pasado y futuro

Un **verbo en tiempo pasado** indica una acción que pasó antes. Un **verbo en tiempo futuro** indica una acción que pasará más adelante.

Ya sabes que los verbos en tiempo presente describen una acción que pasa ahora. Para hablar de algo que pasó antes o que pasará luego, usa el tiempo pasado o el tiempo futuro.

Ejemplos:

Tiempo presente Hoy la gente **vota** para elegir al presidente.

Tiempo pasado Ayer la gente **votó** para elegir al presidente.

Tiempo futuro Mañana la gente **votará** para elegir al presidente.

El poder de las palabras

fe-de-ral *adj.* Que tiene que ver con el gobierno central de los Estados Unidos.

Práctica dirigida

A. Di si el verbo de cada oración es un verbo en tiempo pasado o futuro.

Ejemplo: Todos los estados decidieron elegir gobernadores.
decidieron; tiempo pasado

1. Los gobernadores hablarán de las leyes del estado.
2. Los legisladores del estado votarán por las leyes.
3. Ellos les otorgaron dinero a las escuelas el año pasado.
4. Ellos también ayudaron a los parques estatales.
5. Además, ellos decidieron arreglar las carreteras del estado.

Práctica individual

B. Escribe el verbo de cada oración. Di si el verbo está en *tiempo pasado* o en *tiempo futuro*.

Ejemplo: Kerry presentó un informe.
presentó; tiempo pasado

6. Ella explicó todas las funciones del presidente.
7. El presidente dará un discurso por televisión.
8. El presidente aprobará varias leyes nuevas.
9. Todos los presidentes visitaron otros países.
10. El presidente recibirá a otros dirigentes del mundo en una cena la semana que viene.

C. Escribe cada verbo. Di si el verbo está en *tiempo pasado* o en *tiempo futuro*.

11. Los norteamericanos eligieron a John F. Kennedy como presidente en 1960.
12. La mayoría de las personas votaron por Richard Nixon en 1968.
13. Los ciudadanos elegirán a un nuevo presidente cada cuatro años.
14. En el pasado, los presidentes resolvieron asuntos federales.

Recuerda

que un verbo en tiempo pasado dice lo que pasó antes. Un verbo en tiempo futuro dice lo que pasará más adelante.

James Carter, Jr., presidente número 39 de los EE.UU., 1977-1981.

Ronald Reagan, presidente número 40 de los EE.UU., 1981-1989.

Conexión con la escritura

Pensar en las citas Busca una cita interesante que haya dicho un presidente en un discurso. Copia la cita en tu diario. Busca verbos vívidos que el presidente haya usado. Haz un círculo alrededor de esas palabras. Luego subraya los verbos que estén en tiempo pasado y en tiempo futuro.

CAPÍTULO 16
Verbos en tiempo pasado y futuro

Más sobre los verbos

Para formar el pasado o el futuro de un verbo, hay que cambiar la terminación *ar*, *er* o *ir* del infinitivo y añadir las terminaciones que siguen.

Verbos en tiempo pasado

Sujeto	cant**ar**	com**er**	dirig**ir**
yo	cant**é**	com**í**	dirig**í**
tú	cant**aste**	com**iste**	dirig**iste**
él/ella/usted	cant**ó**	com**ió**	dirig**ió**
nosotros	cant**amos**	com**imos**	dirig**imos**
ellos/ellas/ustedes	cant**aron**	com**ieron**	dirig**ieron**

Verbos en tiempo futuro

Sujeto	cant**ar**	com**er**	dirig**ir**
yo	cantar**é**	comer**é**	dirigir**é**
tú	cantar**ás**	comer**ás**	dirigir**ás**
él/ella/usted	cantar**á**	comer**á**	dirigir**á**
nosotros	cantar**emos**	comer**emos**	dirigir**emos**
ellos/ellas/ustedes	cantar**án**	comer**án**	dirigir**án**

Práctica dirigida

A. Escribe la forma correcta del verbo.

Ejemplo: Los dirigentes (firmar) la constitución en 1787. (tiempo pasado)
Los dirigentes firmaron la constitución en 1787.

1. Los ciudadanos (crear) la capital del país. (tiempo pasado)
2. Washington (dirigir) la creación de la capital junto al río. (tiempo pasado)

Práctica individual

B. Escribe cada oración usando el verbo que está entre paréntesis ( ). Escribe el tiempo indicado al final de la oración.

Ejemplo: El primer Congreso se (formar) en 1789. (tiempo pasado)
El primer Congreso se formó en 1789.

6. Cincuenta y nueve miembros (formar) la primera Cámara de Representantes. (tiempo pasado)
7. Nosotros (elegir) representantes el año que viene. (tiempo futuro)
8. El número de representantes (depender) de la población del estado. (tiempo futuro)
9. California (pasar) a ocupar 52 puestos del Congreso en 1995. (tiempo pasado)
10. Luisa y Ramona (escribir) un informe sobre el trabajo de los representantes. (tiempo pasado)
11. Los senadores (trabajar) el mes pasado en el Capitolio. (tiempo pasado)
12. Los votantes de algunos estados (elegir) a un senador en las próximas elecciones federales. (tiempo futuro)

Recuerda

que para formar el pasado se quita la terminación al infinitivo y se añaden las terminaciones del pasado. Para formar el futuro, se agrega al infinitivo las terminaciones del futuro. El verbo tiene que concordar con el sujeto.

Conexión con la escritura

El arte de escribir: Usar palabras de impacto
Con un compañero, piensa en mejoras que se podrían hacer en tu comunidad. Hagan una lista de palabras que podrían usar para pedir que el gobierno haga algo al respecto. Usen la lista para escribir un párrafo. Asegúrense de que usaron correctamente los verbos en pasado y en futuro.

CAPÍTULO 16

Verbos en tiempo pasado y futuro

USO Y PUNTUACIÓN
Elegir el tiempo correcto

Cuando escribes una oración, debes elegir el tiempo correcto del verbo.

Si la acción de una oración ocurre ahora, elige un verbo en tiempo presente. Si la acción ocurrió en el pasado, elige un verbo en pasado. Si la acción ocurrirá luego, elige un verbo en futuro.

Ejemplos:
El senador **abre** la carta.
(tiempo presente)
El senador **abrió** la carta.
(tiempo pasado)
El senador **abrirá** la carta.
(tiempo futuro)

Práctica dirigida

A. Elige la forma correcta del verbo que está entre paréntesis ( ) en cada oración.

Ejemplo: Los senadores (escucharon, escucharán) a los votantes el año pasado.   *escucharon*

1. Los senadores (recibieron, recibirán) cientos de cartas la semana pasada.
2. Ellos (abrieron, abrirán) todas las cartas esta noche.
3. Ellos (respondieron, responderán) a las cartas mañana.
4. Una senadora (decidió, decidirá) responder a todas las cartas la semana pasada.
5. Ella (terminó, terminará) ayer.

198

Práctica individual

que el tiempo de un verbo dice cuándo ocurre la acción.

B. Escribe la forma correcta del verbo que aparece entre paréntesis ( ) en cada oración.

Ejemplo: Hoy en día, nueve personas (pertenecieron, pertenecen, pertenecerán) a la Corte Suprema de los Estados Unidos. *pertenecen*

6. La Constitución (creó, crea, creará) la Corte Suprema hace muchos años.
7. La Corte Suprema todavía (decidirá, decidió, decide) los casos importantes.
8. El presidente (selecciona, seleccionó, seleccionará) un juez nuevo para la Corte Suprema mañana.
9. La semana que viene, el senado (vota, votó, votará) para aprobar o rechazar a la persona que el presidente elija.
10. En el pasado, algunos jueces de la Corte Suprema se (quedan, quedaron, quedarán) en sus puestos por muchos años.
11. El presidente (observó, observará, observa) el trabajo de Sandra Day O'Connor cuando era juez en Arizona.
12. En ese momento no se (escoge, escogió, escogerá) una mujer para que fuera juez de la Corte Suprema.

Conexión con la escritura

Tecnología Escribe un mensaje por correo electrónico a un funcionario federal sobre un tema de importancia en tu comunidad. Usa los tiempos verbales correctamente en tu mensaje cuando expliques la importancia del tema.

CAPÍTULO 16
Verbos en tiempo pasado y futuro

Recuerda

que un verbo en pasado se refiere a una acción que pasó antes. Un verbo en futuro se refiere a una acción que pasará después.

Práctica adicional

A. Identifica el verbo de cada oración. Escribe si el verbo está en tiempo pasado o en tiempo futuro. *páginas 194–196*

Ejemplo: Los legisladores aprobarán muchas leyes este año.
aprobarán; tiempo futuro

1. El Congreso aprobó leyes para proteger a los trabajadores a principios del siglo XX.
2. Esas leyes cambiaron la vida de los trabajadores.
3. Los trabajadores necesitarán más protecciones en el futuro.
4. Los trabajadores pedirán leyes nuevas.
5. Los legisladores los ayudarán.

B. Escribe cada oración usando el verbo que está entre paréntesis ( ). Escribe el tiempo verbal indicado al final de la oración. *páginas 194–196*

Ejemplo: El gobierno local (proveer) servicios para los ciudadanos. (tiempo futuro)
proveerá

6. Los impuestos se (invertir) en los servicios. (tiempo futuro)
7. El gobierno local (usar) los impuestos para comprar camiones de bomberos. (tiempo pasado)
8. Los bomberos no (perder) tiempo para usar sus camiones nuevos. (tiempo pasado)
9. El año que viene nosotros (comprar) libros para la biblioteca con el dinero. (tiempo futuro)
10. La comunidad también (pedir) que se usara el dinero para instalar postes de la luz. (tiempo pasado)

Para más actividades con verbos en tiempo pasado y futuro, visita *The Learning Site*:
www.harcourtschool.com

C. **Escribe el verbo de la casilla que mejor corresponde en cada oración.** *páginas 194–198*

> gustó   brindará   cambió
> comieron   preguntarán   vendió

Ejemplo: El menú de ayer _____ lo que se servirá en el comedor. *cambió*

11. La semana pasada se _____ mucha comida.
12. A los estudiantes les _____ lo que sirvieron ayer.
13. Los estudiantes _____ mucho.
14. Ahora los encargados les _____ a los estudiantes cuáles son otras comidas favoritas.

D. **Vuelve a escribir cada oración corrigiendo los errores.** *páginas 194–198*

Ejemplo: Devolvimos los libros de la biblioteca mañana.
Devolveremos los libros de la biblioteca mañana.

15. Le entregué los libros a la bibliotecaria cuando vaya esta tarde.
16. El año pasado, la comunidad añade libros a la biblioteca.
17. ¿Ya decides lo que vas a leer hoy?
18. Más tarde te ayudé a escoger un buen libro.

Conexión con la escritura

Escritura de la vida real: Escribir una anuncio de periódico Imagina que tienes que contratar a alguien para un empleo con el gobierno como policía o secretario del gobernador. Con un compañero, escribe un anuncio clasificado ofreciendo el empleo. Usen palabras que hagan que las personas se interesen por el empleo. Asegúrense de usar los tiempos verbales correctamente.

¿LO SABÍAS?
En los Estados Unidos, más de 22 millones de personas trabajan en el gobierno federal, estatal y local.

CAPÍTULO 16
Verbos en tiempo pasado y futuro

Repaso del capítulo

Elige la forma correcta del verbo en cada sección subrayada. Si la sección subrayada no necesita cambios, elige "No hay error".

> (1) En el pasado se <u>construyen</u> carreteras de tierra. (2) Durante muchos años se <u>usará</u> mucho el caballo como transporte. (3) Luego se <u>inventarán</u> los automóviles, que dañaban las carreteras. (4) Entonces, la gente <u>diseñará</u> calles más resistentes de ladrillo. (5) Ahora el gobierno <u>recauda</u> dinero para hacer calles nuevas. (6) El año que viene <u>terminamos</u> una autopista nueva.

SUGERENCIA
Lee cada oración con mucha atención para saber cuándo ocurre la acción.

1 A construir
B construirán
C construyeron
D No hay error

2 F usó
G usar
H usaron
J No hay error

3 A inventamos
B inventaron
C inventar
D No hay error

4 F diseñar
G diseñarán
H diseñó
J No hay error

5 A recaudaron
B recaudó
C recaudarán
D No hay error

6 F terminó
G terminaremos
H terminar
J No hay error

Para más actividades de preparación para las pruebas, visita *The Learning Site*:
www.harcourtschool.com

Prestar atención a hechos y opiniones

ESCUCHAR Y HABLAR

Un hecho es una declaración que se puede probar. Si dices: "La capital de los Estados Unidos es Washington, D.C.", es un hecho. Puedes probar que la capital de los Estados Unidos es ésa.

Una opinión es una declaración que no se puede probar. Una opinión es lo que alguien piensa o cree. "Los perros son mejores que los gatos" es una opinión. Las personas pueden decir lo que creen de la declaración, pero nadie puede probar si es cierto o falso.

Cuando escuches a alguien hablar, fíjate si dicen palabras como *mejor*, *peor*, *siempre*, *nunca* y *debería*. Esas palabras a menudo indican que se trata de una opinión.

Ejemplos:

Hecho	Opinión
Yo voté por el alcalde.	El alcalde es una persona excelente.
Las elecciones son mañana.	Las elecciones son emocionantes.

AHORA TE TOCA A TI

HECHOS Y OPINIONES Busca tres anuncios de revistas o periódicos. Léelos a un compañero. Pide que te diga qué declaraciones de los anuncios son hechos y cuáles son opiniones. Luego intercambien los anuncios y digan si las declaraciones del anuncio del otro son hechos u opiniones.

SUGERENCIA
Fíjate en la voz y en las personas cuando hablan. A menudo, las personas lucen y suenan serias cuando declaran hechos. A menudo muestran más las emociones cuando dan opiniones.

CAPÍTULO 17
Verbos irregulares

Verbos irregulares

Un **verbo irregular** es un verbo que no sigue las reglas que has aprendido para formar los tiempos presente, pasado y futuro.

Hay verbos que cambian para formar los tiempos verbales, como *ir* y *ser*, que aparecen en la casilla. Otros verbos cambian de ortografía con algunos tiempos o sujetos, como *tocar*, *cargar*, *cruzar*, *leer* y *dirigir* y otros verbos que terminan de la misma manera.

	ser			ir		
	presente	pasado	futuro	presente	pasado	futuro
yo	soy	fui	seré	voy	fui	iré
tú	eres	fuiste	serás	vas	fuiste	irás
él, ella	es	fue	será	va	fue	irá
nosotros	somos	fuimos	seremos	vamos	fuimos	iremos
ustedes ellos, ellas	son	fueron	serán	van	fueron	irán

El poder de las palabras

co-mu-ni-dad *s.* Todas las personas que viven en el mismo lugar; el lugar, distrito o zona donde vive la gente.

Práctica dirigida

A. Elige el verbo correcto entre paréntesis ( ) para completar la oración.

Ejemplo: El Sr. Fernández nos (leó, leyó) un artículo sobre el Japón.   *leyó*

1. Él (irió, fue) al Japón cuando era más joven.
2. Mariela (creyó, creó) que las escuelas japonesas eran difíciles.
3. El Sr. Fernández dijo: "La escuelas (seren, son) diferentes, pero no mejores ni peores".
4. Yo (sacé, saqué) un libro de la biblioteca.
5. (Cargué, Cargé) con el libro a la escuela y lo compartí con todos.

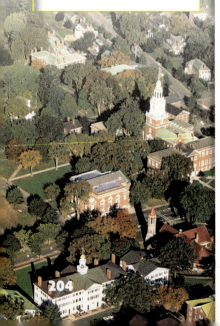

Práctica individual

B. Escribe la oración. Elige el verbo correcto que está entre paréntesis ( ).

Ejemplo: Yo (seo, soy) estudiante en la universidad.
Yo soy estudiante en la universidad.

6. (Voy, Iro) a la universidad todos los días.
7. Yo (llegué, llegé) a la universidad el año pasado.
8. Me sentí muy emocionada la primera vez que (cruse, crucé) el recinto universitario.
9. (Pagé, Pagué) por mis libros con el dinero que gané trabajando.
10. Yo (pegué, pegé) etiquetas con mi nombre en cada libro.
11. Yo (toqué, tocé) la guitarra en una visita a un hogar de ancianos.
12. Mi universidad se (distinge, distingue) por aportar a la comunidad donde se encuentra.
13. El rector de la universidad nos (leó, leyó) el nuevo plan de colaboración con la comunidad.
14. Él (creyó, creó) que se podía hacer más por la comunidad.
15. El presidente (se, es) alguien que se preocupa por la comunidad.

Recuerda

que un **verbo irregular** es un verbo que no sigue las reglas que has aprendido para formar los tiempos presente, pasado y futuro.

Conexión con la escritura

Estudios sociales Busca en Internet o en tu diario local maneras en que las personas de tu comunidad se ayudan unas a otras. ¿Qué organizaciones prestan servicios en tu comunidad? ¿Qué programas de voluntariado hay? Escoge uno de ellos y explica en un párrafo lo que hace. Usa las formas de los verbos *ir* y *ser* correctamente.

CAPÍTULO 17
Verbos irregulares

Más verbos irregulares

Hay **verbos irregulares** que cambian su raíz en el tiempo presente.

Cambio de *e* a *ie*

querer: qu*ie*ro, qu*ie*res, qu*ie*re, queremos, qu*ie*ren

Otros verbos así son *comenzar, pensar* y *entender.*

Cambio de *o* a *ue*

contar: c*ue*nto, c*ue*ntas, c*ue*nta, contamos, c*ue*ntan

Otros verbos así son *encontrar* y *dormir.*

Cambio de *e* a *i*

pedir: p*i*do, p*i*des, p*i*de, pedimos, p*i*den

Otros verbos así son *servir, seguir* y *repetir.*

Fíjate que los verbos con el sujeto *nosotros* no cambian de raíz.

Práctica dirigida

A. Elige la forma correcta del verbo en paréntesis.

Ejemplo: La comunidad (pide, pede) que se construya una biblioteca nueva.   *pide*

1. Todos (queren, quieren) una biblioteca.
2. Nosotros (piensamos, pensamos) que es una idea muy buena.
3. La biblioteca nueva (sirve, serve) a muchos miembros de la comunidad.
4. Los niños (encontran, encuentran) muchos libros en la sección infantil.
5. La biblioteca (conta, cuenta) con acceso a Internet.

Práctica individual

B. Escribe cada oración. Usa el verbo correcto que está entre paréntesis ( ) para completar la oración.

Ejemplo: La ciudad (segue, sigue) creciendo.
La ciudad sigue creciendo.

6. Muchas personas se (quieren, queren) mudar aquí.
7. La gente (encontra, encuentra) trabajo.
8. A veces trabajan en la ciudad y (dormen, duermen) en las afueras.
9. Yo (pienso, penso) que la ciudad seguirá creciendo.
10. El centro de la ciudad (comenza, comienza) a llenarse de tiendas nuevas.
11. Los restaurantes (sirven, serven) comida de todos los países.
12. Tú (pedes, pides) cualquier tipo de plato y te lo sirven.
13. A veces oigo idiomas que yo no (entiendo, entendo).
14. (Quero, Quiero) aprender a hablar más idiomas.
15. ¿(Piensas, Pensas) que te gustaría mudarte aquí?

Recuerda que hay **verbos irregulares** que cambian su raíz en el tiempo presente. Algunos cambian de *e* a *ie*, otros de *o* a *ue*, y otros de *e* a *i*.

Conexión con la escritura

Escritura de la vida real: Anuncio Con un compañero, piensa en una actividad en grupo que podría hacer un cambio positivo en tu comunidad. Juntos, escriban un anuncio que diga por qué es importante el proyecto. Quizá puedan pedirle a la escuela o a la comunidad entera que participe en el proyecto. Usen por lo menos tres verbos irregulares.

CAPÍTULO 17

Verbos irregulares

Otros verbos irregulares

Verbos irregulares con sujeto *yo*

estar: estoy

conocer: conozco

crecer: crezco

traer: traigo

Varios verbos irregulares comunes cambian en el tiempo presente con el sujeto *yo*, como aparece en la casilla de la izquierda.

Los verbos irregulares que siguen también cambian con todos los sujetos en futuro. *Poner, tener* y *hacer* cambian además con todos los sujetos en pasado.

Verbo	Presente (yo)	Raíz (pasado)	Raíz (futuro)
poner	pongo	**pus**e	**pondr**é
tener	tengo	**tuv**e	**tendr**é
hacer	hago	**hic**e	**har**é
salir	salgo	salí	**saldr**é
venir	vengo	**vin**e	**vendr**é

Práctica dirigida

A. **Elige el verbo que está entre paréntesis ( ) que completa la oración correctamente.**

Ejemplo: Me fui de viaje y ahora (conoco, conozco) varias universidades.   *conozco*

1. Cuando sea mayor quizás (vendré, veniré) a la Universidad de Texas.
2. (Teno, Tengo) que estudiar mucho para lograrlo.
3. Pero yo (poneré, pondré) de mi parte, y sé que lo lograré.
4. Por lo general (salgo, salo) bien en las pruebas.
5. Creo que siempre (teneré, tendré) buenas notas.

Práctica individual

B. Usa el verbo correcto que está entre paréntesis ( ) para completar la oración.

Ejemplo: Todas las mañanas le (hago, hazo) un saludo a la bandera en la escuela.
Todas las mañanas le hago un saludo a la bandera en la escuela.

6. Me (poní, puse) la mano en el pecho cuando canté el himno nacional.
7. Yo (conozco, conoco) al guardia que iza la bandera frente al ayuntamiento.
8. La semana que viene (teneré, tendré) que ir allí a una dedicatoria.
9. (Estoy, Esto) emocionado porque le llevaré la bandera al guardia.
10. (Veniré, Vendré) vestido con mis mejores galas.
11. (Haré, Haceré) un buen papel en la dedicatoria.
12. Yo (tení, tuve) que ayudar a preparar la ceremonia.
13. Me (dao, doy) cuenta de que cuesta mucho trabajo organizar un evento así.
14. A medida que (crezco, creso) veo que puedo contribuir con mi comunidad.
15. Le (traigo, trao) a mi comunidad mi entusiasmo y mis talentos.

Recuerda

que varios verbos irregulares cambian en el presente con el sujeto *yo*. Los verbos irregulares *poner, tener, hacer, salir* y *venir* también cambian con todos los sujetos en el futuro. *Poner, tener* y *hacer* además cambian con todos los sujetos en el pasado.

Conexión con la escritura

Arte Diseña un cartel que muestre cómo se veía un lugar de tu comunidad en el pasado y cómo se ve hoy. Escribe leyendas para las ilustraciones. Usa verbos en tiempo presente para contar cómo es tu comunidad hoy. Usa verbos en tiempo pasado para contar cómo era en el pasado.

CAPÍTULO 17
Verbos irregulares

Recuerda

que un verbo irregular no sigue las reglas que has aprendido para formar los tiempos presente, pasado y futuro. Hay verbos que cambian mucho para formar los tiempos verbales y otros verbos cambian en algunos tiempos o personas.

Práctica adicional

A. Escribe cada oración. Elige el verbo correcto entre paréntesis ( ) para completarla.
páginas 204–209

Ejemplo: Yo (seo, soy) aficionado de la arquitectura urbana.
Yo soy aficionado de la arquitectura urbana.

1. Los arquitectos (tenen, tienen) un diseño para el parque.
2. Ellos (consigen, consiguen) ideas en otras ciudades.
3. Le (piden, peden) al alcalde que les permita presentarle las ideas.
4. Ellos (contan, cuentan) cuáles son sus planes en una reunión del concejo municipal.
5. Todos (vamos, irimos) a la reunión en el ayuntamiento.
6. Yo (traigo, trao) la idea de que las zonas verdes hacen más agradable la ciudad.
7. Los ciudadanos (piensan, pensan) que es una buena idea.
8. Todos (entenden, entienden) que se necesitan más árboles en la ciudad.
9. El alcalde también (creyó, creó) que era una buena idea.
10. El arquitecto principal dice: "Yo (dirigo, dirijo) este proyecto con mucho gusto porque mejorará nuestra comunidad".

Para hallar más actividades con los verbos irregulares, visita *The Learning Site:* www.harcourtschool.com

B. Elige un verbo de la casilla para llenar el espacio en blanco. Usa cada verbo una sola vez.

páginas 204–209

Ejemplo: La maestra _____ que el Sr. López viniera a nuestra clase.   *consiguió*

comienzan	pide	quiere
conozco	consiguió	leyó

11. Yo _____ al Sr. López, que es arquitecto urbano.
12. El Sr. López nos _____ el nuevo plan.
13. Él _____ que le demos nuestras sugerencias.
14. La maestra nos _____ que pensemos en los lugares que nos gustaría cambiar.
15. Las obras _____ este año.

C. Vuelve a escribir las oraciones que siguen. Si el verbo subrayado es incorrecto, corrígelo.

16. Yo <u>salo</u> de mi casa a las diez de la mañana.
17. <u>Recogo</u> a mi amiga Carla en su casa.
18. Yo <u>hago</u> trabajo voluntario en el ayuntamiento.
19. La semana pasada <u>pegé</u> anuncios en los tableros para anunciar la reunión municipal.
20. <u>Esto</u> muy orgullosa del trabajo voluntario.

Conexión con la escritura

Estudios sociales Trabaja en un grupo pequeño para hablar de cómo es tu comunidad hoy. ¿Dónde vive la gente? ¿Cómo son las escuelas? ¿Cómo viaja la gente al trabajo y a la escuela? Escribe un párrafo que describa tu comunidad. Asegúrense de usar las formas de los verbos irregulares correctamente.

CAPÍTULO 17

Verbos irregulares

Repaso del capítulo

Lee el párrafo. Elige el verbo que corresponde en cada espacio. Marca la letra de la respuesta que elegiste.

> Hoy en mi clase de estudios sociales, __(1)__ un proyecto acerca de la arquitectura de las ciudades. El maestro nos __(2)__ que busquemos fotografías de diferentes ciudades. __(3)__ que pensemos en ciudades de diferentes épocas. Yo __(4)__ muchas revistas geográficas en casa. Las __(5)__ mañana para que busquemos las fotos. Pedro dice: "Yo recorté y __(6)__ varias fotos de una ciudad medieval. Luego __(7)__ un dibujo de la ciudad amurallada. ¡__(8)__ muy orgulloso de mi proyecto!"

SUGERENCIA

Lee el párrafo entero para tener una idea de lo que dice. Luego lee las oraciones una por una.

1. **A** comenzo
   B comienzo
   C comenzar
   D comenza

2. **F** pede
   G piden
   H pedir
   J pide

3. **A** Quere
   B Querer
   C Quiere
   D Querere

4. **F** Tengo
   G Tieno
   H Tener
   J Teno

5. **A** trayo
   B traer
   C traigo
   D trao

6. **F** pegé
   G pegué
   H pegas
   J pegar

7. **A** hací
   B hice
   C hacer
   D hace

8. **F** So
   G Estoy
   H Estar
   J Estás

Para hallar más actividades con las que prepararte para las pruebas, visita
The Learning Site:
www.harcourtschool.com

Diccionario de sinónimos

Entiende el diccionario de sinónimos

Un **diccionario de sinónimos** es útil para los escritores. Es un libro que tiene listas de palabras y sus sinónimos y antónimos. Los **sinónimos** son palabras que tienen significados parecidos. Los **antónimos** son palabras con significados opuestos. Las palabras están en orden alfabético. Dos palabras guía en la parte superior de cada página indican cuáles son la primera y la última palabra de esa página. A veces se recomienda otra palabra que puedes buscar para hallar más sinónimos y antónimos.

Cómo usar el diccionario de sinónimos

Supón que estás escribiendo un informe. Ves que algunas palabras no significan exactamente lo que quieres decir. También ves que has usado la misma palabra muchas veces. Puedes usar un diccionario de sinónimos para hallar palabras diferentes que puedes usar. Primero, busca la palabra en el índice. Usa el índice para hallar la página donde aparece la palabra. Vé a esa página y lee los sinónimos. Usa el sinónimo que más se acerque al significado que quieres.

<u>Colorearon</u> la caja de dos <u>colores</u>.
<u>Pintaron</u> la caja de dos <u>tonos</u>.

AHORA TE TOCA A TI

Lee un párrafo que hayas escrito anteriormente. Haz un círculo alrededor de las palabras que usaste más de una vez. Haz un círculo alrededor de las palabras que no significan exactamente lo que quieres decir. Usa tu diccionario de sinónimos para reemplazar esas palabras con sinónimos.

SUGERENCIA

Asegúrate de que tu nueva palabra tenga sentido en la oración. Usa un diccionario para comprobar el significado de la palabra.

MODELO DE LITERATURA

Ya sabes que cuando tratas de persuadir a alguien para que haga algo, estás tratando de convencerlo de algo o de que haga algo. En este cuento, los estudiantes de la señora Parker tratan de persuadirla para que les deje ser sus entrenadores. Al leer el cuento, piensa en las razones que usan los estudiantes para apoyar sus opiniones.

Así se entrena a la Sra. Parker

por Carla Heymsfeld
ilustrado por Steve Royal

La señora Parker no quiere competir en el partido de béisbol anual de la escuela elemental Westbend, en el que se van a enfrentar los maestros y los estudiantes de sexto grado. No tiene confianza en sus dotes para el béisbol. Sus estudiantes piensan que deben comenzar a entrenarla después de clase para que esté lista para el gran partido. ¿Lograrán convencerla de que es una buena idea?

—¿Pasa algo? —preguntó la señora Parker.

Transcurrieron varios segundos. Mike tragó saliva. Parecía no poder decidirse. Elizabeth le dio un empujoncito.

—Mike quiere decirle algo —le dijo ella a la señora Parker.

215

Mike se preguntó por qué Elizabeth, que parecía tan ansiosa, no se lo decía ella misma a la señora Parker. Miró a Elizabeth, y ésta le devolvió la mirada. Era como estar atrapado entre dos bases. Respiró profundamente.

—Señora Parker —dijo— estábamos pensando que . . .

Se le entrecortaba la voz de forma desesperante. ¿Qué era lo que *estaban pensando*?

—¿Sí?

La señora Parker alzó las cejas.

—Estábamos pensando en proponerle, eh . . . , que saliera a jugar al béisbol con nosotros después de clase. Podría . . . practicar un poco para el . . . el partido.

Por fin logró quitarse el peso de encima. Aguantó la respiración.

La señora Parker meneó la cabeza un poquito.

—Te lo agradezco mucho, Mike —dijo amablemente—. Entiendo lo que tratan de hacer, pero no va a funcionar.

—Mike es buen maestro —agregó Ho-Pu, siempre fiel.

La señora Parker miró fijamente a Mike, desanimada. No parecía convencida.

—Lo único que necesita es un poco de práctica —aseguró Kathy.

—¿No nos ayudaría usted a nosotros si no pudiéramos hacer algo? —le reclamó Elizabeth.

—Síííí . . .

La señora Parker alargó mucho la palabra. Estaba claro que como estudiante no mostraba mucho interés.

—Me imagino que si quieren enseñarme algo, tendré que tratar de aprender.

—¿Podría empezar esta tarde?

Era Elizabeth, de nuevo. "Por lo menos", pensó Mike, "es insistente".

—No sé. No he traído zapatillas de deporte.

La señora Parker se miró las sandalias blancas de ante.

—¿No tendrán que avisarles a sus padres si van a quedarse a jugar después de la escuela?

—También podríamos empezar mañana —sugirió Frank. Hay que ver las cosas que logra el espíritu de equipo.

—Pues… supongo que sí —dijo la señora Parker, vacilante.

—¡Genial! —gritó Yussif.

Y antes de que pudiera cambiar de opinión, todos echaron a correr hacia el campo de béisbol para aprovechar los últimos minutos del recreo.

El poder de las palabras

con•fian•za s. Certeza firme o convencimiento de que se puede creer en alguien o algo.

Analiza el modelo

1. ¿Por qué piensas que los estudiantes quieren entrenar a la señora Parker?
2. ¿Qué razones le dan los estudiantes a la señora Parker para convencerla?
3. ¿Cuál de estas razones piensas que es la mejor?

CAPÍTULO 18

Párrafo persuasivo

LA LECTURA Y LA ESCRITURA

Partes de un párrafo persuasivo

Lee el párrafo persuasivo que sigue, escrito por un alumno que se llama Ben. Fíjate en las diferentes partes del ensayo. Además, fíjate en los verbos vívidos y los sustantivos específicos.

MODELO

- opinión
- primera razón
- segunda razón
- detalles de apoyo
- tercera razón
- se repite la opinión/ llamado a la acción

Algunas personas creen que se puede tocar piano sin practicar, pero no se puede. Hay muchas cosas que tienes que aprender y practicar. Tienes que ver cómo usar los dedos correctos en las teclas correctas. Suena sencillo, pero requiere de mucho trabajo. Luego tienes que aprender a leer la música. Leer música es como aprender un idioma nuevo, ¡y no es fácil! También tienes que descubrir cómo tocar con sentimiento. Ésa es una destreza que sólo te viene después de practicar mucho. Si de verdad quieres tocar bien el piano, tienes que concentrarte en las lecciones y practicar, tocando tanto como puedas.

Analiza el modelo

1. ¿Cuál es el propósito de Ben? ¿Quién crees que es su audiencia? Explica tus respuestas.
2. ¿Qué razones da Ben para practicar?
3. ¿Qué detalles da Ben para apoyar sus razones?

Resume el modelo

Usa una red como la que sigue para que se te haga más fácil hallar las razones y los detalles de apoyo de Ben. Luego, usa la red para escribir un resumen de su párrafo persuasivo. Recuerda que sólo debes incluir las razones importantes y no los detalles. Asegúrate de escribir la opinión de Ben al principio de tu resumen.

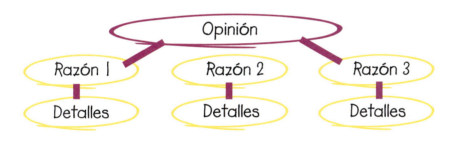

El arte de escribir

Verbos vívidos y sustantivos específicos Ben usó verbos vívidos y sustantivos específicos en su párrafo persuasivo. Hacen más persuasivo su escrito. Cuando usas verbos vívidos y sustantivos específicos, tus razones quedan más claras para tus lectores. Vuelve a leer el ensayo de Ben. Haz una lista de las palabras vívidas y específicas que usa. Di por qué crees que hacen más persuasivo su párrafo.

CAPÍTULO 18
Párrafo persuasivo

Antes de escribir

Propósito y audiencia

Probablemente tienes opiniones firmes sobre muchas cosas. En este capítulo, compartirás tu opinión con la clase escribiendo un párrafo persuasivo.

TEMA DE ESCRITURA Escribe un párrafo para persuadir a tus compañeros de que si practican regularmente, podrán mejorar su dominio de una destreza. Puedes escribir sobre cualquier destreza que quieras. Da tu opinión. Luego da razones que apoyen tu opinión. Al final del párrafo, anima a tus compañeros a tomar acción.

Antes de empezar, piensa en tu audiencia y tu propósito. ¿Para quién escribes tu párrafo? ¿De qué opinión quieres persuadirlos?

Estrategias que usan los buenos escritores

- Decide cuál es tu propósito y tu audiencia.
- Piensa en razones importantes que persuadirán a tus lectores de compartir tu opinión.
- Piensa en detalles que pueden ayudarte a explicar tus razones.

MODELO

Ben quería convencer a sus compañeros de que es importante practicar para poder tocar el piano. Hizo la red que sigue para organizar sus ideas.

Opinión: No puedes tocar el piano bien si no practicas.

Razón 1 Tienes que aprender dónde poner los dedos.

Razón 2 Tienes que aprender a leer la música.

Razón 3 Tienes que aprender a tocar con sentimiento.

AHORA TE TOCA A TI

Elige un tema para tu párrafo. Usa una red para organizar tus ideas.

Borrador

CAPÍTULO 18

Párrafo persuasivo

Organización y elaboración

Sigue estos pasos para organizar tu párrafo.

PASO 1 — Capta la atención de la audiencia
Escribe tu opinión de una manera convincente, para que los lectores quieran seguir leyendo.

PASO 2 — Da tus razones
Escribe al menos dos razones que apoyen tu opinión.

PASO 3 — Añade detalles
Piensa en detalles que aclaren cada razón.

PASO 4 — Anima a los lectores a tomar acción
Vuelve a escribir tu opinión. Luego anima a los lectores a tomar acción.

MODELO

Aquí tienes el principio del borrador del párrafo de Ben. ¿Qué oración dice su opinión? ¿Esa oración te estimula a seguir leyendo?

> Algunas personas creen que se puede tocar piano sin practicar, pero no se puede. Hay muchas cosas que tienes que aprender y practicar.

AHORA TE TOCA A TI

Escribe un borrador de tu párrafo. Usa los pasos de arriba, que te ayudarán a empezar. También puedes usar la red que hiciste para obtener ideas.

Estrategias que usan los buenos escritores

- Comienza con tu opinión.
- Incluye al menos dos razones que apoyen tu opinión.
- Usa detalles que hablen más de tus razones.

💻 Usa una computadora para escribir tu borrador. Puedes usar la opción de borrar (delete) para corregir los errores.

CAPÍTULO 18
Párrafo persuasivo

Revisar

Organización y elaboración

Vuelve a leer tu borrador cuidadosamente. Piensa en estas preguntas mientras lees:

- ¿Expuse mi opinión claramente al principio?
- ¿Usé buenos detalles para darles peso a mis razones?
- ¿Puedo cambiar algún verbo para hacerlo más vívido?
- ¿Puedo usar algún sustantivo más específico?

Estrategias que usan los buenos escritores

- Incluye detalles que apoyen las razones.
- Sustituye los verbos comunes con verbos vívidos.
- Usa sustantivos específicos.

MODELO

Aquí tienes una parte del borrador del párrafo de Ben. Fíjate que cambió el orden de sus razones. También cambió un verbo y un sustantivo.

> Tienes que ~~aprender~~ ver cómo usar los dedos correctos en las teclas correctas. Suena sencillo, pero requiere mucho trabajo. También tienes que descubrir cómo tocar con sentimiento. Luego tienes que aprender a leer la música. Leer música es como aprender un idioma nuevo ~~una cosa nueva~~, ¡y no es fácil!

AHORA TE TOCA A TI

Revisa tu párrafo persuasivo para incluir buenos detalles que apoyen tus razones. ¿Qué verbos vívidos y sustantivos específicos puedes añadir para que tu párrafo sea más interesante y persuasivo?

Corregir

CAPÍTULO 18
Párrafo persuasivo

Revisar el uso del idioma

Cuando corriges el texto, buscas errores en la gramática, en la ortografía, en la puntuación y en el uso de mayúsculas. Si corriges esos errores, tu párrafo será más claro y más persuasivo.

MODELO

Aquí tienes la última parte del párrafo de Ben. Lo ha leído y ha corregido los errores de puntuación que cometió. ¿Qué otros errores corrigió?

> Ésa es una destresa (*destreza*) que sólo te viene después de practicar mucho, si de verdad quieres tocar bien el piano, tienen (*tienes*) que concentrarte en las lecciones y practicar, tocando tanto como puedas.

Estrategias que usan los buenos escritores
- Comprueba que los verbos concuerden con los sujetos.
- Consulta el diccionario.
- Comprueba que las oraciones tengan la puntuación y las mayúsculas correctas.

AHORA TE TOCA A TI

Una vez lo hayas revisado, corrige tu párrafo leyéndolo varias veces. Cada vez que lo leas, comprueba que no haya uno de estos errores:
- errores gramaticales
- errores de ortografía
- errores de puntuación
- errores de mayúsculas

Marcas editoriales
- Borrar texto
- ∧ Añadir texto
- Mover texto
- ¶ Párrafo nuevo
- ≡ Mayúscula
- / Minúscula
- ◯ Corregir ortografía

CAPÍTULO 18
Párrafo persuasivo

Publicar

Compartir tu trabajo

Ahora puedes compartir tu párrafo persuasivo con una audiencia. Si responde a estas preguntas, te ayudarán a descubrir la mejor manera de compartir tu trabajo:

1. ¿Quién es tu audiencia? ¿Cómo puedes compartir tu párrafo persuasivo de manera que la audiencia lo vea o lo oiga?

2. ¿Debes escribir el párrafo a mano o en computadora? ¿Puedes ilustrarlo con dibujos o con arte de la computadora?

3. ¿Puede tu audiencia leer el párrafo, o sería mejor leerles el ensayo a ellos? Para dar una presentación oral, usa la información que aparece en la página 225.

USANDO TU Manual

- Usa las pautas de la página 498 para evaluar el párrafo persuasivo que escribiste.

Reflexionar sobre lo escrito

 Usar el portafolio ¿Qué aprendiste sobre tu escritura en este capítulo? Escribe la respuesta a cada pregunta que sigue.

1. ¿Tu escrito cumplió su propósito? ¿Por qué?

2. Según las pautas de tu Manual, ¿qué calificación le darías a lo que escribiste? Guarda tus respuestas y tu párrafo en tu portafolio. Luego observa los trabajos que hay en tu carpeta, y lee algunos de tus trabajos previos. Decide qué trabajo te gusta más y por qué.

Dar un reporte oral

Ben decidió que la mejor manera de compartir su párrafo era hacer una presentación oral. Tú también puedes hacer una presentación oral de tu párrafo con el que intentas persuadir. Para ello sigue estos pasos:

PASO 1 Decide quién va a ser tu audiencia y cuál será tu propósito.

PASO 2 Escribe en tarjetas tu opinión y tus razones. Enumera tus tarjetas para no confundirte de orden.

PASO 3 Usa ayudas visuales si crees que servirán para transmitir mejor tu mensaje. Las gráficas, ilustraciones y otros objetos pueden ayudarte a explicar tus razones.

PASO 4 Habla en voz alta y clara. Mantén el contacto visual con la audiencia y gesticula un poco con las manos para enfatizar tus ideas.

PASO 5 Deja tiempo al final de la presentación para responder a las preguntas que te quieran hacer. Respóndelas de forma clara.

Estrategias para escuchar y hablar

- Usa detalles concretos, verbos vívidos y nombres específicos para describir tus ideas, emociones y experiencias.
- No distraigas al público moviéndote demasiado, ni diciendo "eh...".
- Si alguien te interrumpe, pídele que espere a que termines tu presentación.

ESCUCHAR Y HABLAR

Unidad 3
Repaso de gramática
CAPÍTULO 13

Verbos principales y auxiliares
páginas 166–175

Verbos principales y verbos auxiliares *páginas 166–167*

A. Subraya el verbo principal de cada oración. Luego haz un círculo alrededor del verbo auxiliar.

1. El día del cumpleaños de Julia ha llegado.
2. Sus padres le han preparado una sorpresa.
3. Ayer habían salido a comprarle regalos.
4. Un olor a pastel de chocolate ha llenado toda la casa.
5. A Julia le han encantado todas las festividades.

Más sobre los verbos auxiliares *páginas 168–169*

B. Escribe cada oración. Subraya el verbo auxiliar una vez. Subraya el verbo principal dos veces.

6. ¿Quién ha creado las costumbres antiguas?
7. La abuela de Julia está preparando un pastel.
8. Muchas costumbres las vamos aprendiendo de nuestros padres.
9. Estamos celebrando el cumpleaños de Julia según las costumbres de su familia.
10. ¿Sabes cuántas velas van a poner en el pastel?

El infinitivo de los verbos
páginas 170–171

C. Escribe los verbos en infinitivo.

11. Acabamos de tener un día feriado en febrero.
12. No se nos pueden olvidar los cumpleaños.
13. Los estadounidenses acostumbran celebrar el 4 de julio.
14. A mi familia le gusta salir de picnic.
15. En los Estados Unidos no puedes votar hasta que cumplas dieciocho años.

Tiempos verbales *páginas 176–177*

A. Escribe si el verbo subrayado expresa una acción en el presente, pasado, o futuro.

1. Los Defensores <u>son</u> un grupo de niños y niñas.
2. Los niños <u>mantendrán</u> limpia la Tierra.
3. <u>Empezaron</u> el primer programa de reciclaje.
4. <u>Colaboran</u> con la ciudad de muchas maneras.
5. Su ejemplo <u>animará</u> a otros niños.

Verbos en tiempo presente

páginas 178–179

B. Elige la forma correcta del presente del verbo que está entre paréntesis ( ) en cada oración.

6. Los miembros de los Defensores (siembran, siembro) árboles.
7. A veces un ciudadano les (pides, pide) que siembren un árbol especial.
8. Quizás una familia (queremos, quiere) honrar a una persona especial con un árbol.
9. Los Defensores (cavan, cava) un agujero para poner el árbol.
10. La gente les (llamo, llama) los Árboles de Recuerdos.

Concordancia entre el sujeto y el verbo *páginas 180–181*

C. Si el verbo de la oración concuerda con el sujeto, escribe *correcto*. Si el verbo no concuerda con el sujeto, escribe el verbo correctamente.

11. El primer árbol de los Defensores estás en un parque.
12. El grupo le llama Arturo, el Árbol Armónico.
13. Todos están muy orgullosos de Arturo.
14. Arturo creces más cada año.
15. Todos los años Arturo tenemos más árboles cerca.

Unidad 3
Repaso de gramática
CAPÍTULO 14
Verbos en tiempo presente
páginas 176–185

Unidad 3
Repaso de gramática
CAPÍTULO 16

Verbos en tiempo pasado y futuro
páginas 194–203

Verbos en tiempo pasado y futuro *páginas 194–195*

A. Escribe el verbo de cada oración. Escribe si está en tiempo pasado o en tiempo futuro.

1. Alicia se postulará para presidenta de la clase.
2. Ella fue secretaria por dos años.
3. Ella le hablará a la clase el jueves por la tarde.
4. Explicará por qué es la mejor candidata.
5. Alicia planificó su discurso muy bien.

Más sobre los verbos en tiempo pasado y futuro *páginas 196–197*

B. Escribe la forma correcta del verbo. Usa el tiempo verbal que está entre paréntesis ( ) en cada oración.

6. Como presidenta, (dirigir, futuro) las reuniones.
7. La clase (decidir, pasado) varios asuntos.
8. Ellos (votar, pasado) para ir de excursión.
9. Mañana los estudiantes (escoger, futuro) un nombre para el equipo de baloncesto.
10. Todos los que estén de acuerdo con un nombre (levantar, futuro) la mano.

Elegir el tiempo correcto

páginas 198–199

C. Escribe la forma correcta del verbo en paréntesis.

11. El verano que viene, Alicia (viajó, viajará).
12. Dos senadores (representaron, representarán) al estado.
13. Mañana los colegios electorales (abrieron, abrirán) a las siete de la mañana.
14. La semana pasada, mi papá (estudió, estudiará) los problemas por resolver.
15. Él (planificó, planificará) su voto en ese momento.

228

Unidad 3
Repaso de gramática
CAPÍTULO 17
Verbos irregulares *páginas 204–213*

Verbos irregulares *páginas 204–205*

A. Elige la forma correcta del verbo que está entre paréntesis ( ) para completar cada oración.

1. El concejo municipal (va, ira) a construir un parque.
2. Los miembros de la comunidad (sen, son) los que harán la decisión.
3. Yo me (dirigo, dirijo) a una reunión ahora.
4. Esta mañana yo (saqué, sacé) el periódico para ver.
5. Mi hermana (leó, leyó) que era en el ayuntamiento.

Más verbos irregulares

páginas 206–207

B. Elige la forma correcta del verbo que está entre paréntesis ( ) para completar cada oración.

6. Miguel (quere, quiere) que haya un nuevo sendero ciclista.
7. Manuel (cuenta, conta) los ciclistas que hay.
8. Todos (entienden, entenden) la situación.
9. Él (repite, repete) las razones una y otra vez.
10. Se (encontra, encuentra) satisfecho con su trabajo.

Otros verbos irregulares

páginas 208–209

C. Elige la forma correcta del verbo que está entre paréntesis ( ) para completar cada oración.

11. Aurelia (venirá, vendrá) a enseñarme a sembrar un jardín.
12. Yo (traigo, trao) tierra y semillas.
13. (Estoy, Esto) muy emocionado.
14. Yo (poneré, pondré) las semillas en la tierra.
15. (Tení, Tuve) mucha suerte de conocer a Aurelia.

229

Unidad 3
Conclusión

Escribir sobre otras materias: Estudios sociales

Pon de tu parte

¿Has pensado cómo contribuir con tu comunidad? ¿Por qué no compartes tu idea? Escríbele una carta a alguien que pueda ayudarte a poner de tu parte. Sigue estos pasos.

Elige la mejor idea

- Haz una lista de las ideas que tienes para contribuir con tu comunidad.
- Lee la lista a tres compañeros. Elige la mejor idea de la lista.

Investiga tu idea

- Aprende más acerca de tu tema. Busca información en Internet o en periódicos recientes.
- Reúne datos para apoyar tu idea.
- Revisa tu idea según lo que averigües en tu investigación.

Haz un borrador de una carta

- Piensa a quién comunicarás tu idea.
- Escribe una carta que describa tu idea para contribuir con tu comunidad y que diga por qué es importante.
- Explica por qué es necesario aceptar tu idea.
- Intercambia tu carta con la de un compañero. Pide sugerencias de cómo mejorarla.

Publica la carta

- Envía tu carta.

- Con tus compañeros fotocopia las cartas y engrápalas para formar un paquete.

Libros de lectura

El perro de Ernesto
por Karen Hesse
FICCIÓN REALISTA
El narrador tiene un amiguito sordo que le entrega un gatito callejero. Luego, el narrador le obsequia el gatito a un vecino que se halla muy solo.

Érase que se era
Ésta antología de obras escritas por niños, padres y maestros muestra la importancia de ser generoso y bueno.

El pintorcito de Sabana Grande
por Patricia Maloney Markun
FICCIÓN
Durante las vacaciones escolares, Fernando quiere pintar cuadros. Él tiene la oportunidad de usar su talento para decorar las paredes de las casas hechas de adobe.

Unidad 4

Gramática Pronombres y adjetivos

Escritura Informativa: Clasificación

CAPÍTULO 19
Pronombres 234

CAPÍTULO 20
Pronombre personal, complementario
   y demostrativo 244

CAPÍTULO 21
El arte de escribir:
Oraciones eficaces
Párrafo que hace una comparación . . 254

CAPÍTULO 22
Más sobre los pronombres 262

CAPÍTULO 23
Adjetivos. 272

CAPÍTULO 24
Proceso de escritura
Escribir un ensayo crítico 282

A: Miguel
De: Luis
Tema: La vida en las montañas

Miguel:

Me preguntaste qué es lo que más me gusta de vivir en las montañas. Lo que más me gusta es la vista.

233

CAPÍTULO 19
Pronombres

Pronombres

Un **pronombre** es una palabra que sustituye uno o más sustantivos.

Ejemplos:
Silvia compró un telescopio. *Ella* observó el cielo.

Hay muchas estrellas y planetas. Silvia *los* vio con el telescopio.

Pronombres			
yo	nosotros/nosotras	lo/la	los/las
tú/usted	ustedes	esto/éste/ésta	éstos/éstas
él/ella	ellos/ellas		

Práctica dirigida

A. Lee cada par de oraciones y observa los pronombres subrayados. Di a qué sustantivos de la primera oración sustituyen.

Ejemplos: Los científicos estudian el sol. *Ellos* lo observan por computadora.
Ellos: científicos; lo: sol

1. Mi tía nos dijo que hay nueve planetas que le dan vueltas al sol. Ella tiene un cuadro de ellos.
2. Silvia y yo sabemos que los planetas son de diferentes tamaños. Nosotras sabemos que éstos son muy grandes.
3. El hermano de Silvia buscó el planeta más pequeño. Él dijo que éste es Mercurio.
4. Mi tía habló con Silvia y su hermano. Dijo: "Ustedes pueden ver algunos planetas desde aquí".

El poder de las palabras

as·tro·no·mí·a *s.*
El estudio de las estrellas, los planetas y otros objetos del cielo.

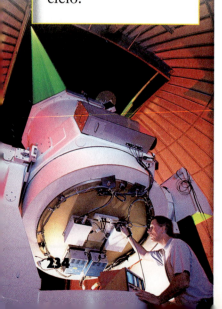

Práctica individual

Recuerda que un pronombre es una palabra que sustituye a uno o más sustantivos.

B. Vuelve a escribir cada oración. Usa un pronombre para sustituir las palabras subrayadas.

Ejemplo: Los niños observaron el cielo.
Ellos

5. "Ana ve a Mercurio", dijo Ana.
6. Debes señalar a Mercurio para que Guille lo vea.

C. Usa los pronombres de la casilla para completar cada oración. Escribe cada oración nueva.

Ejemplo: Estuvimos buscando el planeta Venus. Por fin _____ pudimos ver.
Por fin lo pudimos ver.

| lo | la | los | las |

7. Las estrellas fugaces son poco comunes. Pero ya _____ hemos visto.
8. Guille no veía a Marte. Julia se _____ señaló.
9. Hay una computadora en el observatorio. Los astrónomos _____ usan para estudiar el universo.
10. Los rayos del sol llegan a la Tierra. Las plantas y los animales _____ necesitan para vivir.

Conexión con la escritura

Diario de un escritor: Idea para la escritura Es posible que algún día la gente pueda viajar a Marte. Supón que fueras la primera persona en pisar la superficie de Marte. Escribe un párrafo que diga cómo crees que sería el viaje y la experiencia. Usa pronombres para sustituir algunos sustantivos.

CAPÍTULO 19

Pronombres

Pronombres en singular y plural

Los <mark>pronombres en singular</mark> sustituyen a sustantivos en singular y los <mark>pronombres en plural</mark> sustituyen a sustantivos en plural.

Ejemplos:

Yo observo los planetas. *singular*

Ustedes los observan también. *plural*

La Tierra tiene la temperatura perfecta para nosotros. *plural*

Ella observa la luna por el telescopio. *singular*

La puede ver muy claramente. *singular*

Pronombres comunes

Singular	Plural
yo	nosotros/nosotras
tú	ustedes
usted/él/ella	ellos/ellas
lo/la	los/las
ésta/éste	éstas/éstos
esto	

Práctica dirigida

A. Di si el pronombre subrayado en cada oración es singular o plural.

Ejemplo: Anoche yo vi a Marte.
  yo; singular

1. ¿Lo han visto ustedes alguna vez?
2. Emiliano, ¿qué sabes tú de la astronomía?
3. Nosotras la estudiamos en la escuela.
4. Él me dio un telescopio de regalo.
5. Yo lo comparto con ellos.

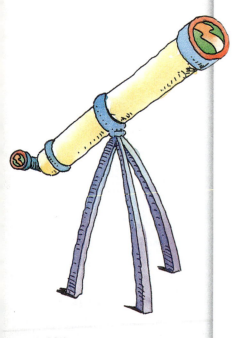

Práctica individual

B. Escribe los pronombres de cada oración. Escribe si cada pronombre es singular o plural.

Ejemplo: Nosotros acampamos en Arizona.
Nosotros, plural

6. Fuimos a ver un cráter. Lo causó un meteorito.
7. Los meteoritos penetran la atmósfera. Ésta los calienta.
8. Jessica nunca había visto un meteorito. Yo sí los he visto.
9. Nosotros estudiamos astronomía en la clase de ciencias.
10. En ella aprendemos sobre las estrellas.
11. Las estrellas brillan de día y de noche, pero sólo las puedes ver de día.
12. Las estrellas parecen muy pequeñas. Pero en realidad, éstas son enormes.
13. Fuimos de excursión al museo de ciencias. Éste es muy divertido.
14. La exhibición principal es sobre el espacio. Nosotros la disfrutamos mucho.
15. El guía del museo sabía muchas cosas. Él era muy simpático.

Recuerda que los pronombres en singular sustituyen sustantivos en singular, y los pronombres en plural sustituyen sustantivos en plural.

Conexión con la escritura

Escritura de la vida real: Conversación Imagina que pudieras viajar por el sistema solar en un transbordador espacial. Con un compañero, comenten y escriban sobre las condiciones de vida dentro del transbordador.

CAPÍTULO 19

Pronombres

Masculinos	Femeninos
él/ellos	ella/ellas
nosotros	nosotras
lo/los	la/las

Masculino y femenino
yo
tú/ustedes
le/les

USO Y PUNTUACIÓN

Concordancia de pronombres

Un pronombre debe concordar con el género del sustantivo o los sustantivos que sustituye.

Los pronombres masculinos sustituyen sustantivos masculinos. Los pronombres femeninos sustituyen sustantivos femeninos. Unos pronombres son iguales en ambas formas, femenina y masculina.

Ejemplo:
Las investigadoras observaron el cielo. **Ellas** buscaban un cometa. (femenino)

Si un pronombre en plural sustituye sustantivos femeninos y masculinos, usa el pronombre masculino.

Ejemplo:
Claudia y Roberto están en la azotea. **Ellos** quieren ver a Marte.

Práctica dirigida

A. Halla la palabra que cada pronombre subrayado sustituye. Di si es masculino o femenino.

Ejemplo: Los marineros usan la estrella polar como guía. Así <u>ellos</u> saben hacia dónde queda el norte.
marineros, masculino.

1. Elena vio luces. <u>Ella</u> sabía que eran estrellas.
2. Las estrellas brillaban. Elena <u>las</u> observaba.
3. El maestro nos dijo que iba a haber un eclipse solar. <u>Él</u> nos dijo que era una oportunidad única.
4. El sol despide rayos que son muy potentes. Por eso no <u>lo</u> puedes mirar directamente.
5. Elena y yo usamos gafas especiales para ver el eclipse. <u>Nosotras</u> estábamos muy emocionadas.

Práctica individual

B. Escribe un pronombre para sustituir las palabras subrayadas de cada oración. Luego escribe si el pronombre es *masculino* o *femenino*.

Ejemplo: El Sr. Hernández nos enseña cosas sobre los planetas.
Él; masculino

6. Mis compañeros y yo hicimos un modelo del sistema solar.
7. Primero, la bibliotecaria nos mostró una película sobre el universo.
8. Nancy quería hacer el modelo de Júpiter.
9. Júpiter es el planeta más grande, así que Marcos y Sandra ayudaron a Nancy.
10. Benjamín hizo el modelo de Saturno y yo lo ayudé a Benjamín.
11. Benjamín y yo no sabíamos cómo hacer los anillos de Saturno.
12. Nancy y Sandra dijeron: "Nancy y Sandra sugerimos que los hagan de alambre y algodón".
13. "¡Saturno se ve fantástico!", nos dijo el Sr. Hernández a Benjamín y a mí.
14. "Nancy y Sandra, ¿se divirtieron Nancy y Sandra con los modelos?" preguntó el maestro.
15. Finalmente, le mostramos el modelo a la bibliotecaria.

> **Recuerda**
> que un pronombre debe concordar en género con el sustantivo o sustantivos que sustituye.

Conexión con la escritura

El arte de escribir: Resumir Escribe diez oraciones sobre la Tierra. Consulta un libro de ciencias. Resume las características del planeta. Asegúrate que los pronombres que uses concuerden con las palabras que sustituyen.

CAPÍTULO 19

Pronombres

Práctica adicional

A. Escribe los pronombres de cada oración.
páginas 234–235

1. Los padres de Marcia le regalaron un telescopio a ella.
2. Era lo que ella siempre había soñado.
3. Ángel vio el telescopio que ellos compraron.
4. Él dijo: "Ahora tú podrás ver a Neptuno".
5. Ella contestó: "Yo nunca antes lo pude ver".

B. Escribe un pronombre que pueda sustituir el sustantivo o los sustantivos subrayados.
páginas 236–237

6. <u>Mercurio y Venus</u> son los planetas que están más cerca del sol.
7. <u>Kevin y Marcia</u> no necesitan un telescopio para ver a Venus y a Marte.
8. <u>Marcia</u> también puede ver a Júpiter.
9. Kevin dijo: "Juan y <u>Kevin</u> queremos un telescopio también".
10. <u>Júpiter</u> es el planeta más grande.

C. Escribe el sustantivo o los sustantivos que cada pronombre subrayado sustituye. *páginas 238–239*

11. "Lisa y Kevin, si observan la luna todas las noches, <u>ustedes</u> podrán notar cómo cambia".
12. La luna tiene cuatro fases, y <u>las</u> puedes observar todas.
13. Observa el calendario. <u>Éste</u> dice cuándo empieza cada fase.
14. Marcia y Kevin miraron la luna. <u>Ésta</u> estaba llena.
15. Marcia observó la luna. <u>La</u> vio moverse.

Recuerda

que un pronombre es una palabra que sustituye uno o más sustantivos. Un pronombre singular sustituye un sustantivo singular. Un pronombre plural sustituye un sustantivo plural.

Para hallar más actividades con los pronombres, visita **The Learning Site:**
www.harcourtschool.com

D. Escribe un pronombre para sustituir la frase que está entre paréntesis. Mira que concuerde en género y número con el sustantivo o sustantivos que sustituye. *páginas 236–239*

16. (Los científicos) han aprendido mucho acerca de los planetas.
17. (Las investigadoras) necesitan un telescopio muy fuerte para ver a Plutón.
18. (Pedro y yo) fuimos a escuchar una charla que dio (una investigadora)
19. Nos dijo: "(Pedro y tú) pueden aprender más sobre la astronomía".
20. "Le pueden pedir ayuda a (la bibliotecaria)".

Conexión con la escritura

Tecnología Supón que pudieras vivir en otro planeta. ¿Qué planeta elegirías? Usa una enciclopedia electrónica u otra fuente de consulta por Internet para saber más acerca del planeta. Luego escribe varias oraciones para decir por qué elegiste ese planeta. Revisa las oraciones y, si es posible, sustituye algunos sustantivos con pronombres.

¿LO SABÍAS?
Las distancias entre los diferentes planetas y el Sol varían enormemente. La Tierra está a casi 100 millones de millas del Sol.

CAPÍTULO 19

Pronombres

Repaso del capítulo

Lee el fragmento. Faltan algunas palabras. Elige el pronombre que corresponda en cada espacio en blanco y marca la letra de la respuesta.

> Demarcus nos pidió a __(1)__ que estudiáramos la luna con __(2)__. Todos __(3)__ observamos cada noche a la misma hora. Todas las noches la dibujábamos para mostrar cómo __(4)__ iba cambiando. Después de varias semanas, Demarcus reunió todos los dibujos. __(5)__ le pidió a su hermana que hiciera un libro con ellos. __(6)__ hizo un libro de la luna.

SUGERENCIA

Asegúrate siempre de que el número de la respuesta sea el número que corresponde en el párrafo.

1. A yo
   B ellos
   C nosotros
   D éstos

2. F nosotros
   G él
   H los
   J lo

3. A ella
   B la
   C las
   D él

4. F lo
   G las
   H ésta
   J éste

5. A Ella
   B Lo
   C Él
   D Ésta

6. F Yo
   G Ella
   H La
   J Ustedes

Para hallar más actividades con las cuales prepararte para las pruebas, visita *The Learning Site:*
www.harcourtschool.com

Las partes de un libro

Los libros tienen partes especiales que te dicen cómo usarlos.

Al principio del libro

- La portada interior dice el nombre del libro.
- La página de derechos dice cuándo se publicó el libro.
- La tabla de contenido dice el nombre de cada sección y la página donde empieza.

Al final del libro

- El glosario enumera las palabras importantes en orden alfabético y dice lo que significan.
- El índice dice en qué página o páginas del libro puedes hallar un tema.
- La bibliografía dice los nombres de otros libros del mismo tema.

AHORA TE TOCA A TI

TRABAJA CON UN COMPAÑERO Elige un libro que tenga todas las partes que se mencionan arriba. Luego sigue las instrucciones numeradas.

1. Halla la tabla de contenido. Dile a tu compañero el título del primer capítulo del libro.
2. Dile a tu compañero la página en la que empieza el capítulo.
3. Ve al glosario. Léele a tu compañero la primera palabra y su definición.
4. Ve al último tema que aparece en el índice. Halla la página o páginas y averigua lo que dice el libro acerca del tema.

SUGERENCIA

Los libros informativos sobre la historia de las ciencias probablemente tengan casi todas las partes mencionadas.

CAPÍTULO 20

Pronombre personal, complementario y demostrativo

Pronombres personales

yo	nosotros, nosotras
tú	ustedes
él, ella	ellos, ellas

El poder de las palabras

escala **Fah•ren•heit** *s.* Una escala de temperatura que marca 32 grados en el punto de congelación del agua y 212 grados en el punto de ebullición del agua.

Pronombre personal

Un <mark>pronombre personal</mark> sustituye a uno o varios sustantivos en el sujeto de la oración.

Recuerda que el sujeto es la parte de la oración que nombra a alguien o algo. Los pronombres que reemplazan al sujeto concuerdan con el género y número del sujeto.

Ejemplos:

Yo adoro la primavera.

Tú te vas de campamento todos los veranos.

Ellos se divierten chapoteando en los charcos.

El pronombre personal no siempre aparece escrito en la oración. En estos casos, la forma del verbo indica cuál es el pronombre personal.

Ejemplos:

Voy a la playa en verano. (pronombre personal: *yo*)

Jugamos en la arena y nos bañamos en el mar. (pronombre personal: *nosotros o nosotras*)

Práctica dirigida

A. Di el pronombre personal de cada oración. Si no aparece escrito en la oración, di cuál es.

Ejemplo: Ellas saben qué temperatura hace.
   Ellas

1. Veo el termómetro en la pared.
2. Ustedes miden la temperatura.
3. Nosotros medimos la temperatura en grados centígrados.
4. Él tiene nueve termómetros.
5. Estamos haciendo experimentos.

Práctica individual

B. Lee cada oración. Escribe el pronombre personal de cada oración. Si no aparece escrito en la oración, escribe cuál es.

Ejemplo: Tú estás aprendiendo datos sobre el tiempo.
Tú

6. Hablamos del clima en la clase.
7. Ustedes sienten los cambios de temperatura cuando están afuera.
8. Ellas miden la temperatura con un termómetro de grados Fahrenheit.
9. Nosotros sabemos que en invierno hace frío en algunas partes del país.
10. Ellos vivieron en un lugar donde nieva en invierno.
11. Él preguntó por qué hay cambios de temperatura.
12. Ella habló de los rayos del sol que llegan a la Tierra.
13. Yo hice un dibujo del sol y de la Tierra.
14. Ahora sabemos más sobre la temperatura.
15. Para aprender más, debes consultar un libro sobre el tema.

Recuerda

que un pronombre personal sustituye a uno o varios sustantivos en el sujeto de una oración. No siempre aparece escrito en la oración, pero la forma del verbo indica cuál es.

Conexión con la escritura

Diario de un escritor: Pensar en el tiempo Elige una estación del año y escribe tres oraciones diciendo lo que te gusta de esa estación. Anota tus ideas acerca de por qué te gusta. Expresa tus ideas, usando al menos tres pronombres personales en las oraciones.

CAPÍTULO 20

Pronombre personal, complementario y demostrativo

Pronombres complementarios	
me	nos
te	les, los,
le, la, lo	las

Pronombre complementario

Un **pronombre complementario** sustituye a uno o varios sustantivos del predicado.

Un pronombre complementario recibe la acción del verbo, o dice a quién o para quién se hace una acción. Concuerda con el género y número del sustantivo que reemplaza.

Ejemplos:

El vendaval **nos** azotó. (recibe la acción de azotó)

El abanico **me** refrescó. (dice a quién refrescó)

Natalia **le** buscó un paraguas. (dice para quién buscó)

Práctica dirigida

A. Di cuál es el pronombre complementario de cada oración.

Ejemplo: El maestro nos habló del clima en clase.
nos

1. El Sr. Rivera me enseñó de qué está compuesto el aire.
2. Una capa de aire nos rodea.
3. El sol la calienta.
4. El sol provee luz y calor, y el aire los conserva.
5. Si sales durante una tormenta, el viento te rodea.
6. El viento te puede dar mucho frío.
7. El maestro le dijo que hay agua en el aire.
8. El Sr. Rivera les dijo que el agua en el aire forma las nubes.
9. Las personas que pronostican el tiempo observan las nubes y las estudian.
10. Lía te hablará más acerca del tiempo.

Práctica individual

B. Escribe el pronombre complementario de cada oración.

Ejemplo: Marina les mostró una bola de nieve.
les

11. La tormenta de nieve nos tomó por sorpresa.
12. Paco y Victoria no la esperaban.
13. Los pilló por sorpresa.
14. ¿Te ha pillado por sorpresa una tormenta alguna vez?
15. No se veían las aceras porque la nieve las cubría.
16. La nieve nos empapó a todos.
17. Tom la quería acompañar a lanzarse en trineo.
18. El papá de Kim les hizo chocolate caliente.
19. Tamika me ayudó a hacer un muñeco de nieve.
20. Espero que el sol no lo derrita muy pronto.

> **Recuerda**
> que los pronombres complementarios reemplazan a uno o varios sustantivos del predicado. Reciben la acción del verbo, o indican a quién o para quién se hace una acción. Concuerdan con el género y número del sustantivo que reemplazan.

Conexión con la escritura

El arte de escribir: Pronombres claros Piensa en tu estación favorita. Usando las formas correctas de los pronombres, escribe tus ideas acerca de lo que tú y tus amigos hacen durante esa estación.

CAPÍTULO 20

Pronombre personal, complementario y demostrativo

USO Y PUNTUACIÓN
Pronombre demostrativo

Un **pronombre demostrativo** sustituye a un sustantivo y dice si está cerca o lejos en cuanto a tiempo o distancia.

Los pronombres demostrativos concuerdan con el género y número del sustantivo que reemplazan. Casi todos llevan acento para diferenciarse de los adjetivos.

Ejemplo:

Ésta es mi estación favorita.

Ésas son las hojas que tenemos que rastrillar.

El rastrillo de mi mamá es **aquél**.

Práctica dirigida

A. En cada oración, subraya el pronombre demostrativo.

Ejemplo: <u>Ésos</u> son los colores del arco iris.

1. Las palas para quitar la nieve son ésas.
2. ¡Ésta es la que yo voy a usar!
3. Tú puedes usar aquélla.
4. Éste es mi abrigo favorito.
5. El sombrero de mi hermano es aquél.
6. Las nubes son blancas, pero ésas que se acercan son grises.
7. Creo que eso significa que va a llover.
8. La capa roja no es la mía; la mía es aquélla.
9. ¿No es ésa la capa de tu hermana?
10. Este es el diluvio más fuerte que he visto.

Práctica individual

B. Escribe el pronombre demostrativo de cada oración.

Ejemplo: El verano pasado fuimos a las montañas, pero éste iremos a la playa.   *éste*

11. Ésas son las cosas que vamos a llevar a la playa.
12. La pelota de rayas es grande, pero me gusta más aquélla.
13. La foto que tienes de la playa es bonita, pero aquélla es mejor.
14. Éstos de aquí son mis primos.
15. Nos podemos quedar en el apartamento nuevo, pero prefiero quedarme en aquél.
16. Ése es el bañador que llevé a la playa la última vez.
17. Ahora me he comprado éste.
18. Ésos son tus anteojos de sol, ¿no?
19. Yo creo que los míos son éstos.
20. ¡Esto es lo más divertido del mundo!

> **Recuerda**
> que los pronombres demostrativos reemplazan a un sustantivo y dicen si está cerca o lejos en cuanto a tiempo o distancia. Concuerdan con el género y número del sustantivo que reemplazan y casi todos llevan acento.

Conexión con la escritura

Arte Dibújate a ti y a un amigo al aire libre, disfrutando del tiempo. Escribe una leyenda describiendo el tiempo y contando lo que hacen tú y tu amigo. Usa pronombres demostrativos en la leyenda.

CAPÍTULO 20
Pronombre personal, complementario y demostrativo

Práctica adicional

A. Escribe cada oración usando el pronombre correcto. *páginas 244–247*

Ejemplo: El aguacero (nos, la) cayó encima.
El aguacero nos cayó encima.

1. (Yo, Me) nunca había visto una tormenta.
2. La tormenta la sacudió a (la, ella) y al bote.
3. (Él, Lo) cree que estaremos más seguros dentro de la casa.
4. La lluvia (nosotros, nos) mojó de arriba abajo.
5. (Ellos, Le) limpiaron los escombros.

B. En cada oración, escribe pronombre personal o pronombre complementario para identificar la palabra subrayada. *páginas 244–247*

Ejemplo: <u>Nos</u> sacudimos el agua de los zapatos.
pronombre complementario

6. <u>Él</u> encontró el paraguas.
7. Marvin <u>les</u> trajo impermeables a todos.
8. <u>Ella</u> encontró un gatito perdido.
9. <u>Lo</u> metió en la casa y lo secó.
10. <u>Tú</u> saliste corriendo a la casa para resguardarte.

C. Vuelve a escribir cada oración. Sustituye las palabras subrayadas con un pronombre.
páginas 244–247

Ejemplo: <u>Tere y Javier</u> vieron un rayo en el cielo.
Ellos vieron un rayo en el cielo.

11. Los relámpagos asustaron a <u>Yoko y Pat</u>.
12. <u>Tú y yo</u> nos quedamos atascados en el carro.
13. Los bomberos vinieron a ayudar <u>a los niños</u>.
14. <u>Ricardo y yo</u> observábamos el vendaval.
15. Samuel ayudó <u>a Nina</u> a limpiar el lodo.

Recuerda

que los **pronombres personales** reemplazan a uno o varios sustantivos del sujeto de la oración. Los **pronombres complementarios** reciben la acción del verbo, o dicen a quién o para quién se hace una acción.

Para hallar más actividades con los pronombres, visita **The Learning Site:**
www.harcourtschool.com

D. Escribe el pronombre complementario de cada oración. *páginas 246–247*

Ejemplo: Juan nos dijo que dejaría de llover pronto.
nos

16. La maestra le habló de la niebla.
17. La niebla los retrasó cuando se dirigían a la escuela.
18. A veces la niebla la asusta.
19. La niebla matutina te puede dar frío.
20. No me puedes ver cuando hay mucha niebla.

E. Escribe el pronombre demostrativo de cada oración. *páginas 248–249*

Ejemplo: El termómetro que tengo no sirve. ¿Me pasas ése? *ése*

21. Ésta es la escala que los científicos usan para medir la temperatura.
22. Dan el pronóstico del tiempo en otro canal, pero prefiero éste.
23. Ahora mismo no hay nubes, pero ésas se van acercando.
24. Yo me puse el impermeable nuevo y Patricia se puso aquél.
25. Las botas grandes son de Rudy y aquéllas son de Eva.

> **Recuerda**
> que los pronombres demostrativos reemplazan a un sustantivo y dicen si está cerca o lejos en cuanto a tiempo o distancia. Concuerdan con el género y número del sustantivo que reemplazan. Casi todos llevan acento para diferenciarse de los adjetivos.

Conexión con la escritura

Escritura de la vida real: Haz una lista Con varios compañeros, describe el tiempo que hace hoy. Luego hagan una lista de lo que les gusta y les disgusta de éste. Usen pronombres personales, complementarios y demostrativos en la lista.

CAPÍTULO 20

Pronombre personal, complementario y demostrativo

Repaso del capítulo

Lee el párrafo y elige la palabra que corresponde en cada espacio. Escribe la letra de la respuesta que elegiste.

> __(1)__ puedes notar fácilmente los cambios que provoca el otoño en mi familia. Mi padre sabe que el aire fresco __(2)__ traerá vegetales maduros y listos para recoger. __(3)__ tiene que recoger todas las cosechas antes de que llegue la nieve. __(4)__ extraño los días cálidos y secos del verano. No me gusta tener que despedirme de __(5)__, pero el otoño no da marcha atrás. Se __(6)__ acerca irremediablemente. Mi madre dice que el viento de otoño __(7)__ refresca. A mí __(8)__ trae ganas de jugar al fútbol.

SUGERENCIA

Elige la respuesta que te parece correcta. Luego lee la oración con esa respuesta para ver si está correcta.

1   **A** Tú
    B Ellos
    C La
    D Yo

2   **F** él
    G yo
    H nos
    J ella

3   **A** Lo
    B Él
    C Nosotros
    D Yo

4   **F** Ellos
    G Éste
    H Yo
    J La

5   **A** éste
    B tú
    C me
    D te

6   **F** nos
    G éstos
    H ella
    J lo

7   **A** ella
    B esto
    C ustedes
    D la

8   **F** yo
    G me
    H lo
    J aquélla

Para hallar más actividades de preparación para las pruebas, visita *The Learning Site:*
www.harcourtschool.com

Explorar el Internet

Antes de conectarte a Internet

- Piensa en una pregunta que tengas sobre algún tema.
- Elige palabras en tu pregunta que sean importantes. Estas palabras serán las palabras clave de tu búsqueda.

Cuando estás conectado

1. Haz clic en el botón de búsqueda (Search).
2. En el cuadro de búsqueda, escribe las palabras clave. Usa las palabras *and* o *or* entre una palabra clave y otra. Oprime Enter.
3. Mira los sitios que aparecen. Haz clic en el sitio que parezca tener la información que quieres.
4. Lee lo que aparece en el sitio web.
5. Compara los datos que hallaste en Internet con datos de otra fuente, como una enciclopedia, para asegurarte de que son correctos.
6. Imprime cualquier información que te interese o que pueda ser útil. Luego escribe la dirección que aparece en el cuadro de direcciones. Puede que quieras regresar a este sitio web.

TECNOLOGÍA

AHORA TE TOCA A TI

Puedes conectarte a Internet para hallar información sobre el estado del tiempo. Primero, piensa en una pregunta acerca del tiempo. Luego, sigue las instrucciones que aparecen más arriba para continuar tu búsqueda de Internet. Cuando termines, intercambia las direcciones de Internet que tengas con las de tus compañeros. Cuando tengas tiempo, visita los sitios web que ellos encontraron.

CAPÍTULO 21

Escritura informativa

El arte de escribir

Oraciones eficaces

Ya sabes que das información cuando explicas algo o das instrucciones. También puedes comparar cosas, diciendo en qué se parecen.

Lee las estrofas que siguen del libro *La vida de un tronco*.

MODELO DE LITERATURA

> El estruendo de un rayo le da un susto al puerco espín que duerme cerca.
> El gran roble comienza a tambalearse.
> Las ardillas sienten el temblor
> y salen huyendo de su agujero.
>
> Una fuerte ráfaga de viento borrascoso
> arranca del suelo las raíces del gran roble.
> El árbol cae estrepitosamente, sacudiendo el suelo del bosque.
> Las ramas se rompen. La madera se astilla. Las hojas se esparcen.
>
> —de *La vida de un tronco* por Wendy Pfeffer

Analiza el modelo

1. ¿En qué se parecen los efectos del rayo y del viento?
2. ¿Por qué crees que la escritora usa algunas oraciones largas y otras cortas?
3. ¿Ves una oración compuesta en la primera estrofa? ¿Cómo sabes que es compuesta?

Oraciones eficaces

Cuando usas oraciones eficaces, das información de una manera clara e interesante. Algo que es eficaz tiene el efecto o resultado que tú quieres. Observa la tabla de la próxima página.

El poder de las palabras

bo•rras•co•so
adj. Agitado, violento, tormentoso.

Estrategias para usar oraciones eficaces

Cómo usar las estrategias

Escribe una variedad de oraciones.

- No escribas todas las oraciones de la misma manera. Usa oraciones cortas y oraciones largas. Usa diferentes tipos de oraciones: afirmaciones, preguntas y exclamaciones.

Combina las oraciones.

- Busca sitios donde puedas usar sujetos y predicados compuestos. Combina oraciones simples para escribir oraciones compuestas.

AHORA TE TOCA A TI

ANALIZA LA ESCRITURA INFORMATIVA

Trabaja con uno o dos compañeros. Lee varios párrafos de tu libro de ciencias o de un artículo con tema científico de una revista. Mira los tipos de oraciones que usa el escritor. Hablen en el grupo sobre qué oraciones son las más eficaces.

Responde a estas preguntas:

1. ¿Cuál es el tema del escritor?
2. ¿Cuál es el propósito del escritor?
3. ¿Qué tipos de oraciones usa?
4. ¿Ves oraciones en que el escritor compara las cosas o dice en qué se parecen cosas que son diferentes?

CAPÍTULO 21

Escritura informativa

Variedad de oraciones

A. Lee cada par de oraciones. Si ambas oraciones son del mismo tipo, escribe *mismas* en tu hoja de papel. Si las oraciones son diferentes, escribe *diferentes* en tu hoja de papel.

1. ¡Qué roble más grande!
   ¡Es enorme!
2. ¿Qué tipo de árbol es éste?
   Tiene agujas en lugar de hojas.
3. Mira esta hoja.
   ¿De qué árbol es?
4. Vi un castaño pero no vi un almendro.
   Hay ramas y palitos en el suelo.
5. El tronco es grueso.
   Se le está pelando la corteza porque muchos animales del bosque lo han usado para afilarse las garras.

B. Lee los dos fragmentos. Un fragmento tiene una variedad de oraciones. El otro fragmento no. En tu hoja de papel, di cuál crees que tiene más oraciones eficaces. Luego di por qué lo crees.

1. Unos dinosaurios comían carne. Unos dinosaurios comían plantas. Unos dinosaurios comían carne y plantas. Unos dinosaurios probablemente se comían los huevos de otros dinosaurios.
2. ¿De qué tamaño eran los dinosaurios? Probablemente sabes que muchos dinosaurios eran muy grandes. Otros tipos de dinosaurios eran pequeños. ¡Algunos quizás eran más pequeños que tú!

Combinación de oraciones

C. Lee cada par de oraciones. Combina las dos oraciones para formar una sola. Escribe la oración nueva en tu hoja de papel.

1. Los pájaros hacen nidos. Los pájaros ponen huevos.
2. Los rayos cayeron. Los truenos resonaron.
3. En este estanque viven peces. En este estanque viven tortugas.
4. Las ranas saltan. Las serpientes se deslizan por el suelo.
5. Los narcisos florecen en la primavera. Los tulipanes florecen en la primavera

D. Lee el párrafo. Luego revísalo, usando una variedad de oraciones sin cambiar el significado del párrafo. Escribe un borrador final del párrafo.

El invierno es divertido. Los lagos se congelan. Patinamos sobre hielo. Se nos enfría la nariz. La primavera es bonita. La temperatura aumenta. Los jardines crecen. Sembramos flores. El verano es caluroso. El sol brilla mucho. Nadamos en el lago.

Pensar y escribir

Escribe tus reflexiones Vuelve a leer varias páginas de tu diario. Piensa en las oraciones que has usado. ¿Son en su mayoría cortas o hay también oraciones más largas? ¿De qué otras maneras se parecen o no las oraciones? Ahora escribe un párrafo en tu diario. Di cómo podrías escribir oraciones más eficaces.

CAPÍTULO 21

Escritura informativa

Párrafo que hace una comparación

Puedes comparar el rayo y el viento de *La vida de un tronco* diciendo en qué se parecen. Ambos sacuden el árbol y lo hacen caer. Ambos son fuerzas poderosas de la naturaleza.

Jake escribió un párrafo para compartirlo con sus compañeros. Quería comparar los caballos y las vacas. Lee el párrafo que Jake escribió. Fíjate en los diferentes tipos de oraciones que usó.

MODELO

> Los caballos y las vacas se parecen mucho. Ambos se crían en granjas o ranchos. Ambos son bastante grandes. Además, a ambos les gusta comer pasto. Las vacas también son importantes para los seres humanos. Las vacas nos dan leche y los caballos se pueden montar. ¿De qué otra manera se parecen?

- oraciones simples
- oración compuesta
- pregunta

Analiza el modelo

1. ¿Cuál es el propósito de Jake al escribir este párrafo?
2. ¿Qué comparaciones hace en el párrafo?
3. ¿Escribió con oraciones eficaces? Explica tu respuesta.

AHORA TE TOCA A TI

TEMA DE ESCRITURA Piensa en dos cosas de la naturaleza que son diferentes pero que puedes comparar porque se parecen en algo. Por ejemplo, podrías comparar una rana y un sapo, o una mariposa y un pájaro. Escribe un párrafo que compara las dos cosas para tu maestro o maestra. Di en qué se parecen. Usa oraciones eficaces para que tu párrafo sea más interesante.

ESTUDIA EL TEMA Pregúntate lo siguiente:

1. ¿Quién es tu audiencia?
2. ¿Cuál es tu propósito al escribir?
3. ¿Qué cosas vas a comparar?
4. ¿Qué forma de escrito vas a usar?

Antes de escribir y hacer el borrador

Planifica tu párrafo. Elige dos cosas que quieras comparar. Haz una tabla como la que sigue para decidir qué características comunes usarás en tu párrafo.

Características	Primer objeto	Segundo objeto
Escoge características que ambos tengan en común, como color, textura, edad o tamaño.	Escribe una palabra que describa cada característica.	Escribe un palabra que describa cada característica.

¿Cuántas palabras descriptivas resultaron iguales? Describe esas características en tu párrafo.

USANDO TU Manual

- Usa el diccionario de sinónimos del escritor para hallar palabras que te ayuden a explicar en qué se parecen los objetos.

CAPÍTULO 21
Escritura informativa

Editar

Vuelve a leer el borrador de tu párrafo comparativo. Usa esta lista como ayuda para revisar el párrafo.

- ☑ ¿Le das al lector suficiente información sobre las cosas que comparas?
- ☑ ¿Entenderá el lector en qué se parecen las dos cosas?
- ☑ ¿Son iguales todas tus oraciones o usaste tipos diferentes?
- ☑ ¿Usaste unas oraciones más largas y otras más cortas?
- ☑ ¿Puedes combinar oraciones para que el lenguaje sea más eficaz?

Usa esta lista para corregir el párrafo:

- ☑ Empecé las oraciones con letra mayúscula.
- ☑ Usé los signos de puntuación correctos al principio y al final de las oraciones.
- ☑ Usé correctamente los pronombres en singular y en plural.
- ☑ Usé correctamente los pronombres personales y complementarios.
- ☑ Usé el diccionario para verificar cómo se escriben las palabras.

Marcas editoriales
- ꟼ Borrar texto
- ∧ Añadir texto
- ↻ Mover texto
- ¶ Párrafo nuevo
- = Mayúscula
- / Minúscula
- ◯ Corregir ortografía

Compartir y reflexionar

Haz una copia final de tu párrafo. Compártela con un compañero. Hablen de lo que han aprendido sobre las comparaciones. Escribe tus reflexiones en tu diario.

Cómo comparar la escritura y los discursos

ESCUCHAR Y HABLAR

¿Has pronunciado un discurso alguna vez? En cierto sentido, pronunciar un discurso se parece a escribir. Fíjate en el diagrama para ver en qué se parecen.

En qué se parecen la escritura y los discursos
- Planificas lo que vas a escribir o hacer.
- Evalúas y revisas antes de escribir el borrador final o dar el discurso.
- Piensas en tu propósito y tu público.
- Debes usar oraciones eficaces.

AHORA TE TOCA A TI

Trabaja con tres compañeros para practicar discursos. Sigue estos pasos:

PASO 1 Con el grupo, genera una lista de temas para discursos breves.

PASO 2 Elige un tema de la lista. Planifica un discurso breve para dar información sobre el tema.

PASO 3 Practiquen y ayúdense unos a otros a revisar sus discursos para que tengan más oraciones eficaces.

PASO 4 Da tu discurso ante el grupo.

PASO 5 Escucha los discursos de tus compañeros. Evalúa los discursos y la información.

PASO 6 Luego, analicen cómo ser un mejor orador y oyente.

Estrategias para escuchar y hablar

- Cuando hables para informar, usa un ritmo y un volumen de voz que concuerden con la audiencia y el propósito.
- Describe claramente las ideas.
- Cuando escuches, piensa en lo que está diciendo el orador y evalúalo.
- Cuando hables para compartir ideas sobre los discursos de tus compañeros, sé cortés y haz comentarios que sean útiles.

CAPÍTULO 22
Más sobre los pronombres

El poder de las palabras

e·co·lo·gí·a *s.* La relación entre las plantas, los animales y el ambiente que los rodea.

Pronombres posesivos

Un **pronombre posesivo** indica a quién le pertenece algo.

Ya sabes que los pronombres sustituyen a los sustantivos. Un pronombre posesivo dice a quién le pertenece el sustantivo que sustituye. Concuerda con el sustantivo en género y número. Son *mío*, *mía*, *tuya*, *tuyo*, *suya*, *suyo*, *nuestro* y *nuestra* y sus formas plurales.

Ejemplo:
Este libro es de ella. Este libro es **suyo**.

Sus cámaras son muy sencillas. Las **nuestras** son mejores.

Se me perdió mi folleto. ¿Me dejas ver el **tuyo**?

Práctica dirigida

A. Di cuál es el pronombre posesivo de cada oración.

Ejemplo: La maleta azul es la mía. *mía*

1. El libro sobre las jirafas es suyo.
2. El guía que sabe más sobre la selva tropical es el nuestro.
3. La cámara de videocasete es tuya.
4. La mochila y la gorra son mías.
5. Esos pasajes son nuestros.
6. Los huevos que están en el nido del guacamayo son suyos.
7. Ese tucán se cree que la granadilla es suya.
8. Los gritos del mono suenan como los tuyos.
9. Ese loro se parece mucho al nuestro.
10. Quisiera que el tucán fuera mío.

Práctica individual

B. Lee los pares de oraciones. Escribe el pronombre posesivo que corresponde en cada espacio.

Ejemplo: Nosotros tomamos fotos en la selva. Las fotos son _____. *nuestras*

11. Un orangután recoge frutas. Las frutas son _____.
12. Una mamá orangután le da de comer a un orangután bebé. El bebé es _____.
13. Yo tomé una foto de un orangután que vi en un árbol. La foto es _____.
14. Quizás tú visites la selva tropical algún día. Compararé mis fotos con las _____.
15. Nosotros haremos un álbum de fotos. El álbum será _____.

> **Recuerda**
> que un pronombre posesivo indica a quién le pertenece algo. Concuerda con el sustantivo en género y número. Son *mío, mía, tuya, tuyo, suya, suyo, nuestro* y *nuestra* y sus formas plurales.

Conexión con la escritura

Arte Piensa en tres animales diferentes. Haz una tabla que diga dónde viven, qué aspecto tienen y qué comen. Usa la información de tu tabla para escribir un párrafo que diga en qué se parecen y en qué se diferencian los animales. Usa pronombres posesivos en las oraciones.

263

CAPÍTULO 22

Más sobre los pronombres

Pronombres indefinidos

- algo
- alguien
- cualquiera
- quienquiera
- nada
- nadie
- alguno/alguna
- ninguno/ninguna

Pronombres indefinidos

Un **pronombre indefinido** se refiere a personas o cosas sin identificarlas.

Ya sabes que un pronombre sustituye a un sustantivo. Los pronombres indefinidos no sustituyen a un sustantivo de forma precisa. Indican cantidad, pero de una manera que no es exacta.

Ejemplos:

Nadie había pensado antes en formar un club de ecología en la escuela.

Empezamos la reunión sin **nada.**

Quizás falta **alguien,** pero no sé quién es.

Algunos pronombres indefinidos, como *alguno* y *ninguno,* tienen forma masculina y femenina, singular y plural. Esos pronombres concuerdan con el género y número del sustantivo que sustituyen.

Ejemplo:

¿Falta algún miembro? Creo que ya han llegado **todos.**
¿Tienes alguna pregunta? No tengo **ninguna.**

Práctica dirigida

A. Di cuál es el pronombre indefinido de cada oración.

Ejemplo: Quienquiera que vaya a decir algo debe levantar la mano. *Quienquiera*

1. El libro de la selva no es de nadie.
2. ¿Han visto alguno por allá?
3. Hay uno dentro del cajón del escritorio.
4. Alguien debe traernos fotos de animales.
5. Cualquiera de ustedes puede traerlas.

264

Práctica individual

B. Lee las oraciones. Escribe el pronombre indefinido de cada oración.

Ejemplo: Quisiera presentar algo en la próxima reunión.
algo

6. Cualquiera puede ayudar a proteger el ambiente.
7. No se necesita saber nada especial.
8. No hay nadie que no pueda colaborar.
9. Algunos protegen a los animales en peligro de extinción.
10. Una se subió a un árbol para que no lo cortaran.
11. Otros les escriben cartas a los legisladores.
12. ¿Alguien tiene sugerencias de cómo proteger el ambiente?
13. Todas serán bien recibidas.
14. Algunas son repartir hojas sueltas o ser voluntarios en un refugio de animales.
15. Todos podemos colaborar de alguna manera.

Recuerda

que un **pronombre indefinido** se refiere a personas o cosas sin identificarlas de forma precisa. Algunos tienen forma masculina y femenina, singular y plural, y concuerdan con el género y número del sustantivo que sustituyen.

¿LO SABÍAS?
Al menos la mitad de las plantas y animales de la Tierra viven en las selvas tropicales.

Conexión con la escritura

El arte de escribir: Pronombres Piensa en un tema ecológico que te interese. Haz una tabla que diga cómo se puede contribuir a esa causa. Usa la información de la tabla para escribir un párrafo que diga lo que se puede hacer. Usa pronombres indefinidos en el párrafo y preséntalo a la clase.

CAPÍTULO 22

Más sobre los pronombres

Pronombres interrogativos

Un **pronombre interrogativo** es el sujeto de una pregunta.

Ya sabes que los pronombres sustituyen a uno o más sustantivos. Los pronombres interrogativos van al principio de una pregunta y siempre llevan acento. Son el sujeto de la pregunta. Algunos pronombres interrogativos son *qué*, *quién*, *cuánto* y *cuál*.

Ejemplos:
¿**Quién** estudia el desierto?
¿**Qué** estudia allí?
¿**Cuántos** hay en el grupo?

Algunos pronombres interrogativos tienen forma singular y plural, y uno de ellos tiene forma masculina y femenina. Esos pronombres concuerdan con el sustantivo que sustituyen.

Práctica dirigida

A. Di cuál es el pronombre interrogativo de cada oración.

Ejemplo: ¿Cuál de tus hermanos se va de viaje al desierto? *Cuál*

1. ¿Qué va a hacer tu hermano allí?
2. ¿Quién acompañará a tu hermano en el viaje?
3. Cuando encuentren insectos en el desierto, ¿qué harán con ellos?
4. ¿Cuáles están buscando?
5. ¿Cuántos creen que encontrarán en dos meses?

Práctica individual

B. Elige el pronombre interrogativo correcto de la casilla para completar cada oración. Escribe la oración completa.

Ejemplo: ¿____ sabes de la ecología del desierto?
　　　　　　Qué

> quiénes　cuánta　qué　cuántos
> quién　cuánto　cuál　cuántas　cuáles

6. ¿____ hace que tu hermano se fue al desierto?
7. ¿____ es el director del grupo?
8. ¿____ recaudaron fondos para la investigación?
9. ¿____ fue lo que inspiró el viaje?
10. ¿____ son las especies de insectos que más le interesan a tu hermano?
11. ¿____ de las especies cree que va a encontrar en total?
12. ¿____ es tu especie favorita?
13. ¿____ hay que hacer para conseguir una beca para la investigación?
14. ¿____ falta para que regrese tu hermano?
15. ¿____ es lo primero que le vas a preguntar?

Recuerda

que un pronombre interrogativo es el sujeto de una pregunta. Va al principio de la pregunta y siempre lleva acento. Son *qué, quién, cuánto* y *cuál*. Algunos tienen género y número y concuerdan con el sustantivo que sustituyen.

Conexión con la escritura

Ciencias Imagina que tú y tu clase van de excursión al bosque para observar la naturaleza. Escribe preguntas que les harías a tus compañeros acerca de la excursión, quién la planificó y lo que hicieron y vieron. Usa los pronombres interrogativos en las preguntas.

CAPÍTULO 22

Más sobre los pronombres

Recuerda

que un **pronombre posesivo** indica a quién le pertenece algo. Concuerda con el sustantivo en género y número. Son *mío, mía, tuya, tuyo, suya, suyo, nuestro* y *nuestra* y sus formas plurales.

Para hallar más actividades con los pronombres, visita *The Learning Site:* www.harcourtschool.com

268

Práctica adicional

A. Vuelve a escribir cada oración. Usa un pronombre posesivo para sustituir las palabras subrayadas. *páginas 262–263*

Ejemplo: Los peces tropicales son <u>de Maya</u>.
Los peces tropicales son suyos.

1. Las gafas de natación también son <u>de ella</u>.
2. El reloj del tío Ramón es a prueba de agua, pero el <u>que te pertenece a ti</u> no lo es.
3. El traje de buceo de Maya es bonito, pero no tanto como el <u>que me pertenece a mí</u>.
4. La afición de mi hermano es el voleibol, pero el buceo es la <u>de Maya y yo</u>.
5. No tienen que traer cámara, porque Maya y yo les prestaremos las <u>de ella y yo</u>.

B. Lee cada oración. Escribe el pronombre posesivo que corresponde en cada espacio. *páginas 262–263*

Ejemplo: El tío Ramón trajo la cámara, así que es _____.
suya

6. Estas fotos del arrecife de coral son _____, porque yo las tomé.
7. Maya tomó estas fotos, así que son _____.
8. Si les mostramos nuestro álbum a Maya y al tío Ramón, ellos nos mostrarán el _____.
9. ¿Qué fotos salieron mejor, las suyas o las _____?
10. Si tú mismo tomas fotos de un arrecife, quizás te gusten más las _____ que las mías.

C. Lee cada oración. Elige el pronombre indefinido correcto de la casilla. *páginas 264–265*

Ejemplo: _____ me habló de las flores del cactus.
Alguien

| cualquiera | otras | ninguno |
| nada | algunas | alguien |

11. Me dijo que nunca había visto _____ tan hermoso.
12. _____ duran muy poco tiempo.
13. _____ florecen varias veces al año.
14. _____ puede buscar información por Internet.
15. Entre todos los cactus, no hay _____ que no sea interesante.

D. Elige el pronombre interrogativo correcto en paréntesis. Escribe la oración. *páginas 266–267*

Ejemplo: ¿(Qué, Cuál) sabes acerca de los lobos?
¿Qué sabes acerca de los lobos?

16. ¿(Quién, Cuánto) sabes sobre los lobos?
17. ¿(Cuántos, Quiénes) hay en una camada?
18. ¿(Quién, Cuáles) son sus costumbres?
19. ¿(Cuál, Qué) hacen durante sus primeras semanas de vida?
20. ¿(Quiénes, Qué) estudian a los lobos?

Recuerda

que un **pronombre indefinido** se refiere a personas o cosas sin identificarlas de forma precisa. Un **pronombre interrogativo** es el sujeto de una pregunta. Va al principio de la pregunta y siempre lleva acento. Algunos de estos pronombres concuerdan con el género y número del sustantivo que sustituyen.

Conexión con la escritura

Tecnología Inventa una rima acerca de una planta o animal. Usa pronombres posesivos, indefinidos e interrogativos en la rima. Escribe la rima en una computadora. Usa un programa procesador de palabras para ver cómo queda tu rima en diferentes o tipos de letra. Elige la fuente que más te guste para imprimirla.

mío
tuyo
suyo
nuestro

CAPÍTULO 22
Más sobre los pronombres

Repaso del capítulo

Lee el fragmento y elige la palabra que corresponde en cada espacio. Escribe la letra de tu respuesta.

> En la clase de ciencias estamos estudiando los ríos y los lagos. ¿ (1) sabes de los animales y las plantas? Después de las dos semanas, puedes comparar tus conocimientos con los (2) . Al final de las dos semanas, (3) fuimos de excursión a un pequeño lago.
>
> ¿ (4) sabía que las ranas viven bajo el agua en forma de larvas? Me lo dijo mi maestra. Si quieres saber más, puedes preguntárselo a la (5) . Antonio presentó un informe de la excursión en una carpeta roja, y el de la carpeta azul es el (6) .

SUGERENCIA
Acuérdate de leer todas las respuestas posibles antes de elegir una.

1 A Cuáles
   B Nadie
   C Cuál
   D Qué

2 F suya
   G mío
   H tuyos
   J nuestros

3 A todos
   B cualquiera
   C nadie
   D algo

4 F Nada
   G Alguien
   H Ninguna
   J Algunos

5 A suyos
   B tuya
   C mío
   D nuestras

6 F tuyos
   G suyas
   H mío
   J mías

Para más actividades de preparación para las pruebas, visita *The Learning Site:*
www.harcourtschool.com

Usar claves de contexto

Al leer, tal vez encuentres palabras que no conoces. Puedes **usar claves de contexto** como ayuda para averiguar lo que significan esas palabras nuevas. Cuando lees las palabras y oraciones que están cerca de una palabra nueva, estás usando claves de contexto.

Diferentes tipos de claves de contexto

- sinónimos y antónimos
- la manera en que se usa la palabra nueva en la oración
- otras palabras que definen o explican la palabra nueva
- ilustraciones o leyendas

En el ejemplo que sigue, se ha destacado una palabra nueva. Las claves de contexto están subrayadas.

Ejemplo:
En el norte de los Estados Unidos hay bosques muy densos. Estos bosques están repletos de abetos, pinos y otros árboles. Hay muy poco espacio entre los árboles.

(La palabra *denso* puede ser "espeso" o "tupido". Un bosque denso está muy lleno de árboles.)

AHORA TE TOCA A TI

Busca una sección de tu libro de ciencias que hable de un animal o planta de la cual quieras saber más. Lee uno o dos párrafos. Escribe las palabras que no conozcas. Luego vuelve a leer los párrafos con cuidado, buscando claves de contexto. Escribe las claves que encuentres, y escribe lo que crees que significan las palabras desconocidas. Luego usa el diccionario para revisar tu trabajo.

SUGERENCIA
Cuando encuentres una palabra que no conoces, pregúntate qué función cumple en la oración. ¿Es un sustantivo? ¿Es un verbo? ¿Es el sujeto? ¿Es el predicado?

VOCABULARIO

CAPÍTULO 23
Adjetivos

Adjetivos

Un **adjetivo** es una palabra que describe a un sustantivo.

Ya sabes que los sustantivos sirven para nombrar a una persona, un lugar, un animal o una cosa. Un adjetivo cuenta algo sobre un sustantivo. El adjetivo está cerca del sustantivo que describe. También puede venir después de un verbo como *es*, *está* o *parece*.

Ejemplos:
Los lobos suelen vivir en lugares **nevados**.

Tienen un pelaje **espeso**.

El jefe de la manada es **astuto**.

El poder de las palabras

ca·ni·no *adj*.
Relativo al perro; que pertenece al grupo de animales como el perro, el zorro y el lobo.

Práctica dirigida

A. Escribe el adjetivo que describe a cada sustantivo subrayado.

Ejemplo: El <u>zorro</u> rojo es un pariente del lobo.
rojo

1. Los lobos tienen denso <u>pelaje</u>.
2. Emiten <u>sonidos</u> distintos.
3. A veces emiten <u>aullidos</u> tristes.
4. A veces emiten un <u>ladrido</u> tranquilo.
5. A veces, los <u>lobos</u> son tímidos.
6. Los lobos pueden tener el <u>pelaje</u> gris.
7. Tienen unas fuertes <u>mandíbulas</u>.
8. A veces se alimentan de <u>animales</u> pequeños.
9. Los <u>lobos</u> jóvenes obedecen a los viejos.
10. Los lobos son buenos <u>cazadores</u>.

Práctica individual

B. Lee las siguientes oraciones. Escribe el adjetivo de cada oración.

Ejemplo: Los lobos son animales sociables.
sociables

11. El lobo es un animal canino.
12. Los lobos tienen grandes pezuñas.
13. Los lobos pueden tener el pelaje gris.
14. También pueden tener el pelaje blanco.
15. A veces, los lobos emiten aullidos fuertes.
16. Tienen colas largas.
17. Los lobos no siempre son feroces.
18. A veces, los lobos son tranquilos.
19. Los lobos grises van siempre en manada.
20. Los lobos jóvenes siguen al jefe de la manada.

Recuerda

que un adjetivo describe a un sustantivo y está cerca de él. También puede venir después de un verbo como *es, está* o *parece.*

Conexión con la escritura

El arte de escribir: Adjetivos vívidos Si pudieras ser un animal, ¿qué animal te gustaría ser? Piensa en el animal que más te gustaría ser. Haz una lista de adjetivos que describen a tu animal favorito. Escoge tres de los adjetivos y escribe varias oraciones explicando por qué te gustaría ser ese animal.

CAPÍTULO 23

Adjetivos

Género de los adjetivos

Según el <mark>género</mark> al que pertenezcan, los adjetivos pueden ser *masculinos*, *femeninos* o *comunes*, dependiendo del sustantivo al que describan.

Ejemplos:
Los coyotes son **buenos** cazadores.

Les gusta comer bayas **frescas** del campo.

Los coyotes no son animales muy **sociables**.

Algunos adjetivos sirven como masculino o femenino. Estos se llaman adjetivos *comunes*.

Práctica dirigida

A. Indica el género de los adjetivos subrayados de las siguientes oraciones.

Ejemplo: La mayoría de los coyotes tienen cola <u>lanuda</u>.
femenino

1. Hoy en día hay <u>muchos</u> coyotes en los Estados Unidos.
2. Casi todos los coyotes viven en la parte <u>occidental</u> del país.
3. Los coyotes suelen vivir unos <u>seis</u> años.
4. Algunos coyotes viven en las montañas <u>altas</u>.
5. Otros coyotes viven en el <u>tórrido</u> desierto.
6. Algunos coyotes son <u>grandes</u> y pesados.
7. Muchos coyotes cazan <u>solos</u>.
8. Los coyotes comen <u>diversas</u> comidas.
9. <u>Pocos</u> coyotes comen en presencia del hombre.
10. Los coyotes pueden recorrer <u>largas</u> distancias.

Práctica individual

B. Lee las siguientes oraciones. Escribe el sustantivo y luego el adjetivo que lo describe.

Ejemplo: Los coyotes son animales nocturnos.
animales/nocturnos

11. Una coyote puede tener seis crías.
12. Los cachorros abren los ojos cuando tienen dos semanas.
13. Las hembras son buenas madres.
14. Pocos coyotes viven en manadas.
15. Las crías se mantienen siempre cerca de sus atentos padres.
16. Los coyotes emiten aullidos distintivos.
17. Pueden hacer muchos sonidos.
18. Sus ladridos sonoros pueden oírse desde lejos.
19. Cada año aúllan solamente en dos estaciones determinadas.
20. Los coyotes están protegidos hoy en día.

> **Recuerda**
> que no todos los adjetivos son masculinos o femeninos. Algunos son comunes.

Conexión con la escritura

Ciencias Piensa en un animal que conozcas. Haz una red con los adjetivos que describen al animal. No olvides usar el *género* correcto de cada adjetivo. Escribe un párrafo sobre el animal usando los adjetivos. Luego lee el párrafo a un amigo y comenten cómo mejorarlo.

CAPÍTULO 23
Adjetivos

USO Y PUNTUACIÓN
Número del adjetivo

Al igual que los sustantivos, los adjetivos también son singulares o plurales. Si describen a una sola persona, lugar, animal o cosa se escriben en singular. Si describen a varias personas, lugares, animales o cosas, se escriben en plural.

Ejemplos:
Las ranas tienen patas **largas**.
Algunas ranas tienen manchas **redondas**.
Los sapos grandes emiten un **fuerte** canto.

Práctica dirigida

A. Indica si el adjetivo subrayado es el correcto. Si no lo es, escribe la forma correcta del adjetivo.

Ejemplo: Las ranas tienen la cabeza planas.
No; plana

1. A las ranas les gustan los lugares húmedos.
2. Croan en el silencio absolutos de la noche.
3. Las patas de algunas ranas son larga
4. Muchas ranas son verdes.
5. Las ranas tienen la piel suaves
6. Las ranas usan su largas lengua para atrapar insectos pequeños.
7. Tienen los dedos unidos por una fina membrana.
8. Pueden vivir en climas frío.
9. A los sapos les gusta la lluvia frescas.
10. Algunos sapos son verdes.

Práctica individual

B. En las siguiente oraciones, subraya el adjetivo correcto.

Ejemplo: Los peces pueden ser _____ animales domésticos. (bueno/<u>buenos</u>)

11. Los peces son _____. (escamoso, escamosos)
12. Comparados con los gatos adultos, los gatitos son _____. (pequeño, pequeños)
13. Los gatos tienen un pelaje _____. (suave, suaves)
14. Un cachorro es un perro _____. (joven, jóvenes)
15. Los zorros son animales _____. (canino, caninos)

C. En las siguientes oraciones, escribe el adjetivo, el sustantivo que describe y si es plural o singular.

Ejemplo: A los perros les gusta jugar con cosas redondas.
redondas/cosas/plural

16. Los san bernardos son perros tranquilos.
17. Los caniches tienen el pelaje rizado.
18. Los dálmatas tienen manchas negras.
19. El galgo es un perro veloz.
20. Algunos perros tienen las orejas grandes.

> **Recuerda**
> que todos los adjetivos tienen número, es decir, que son singulares o plurales. El número de un adjetivo depende del sustantivo que describe.

Conexión con la escritura

Escritura de la vida real: Conversación Habla con un compañero sobre dos animales diferentes usando distintos adjetivos. Escribe una lista de los adjetivos indicando si son singulares o plurales. Luego cambien el número de los adjetivos y de los sustantivos, y repitan las oraciones.

CAPÍTULO 23

Adjetivos

Recuerda

que un adjetivo es una palabra que describe un sustantivo, y que tiene *género* y *número*.

Práctica adicional

A. Lee las siguientes oraciones. Escribe los adjetivos y el sustantivo que describen.
páginas 272–273

Ejemplo: Las águilas viven en muchos lugares.
　　　　　muchos/lugares

1. La mayoría de las águilas son precavidas y no se acercan a los humanos.
2. En algunos sitios, las águilas anidan en el suelo.
3. Sus plumas se usan para fabricar distintos productos.
4. Las águilas tienen pocos enemigos.
5. Pueden vivir hasta cincuenta años.

B. Lee las siguientes oraciones. Subraya los adjetivos. *páginas 272–273*

Ejemplo: Las águilas tienen muchas plumas.

6. Las águilas tienen dos alas.
7. Tienen un pico muy fuerte.
8. Hay pocas especies de águila en los Estados Unidos.
9. En Asia y en África existen otras especies.
10. Las águilas son carnívoras.

C. Indica el género de los adjetivos de las oraciones siguientes. *páginas 274–275*

Ejemplo: Las águilas son animales fuertes.
　　　　　común

11. Las águilas tienen una gran envergadura.
12. Sus alas rígidas les permiten planear.
13. Las águilas tienen buena vista.
14. Buscan animales pequeños para comer.
15. Comen conejos, pájaros y venados jóvenes.

Para hallar más actividades con adjetivos, visita **The Learning Site:**
www.harcourtschool.com

D. **Lee las siguientes oraciones. Indica si el adjetivo es el correcto. Si no lo es, escribe la forma correcta.** *páginas 276–277*

Ejemplo: Las águilas amarilla cazan de día.
No; amarillas

16. Las patas de las águilas son fuerte.
17. Atrapan a sus presas con sus garras afiladas.
18. Usan su pico curvado para desgarrar la carne.
19. Las águilas anidan en los árboles alto.
20. Los padres cuidan todos el día los huevos.
21. Las águilas jóvenes se llaman aguiluchos.
22. Los aguiluchos están recubiertos por una pelusa suaves.
23. En pocas semanas les salen las plumas.
24. Los aguiluchos son inexperto a la hora de volar.
25. Mucho aguiluchos tardan en salir del nido.

¿LO SABÍAS?
El águila calva es un símbolo nacional de los Estados Unidos.

Conexión con la escritura

Diario de un escritor: Reflexión sobre la escritura Piensa en un libro de animales que hayas leído. ¿De qué trataba? ¿Qué cosas te gustaron y qué cosas no? Escribe un párrafo sobre el libro contestando estas preguntas. Ponle título y no olvides escribir correctamente al menos seis *adjetivos*.

CAPÍTULO 23

Adjetivos

Repaso del capítulo

Lee el párrafo. Elige las palabras que faltan y anota la letra correspondiente.

> (1) Los limoneros son árboles ____. (2) Abundan en ____ países. (3) Las flores de los limoneros despiden un aroma ____. (4) Los limones sirven para ____ cosas. El jugo de limón sirve para hacer bebidas. (5) ____ personas lo usan también para cocinar. (6) El limón tiene un sabor ____. (7) Es una ____ fuente de vitaminas. (8) La producción de limones es muy ____ para la agricultura de los Estados Unidos.

SUGERENCIA
Lee con atención todas las instrucciones antes de comenzar.

1 A triste
   B frutales
   C plano
   D musicales

2 A otro
   B una
   C muchos
   D suaves

3 A útiles
   B claras
   C diverso
   D agradable

4 A pobre
   B varias
   C verticales
   D agudas

5 A Largo
   B Muchas
   C Duras
   D Sutil

6 A afilado
   B ácido
   C pesados
   D fina

7 A extraordinaria
   B prácticos
   C bajas
   D alterado

8 A flojas
   B importante
   C sólido
   D calientes

Para hallar más actividades de preparación para la prueba, visita **The Learning Site:**
www.harcourtschool.com

Oradores invitados

¿Alguna vez ha ido un invitado a dar una charla a tu clase? Saber escuchar es muy importante. Aquí tienes algunas pautas para seguir antes, durante y después de la charla.

Antes de la charla
- Piensa en lo que ya sabes sobre el tema que se va a tratar.
- Trata de predecir lo que va a decir el invitado.

Durante la charla
- Escucha *con atención*.
- Fíjate en las ideas que *repita* el invitado.
- Fíjate en sus *razones* u *opiniones*.
- Fíjate cuando dice *algo más* sobre una idea.

Después de la charla
- Levanta la mano para hacer preguntas.
- Piensa en lo que has aprendido.
- Habla de lo que has pensado con alguien que también escuchó la charla.

AHORA TE TOCA A TI

Por turnos con un compañero, lean en voz alta los párrafos que escribieron para la actividad de la página 279. Después de escuchar el párrafo de tu compañero, anota la siguiente información:

1. **El título del libro que tu compañero leyó.**
2. **Dos cosas que tu compañero dijo sobre el libro.**
3. **Si le gustó el libro a tu compañero.**
4. **Por qué quieres o no quieres leer el libro.**

CAPÍTULO 24

Taller de escritura

Ensayo crítico

flor de Pascua

ahinahina

MODELO DE LITERATURA

Ya sabes que un escrito descriptivo dice cómo es algo. En este artículo, Deborah Churchman usa descripciones para comparar y contrastar el color, la forma y la textura de diferentes hojas. Mientras lees, piensa en las palabras que ella usa para ayudarle al lector a ver y sentir las hojas.

Hojas peculiares

por Deborah Churchman
(de la revista *Ranger Rick*, octubre de 1999)

stapelia

Cuando te imaginas una hoja, ¿piensas en un objeto verde y plano que absorbe sol durante el verano y luego se torna de muchos colores y baja revoloteando al suelo en el otoño?

Tienes razón. Así son muchas hojas. Pero hay algunos tipos de hojas que son verdaderamente peculiares.

Por ejemplo, piensa en las flores de Pascua de la foto, tan navideñas. ¿Sabías que los "pétalos" de la flor son en realidad un tipo de hoja especial llamado *bráctea*?

Hay muchas hojas más que tampoco son lo que te imaginas. Aquí tienes sólo algunas de las hojas no-tan-hojas que son sencillamente peculiares.

CAPÍTULO 24
Ensayo crítico

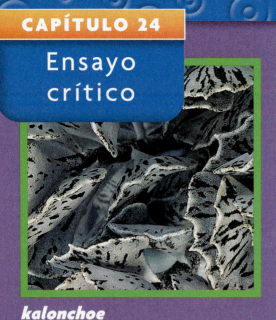
kalonchoe

costilla de Adán

senecio

Colores peculiares

La mayoría de las hojas son verdes. Reciben su color de un pigmento especial que se llama *clorofila*. Las hojas usan ese pigmento para hacer su alimento. Las hojas también tienen pigmentos rojos, amarillos o de otros colores. (Los pigmentos cumplen diferentes funciones para la planta.) Esos colores peculiares se ven en plantas como la *kalanchoe* y la *stapelia*.

Además existe la *ahinahina*. El color le viene de una capa de pelitos que tiene en las hojas. Los pelitos impiden que la planta se seque.

Formas peculiares

Las formas de algunas plantas son realmente sorprendentes. Una hoja, por ejemplo, está llena de agujeritos. Esa hoja agujereada crece en la selva tropical en una enredadera con un nombre curioso. Se le llama la *costilla de Adán*.

Los *senecios* crecen en el desierto seco y caluroso del Namib en el suroeste de África. Las hojas redondas de esta planta funcionan como si fueran pequeñas botellitas, almacenando agua después de las escasas lluvias de verano. Le van proveyendo agua a la planta lentamente durante las épocas más calurosas y secas.

También están las agujas de los pinos. ¿Sabes qué? ¡Las agujas son hojas también! Las hojas delgadas como éstas sobreviven más fácilmente que las hojas anchas y planas a los vientos secos.

Textura peculiar

La mayoría de las hojas están cubiertas con una capa parecida a la cera, que las hace lisas y suaves. (La capa cerosa ayuda a retener la humedad.) Otras hojas son peludas, espinosas, pegajosas o abultadas.

Observemos las hojas de un tipo de *echeveria*. Son desiguales y están llenas de bultos. Como las hojas del senecio, las hojas de la echeveria almacenan agua que la planta la usa durante los tiempos secos. Por eso tiene hojas muy gruesas.

¡Otro tipo de echeveria parece muy peludita! La textura peluda se debe a miles de pelitos suaves y pequeñísimos. Como en la ahinahina, ayudan a impedir que la planta se seque. Eso ayuda a las plantas que crecen en lugares secos o de mucho viento, como los desiertos y las montañas.

Ahora que conoces hojas peculiares, ¿por qué no sales a buscar unas?

echeveria

El poder de las palabras

de hoja **pe·ren·ne** *adj.* Árboles o arbustos que tienen hojas verdes durante todo el año.

Analiza el modelo

1. ¿Qué hace Deborah Churchman en el primer párrafo para ayudarte a imaginar una hoja?
2. ¿Cómo usa la variedad en las primeras tres oraciones para hacer que el principio del artículo tenga mucho efecto?
3. ¿Qué palabras usa para ayudarte a ver los colores y las formas de las diferentes hojas?
4. ¿Por qué divide su artículo en secciones?

echeveria

CAPÍTULO 24

Ensayo crítico

LA LECTURA Y LA ESCRITURA

Partes de un ensayo crítico

Deborah Churchman usó detalles para describir diferentes tipos de hojas. Lee el ensayo crítico que sigue, escrito por un alumno que se llama Juan. Fíjate en los detalles que usa para describir las ventajas y desventajas del verano.

MODELO

El verano

por Juan López

oración principal — A veces no me gusta el verano. Otras veces sí me gusta. ¿Cómo puedo sentirme de ambas maneras? La razón es que el verano tiene algunas desventajas y algunas ventajas.

desventajas y detalles — Hay algunas cosas que no me gustan del verano. Un problema que tiene el verano es el tiempo caluroso y húmedo. Como si fuera poco, en el verano los insectos me pican y me tengo que rascar. Otra desventaja del verano es que no hay clases y no veo a todos mis amigos.

ventajas y detalles — Sin embargo, el verano tiene muchas cosas buenas. Me gustan los días largos y soleados. También me gusta ir a la alberca con mis amigos. Jugamos juegos acuáticos y hacemos competencias. Las comidas y bebidas del verano también me encantan. A veces, mi mamá nos sirve vasos de limonada helada, o mi papá nos compra helado. — ventajas y detalles

　　El verano tiene muchas ventajas y desventajas. ¡Me parece que el verano es maravilloso y terrible a la vez! — conclusión

Analiza el modelo

1. ¿Cuál es el propósito del ensayo de Juan?
2. ¿Qué audiencia podría interesarse por este ensayo? ¿Por qué?
3. ¿Por qué crees que Juan escribe primero acerca de las desventajas del verano?

Resume el modelo

Haz una red como la que aparece más abajo para organizar las ventajas y las desventajas del verano que aparecen en el ensayo de Juan. Luego usa tu organizador gráfico para escribir un resumen del ensayo de Juan.

El arte de escribir

Variedad de oraciones Juan usó una variedad de oraciones para hacer interesante lo que escribió. Halla una oración corta y directa y una oración larga y descriptiva en el ensayo de Juan. Juan no usó afirmaciones solamente. ¿Qué otros tipos de oraciones usó?

CAPÍTULO 24

Ensayo crítico

Antes de escribir

Propósito y audiencia

Comparas cosas todos los días. En este capítulo escribirás un ensayo crítico donde describirás las cosas buenas y malas de cierta situación.

TEMA DE ESCRITURA Escribe un ensayo para tus compañeros, en el cual dices las ventajas y desventajas de vivir en cierto lugar. Escoge un lugar y piensa por qué le gustaría a alguien vivir allí y por qué no. Incluye palabras descriptivas para explicar tus ideas.

Antes de escribir, decide cuáles serán tu propósito y tu audiencia. ¿Quiénes lo leerán? ¿Qué les debe decir tu ensayo?

MODELO

Juan se preparó para escribir su ensayo haciendo una lista de las ventajas y desventajas del verano. Luego pensó en detalles descriptivos para cada idea. Usó la lista que sigue para organizar sus ideas.

Estrategias que usan los buenos escritores

- Genera ideas en cuanto a ventajas y desventajas.
- Piensa en detalles que apoyen tus ideas.

Ventajas	Desventajas
• Días largos Detalles: soleados	• No hay clases Detalles: extraño a amigos
• Comidas Detalles: limonada helada, helado	• Tiempo Detalles: caluroso y húmedo
• Alberca Detalles: juegos, competencias	• Insectos pican Detalles: rascarme

AHORA TE TOCA A TI

Escribe sobre un lugar. Piensa en las desventajas y ventajas de vivir allí. Usa una tabla para planificar tu ensayo crítico.

Borrador
CAPÍTULO 24

Ensayo crítico

Organización y elaboración

Sigue estos pasos para organizar tu ensayo crítico:

PASO 1 Capta el interés del lector
Haz el principio interesante para tus lectores.

PASO 2 Decide cómo organizar tu ensayo
Mira tu tabla. Decide con qué columna vas a comenzar, la de ventajas o la de desventajas.

PASO 3 Decide cómo organizar los detalles
Al escribir, explica cada idea con detalles descriptivos.

PASO 4 Termina con una idea de resumen
Termina tu ensayo con un resumen interesante.

MODELO

Aquí tienes el principio del ensayo de Juan. ¿Cómo capta la atención de sus lectores?

> A veces no me gusta el verano. Otras veces sí me gusta. ¿Cómo puedo sentirme de ambas maneras? La razón es que el verano tiene algunas desventajas y algunas ventajas.

AHORA TE TOCA A TI

Ahora, escribe un borrador de tu ensayo. Usa tu organizador y los pasos de arriba como guía. Incluye detalles que apoyen tus ideas.

Estrategias que usan los buenos escritores

- Haz que el principio y el final sean interesantes.
- Incluye detalles y ejemplos para apoyar tus ideas.

Usa una computadora para escribir el borrador de tu ensayo. Puedes usar las opciones "cut" y "paste" para mover los párrafos.

CAPÍTULO 24

Ensayo crítico

Revisar

Organización y elaboración

A medida que lees el borrador, piensa en estas preguntas:

- ¿Les interesará el principio a los lectores?
- ¿Podrán los lectores distinguir las ideas que son ventajas de las que son desventajas?
- ¿Qué detalles de apoyo usé?
- ¿Terminé el ensayo con un resumen?

MODELO

Aquí tienes un borrador de la próxima parte del ensayo de Juan. ¿Cómo hizo que el tema de este párrafo quedara más claro? ¿Qué detalles usó para mejorar lo que escribió?

> Hay algunas cosas que no me gustan del verano.
> Un problema que tiene el verano es
> caluroso y húmedo
> el tiempo. Como si fuera poco, en el verano los insectos me pican y me
> Otra desventaja del verano es que
> tengo que rascar. No hay clases y no
> todos mis amigos
> veo a ~~la gente~~.

AHORA TE TOCA A TI

Revisa tu ensayo. Asegúrate de tener un buen principio y final. Fíjate que las ventajas estén juntas y que las desventajas también lo estén.

Estrategias que usan los buenos escritores

- Organiza tus ideas en párrafos.
- Incluye suficientes ejemplos y detalles para que las ideas queden claras.

💻 Usa la opción del diccionario de sinónimos para encontrar palabras vívidas.

Corregir

Revisar el uso del idioma

Cuando corriges el texto, buscas errores de gramática, ortografía, puntuación y uso de mayúsculas. Es importante que corrijas esos errores para que tu escrito sea claro y fácil de leer.

MODELO

Después de revisar su ensayo, Juan le corrigió la ortografía. Aquí tienes la próxima parte del borrador de Juan. Fíjate cómo corrigió los errores gramaticales. ¿Qué otros errores corrigió?

> Sin embargo, el verano ^tiene muchas cosas buenas. Me gustan los días largos y soleados. También me ^gusta ~~gustó~~ ir a la alberca con ^mis ~~míos~~ amigos. Jugamos juegos acuáticos y hacemos competencias. Las comidas y (bebidas) ~~veridas~~ del verano también me encantan. a̠ veces, mi mamá nos ^sirve ~~sirvió~~ vasos de limonada (elada) ^helada o mi papá nos compra helado.

AHORA TE TOCA A TI

Corrige la ortografía de tu ensayo crítico. No olvides:
- comprobar la gramática.
- comprobar la ortografía.
- comprobar la puntuación y las mayúsculas.

Estrategias que usan los buenos escritores

- Comprueba que hayas usado los sustantivos, los verbos y los pronombres correctamente.
- Encierra en un círculo las palabras que están mal escritas y averigua cómo se escriben.

Marcas editoriales

- ℘ Borrar texto
- ∧ Añadir texto
- ⌒ Mover texto
- ¶ Párrafo nuevo
- ≡ Mayúscula
- / Minúscula
- ◯ Corregir ortografía

CAPÍTULO 24
Ensayo crítico

Publicar

Compartir tu trabajo

Cuando termines de corregir tu ensayo, prepárate para publicarlo. Contesta las siguientes preguntas que te ayudarán a decidir cómo compartir tu trabajo.

1. ¿Quién es tu audiencia? ¿Dónde puedes publicar tu ensayo?

2. ¿Cómo puedes asegurar que tu caligrafía será fácil de leer?

3. ¿Puedes convertir tus ideas escritas en un video? Usa la información de la página 293.

USANDO TU Manual
- Usa las pautas de la página 499 para evaluar tu ensayo.

Reflexionar sobre tu escrito

 Usar tu portafolio ¿Qué aprendiste en este capítulo? Escribe tu respuesta a las siguientes preguntas.

1. ¿Qué etapa en el proceso de escritura fue más difícil?

2. Usando las pautas del manual, ¿qué calificación le pondrías a tu escrito?

3. La próxima vez que escribas un ensayo crítico, ¿qué harás de modo diferente? Coloca tu ensayo y tus respuestas en el portafolio. Luego escribe un párrafo sobre cómo mejorar tus escritos.

Hacer un video

Juan presentó su ensayo con un video. Grabó en video las actividades del verano de las que habló en su ensayo y usó su ensayo como narración del video. Tú puedes hacer lo mismo. Sigue estos pasos:

PASO 1 Piensa en lo que tu audiencia oirá en el video. ¿Debes leer el ensayo como narración? ¿Debes usar música de fondo?

PASO 2 Piensa en lo que tu audiencia verá. ¿Puedes grabar en video el tema de tu ensayo? Si no, busca fotos o haz dibujos para grabarlos en video.

PASO 3 Haz dibujos de cada escena que habrá en el video. Usa tu ensayo para escribir subtítulos para los dibujos. Este paso te ayudará a decidir lo que se debe decir a medida que grabas cada escena.

PASO 4 Graba el video. Lee o pídele a alguien que lea la narración del video a medida que grabas las escenas.

PASO 5 Muéstrale el video a la clase. Pregúntales qué les gustó del video. ¿Qué podrías hacer de otra manera la próxima vez?

Estrategias para productores de vídeo

- Sostén la cámara de manera estable.
- Detén la cámara entre una toma y otra.
- Habla lenta y claramente. No te apresures.

Unidad 4
Repaso de gramática
CAPÍTULO 19
Pronombres páginas 234–243

Pronombres páginas 234–235

A. Vuelve a escribir cada oración. Usa un pronombre en lugar de la palabra o palabras subrayadas.

1. <u>Marcos y yo vimos</u> un eclipse solar.
2. <u>Elena y su mamá</u> lo vieron desde las montañas.
3. <u>Los alumnos</u> deben observar el eclipse con un lente especial.
4. "Marcos y Elena, tengan <u>Marcos y Elena</u> cuidado al observar el eclipse"
5. Elena dijo: "<u>Elena</u> tendré mucho cuidado".

Pronombres en singular y plural páginas 236–237

B. Subraya el pronombre de cada oración. Luego escribe si es singular o plural.

6. Ellos observaron el eclipse lunar.
7. Lo observaron anoche.
8. Éste fue el primero que vieron.
9. Nosotros vimos la luna roja y tenue.
10. Nunca la habíamos visto así.

Concordancia de pronombres
páginas 238–239

C. Subraya el pronombre de cada oración. Luego escribe si es masculino, femenino o si puede ser ambos.

11. Yo quisiera ir a la Luna.
12. Ella quisiera viajar por el espacio.
13. A él le encantan los cohetes y los transbordadores.
14. Los colecciona desde que era niño.
15. Ésa es una buena colección.

Pronombre personal
páginas 244–245

A. Escribe el pronombre sujeto de cada oración.

1. Él vio a la meteoróloga que hizo el pronóstico del tiempo anoche.
2. Ella predijo la primera tormenta del invierno.
3. Nosotros nos enteramos de que va a llover.
4. Ustedes midieron la lluvia que cayó en un vaso especial.
5. Tú te das cuenta de que ha llovido más que el año pasado.

Pronombres complementarios
páginas 246–247

B. Escribe el pronombre complementario de cada oración.

6. El tiempo nos afecta todos los días.
7. No lo podemos evitar.
8. ¿Me puedes decir cuándo empieza la temporada de esquí?
9. Yo la quiero aprovechar desde el principio.
10. Un instructor les enseñará a esquiar.

Pronombres demostrativos
páginas 248–249

C. Escribe el pronombre demostrativo de cada oración.

11. No veo nubes aquí, pero ¿ves aquéllas?
12. Mi paraguas no es éste, sino el que está en el carro.
13. El carro de mi papá es ése.
14. Ésta es mi capa preferida.
15. Tus botas son ésas.

Unidad 4
Repaso de gramática

CAPÍTULO 20

Pronombre personal, complementario y demonstrativo

páginas 244–253

Unidad 4
Repaso de gramática
CAPÍTULO 22
Más sobre los pronombres
páginas 262–271

Pronombres posesivos

páginas 262–263

A. Escribe el pronombre posesivo de cada oración.

1. Me gusta pensar que el bosque que queda cerca de mi casa es mío.
2. Los animales viven en el bosque, así que es suyo.
3. Le dejé una nuez a una ardilla y le dije: "Esta nuez es tuya".
4. Parece que la ardilla entendió que era suya, porque se la comió.
5. "Tú vives en el bosque, así que realmente es tuyo", le dije.
6. Yo me comeré el emparedado, que es mío.

Pronombres indefinidos

páginas 264–265

B. Escribe el pronombre indefinido de cada oración.

7. Cualquiera puede disfrutar del bosque.
8. No conozco a nadie a quien no le guste el bosque.
9. Siempre hay algo que le gusta a la gente.
10. Todos debemos proteger el bosque.
11. No hay nada como la tranquilidad del bosque.

Pronombres interrogativos

páginas 266–267

C. Escribe el pronombre interrogativo de cada oración.

12. ¿Quién quiere venir al bosque conmigo?
13. ¿Cuáles son los niños que van al bosque?
14. ¿Cuántos iremos al bosque?
15. ¿Cuál es tu aspecto favorito del bosque?
16. ¿Qué quieres hacer allí?

296

Unidad 4
Repaso de gramática
CAPÍTULO 23
Adjetivos
páginas 272–281

Adjetivos *páginas 272–273*

A. En cada oración que sigue, escribe el adjetivo o adjetivos que describen al sustantivo subrayado.

1. Hay varios tipos de gatos cerca de mi casa.
2. Uno de ellos tiene manchas anaranjadas y marrones.
3. Un gato viejo tiene seis dedos en las patas.
4. El gato persa tiene el pelaje largo y sedoso.
5. El gato siamés tiene ojos azules.
6. A mí me encantan los gatitos pequeños.
7. Los leones y las leonas parecen gatos grandes.
8. Muchos leones viven en la sabana africana.
9. Los tigres viven en las selvas espesas.
10. A los gatos grandes y pequeños les gusta dormir y comer.

Género de los adjetivos

páginas 274–275

B. Escribe si el adjetivo subrayado de cada oración es *femenino* o *masculino*.

11. Las lagunas tranquilas son un buen lugar para que beban las aves.
12. Muchos pájaros migran desde el norte
13. Los gansos tienen alas amplias.
14. ¿Cómo saben adónde volar las aves migratorias?
15. Siempre regresan a sus hogares veraniegos.

Número de los adjetivos

páginas 276–277

C. Escribe si el adjetivo subrayado de cada oración es *singular* o *plural*.

16. Vi una bandada de cuervos negros en el cielo.
17. Mi familia ha tenido varios cuervos de mascota.
18. Recogimos un cuervo que tenía el ala rota.
19. Al cuervo le gustaba coleccionar monedas lustrosas.
20. Tenía una colección extensa de objetos.

Unidad 4 Conclusión

Escribir sobre otras materias: Ciencias

¿Amigo o enemigo?

A varios tipos de plantas y animales se les llama "malezas" o "plagas". Se les llama así porque causan problemas o no nos gustan. Pero aunque no lo creas, muchas malezas y plagas pueden beneficiar a la gente. Los pasos que siguen te ayudarán a ver cómo lo hacen.

Elige una maleza o plaga

- Con un grupo de compañeros haz una lista de plantas y animales de los que la gente se queja.

- Con la ayuda de tu maestro selecciona una planta o animal. Elige uno del que hayas oído a varias personas quejarse.

Investiga la planta o el animal

- ¿Por qué se queja la gente de esta planta o animal?

- ¿Qué daños les causa esta planta o animal a los seres humanos?

- ¿Puede usarse en las ciencias o pueden usarlo los doctores para hacer medicinas?

- ¿De qué manera beneficia o le hace daño al ambiente?

- ¿Demuestra tu investigación que esa planta o animal beneficia a la gente de alguna manera? Si no, vuelve a leer la lista de tu grupo y elige un animal o planta diferente para investigarlo.

Haz un informe de lo que descubriste

- Escribe un párrafo que explique de qué manera tu maleza o plaga es beneficiosa y dañina. Pégalo en una cartulina e ilústralo. Preséntale el cartel a tus compañeros.

Libros de lectura

Borreguita y el coyote
versión de Verna Aardema
FICCIÓN
Borreguita, una pequeña corderita, debe ser más astuta que el coyote que la persigue para hacer de ella una buena comida.

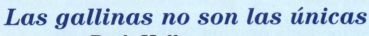

Las gallinas no son las únicas
por Ruth Heller
NO FICCIÓN
Las gallinas no son los únicos ovíparos, también los reptiles, anfibios, peces, invertebrados, insectos y muchos otros animales ponen huevos.

Don José, su familia y sus plantas
relato ñähñu
FICCIÓN
Don José y su familia saben vivir en el desierto y usar lo que allí hay para sobrevivir. Todo tiene uso.

Repaso acumulativo Unidad 1

Las oraciones

Oraciones *páginas 24–28*

Escribe cada oración. Añade los signos de puntuación correctos.

1. La clase del Sr. Montero visitó el museo de arte
2. Qué armadura más impresionante
3. No te parece hermoso ese vitral
4. Esa pintura es absolutamente maravillosa
5. A cada estudiante le gustó algo diferente

Sujetos y predicados *páginas 34–37, 52–55*

Escribe cada oración. Subraya el sujeto completo una vez y el predicado completo dos veces. Luego, encierra en un circulo el sujeto simple y el predicado simple.

6. Nuestra clase tuvo un concurso de fotografía.
7. Cada estudiante presentó una fotografía.
8. Las fotos de Rebeca mostraban a su perro.
9. Tak les tomó una foto a sus hermanas gemelas.
10. La ganadora recibió una cinta azul.

Oraciones completas *páginas 62–63*

Escribe *oración completa* si las palabras forman una oración completa. Si no vuelve a escribir las palabras para formar una oración completa.

11. Un haiku es un poema corto y sencillo.
12. Muchos haikus tres versos y muchos tratan de la naturaleza.
13. Versos de cinco, siete y cinco sílabas.
14. Algunos escritores de haikus escriben sobre las estaciones, pero otros escriben sobre los animales.
15. ¿Escribir un haiku?

Repaso acumulativo Unidad 2

Más sobre sustantivos y verbos

Sustantivos propios y comunes *páginas 92–95*

Escribe con mayúscula los sustantivos propios.

1. La sra. garcía le ha enseñado a sus hijos reglas de seguridad importantes.
2. luis y carmen siempre cruzan la calle donde está el semáforo o en un paso peatonal.
3. Esperan a que el sr. rodríguez les dé paso.
4. Tienen mucho cuidado en la esquina de las calles martí y central.
5. Los niños van caminando a la escuela paterson.

Sustantivos singulares y plurales *páginas 102–107*

Escribe el sustantivo o los sustantivos plurales de cada oración. Luego escribe la forma singular del sustantivo o sustantivos.

6. El doctor dice que debo comer frutas y vegetales.
7. El azúcar no es muy bueno para los dientes.
8. Las vitaminas, minerales y proteínas son importantes.
9. Los arroces y maíces son cereales nutritivos.
10. La vitamina A es importante para los ojos.

Verbos *páginas 130–135*

Escribe cada oración. Subraya el verbo.

11. Linda está en su clase de gimnasia.
12. Los gimnastas practican en colchonetas.
13. Algunos muchachos saltan por encima del potro.
14. Linda hace volteretas.
15. Luego camina por la barra fija.

Repaso acumulativo Unidad 3

Más sobre los verbos

Verbos principales y verbos auxiliares *páginas 166–169*

Escribe cada oración. Subraya el verbo principal. Haz un círculo alrededor del verbo auxiliar.

1. Mi abuelo ha vivido en los Estados Unidos cincuenta años.
2. Él había decidido venir a América cuando cumplió dieciocho años.
3. Ahora estamos viviendo cerca de él.
4. Mi abuelo va a venir a mi casa esta noche.
5. Mi mamá y mi hermano están preparando la cena.

Tiempos verbales *páginas 176–179, 194–199*

Elige el verbo correcto que está entre paréntesis ( ) para completar cada oración.

6. Los primeros colonos se (mudarán, mudaron) a mi pueblo en 1685.
7. Muchas personas los (siguieron, seguirán).
8. Más de 6,000 personas (vivieron, viven) allí ahora.
9. El pueblo (creció, crecerá) más en el futuro.
10. El año que viene (necesitaremos, necesitamos) una escuela nueva.

Verbos irregulares *páginas 204–207*

Escribe cada oración. Elige la palabra correcta que está entre paréntesis ( ) para completar cada oración.

11. El festival internacional de mi clase (es, se) hoy.
12. (Esto, Estoy) muy contenta de estar aquí.
13. (Traigo, Trao) un plato chino que hizo mi mamá.
14. Lo (poneré, pondré) en la mesa junto a los demás platos.
15. La Sra. Morales (vino, venió) a la fiesta.

Repaso acumulativo Unidad 4

Pronombres y adjetivos

Pronombre personal y complementario *páginas 234–235, 244–247*

Subraya los pronombres personales una vez y los pronombres complementarios dos veces.

1. Los maestros nos avisaron que habría una tormenta de nieve.
2. Nosotros estábamos en la escuela cuando empezó a nevar.
3. Los autobuses nos llevaron a casa.
4. Ellas hicieron un fuerte de nieve y lo decoraron.
5. Tú les lanzaste bolas de nieve.

Pronombres demostrativos y posesivos *páginas 234–235, 248–249, 262–263*

Subraya los pronombres demostrativos una vez y los pronombres posesivos dos veces.

6. Éste es mi animal favorito del zoológico.
7. ¿Cuál es el tuyo?
8. La revista de animales que tienes es de mi hermano, pero aquélla es mía.
9. El animal de peluche es nuestro.
10. Si quieres éste, será tuyo.

Adjetivos *páginas 272–277*

Escribe cada oración. Subraya los adjetivos.

11. Cada verano las bandadas de gansos pasan por la ciudad.
12. Sus fuertes graznidos nos anuncian la llegada del invierno.
13. Van de camino a las cálidas aguas subtropicales.
14. Los patos americanos se quedan aquí en invierno.
15. Dan brincos por el suelo helado.

Repaso acumulativo
Unidades 1–4

Uso del lenguaje

Lee el fragmento y elige la palabra o grupo de palabras que corresponde en cada espacio en blanco. Marca la letra de tu respuesta.

> Por lo general, en el desierto no (1) muy a menudo. Cuando llueve, el desierto se llena de (2). Los colores de éstas (3) fuertes y vivos. (4) puedes ver desde muy lejos. Los animales y las plantas del desierto no (5) mucha agua. Las plantas del desierto (6) crecer con poca agua.

1 A llueve
   B llovió
   C lloverá
   D ha llovido

2 F flor
   G flores
   H flors
   J floros

3 A están
   B estará
   C son
   D fue

4 F Éstos
   G La
   H Las
   J Ellas

5 A necesitan
   B necesitarán
   C necesitaron
   D necesitar

6 F poden
   G poderen
   H puedes
   J pueden

Expresión escrita

Usa el párrafo para responder a las preguntas 1–4.

> En *Mi lado de la montaña*, la autora Jean Craighead George cuenta el relato de Sam, un niño que se escapa a las montañas Catskill. Sam quiere vivir solo por un tiempo. Conoce a nuevos amigos, domestica un halcón y establece su hogar dentro de un árbol.

1 ¿Cuál de las oraciones vendría mejor al final del párrafo?

  A Sam necesita estar con su familia.

  B El nombre del halcón es Aterrador.

  C Sam aprende mucho de la naturaleza y de sí mismo.

  D Unos cazadores casi logran hallar a Sam.

2 ¿Para qué se escribió el párrafo?

  F Para persuadirte de hacer algo

  G Para hablarte de un libro

  H Para explicarte cómo hacer algo

  J Para hacerte reír

3 ¿Cuál de estas oraciones no correspondería?

  A Jean Craighead George escribe muchos libros.

  B Sam aprende a cocinar y comer plantas silvestres.

  C Sam se hace amigo de los animales en las montañas.

  D Cuando llueve Sam se refugia en su árbol.

Unidad 5

Gramática: Artículos, adjetivos y adverbios

Escritura: Informativa: Informe de investigación

CAPÍTULO 25
Más sobre los adjetivos 308

CAPÍTULO 26
Adverbios 318

CAPÍTULO 27
El arte de escribir:
Organizar información
Escribir un párrafo informativo 328

CAPÍTULO 28
Más sobre adverbios
   y adjetivos 336

CAPÍTULO 29
Problemas ortográficos 346

CAPÍTULO 30
Proceso de escritura
Escribir un informe de investigación .. 356

Los automóviles

Henry Ford inventó la cadena de montaje. Usó la cadena de montaje móvil para producir el Modelo T. El Modelo T fue el carro más popular en los Estados Unidos a principios del siglo XX.

CAPÍTULO 25
Más sobre los adjetivos

Artículos

Las palabras *el, la, los, las, un, una, unos* y *unas* se llaman **artículos**.

Los artículos son un grupo especial de adjetivos. Ya sabes que los adjetivos describen un sustantivo o pronombre, y que deben concordar en género y número con la palabra que modifican.

Ejemplos:
Un agricultor y su familia viven allí. *Un, agricultor*
Viven en una zona rural. *una, zona*
El campo es hermoso. *El, campo*
Las casas están lejos. *Las, casas*

El poder de las palabras

ru•ral *adj.* Que pertenece al campo y no a la ciudad.

Práctica dirigida

A. Lee cada oración. Elige los artículos correctos. Prepárate para explicar por qué los elegiste.

Ejemplo: (La, Unas) agricultora siembra los cultivos.
La

1. (Las, La) semillas se siembran en (la, un) primavera.
2. (El, Los) cultivos necesitan (un, una) temperatura cálida.
3. Hay (un, unos) huerto en (la, el) granja.
4. En el huerto hay (una, unos) árboles de melocotón.
5. (Un, Los) melocotones necesitan (la, una) luz del sol para crecer.

Práctica individual

Recuerda que los **artículos** deben concordar en género y número con la palabra que modifican.

B. Vuelve a escribir cada oración. Usa el artículo o los artículos correctos. Prepárate para explicar por qué los elegiste.

Ejemplo: El nabo es (un, unos) tipo de raíz.
El nabo es un tipo de raíz.

6. Los nabos crecen bien durante (el, un) invierno.
7. (El, los) nabo se usaba antes para alimentar a los animales.
8. Ahora el heno se usa para alimentar a (las, los) animales.
9. El heno viene de (un, unas) tipo de pasto llamado alfalfa.
10. La alfalfa se deja en (el, los) suelo a secar.
11. (La, El) heno es alfalfa seca.
12. (Las, La) paja viene de (las, los) tallos del trigo.
13. (Los, El) animales se echan sobre la paja.
14. Luego se mezcla la paja con (el, la) tierra.
15. Como resultado, (el, unos) terreno se convierte en (una, un) buen lugar para sembrar los cultivos.

Conexión con la escritura

Arte ¿Por qué querría visitar el campo una persona que vive en una ciudad? Haz un cartel acerca de una comunidad rural. Intenta convencer a la gente de la ciudad de que visite esa comunidad. Intercambia tu cartel con el de un compañero. Haz un círculo alrededor de todos los artículos del cartel. Mira si los artículos que tu compañero usó concuerdan con los sustantivos.

CAPÍTULO 25
Más sobre los adjetivos

Apócope del adjetivo

Algunos adjetivos pierden su última letra cuando se usan delante del sustantivo singular que describen. La forma corta del adjetivo se llama apócope.

Cuando los adjetivos *bueno*, *malo*, *primero* y *tercero* se usan delante de un sustantivo masculino singular, se usan sus apócopes: *buen*, *mal*, *primer* y *tercer*.

Ejemplos:
Ese es el **primer** silo que se construyó aquí.

Esta zona es un **buen** lugar para tener tierras.

Grande siempre se convierte en su apócope *gran* cuando se usa delante de un sustantivo singular, sea masculino o femenino.

Ejemplo:
Vi una **gran** vaca roja junto al granero.

Práctica dirigida

A. Lee las oraciones. Elige el adjetivo correcto.

Ejemplo: Elisa vive en la (tercer, tercera) granja después de pasar el puente.
tercera

1. El (primer, primera) edificio que se construyó allí era de piedra.
2. Por eso sobrevivió las tormentas y el (mal, malo) tiempo.
3. Elisa tiene un caballo (gran, grande).
4. Es un (bueno, buen) caballo.
5. Detrás de la granja hay un (grande, gran) campo donde cabalgar.

Práctica individual

B. Vuelve a escribir cada oración. Usa la forma correcta del adjetivo que está entre paréntesis.

Ejemplo: El invierno es un (malo) momento para sembrar cultivos.
El invierno es un mal momento para sembrar cultivos.

6. Los campos soleados son un (bueno) lugar para las viñas.
7. Todos creen que va a ser un (grande) año para la agricultura.
8. Ha habido varios años con resultados (mal).
9. Los agricultores empezaron a sembrar la (primer) semana de la primavera.
10. Los agricultores no traen productos (mal) al mercado.
11. El (tercero) hijo de la agricultora ordeña las vacas.
12. Se levanta todos los días aunque haga (malo) tiempo.
13. Su madre dice que es el (primero) alumno de su clase.
14. Las nuevas máquinas agrícolas son un (grande) invento.
15. Éste es el (tercero) año que paso el verano en el campo.

Recuerda
que algunos adjetivos pierden la letra final cuando se usan delante del sustantivo singular que describen.

Conexión con la escritura

El arte de escribir: Adjetivos vívidos Habla con un compañero acerca del vecindario, pueblo o ciudad donde vive cada uno. ¿En qué se parecen estos lugares? ¿En qué se diferencian? Escribe varias oraciones que describan los lugares. Debes usar apócopes.

CAPÍTULO 25

Más sobre los adjetivos

Formas especiales para comparar

bueno	malo
mejor	peor
óptimo	pésimo

¿LO SABÍAS?
California produce más alimentos que cualquier estado de los Estados Unidos. Algunos de sus productos principales son la leche, la carne de res, las uvas, los tomates y la lechuga.

USO Y PUNTUACIÓN
Las expresiones comparativas y superlativas

Los adjetivos pueden usarse para comparar dos o más sustantivos.

Para comparar dos sustantivos, usa las palabras *más* o *menos* delante del adjetivo. Éstas son expresiones comparativas. Para comparar más de dos sustantivos, usa *el más* o *el menos* delante del adjetivo, o añade la terminación *-ísimo*. Éstas son expresiones superlativas.

Ejemplos:
Las uvas son **más sabrosas que** las manzanas.

Las cerezas son **las más sabrosas** de todas.

Las frutas son **sabrosísimas**.

Algunos adjetivos tienen formas comparativas y superlativas especiales.

Práctica dirigida

A. Lee cada oración. Elige el adjetivo correcto.

Ejemplo: Algunas granjas son (grandes, más grandes) que otras. *más grandes*

1. El arroz es el cereal (dificilísimo, más difícil) de cultivar.
2. El mijo es un cultivo (menos común, común) que el maíz.
3. El agricultor tuvo una cosecha (mejor, más buena) que la de su vecino.
4. El año pasado hizo un frío (peor, pésimo) para los cultivos.

312

Práctica individual

B. Vuelve a escribir cada oración. Usa la forma comparativa o superlativa correcta del adjetivo entre paréntesis.

Ejemplo: Ése es el animal (simpático) de la granja.
Ése es el animal más simpático de la granja.

6. Un potro es (joven) que un caballo.
7. Los potros recién nacidos son los caballos (pequeños).
8. Las mulas son (tercas) que los caballos.
9. Los perros son los (buenos) pastores de todos los animales.
10. Las ovejas son (pacíficas) que los demás animales y no saben defenderse.
11. Los patitos son muy graciosos; son (graciosos).
12. Los animales son los (buenos) ayudantes de la granja.
13. El plumaje de ese gallo es (vívido) que el de la gallina.
14. Los gatos son (ruidosos) que los pollos.
15. Los toros son los animales (agresivos) de la granja.

Recuerda

que para comparar con adjetivos, se usan las palabras *más* o *menos*, las frases *el más* y *el menos* y la terminación *-ísimo*. Usa siempre el género y número correctos.

Conexión con la escritura

Diario de un escritor: Escribe una comparación ¿Qué te parece que es lo mejor de vivir en una granja? ¿Qué es lo mejor de vivir en una gran ciudad? Escribe varias oraciones en las cuales compares la vida del campo con la vida de la ciudad. Usa las expresiones comparativas y superlativas correctas.

CAPÍTULO 25
Más sobre los adjetivos

Recuerda

que *el, la, los, las, un, una, unos* y *unas* son un grupo especial de adjetivos que se llaman artículos. Algunos adjetivos tienen una forma corta llamada apócope cuando se usan delante del sustantivo singular al que describen.

Para hallar más actividades con los adjetivos, visita *The Learning Site:*
www.harcourtschool.com

Práctica adicional

A. Escribe cada oración. Usa el artículo o artículos correctos. *páginas 308–309*

Ejemplo: (El, La) trabajo de los agricultores es difícil.
El trabajo de los agricultores es difícil.

1. No hay granjas en (la, un) ciudad.
2. Hay granjas en (unos, las) zonas rurales.
3. (La, Una) gente en las granjas cultiva la tierra.
4. Algunos agricultores cultivan (un, una) solo producto cada año.
5. La soya es (un, una) cultivo bastante común.
6. (Los, El) frijoles de soya tienen (una, unas) cubierta que se llama una vaina.
7. (Las, Los) bellotas son más grandes que (un, los) frijoles de soya.
8. (Un, Uno) aceite de cocina se hace con soya.
9. (La, Una) soya tiene (un, una) proteína que es muy sana.
10. (El, Los) aceite de soya se usa como combustible para (las, los) autobuses.

B. Escribe cada oración. Usa el adjetivo correcto. *páginas 310–311*

Ejemplo: Éste es el (tercero) artículo que leo sobre la agricultura.
Éste es el tercer artículo que leo sobre la agricultura.

11. El campo es un (bueno) lugar para vivir.
12. En el Medio Oeste del país hay granjas (gran).
13. California es el (primero) productor de alimentos del país.
14. Iowa y Texas tienen una (grande) cantidad de granjas.
15. El (malo) tiempo puede causar daños graves.

C. Escribe cada oración, usando la expresión correcta con el adjetivo que está entre paréntesis. Prepárate para explicar por qué escogiste esa forma. *páginas 312–313*

Recuerda
que las palabras *más, menos, el más, el menos* y la terminación *-ísimo* se usan para comparar con adjetivos.

Ejemplo: (Más divertidas, Lo más divertido) del mundo es ir a una feria rural.
Lo más divertido del mundo es ir a una feria rural.

16. Las ferias rurales son (menos comunes, las menos comunes) en las ciudades que en los pueblos.
17. Sólo (los mejores, los más buenos) animales se ganan premios.
18. Los animales premiados son (los más valiosos, los más valiosísimos).
19. Los perros pastores son (más hábiles, hábiles) que muchos otros perros.
20. Las mulas son (fuertísimas, más fuertes) que los perros pastores.

Conexión con la escritura

Escritura de la vida real: Postal Haz una postal de tu comunidad. Píntale un dibujo de tu vecindario, pueblo o ciudad. Escribe una oración sobre tu comunidad comparándola con otro lugar. Usa al menos una expresión comparativa o superlativa. Por detrás, escríbele un mensaje a un amigo invitándolo a visitarte.

CAPÍTULO 25
Más sobre los adjetivos

Repaso del capítulo

Lee las oraciones. Verifica los adjetivos o artículos subrayados para ver si se usan correctamente. Si hallas un error, elige la respuesta que reemplace correctamente las palabras subrayadas. Si no hay ningún error, elige *Está correcta*.

1. <u>La</u> ovejas se crían para obtener lana.
   - **A** Las
   - **B** Mucha
   - **C** Más
   - **D** Está correcta

2. En los Estados Unidos, hay <u>las muchas</u> ovejas en el Oeste que en ninguna otra parte.
   - **F** las
   - **G** más
   - **H** unas
   - **J** Está correcta

3. Me gusta ver ovejas en <u>una</u> prado.
   - **A** un
   - **B** unos
   - **C** el más
   - **D** Está correcta

4. Quizás sabes que <u>unas</u> lana que usamos para hacer ropa viene de las ovejas.
   - **F** las
   - **G** la
   - **H** más
   - **J** Está correcta

5. Mi saco de lana es <u>el más</u> suave de todos.
   - **F** más
   - **G** el
   - **H** una
   - **J** Está correcta

6. Los abrigos de lana son <u>calidísimos</u> que los abrigos de algodón.
   - **A** más cálidos
   - **B** cálidos
   - **C** el
   - **D** Está correcta

SUGERENCIA
Responde primero las preguntas cuyas respuestas sabes con seguridad. Luego regresa y responde las demás.

Para hallar más actividades de preparación para las pruebas, visita *The Learning Site:*
www.harcourtschool.com

Sinónimos y antónimos

Ya conoces muchos tipos de adjetivos. ¿Has notado que algunos adjetivos tienen significados muy parecidos? ¿Has notado que algunos adjetivos tienen significados opuestos?

Las palabras que tienen significados muy parecidos se llaman **sinónimos**. Observa la oración que sigue:

La granja de mi tío es bella.

Podrías reemplazar la palabra *bella* con *linda* o *bonita*. Busca otros sinónimos de *bello* en un diccionario de sinónimos.

Los **antónimos** son palabras con significados opuestos. Compara las oraciones que siguen:

La granja es más **vieja** que el establo.

El establo es más **nuevo** que la granja.

AHORA TE TOCA A TI

Diviértete con los sinónimos y antónimos. Escribe un cuento de misterio usando palabras de la lista que sigue. Luego intercambia tu cuento con el de un compañero. Subraya los adjetivos del cuento de tu compañero. Vuelve a escribir el cuento de tu compañero usando sinónimos y antónimos de las palabras subrayadas. Puedes usar un diccionario de sinónimos. Comenten cómo las palabras escogidas cambian el significado o los sucesos del cuento.

alegre	muchos/muchas	terrible
alto/alta	pesado/pesada	vacío/vacía
hermoso/hermosa	rápido/rápida	valiente
	ruidoso/ruidosa	viejo/vieja
limpio/limpia	suave	vivo/viva
liso/lisa		

SUGERENCIA

Recuerda que la mayor parte de los adjetivos tienen sinónimos. Muchos adjetivos también tienen antónimos. Si usas más sinónimos y antónimos, lo que escribes será más interesante.

VOCABULARIO

CAPÍTULO 26
Adverbios

Adverbios

Un **adverbio** es una palabra que describe un verbo o dice algo acerca del verbo.

Algunos adverbios dicen *cómo* ocurre una acción.

Ejemplos:

Los bomberos y los policías trabajan **duro** por los ciudadanos.

El bibliotecario nos pidió que trabajáramos **silenciosamente** en la biblioteca.

La entrenadora me dijo que corrí **rápidamente**.

Juan cruzó la calle **cuidadosamente**.

Práctica dirigida

A. Di cuál es el adverbio que dice cómo es una acción. Luego indica el verbo que describe.

Ejemplo: El narrador cerró el libro lentamente.
lentamente, cerró

1. Ellos hallan datos rápidamente por Internet.
2. Si tienes una pregunta, ellos te la contestarán inmediatamente.
3. Los niños escuchan los cuentos silenciosamente.
4. Los bibliotecarios ponen los libros en las estanterías cuidadosamente.
5. Trabajan duro para ordenar los libros.
6. Hay que hablar bajito en la biblioteca.
7. Ganamos el concurso de lectura fácilmente.
8. La gente que vive en mi vecindario usa la biblioteca municipal regularmente.
9. Mi grupo terminó el libro rápidamente.
10. A veces prefiero leer los libros más lentamente.

El poder de las palabras

pro•fe•sión *s.*
El trabajo de una persona o su carrera.

Práctica individual

B. Escribe el adverbio que dice *cómo* es una acción. Luego escribe el verbo al que describe.

Ejemplo: La bibliotecaria buscó por los estantes tranquilamente.
tranquilamente, buscó

11. Encontró el libro que buscaba rápidamente.
12. La bibliotecaria inmediatamente ayudó a Joaquín a encontrar una página de Internet.
13. Joaquín llegó a la página fácilmente.
14. Fue a una mesa y se sentó a leer silenciosamente.
15. Dos niñas hablaban bajito en la próxima mesa.
16. Si necesitas ayuda, pídela amablemente.
17. Nilda le pidió ayuda a la bibliotecaria dulcemente.
18. Vimos al asistente de la bibliotecaria colocar los libros en la estantería correctamente.
19. Nilda puso sus libros cuidadosamente sobre el mostrador.
20. Todos salieron de la biblioteca riendo alegremente.

Recuerda
que algunos adverbios dicen *cómo* ocurre una acción.

Conexión con la escritura

Escritura auténtica: Conversación Con un compañero, haz una lista de las personas de la comunidad que prestan ayudan. Luego escriban tres oraciones describiendo lo que esas personas hacen. Usa en las descripciones adverbios que digan cómo hacen las cosas.

CAPÍTULO 26
Adverbios

Adverbios de lugar y tiempo

Un **adverbio** es una palabra que describe un verbo o dice algo acerca del verbo.

Algunos adverbios dicen *cuándo* o *dónde* ocurre una acción.

Ejemplos:
Siempre me gusta hablar con los bomberos de su trabajo. *dice cuándo*

Acabo de ver a un bombero **afuera**. *dice dónde*

Práctica dirigida

A. Di cuál es el adverbio de cada oración, y si dice *dónde* o *cómo* ocurre una acción.

Ejemplo: ¿Visitaremos el cuartel de la policía pronto?
pronto, cuándo

1. Los policías trabajan allí.
2. Hilda lee cuentos policíacos frecuentemente.
3. ¿Visitaremos la estación de bomberos mañana?
4. Ocasionalmente le pedimos información a un policía.
5. Los policías siempre nos ayudan.
6. Hay policías y bomberos dondequiera.
7. Los bomberos irán allí si alguien los necesita.
8. Nos debemos quedar aquí hasta que cambie la luz del semáforo.
9. La luz está verde, así que podemos cruzar ahora.
10. Carlos espera afuera que llegue el guardia y lo ayude a cruzar.

Práctica individual

B. Escribe cada oración. Subraya el adverbio que dice *cuándo* o *dónde* ocurre algo.

Ejemplo: Eliott salió de su casa temprano.
    temprano

11. Pronto llegó al centro comunitario.
12. Luego abrió la puerta y entró.
13. Hoy él y sus amigos jugarán al baloncesto.
14. Ellos practican frecuentemente.
15. Ocasionalmente, Eliott ayuda a limpiar el gimnasio.
16. Ayer barrió el piso del gimnasio.
17. Sus amigos lo ayudarán a limpiar mañana.
18. La escoba que usan está aquí.
19. Creo que debemos empezar a practicar ahora.
20. No podemos jugar afuera porque está lloviendo.
21. Quiero que vayamos a la biblioteca luego.
22. Siempre busco libros de baloncesto en la biblioteca.
23. Generalmente leo revistas deportivas en la sala de revistas.
24. ¿Quieres ir allí conmigo?
25. Después podemos tomarnos un refresco en un café.

> **Recuerda**
> que algunos adverbios dicen *cuándo* o *dónde* ocurre una acción.

Conexión con la escritura

El arte de escribir: Palabras persuasivas Los bomberos prestan ayuda protegiendo a las personas, las tierras y las comunidades. Escribe cuatro oraciones que describan otro trabajo de tu comunidad en que se preste ayuda. Usa adverbios para explicar *cuándo* y *dónde* es que ayudan.

CAPÍTULO 26

Adverbios

LA GRAMÁTICA Y LA ESCRITURA

Adverbios de cantidad

Un **adverbio** es una palabra que describe un verbo o dice algo acerca del verbo.

Algunos adverbios dicen *cuánto* ocurre una acción.

Ejemplos:
Hoy hablamos **mucho** de lo que hay que hacer en caso de incendio.
No debemos apresurarnos **demasiado** al salir del salón.

Práctica dirigida

A. Di cuál es el adverbio de cantidad de cada oración. Luego indica el verbo al que describe.

Ejemplo: Los bomberos se apresuraron mucho para llegar al incendio.
mucho, apresuraron

1. El incendio forestal se propagó muchísimo antes de que llegaran los bomberos.
2. Las llamas del fuego se elevaban bastante.
3. Los bomberos querían cavar una zanja para que el fuego no avanzara demasiado.
4. El primer día, los bomberos tenían pocas palas y cavaron poco.
5. Lograron cavar más al día siguiente.

Práctica individual

Recuerda que algunos **adverbios** dicen *cuánto* ocurre una acción.

B. Escribe cada oración. Subraya el adverbio de cantidad.

Ejemplo: Hay que cuidarse mucho para no provocar un incendio.   *mucho*

6. Los bomberos se esfuerzan muchísimo por educar a las personas.
7. Los policías se dedican menos a hablar de los incendios.
8. Los policías hablan más de las medidas de seguridad.
9. Algunas personas se esfuerzan poco por evitar incendios.
10. Para saber qué hacer en caso de incendio, hay que practicar suficiente.
11. Los guardias forestales se preocupan por el tema tanto como los bomberos.
12. A veces los bomberos forestales trabajan demasiado durante el verano.
13. Luego descansan bastante durante el invierno.
14. Cuando llueve, los bomberos forestales no tienen que hacer nada.
15. ¡No se quejan mucho cuando no hay incendios!

Conexión con la escritura

Estudios sociales Piensa en cosas que puedes hacer para ayudar a los demás en tu comunidad o en la escuela. Comenta las ideas con un compañero. Hagan juntos una lista de sus ideas favoritas. Luego, escriban un párrafo en el que describan las ideas. Usen adverbios de cantidad para describir las acciones.

CAPÍTULO 26

Adverbios

Práctica adicional

A. Escribe el adverbio de cada oración. *páginas 318–321*

Ejemplo: Los policías siempre combaten el crimen.
siempre

1. Los policías actúan valerosamente en situaciones peligrosas.
2. Se mobilizan rápidamente para proteger a las personas.
3. Frecuentemente piden ayuda de refuerzo.
4. Varios policías visitaron nuestra escuela ayer.
5. Los policías conducen velozmente para detener a los que van a exceso de velocidad.
6. Las sirenas de las patrullas suenan fuerte.
7. Los policías a caballo trabajan afuera.
8. Los policías hablan mucho con los niños.
9. El capitán de la policía nos explicó las leyes amablemente.
10. Siempre hay que obedecer los consejos de los policías.

B. Escribe el adverbio de cada oración. Luego escribe si dice *cómo, cuándo, dónde* o *cuánto* ocurrió una acción. *páginas 318–321*

Ejemplo: Los perros policía trabajan bien con sus amos.
bien, cómo

11. Los policías escogen perros que se pueden entrenar fácilmente.
12. Los perros siempre obedecen las órdenes que se les dan.
13. Los policías y los perros trabajan mucho.
14. Ocasionalmente, los perros policía vigilan un edificio.
15. Allí ladran para avisarles a los policías que se acerca un intruso.

Recuerda

que un adverbio es una palabra que describe un verbo o dice algo acerca del verbo. Puede decir *cómo, cuándo, dónde* o *cuánto* ocurre una acción.

Para hallar más actividades con los adverbios, visita *The Learning Site:*
www.harcourtschool.com

C. **Escribe el adverbio de cada oración. Luego escribe el verbo al que describe.** *páginas 318–322*

Ejemplo: El policía corrió más rápidamente que el criminal.
rápidamente, corrió

16. Los policías generalmente usan carros para patrullar.
17. Los conductores deben conducir cuidadosamente cuando hace mal tiempo.
18. Los helicópteros policíacos se elevan muchísimo, por encima de los rascacielos.
19. La policía llegó enseguida al lugar donde ocurrió el accidente.
20. El policía recorría la calle tranquilamente.
21. Repentinamente, un carro rojo pasó a exceso de velocidad.
22. Iba más rápido que la patrulla de policía.
23. El policía inmediatamente encendió las luces de la patrulla.
24. Siguió al carro rojo y puso la sirena, que sonaba fuerte.
25. Finalmente, el carro rojo se detuvo.

Conexión con la escritura

Arte Piensa cómo podrías mejorar tu comunidad. Háblalo con un compañero. Intenten juntos diseñar un poster que ilustre la idea. Usen adverbios que expresen *cómo, cuándo y dónde* puede usarse la idea.

CAPÍTULO 26
Adverbios

Repaso del capítulo

Lee el párrafo. Elige la respuesta que describe la palabra subrayada.

> (1) Piensa en las personas que <u>siempre</u> te ayudan. (2) Los policías trabajan <u>mucho</u> para protegerte. (3) <u>Frecuentemente</u> conoces a voluntarios en la biblioteca. (4) Los obreros trabajan <u>afuera</u>. (5) Los doctores te cuidan <u>bien</u> cuando estás enfermo. (6) Hay muchas personas <u>amables</u> en nuestra comunidad.

SUGERENCIA
No te detengas demasiado en una sola pregunta. Asegúrate de tener tiempo para comprobar tus respuestas.

1
- **A** un adverbio que dice *dónde*
- **B** un adverbio que dice *cuándo*
- **C** un adverbio que dice *cómo*
- **D** no es adverbio

2
- **F** un adverbio que dice *dónde*
- **G** un adverbio que dice *cuándo*
- **H** un adverbio que dice *cuánto*
- **J** no es adverbio

3
- **A** un adverbio que dice *dónde*
- **B** un adverbio que dice *cuándo*
- **C** un adverbio que dice *cómo*
- **D** no es adverbio

4
- **F** un adverbio que dice *dónde*
- **G** un adverbio que dice *cuándo*
- **H** un adverbio que dice *cuánto*
- **J** no es adverbio

5
- **A** un adverbio que dice *cuánto*
- **B** un adverbio que dice *cuándo*
- **C** un adverbio que dice *cómo*
- **D** no es adverbio

6
- **F** un adverbio que dice *dónde*
- **G** un adverbio que dice *cómo*
- **H** un adverbio que dice *cuánto*
- **J** no es adverbio

Para hallar más actividades que te prepararán para la prueba, visita *The Learning Site:* www.harcourtschool.com

Cómo tomar notas y hacer un esquema

Juntar información

Es diferente leer para buscar información que leer para divertirnos. Cuando lees para buscar información, debes tomar notas. Escribe información sobre un tema en tarjetas separadas. Incluye el nombre de la publicación donde hallaste la información.

"Los vigilantes de tránsito ayudan a los niños a cruzar la calle", de un artículo del Nuevo Día

Hacer un esquema

Usa tus tarjetas para preparar un esquema. Comienza escribiendo la idea principal en cada grupo de tarjetas. No necesitas escribir oraciones completas en un esquema. Ponles números a las ideas principales. Bajo cada idea principal incluye una lista de información o detalles. Usa mayúsculas cuando escribas esta información y los detalles en la lista.

¡Se necesitan voluntarios!
  I. En las escuelas
     A. vigilantes de tránsito
     B. encargados
     C. maestros particulares
  II. En los hospitales
     A. despachantes de flores
     B. empleados en negocio de regalos
     C. visitantes de paciente

AHORA TE TOCA A TI

Busca una historia en una revista o periódico sobre algo que te interese. Toma notas mientras lees. Usa tus notas para hacer un esquema y ordenar tus ideas. Usa tu esquema para escribir cuatro oraciones.

DESTREZAS DE ESTUDIO

CAPÍTULO 27

Escritura informativa

El arte de escribir

Organizar información

Antes de escribir para dar información sobre un tema, puedes hallar datos y organizarlos.

Lee el pasaje que sigue. Fíjate en los diferentes tipos de datos que la escritora da sobre los caballos de carga.

MODELO DE LITERATURA

> Una yegua extraordinaria llamada Kate tiene enormes cascos negros, tan grandes como platos. Es tan alta como un jugador de baloncesto y pesa lo mismo que un salón de niños de tercer grado.
>
> Hace cien años, los caballos de carga como Kate tiraban carros repletos de gente y de vagones llenos de leche. Antes de que hubiera tractores y cosechadoras, los caballos tiraban los arados en la primavera y la recolectora de maíz en el otoño.
>
> —de *Caballos de fuerza: Las maravillas de los caballos de carga* por Cris Peterson

Analiza el modelo

1. ¿Cuál es el tema principal de la escritora?
2. ¿Qué datos da sobre el tamaño de los caballos?
3. ¿Qué información da sobre el trabajo de los caballos de carga?

El poder de las palabras

cas-co *s.* Uña del pie del caballo.

Usa un esquema

Cuando escribes para dar información, piensa en el público y en el propósito. Es bueno usar un esquema para planificar lo que escribirás. Un esquema es como un mapa para organiza la información. Observa el ejemplo.

Estrategias para organizar la información

- Público y propósito
- ¿Cuál es la edad del lector?
- ¿Qué tan difícil es la información?
- Escribe de manera que el público entienda la información nueva.

Luego de pensar en tu público y tu propósito, planifica cuál será la mejor manera de presentarles la información.

Los caballos de carga percherones

I. Tamaño
    A. Cascos grandes como platos
    B. Tan altos como un jugador de baloncesto
    C. Pesan lo mismo que un salón de niños de tercer grado
II. Trabajo que hacían los caballos de carga
    A. Tirar de carros repletos de gente
    B. Tirar de carros llenos de leche
    C. Tirar arados y recolectoras de maíz

AHORA TE TOCA A TI

PIENSA CÓMO ESTÁ ORGANIZADA LA INFORMACIÓN Trabaja con un compañero. Elijan un capítulo del libro de estudios sociales. Busquen encabezados y subtítulos en el capítulo. Luego úsenlos para hacer un esquema del capítulo.

CAPÍTULO 27

Escritura informativa

Hacer un esquema

A. Lee el párrafo. En tu hoja de papel, haz un esquema como el que sigue. Completa el esquema con datos del párrafo.

> El trigo y el maíz son cultivos importantes. El trigo se usa principalmente para hacer pan, pastelitos, cereales y pasta. El maíz se come como un vegetal, se convierte en cereal o se usa como alimento para el ganado y otros animales.

Cultivos importantes

    I. (nombre del cultivo)

        A. _____

        B. _____

        C. _____

        D. _____

    II. (nombre del cultivo)

        A. _____

        B. _____

        C. _____

Propósito y público

B. En tu hoja de papel, escribe el número de cada tipo de escrito. Señala qué propósito y público corresponden a cada tipo de escrito.

Tipo de escrito

1. una carta a una revista pidiendo que se publiquen más artículos científicos.
2. un informe científico acerca de las ranas.
3. un artículo para el periódico de tu escuela acerca de la excursión de tu clase al museo.
4. una carta amistosa para compartir algunos datos que aprendiste en la clase de estudios sociales.

Propósito y público

a. dar información sobre un tema a tus compañeros de clase.
b. persuadir al director de una revista de que haga algo.
c. dar información a un amigo sobre un tema.
d. describir algo para todos los alumnos de tu escuela.

Pensar y escribir

Escribir para anotar ideas Si presentas un espectáculo, el público está formado por las personas que van a verlo. ¿Por qué se les dice público a las personas que leen algo escrito? ¿En qué se parece el público de lectores a un público que te ve bailar, cantar, pronunciar un discurso o representar una obra de teatro? Escribe tus ideas en tu diario.

CAPÍTULO 27

Escritura informativa

Párrafo informativo

El propósito del libro *Caballos de fuerza: Las maravillas de los caballos de carga* es dar información a los lectores sobre los caballos de carga. El público consiste en lectores como tú. Becky, que está en tercer grado, investigó el tema de las cebras. Hizo un esquema para organizar los datos. Luego usó su esquema como ayuda para escribir un párrafo informativo que compartiría con sus compañeros. Lee el esquema y el párrafo que escribió Becky.

MODELO

- **título** — Cebras
- **idea principal** — I. Tamaño
- **detalle** — A. Más pequeñas que un caballo
- **detalle** — B. 4 a 5 pies de altura hasta el hombro
- **idea principal** — II. Aspecto
- **detalle** — A. Blanco o amarillo claro con rayas negras
- **detalle** — B. Crin corta
- **detalle** — C. Orejas grandes

Las cebras son más pequeñas que los caballos. La mayoría mide entre 4 y 5 pies hasta los hombros. Tienen pelaje blanco o amarillo claro con rayas negras. La crin de las cebras es corta, pero las orejas son grandes.

Analiza el modelo

1. ¿Qué dos encabezados principales usó Becky?
2. ¿Siguió Becky su esquema al escribir su párrafo? ¿Cómo lo sabes?
3. El párrafo de Becky explica claramente la información. ¿Por qué?

AHORA TE TOCA A TI

TEMA DE ESCRITURA Escribe un párrafo informativo sobre un tema que hayas estudiado en la clase de estudios sociales. Usa tu libro de texto para recordar la información. Haz un esquema con los datos. Usa el esquema para escribir tu párrafo.

ESTUDIA EL TEMA Pregúntate lo siguiente:

1. ¿Cuál es tu propósito al escribir el párrafo?
2. ¿Quién es tu público?
3. ¿Qué harás antes de empezar a escribir?

Antes de escribir y hacer el borrador

Organiza tu información Escribe los datos y organízalos haciendo un esquema.

                Título del esquema (tu tema)

  I. una idea importante
      A. detalle acerca de la idea
      B. otro detalle

  II. otra idea importante
      A. detalle acerca de esta idea
      B. otro detalle

Añade más encabezados y subtítulos si los necesitas. Usa el esquema para escribir un borrador.

USANDO TU Manual

- Usa el diccionario de sinónimos para escribir la información con tus propias palabras.
- Usa las pautas de la página 500 para evaluar tu párrafo informativo.

CAPÍTULO 27

Escritura informativa

Editar

Vuelve a leer el borrador de tu párrafo informativo. ¿Hay algo que quieras cambiar o añadir? Usa esta lista como guía para revisar el párrafo.

- ☑ ¿El párrafo cumple tu propósito?
- ☑ ¿La información está bien organizada?
- ☑ ¿El público entenderá la información.

Usa esta lista para corregir la ortografía.

- ☑ Empecé las oraciones con letra mayúscula.
- ☑ Usé los signos de puntuación correctos al principio y al final de las oraciones.
- ☑ Usé los adjetivos y los adverbios correctamente.
- ☑ Usé los pronombres correctamente.
- ☑ Usé el diccionario para verificar cómo se escriben las palabras.

Marcas editoriales

- ⌐ Eliminar texto
- ∧ Añadir texto
- ↻ Mover texto
- ¶ Párrafo nuevo
- ≡ Mayúscula
- / Minúscula
- ○ Corregir ortografía

Compartir y reflexionar

Haz una copia final del párrafo y compártela con un compañero. ¿Hay información que no entiendes? En ese caso, hablen de cómo explicarla mejor. Hablen de cómo la organización de los datos les ayuda a cumplir su propósito de escritura. Escribe tus ideas en tu diario.

Cómo tomar notas

Debes escribir los datos de tu investigación para recordarlos. Pero no tienes que copiar todas las palabras. En lugar de eso, puedes tomar notas.

Lee el artículo de enciclopedia que sigue. Luego observa las notas que Tammy tomó cuando leyó el artículo. Ella usó sus notas para hacer un esquema.

Artículo de enciclopedia

Aceite de maíz
El aceite de maíz se usa para cocinar y en las ensaladas. También se usa en la manufactura de productos tan variados como la margarina, la pintura, el jabón y el linóleo.

Notas de Tammy

usos del aceite de maíz – cocinar, ensaladas

también margarina, pintura, jabón, linóleo

Las notas de Tammy son mucho más cortas que el artículo. Tammy escribió únicamente las palabras que tenía que recordar.

AHORA TE TOCA A TI

Ahora puedes practicar cómo tomar notas. Sigue estos pasos:

PASO 1 Trabaja con un compañero. Busquen un tema interesante en una enciclopedia.

PASO 2 Elijan un artículo o parte de un artículo. Tomen notas de la información. Tu compañero y tú deben tomar notas por separado.

PASO 3 Ahora, compara tus notas con las de tu compañero. Digan por qué cada uno escribió ciertas palabras y no otras.

PASO 4 Luego hablen de lo que han aprendido y que los ayudará a tomar mejores notas la próxima vez.

SUGERENCIA
Cuando tomes notas de distintas fuentes, usa una tarjeta para cada detalle. Escribe el título de la fuente en la tarjeta.

DESTREZAS DE ESTUDIO

CAPÍTULO 28
Más sobre adverbios y adjetivos

Adjetivo	Adverbio
suave	suavemente
rápido	rápidamente
claro	claramente

El poder de las palabras

fes•ti•val *s.* Una fiesta; un período de celebración con eventos especiales, como desfiles y bailes.

¿Adjetivo o adverbio?

Para saber si una palabra es un <mark>adjetivo</mark> o un <mark>adverbio</mark>, fíjate en la palabra que describe.

Recuerda que un adjetivo describe un nombre. Dice *cómo* o *cuántos* es. Un adverbio describe un verbo. Dice *cuándo, dónde* o *cómo* sucede algo.

Ejemplos:
San Antonio es una ciudad **cómoda**. (adjetivo; dice *qué tipo* de ciudad es y concuerda con ciudad)

En San Antonio la gente vive **cómodamente**. (adverbio; dice *cómo* se vive)

Las palabras que terminan en *-mente* casi siempre son adverbios. Algunos de estos adverbios aparecen en la tabla. Pero cuando veas una palabra que termina en *-mente*, fíjate siempre si describe un nombre o un verbo.

Práctica dirigida

A. Di si cada palabra subrayada es un adjetivo o un adverbio.

Ejemplo: Paseamos <u>lentamente</u> con la guía turística.
adverbio

1. Ella nos habló de San Antonio, una ciudad <u>hermosa</u>.
2. Yo la escuché <u>atentamente</u> para conocer datos interesantes de la ciudad.
3. Nos contó la historia del Álamo con una voz <u>suave</u>.
4. En el Álamo se llevó a cabo una batalla <u>famosa</u>.
5. La guía lleva a cabo este recorrido turístico <u>frecuentemente</u>.

Práctica individual

B. Escribe si la palabra subrayada es un adjetivo o un adverbio. Luego escribe el nombre o verbo que describe.

Ejemplo: Los pajaritos piaban alegremente junto a la ventana del hotel.
adverbio; piaban

6. Yo me desperté temprano.
7. Fuimos en un autobús nuevo a La Villita.
8. "¡Bájense lentamente!", dijo el conductor del autobús.
9. La Villita queda en una manzana cuadrada.
10. Tiene casas antiguas que son preciosas.
11. "¡Buenas tardes!", dijo la guía turística alegremente.
12. "Hoy faltan dos personas del grupo", dijo.
13. Le dio varias instrucciones al grupo.
14. Caminamos rápidamente hasta la ribera del río.
15. Teníamos mucha hambre, así que comimos inmediatamente.

Recuerda

que un **adjetivo** describe un nombre y concuerda con él. Un **adverbio** describe un verbo.

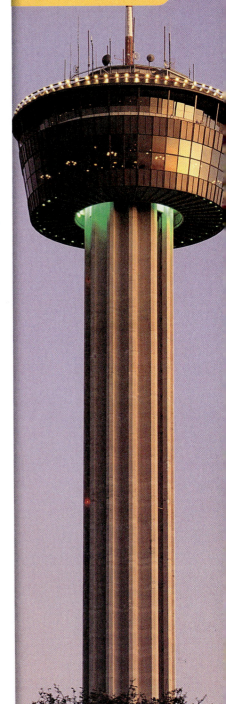

Conexión con la escritura

Diario de un escritor: Anotar ideas
Piensa en la comunidad en que vives. ¿Qué lugares visitaría un turista? Haz una lista de tus ideas favoritas. Luego escribe varias oraciones que digan lo que se puede ver y hacer en esos lugares. Usa adjetivos y adverbios en las oraciones.

CAPÍTULO 28

Más sobre adverbios y adjetivos

El lugar del adverbio en las oraciones

Los **adverbios** pueden estar en diferentes lugares de la oración.

Ya sabes que los adverbios describen verbos. A veces, el adverbio está justamente antes o después del verbo en la oración. También puede estar al principio o al final de la oración. Fíjate en las diferentes posiciones del adverbio *frecuentemente* en las oraciones que siguen.

Ejemplos:

La gente viaja a Texas **frecuentemente**.

La gente viaja **frecuentemente** a Texas.

Frecuentemente, la gente viaja a Texas.

La gente **frecuentemente** viaja a Texas.

Para darle variedad a lo que escribes, intenta poner los adverbios en diferentes lugares de la oración.

Práctica dirigida

A. Identifica el adverbio de cada oración.

Ejemplo: Los primeros pobladores de Texas dependían principalmente de la tierra para vivir.
principalmente

1. Muchas personas se convirtieron en agricultores inmediatamente.
2. Mucha gente dependía especialmente de los animales.
3. Los agricultores y rancheros atrapaban caballos salvajes frecuentemente.
4. Ellos domaban a los caballos rápidamente.
5. Finalmente, las personas podían montar los caballos.

338

Práctica individual

B. Escribe cada oración. Pon el adverbio que aparece subrayado en un lugar diferente de la oración.

Ejemplo: <u>Inicialmente</u>, Texas fue el estado más grande de los Estados Unidos.
Texas fue inicialmente el estado más grande de los Estados Unidos.

6. Los texanos hablan <u>frecuentemente</u> de Austin, la capital de Texas.
7. Existen parques <u>dondequiera</u>.
8. <u>Además</u> hay siete hermosos lagos.
9. La población de Austin aumenta <u>rápidamente</u>.
10. <u>Actualmente</u>, casi un millón de personas vive en la ciudad.
11. <u>Antes</u>, Texas fue parte de México.
12. <u>Ahora</u> Texas es segundo en tamaño entre los estados de los Estados Unidos.
13. Algunas personas en Texas <u>todavía</u> llevan botas de vaquero.
14. El estado de Texas se asocia <u>principalmente</u> con los espacios abiertos.
15. Aun así, las personas <u>generalmente</u> viven en las ciudades.

> **Recuerda**
> que puedes poner los adverbios en diferentes partes de la oración. Es una manera de darle más interés a lo que escribes.

Conexión con la escritura

El arte de escribir: Idea principal y detalles Haz una investigación para hallar un suceso especial que ocurrió en el pasado en la comunidad donde vives. En un grupo pequeño, escriban un párrafo sobre el suceso. El párrafo debe tener detalles sobre cuándo, cómo y dónde ocurrió el suceso. Pongan los adverbios en diferentes lugares de las oraciones.

CAPÍTULO 28

Más sobre adverbios y adjetivos

USO Y PUNTUACIÓN

Más, menos, mucho y poco

Recuerda que un **adjetivo** describe un sustantivo. Un **adverbio** describe un verbo.

Las palabras *mucho*, *más*, *poco* y *menos* pueden ser adjetivos o adverbios. Cuando veas estas palabras, fíjate en la palabra que modifican.

Ejemplos:

Adjetivo: En Texas hace **mucho** calor durante el verano.

Adverbio: A mí me gusta **mucho** Texas.

Adjetivo: Hay **menos** personas en Misuri que en Texas.

Adverbio: En Texas llueve **menos** que en Washington.

Cuando *poco* y *mucho* son adjetivos, concuerdan con el nombre que modifican. Si ves los plurales *pocos*, *pocas*, *muchos* o *muchas*, sabrás que se trata de un adjetivo y no de un adverbio.

Práctica dirigida

A. Di si la palabra subrayada en cada oración es un adjetivo o un adverbio.

Ejemplo: Yo fui a San Antonio hace poco tiempo.
adjetivo

1. La Torre de las Américas es el edificio que más se conoce en San Antonio.
2. Hay muchas tiendas en esa zona.
3. A mis padres les gusta mucho San Antonio.
4. En San Antonio llueve poco.
5. Los agricultores necesitan más maneras de regar los cultivos.

Práctica individual

B. Escribe cada oración. Usa la forma correcta de los adjetivos y adverbios *más*, *menos*, *poco* y *mucho*. Indica si la palabra que elegiste es un adverbio o un adjetivo.

Ejemplo: ¿Sabes _____ acerca de la comunidad donde vives?
mucho, adverbio

6. Dime los lugares que _____ te gustan de tu comunidad.
7. Las calles tienen sombra porque hay _____ árboles frondosos.
8. Hay _____ parques en el centro porque no hay tanto espacio.
9. En la ciudad hay _____ granjas que en el campo.
10. _____ animales viven en el campo que en la ciudad.
11. La temperatura sube _____ durante el verano.
12. Durante el verano llueve _____ y casi siempre brilla el sol.
13. En la playa hay _____ arena.
14. Disfrutamos _____ de la playa.
15. Tu ciudad me gusta, pero la mía me gusta _____.

Recuerda
que *poco*, *mucho*, *más* y *menos* pueden ser adjetivos o adverbios. Para saber lo que son fíjate en la palabra que describen.

Conexión con la escritura

Estudios sociales ¿Qué aspectos te gustan de la comunidad en que vives? ¿Hay aspectos de tu comunidad que deberían mejorarse? Escribe varias oraciones que digan lo que te gusta y no te gusta de la comunidad. Usa *poco*, *mucho*, *más* y *menos* en las oraciones.

341

CAPÍTULO 28
Más sobre adverbios y adjetivos

Recuerda

que los adjetivos describen nombres. Los adverbios describen verbos.

Práctica adicional

A. Escribe si la palabra subrayada es un adjetivo o un adverbio. *páginas 336–337*

Ejemplo: Los indígenas norteamericanos se establecieron en Texas primero.
adverbio

1. Otros pobladores llegaron más <u>recientemente</u>.
2. Muchos pioneros <u>valientes</u> vinieron de México.
3. Los texanos mexicanos trajeron <u>muchas</u> costumbres y tradiciones.
4. <u>Actualmente</u>, las tradiciones mexicanas son comunes.
5. Los platos mexicanos tradicionales son <u>populares</u> en Texas.
6. San Antonio es una ciudad <u>importante</u> de Texas.
7. La orquesta sinfónica de San Antonio toca muy <u>bien</u>.
8. <u>Generalmente</u>, el clima de San Antonio es bueno.
9. Pero a veces, la temperatura aumenta <u>demasiado</u>.
10. ¡San Antonio es una ciudad verdaderamente <u>emocionante</u>!

Para hallar más actividades con los adjetivos y los adverbios, visita The Learning Site: www.harcourtschool.com

B. Completa las oraciones que siguen, usando la forma correcta de una palabra de la casilla. Indica si la palabra es un adverbio o un adjetivo en cada oración. *páginas 340–341*

> mucho   poco   menos   más

Ejemplo: Hay _____ cultivos que se dan bien en San Antonio.
muchos; adjetivo

11. El guía turístico nos dijo que el clima de San Antonio nos gustaría _____.
12. En general el clima es seco y llueve _____.
13. Durante el invierno, hace _____ frío que en el estado de Minnesota.
14. Durante el verano, hace _____ calor que en la mayor parte de los estados.
15. Mis padres viajan _____ a San Antonio.

Recuerda
que puedes poner los adverbios en diferentes lugares de la oración. *Mucho, poco, menos* y *más* pueden ser adjetivos o adverbios, según la palabra que describan.

¿LO SABÍAS?
La fiesta de San Antonio se celebra en el mes de abril. En ella se recuerda la creación de la República de Texas en 1836. El festival dura una semana.

Conexión con la escritura

Escritura de la vida real: Carta amistosa Piensa en una feria, festival u otro evento de la comunidad en que vives o de la escuela. Escribe una carta a un amigo o pariente contándole del evento especial. Usa adjetivos y adverbios en la carta. Pon los adverbios en diferentes lugares de las oraciones.

CAPÍTULO 28

Más sobre adverbios y adjetivos

Repaso del capítulo

Lee el párrafo. Elige la palabra que corresponde en cada espacio numerado. Marca la letra de la respuesta que elegiste.

> Mi abuela se mudó a San Antonio, y me hace (1) _____ falta. Ayer me sentí (2) _____ cuando recibí una carta de ella. Me dijo en la carta que San Antonio tiene muchos parques y museos (3) _____. La gente sale a comer (4) _____. Me dijo que le gusta ir de compras en el Paseo del Río. Todas las tiendas son (5) _____ allí. Me dijo que se cayó y se hizo (6) _____ daño en el brazo. En el hospital, el doctor la trató muy (7) _____. A veces la temperatura aumenta (8) _____ en San Antonio. Pero hace mucho sol, y el clima (9) _____ es bueno. Espero que haga (10) _____ sol cuando visite a mi abuela el mes que viene.

Para hallar más actividades de preparación para las pruebas, visita The Learning Site:
www.harcourtschool.com

1 A bien   C muchas
   B mal   D mucha

2 F felizmente   H feliz
   G mucho   J menos

3 A bonitos   C mucho
   B bien   D divertida

4 F aburrido
   G frecuentemente
   H mal
   J interesante

5 A rápidamente   C buenas
   B bien   D poco

6 F bueno   H fácilmente
   G menos   J mucho

7 A ayer   C bonito
   B bien   D menos

8 F mucho   H bien
   G largo   J bueno

9 A bueno   C siempre
   B mucho   D alegremente

10 F bueno   H mucho
   G mal   J bien

Hacer entrevistas para conocer tu comunidad

TECNOLOGÍA

Preparación para una entrevista
Necesitarás:
- una cámara de video o una grabadora de audiocasete
- video o casete

Planificación de la entrevista
- Si vas a grabar la entrevista en un video, piensa cómo quieres que se vea la entrevista. ¿Dónde puedes hacer la entrevista? ¿Qué fondo quieres que aparezca en la imagen?
- Busca información sobre la persona.
- Piensa en preguntas interesantes. Deben ser preguntas que no se puedan contestar solamente con un *sí* o un *no*.

Después de la entrevista
- Añade música u otros efectos de sonido interesantes antes y después de la entrevista.
- Escribe lo que vas a decir cuando le presentes la cinta a la clase.

AHORA TE TOCA A TI

Hazle una entrevista a alguien de la comunidad que sepa de algún suceso comunitario. Graba la entrevista en un video o casete. Debes saber algunos datos sobre el suceso antes de grabar la entrevista. Cuando termines la entrevista, preséntasela a la clase.

CAPÍTULO 29
Problemas ortográficos

Recuerda

que la diéresis se forma con dos puntos encima de la vocal *u*. Añadir la diéresis cambia su pronunciación. Nota la diferencia en la pronunciación de la *u* en las palabras *lingüística* y *lenguaje*.

El poder de las palabras

a•ve *s.* Pájaro; animal con plumas que puede volar.

La *b* y la *v*, la *ll* y la *y*

La *b* y la *v* se pronuncian igual.

Ejemplos con *b*:
- En mi **pueblo** hay muchos niños.
- Mi **brazo** derecho está roto.
- El **abuelo** de Rosita está en la casa.

Ejemplos con *v*:
- Me gusta mucho comer **pavo.**
- Mi gallina pone **huevos** todos los días.
- Esa **nave** vuela muy alto.

La *ll* y la *y* se pronuncian de forma parecida.

Ejemplos con *ll*:
- Esa **estrella brilla** mucho.
- En mi casa me **llaman** Tito.
- María **llora** por todo.

Ejemplos con *y*:
- El **rey** de España se llama Juan Carlos.
- **Paraguay** es un país **muy** lindo.
- Esa **yegua** es blanca.

Si tienes dudas acerca de cómo se escribe una palabra, búscala en el diccionario.

Práctica dirigida

A. Indica si la palabra subrayada está bien escrita. Si está mal, di cómo se escribe.

Ejemplo: Estuvimos en nuestra <u>nueba</u> casa de campo.
mal|nueva

1. Vendí una docena de <u>huevos</u> recién puestos.
2. El <u>trallecto</u> al mercado no es muy largo.
3. En el mercado venden muchas <u>florecillas</u>.
4. Hay mucho comercio en el <u>puevlo</u>.
5. Las antigüedades <u>briyan</u> al sol.

Práctica individual

B. Completa cada oración con la palabra correcta que está entre paréntesis ( ). Escribe la oración completa.

Ejemplo: Mi hermana Nuria estudia para ser ____.
(contable|contavle)
Mi hermana Nuria estudia para ser contable.

6. Ella me (llama|yama) todas las semanas.
7. Nuria me da muchos consejos (vuenos|buenos).
8. Me sugirió que (venda|benda) caramelos.
9. Cobro un poco más de lo que me cuesta (fabricarlos|favricarlos).
10. Esa es la (clabe|clave) de las ganancias.
11. Pongo los caramelos en una (mesiya|mesilla).
12. No puedo vender cuando (llueve|yueve).
13. Nuria me aconseja que no (cobre|covre) demasiado.
14. Con lo que gane le haré un regalo a mi (abuelita|avuelita).
15. (Llevaré|Yevaré) el dinero restante al banco.

Recuerda

cómo escribir las palabras con *b*, *v*, *ll* y *y*. Si tienes dudas acerca de cómo se escribe una palabra, la puedes buscar en el diccionario.

Conexión con la escritura

Arte ¿Cuál es tu tienda favorita? Haz un cartel para anunciarla. Pon en el cartel los productos que se venden en la tienda, y los productos de oferta especial. Escribe una oración en la parte de abajo del cartel para que los clientes sepan por qué es especial la tienda. Trata de incluir en tu cartel las siguientes palabras: *buenos, silla, pueblo, proyecto* e *increíble*.

CAPÍTULO 29

Problemas ortográficos

La *g* y la *j*

Cuando van delante de la *e* o la *i*, la *g* y la *j* se pronuncian igual.

Ejemplos con *g*:
- A mi me gusta la **geometría**.
- Voy a **escoger** el regalo de mi tío.
- Pedro quiere **dirigir** el partido.

Ejemplos con *j*:
- Esa **jirafa** es muy elegante.
- Mi mamá hace un **viaje** muy largo.
- Mi hermano **Juan** es un buen **jinete**.

Si tienes dudas acerca de cómo se escribe una palabra con este sonido, también la puedes buscar en el diccionario.

¿LO SABÍAS?
Los países con los que más comercian los Estados Unidos son Canadá y el Japón.

Práctica dirigida

A. Indica si la palabra subrayada está bien o mal escrita. Si está mal, di cómo se escribe correctamente.

Ejemplo: Muchos países comercian entre sí <u>bago</u> normas internacionales.
mal|bajo

1. Algunos países compran <u>juguetes</u> de otras naciones.
2. Mi país vende <u>ago</u> y compra petróleo.
3. Los productos recorren toda la <u>jeografía</u> hasta llegar a sus destinos.
4. Antes de entrar a un país, tienen que pagar un <u>peage</u>.
5. Cada nación debe <u>dirigir</u> bien su comercio internacional.

Práctica individual

B. Completa cada oración con la palabra correcta que está entre paréntesis ( ). Escribe la oración completa.

Ejemplo: La pesca es un _____ oficio. (viejo|viego)
La pesca es un viejo oficio.

6. Los pescadores son muy _____. (trabajadores|trabagadores)
7. Emprenden su _____ con mucha ilusión. (viaje|viage)
8. Trabajar en el mar requiere mucho _____. (coraje|corage)
9. _____ pesca en su barquito todas las mañanas. (Joaquín|Goaquín)
10. Regresa al atardecer, con el cielo _____. (rojo|rogo)
11. Tiene que _____ el pescado que va a vender. (escojer|escoger)
12. Coloca los mejores peces en un _____ grande. (jarrón|garrón)
13. Cuando hay tormentas, oye _____ el viento. (rujir|rugir)
14. Los pescadores se tienen que _____ de las tormentas. (protejer|proteger)
15. Joaquín tiene que _____ el rumbo del barco. (correjir|corregir)

> **Recuerda**
> cómo escribir las palabras con *g* y *j*. Si tienes dudas, puedes consultar el diccionario.

Conexión con la escritura

Escritura de la vida real: Encuesta Escribe con un compañero tres preguntas sobre sus tiendas favoritas y pidan a sus compañeros de clase que las contesten. Traten de usar las siguientes palabras en sus preguntas: *dirigir, escoger, garaje, gestiones.*

CAPÍTULO 29
Problemas ortográficos

La s, la c y la z

La *s*, *c* y *z* también se pronuncian igual a veces.

Ejemplos con *s*:
- Ayer fui a **visitar** a mi abuelita.
- Ana busca un **saco** en el patio.

Ejemplos con *c*:
- Mi papá se levanta al **amanecer**.
- Voy a hacer mi tarea de **ciencias**.

Ejemplos con *z*:
- Estoy feliz porque tengo **zapatos** nuevos.
- El sol nos da **luz** y calor.

Práctica dirigida

A. Escribe la palabra correcta que está entre paréntesis para completar las siguientes oraciones. Puedes usar el diccionario.

Ejemplo: ¿Qué _____ de trabajo te gustaría hacer?
(clase|clace|claze)
clase

1. Mi mamá se va de viaje de _____ mañana. (negosios|negocios|negozios)
2. Va a _____ el océano. (crusar|crucar|cruzar)
3. Dormirá en un camarote _____ del barco. (sensillo|sencillo|senzillo)
4. La extrañaré mucho desde el momento en que _____ su barco. (sarpe|carpe|zarpe)
5. Mi mamá tiene mucha _____ para trabajar. (capasidad|capacidad|capazidad)

350

Práctica individual

B. Elige la palabra que está entre paréntesis ( ) que está bien escrita. Consulta el diccionario si es necesario. Escribe la oración completa.

Ejemplo: Los _____ miden y estudian las montañas.
(sientíficos|científicos|zientíficos)
Los científicos miden y estudian las montañas.

6. Los geólogos y topógrafos estudian el _____ del planeta. (suelo|cuelo|zuelo)
7. Una _____ ha llegado al Aconcagua. (expedisión|expedición|expedizión)
8. Es una montaña muy importante, y quieren tomar _____. (medisiones|mediciones|mediziones)
9. El Aconcagua es el pico más alto de la _____. (sona|cona|zona)
10. Los topógrafos tienen aparatos _____ para medir. (espesiales|especiales|espeziales)
11. Con sus medidas se _____ los mapas. (hasen|hacen|hazen)
12. Los mapas se publican en los libros que _____ estudiamos. (nosotros|nocotros|nozotros)
13. Es importante _____ la geografía de nuestro país. (conoser|conocer|conozer)
14. A los geólogos les gusta la _____. (naturalesa|naturaleca|naturaleza)
15. _____ los mejores científicos miden las montañas tan importantes como ésta. (Sólo|Cólo|Zólo)

> **Recuerda**
> que el sonido de la *s* puede escribirse también con la *c* y con la *z*. Existen reglas para el uso de cada una de estas letras. Si tienes dudas de cómo se escribe una palabra con este sonido, la puedes buscar en el diccionario.

Conexión con la escritura

Escribir sobre la naturaleza Escribe dos párrafos sobre tu paraje natural favorito. Trata de incluir todas las palabras con *c*, *s* y *z* que puedas. Si tienes dudas de cómo escribir una palabra, búscala en el diccionario.

CAPÍTULO 29
Problemas ortográficos

Recuerda
que puedes consultar el diccionario si tienes dudas de cómo se escribe una palabra.

Práctica adicional

A. Completa las oraciones con la palabra correcta que está entre paréntesis ( ). *páginas 346–347*

Ejemplo: Podemos _____ una lista con maneras de ganar dinero. (escribir|escrivir)
escribir

1. Yolanda tiene una lista _____. (nueba|nueva)
2. _____ formas de ahorrar algo de dinero. (Buscamos|Vuscamos)
3. Podríamos sacar a pasear a las _____. (cabras|cavras)
4. Ganaríamos _____ dólares en un rato. (nuebe|nueve)
5. Con los ahorros podríamos _____ una cuenta en el banco. (abrir|avrir)

B. Completa las oraciones con la palabra correcta que está entre paréntesis ( ). *páginas 348–349*

Ejemplo: Pablo Sánchez, de _____, es famoso por sus grandes ocurrencias. (Camagüell|Camagüey)
Camagüey

6. No es fácil encontrar nuevas ideas desde que se inventó el _____. (palillo|paliyo)
7. ¡Si fuéramos inventores, sería más _____! (sencillo|senciyo)
8. Me gustaría aprender a _____ (maquillar|maquiyar).
9. Si lo hiciera bien, podría trabajar para el _____. (rell|rey)
10. Si inventara un producto especial, me recompensaría con un hermoso _____. (buell|buey)

Para hallar más actividades con la ortografía, visita **The Learning Site:** www.harcourtschool.com

C. Escribe la palabra correcta que está entre paréntesis para completar las siguientes oraciones. Puedes usar el diccionario para buscar las palabras. *páginas 350–351*

Ejemplo: ¿Qué _____ de trabajo prefieres?
(clase|clace|claze) *clase*

11. Trabaja todos los _____. (díaz|días)
12. _____ vuelve del trabajo a la misma hora. (ciempre|ziempre|siempre)
13. Y también viene con una _____. (zonrisa|sonriza|sonrisa)
14. Mi jefe me _____. (visitó|vicitó)
15. Fue la primera en llegar a la _____. (zima|cima)

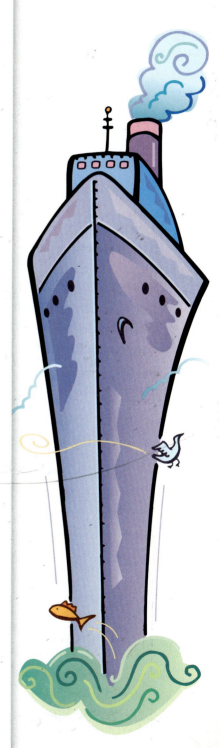

Conexión con la escritura

El arte de escribir: Resumir Observa lo que escribiste en la encuesta sobre las tiendas favoritas. Escribe un párrafo con la ayuda de un compañero resumiendo las respuestas de sus compañeros de clase. Intercambien los papeles con los de otro grupo y comprueben la ortografía de las palabras de fácil confusión.

CAPÍTULO 29

Problemas ortográficos

Repaso del capítulo

Lee el párrafo. Elige las palabras que faltan y marca la letra correspondiente.

> ¿Quieres que vayamos de (1) _____? ¿Qué lugar te gustaría (2) _____? Mucha gente me (3) _____ porque no sabe dónde ir. Muchas veces recomiendo que la gente (4) _____ a Colorado. Me gusta que mis clientes estén (5) _____. Todos quieren (6) _____ a mi agencia de viajes. Otros agentes de viajes son (7) _____ caros. Mis clientes (8) _____ que pueden confiar en mí.

STANDARDIZED TEST PREP

SUGERENCIA

Si no sabes responder a una pregunta inmediatamente, sáltala y continúa. Luego regresa cuando hayas terminado con el resto de las preguntas.

1 A viage
   B viahe
   C viaje
   D biage

2 F bizitar
   G visitar
   H vicitar
   J vizitar

3 A busca
   B vuzca
   C vusca
   D buzca

4 F valla
   G baya
   H balla
   J vaya

5 A zatizfechos
   B satizfechos
   C catizfechos
   D satisfechos

6 F regresar
   G regrezar
   H ragresar
   J regrecar

7 A mui
   B muy
   C mull
   D muyi

8 F caben
   G zaben
   H zaven
   J saben

Para hallar más actividades con las que prepararte para las pruebas, visita *The Learning Site:* www.harcourtschool.com

Homófonos y homógrafos

Cuando lees y escribes, hay palabras que son fáciles de confundir entre sí.

Los *homófonos* son palabras que suenan igual, pero que tienen significados distintos y se escriben de forma diferente.

Ejemplos:

A mis tíos les gusta la **caza** de patos. (del verbo *cazar*)

Mis tíos tienen una **casa** en el campo. (hogar)

Yo **echo** la basura en el contenedor. (del verbo *echar*)

Ése fue el lugar donde ocurrió el **hecho**. (algo que ha pasado)

Los *homógrafos* son palabras que se escriben igual, pero tienen significados diferentes.

Ejemplos:

Como no llegaste a tiempo, no nos encontraste. (porque)

Yo **como** muchas frutas y vegetales. (del verbo *comer*)

¡**Vaya** casa que tienen los padres de mi mejor amiga! (qué)

Quizás **vaya** a pasar el verano allí. (del verbo *ir*)

AHORA TE TOCA A TI

¿Qué pares de palabras te confunden a ti? Las palabras pueden ser homófonos, homógrafos o palabras que suenan de forma parecida.

1. Haz una lista de al menos cuatro palabras.
2. Usa un diccionario o un libro de gramática para buscar la definición de cada una.
3. Usa cada palabra en una oración.

SUGERENCIA

Cuando uses palabras de fácil confusión, asegúrate de hablar de forma clara para que los demás te entiendan.

CAPÍTULO 30

Taller de escritura

Informe de investigación

MODELO DE LITERATURA

ESCRITOR PREMIADO

Ya sabes que un informe de investigación da datos sobre un tema. El escritor busca sus datos en varios sitios. En este informe de investigación, Gail Gibbons escribe sobre los faros. Al leer, fíjate en los datos que ella da sobre la historia de los faros.

Haces de luz: Los faros

por Gail Gibbons

Los faros sirven para que los barcos y navíos puedan ir de un lugar a otro sin peligro. Les avisan de la presencia de rocas y arrecifes peligrosos, salientes de tierra que no se ven, bancos de arena y entradas angostas al puerto.

Las primeras luces usadas para guiar barcos eran hogueras enormes que ardían en las cimas de las colinas. En algunas partes, los marineros trataban de ver puntos de referencia en tierra, como los volcanes, que resplandecían en la noche. Durante miles de años, las fuentes luminosas no cambiaron demasiado. Cuando se construyeron los primeros faros, muchos eran torres de piedra con fogatas en la cima.

357

CAPÍTULO 30
Informe de investigación

El primer faro construido en Norteamérica fue el *Boston Light*, que data de 1716. Desde la isla de Little Brewster guiaba a los barcos en su salida y entrada al puerto de Boston. En el transcurso de los cien años siguientes se construyeron muchos faros más. La mayoría eran redondos y más angostos arriba, haciéndolos más resistentes al viento y a las tormentas marinas. El foco de luz se colocaba bien alto para facilitar su visión desde lejos.

Boston Light

Estos primeros faros tenían una lámpara de mecha quemada por aceite de ballena o de pescado. Los faroleros aprendieron a aumentar la luz del faro colocando reflectores detrás del fuego.

En 1782, un científico suizo llamado Aimé Argand inventó una lámpara más potente. Tenía una mecha circular. Cuando comenzó a escasear el aceite de ballena, usó aceite de colza y luego queroseno. La luz de los faros sólo era visible hasta unas pocas millas aunque la noche estuviera despejada.

Entonces, en 1822 se inventó el primer lente moderno para faros. El inventor fue un francés llamado Augustin Fresnel, y encontró la manera de aumentar la potencia de la luz usando prismas. Los prismas del lente doblaban el haz de luz, concentrándolo. Así se veía a muchas millas de distancia. En 1841 se instaló el primer lente de Fresnel en un faro estadounidense. Su luz se veía en la noche a veinte millas de distancia.

La parte superior del faro es como un farol gigante. Una escalera de caracol sube hasta arriba. Años atrás, los torreros tenían que subir y bajar por esta escalera constantemente para mantener bien el faro. Había que recortar la mecha quemada para que el faro no humeara. A los torreros se les llamaba *recortamechas*.

CAPÍTULO 30
Informe de investigación

Los torreros y sus familias estaban siempre ocupados limpiando y sacando brillo a los lentes, haciendo relucir todo el cobre del faro y quitando el hollín de las ventanas de la torre. La vivienda del torrero estaba pegada o cerca del faro. También había otras casas junto al faro. Todo cuanto rodeaba al faro, y el interior del mismo, se mantenía limpio. Todos estos edificios necesitaban mantenimiento y a menudo una mano de pintura. Era un trabajo duro.

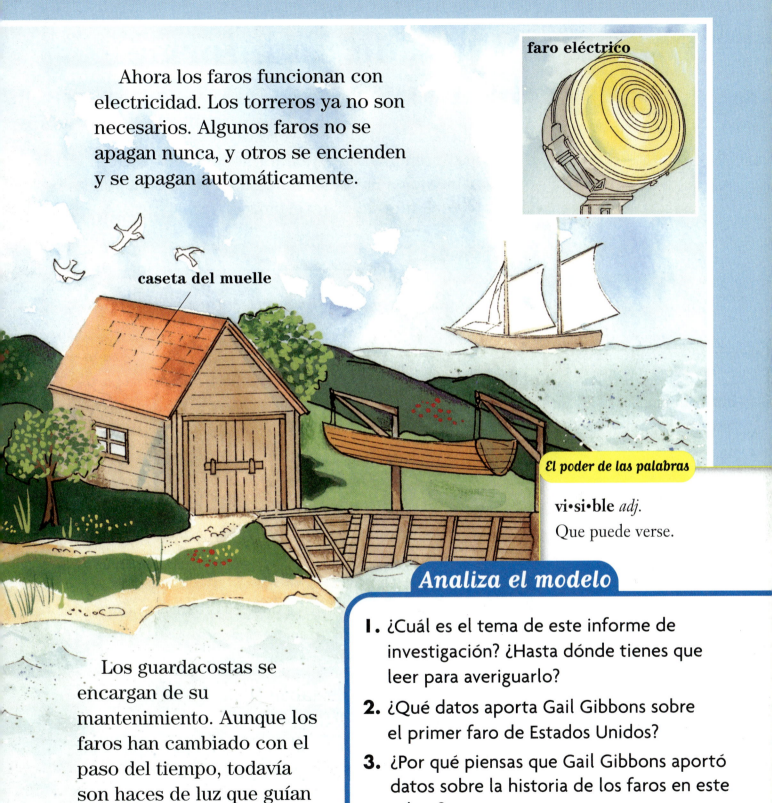

Ahora los faros funcionan con electricidad. Los torreros ya no son necesarios. Algunos faros no se apagan nunca, y otros se encienden y se apagan automáticamente.

faro eléctrico

caseta del muelle

Los guardacostas se encargan de su mantenimiento. Aunque los faros han cambiado con el paso del tiempo, todavía son haces de luz que guían y advierten de los peligros y nos recuerdan el pasado.

El poder de las palabras

vi·si·ble *adj.*
Que puede verse.

Analiza el modelo

1. ¿Cuál es el tema de este informe de investigación? ¿Hasta dónde tienes que leer para averiguarlo?
2. ¿Qué datos aporta Gail Gibbons sobre el primer faro de Estados Unidos?
3. ¿Por qué piensas que Gail Gibbons aportó datos sobre la historia de los faros en este relato?
4. ¿Qué datos aporta sobre los faros de hoy?

361

CAPÍTULO 30

Informe de investigación

LA LECTURA Y LA ESCRITURA

Partes de un informe de investigación

Gail Gibbons investigó sobre los faros y escribió los datos que aprendió. Lee este informe de investigación que escribió una alumna llamada Lita. Presta atención a las partes del informe de investigación.

MODELO

introducción/ tema principal —

      Niños y niñas que ayudan
   En los Estados Unidos, Puerto Rico y las Islas Vírgenes existen más de 1,200 clubes de niños y niñas. Las comunidades organizan estos clubes para que los jóvenes tengan lugares seguros y buenos adonde ir. Formar parte de estos clubes no cuesta mucho dinero, así es que casi cualquier niño o niña puede inscribirse.

subtema —

   Los clubes ofrecen actividades para después de la escuela para los alumnos cuyos padres trabajan. Los niños y niñas practican deportes y hacen trabajos manuales en los clubes. También aprenden sobre diferentes profesiones y ayudan dentro de sus comunidades. Las destrezas que aprenden los niños y niñas en los clubes les ayudan a llevar una vida próspera.

datos y detalles de apoyo —

subtema —

   Los clubes han crecido con los años. Los primeros clubes comenzaron en la década de 1860, y eran sólo para niños. Más adelante, las niñas pudieron inscribirse también. Hoy, los clubes ayudan a un millón y medio de

datos y detalles de apoyo —

jóvenes aproximadamente.

Aunque han cambiado en algunos aspectos, los clubes de niños y niñas siguen ayudando a los jóvenes a prepararse para el futuro. Estos clubes se encuentran en muchas comunidades, desde las grandes ciudades hasta los pueblos pequeños. ¡A lo mejor tienes uno cerca de tu casa!

— conclusión

Analiza el modelo

1. ¿Quiénes piensas que son los lectores del informe de Lita?
2. ¿Qué datos menciona Lita para presentar su tema?
3. ¿Qué datos sobre los clubes de niños y niñas encontró Lita en su investigación?

Resume el modelo

Usa un esquema para hacer una lista de los datos importantes que Lita aportó en su informe. Mira el capítulo 27 si necesitas recordar el formato de un esquema. Escribe un punto principal para cada párrafo del reporte de Lita. Luego pon los datos de cada párrafo debajo del punto principal correspondiente. Cuando termines tu esquema, úsalo para escribir un resumen del informe de Lita.

Tema:
I. Introducción
   A.
   B.
II.
   A.
   B.

CAPÍTULO 30

Informe de investigación

Antes de escribir

Propósito y audiencia

Para obtener más información sobre un tema puedes investigarlo. En este capítulo, compartirás lo que aprendas sobre una profesión escribiendo un informe de investigación sobre ella.

TEMA DE ESCRITURA Escribe un informe de investigación sobre una profesión que sea importante dentro de la comunidad y compártelo con tus compañeros de clase. Comiénzalo con un párrafo que presente tu tema. Tu informe debe incluir al menos dos subtemas y dos detalles de apoyo. No olvides escribir también un párrafo de conclusión.

Antes de comenzar, piensa cuál va a ser el propósito y la audiencia de tu informe. ¿Qué partes debería incluir tu informe? ¿Quién será tu audiencia?

Estrategias que usan los buenos escritores

- Decide quién será tu audiencia.
- Decide cuál será el propósito de tu informe.
- Incluye datos que informen a tu audiencia.

MODELO

Lita escogió el tema de los clubes de niños y niñas. Luego investigó. Anotó todos sus datos en un esquema para organizar sus ideas. Aquí tienes la primera parte de su esquema.

```
Tema: Clubes de niños y niñas
  I. Introducción
     A. 1,200 clubes
     B. organizados por las
        comunidades
     C. lugares seguros
     D. baratos
 II.   Actividades
```

AHORA TE TOCA A TI

Escoge la profesión sobre la cual quieres escribir. Investiga en uno o más libros. Toma notas de los datos importantes. Luego organiza tus notas en un esquema.

Borrador

CAPÍTULO 30

Informe de investigación

Organización y elaboración

Sigue estos pasos para organizar tu informe de investigación:

PASO 1 Presenta tu tema

Presenta tu tema principal en el primer párrafo.

PASO 2 Organiza los subtemas

Decide cómo ordenar los subtemas que has investigado.

PASO 3 Añade datos y detalles de apoyo

Añade datos y detalles que apoyen tus subtemas.

PASO 4 Termina con un resumen

Resume los puntos principales en el último párrafo.

MODELO

Aquí tienes el primer párrafo del informe de investigación de Lita. ¿Qué datos interesantes incluye?

> En los Estados Unidos, Puerto Rico y las Islas Vírgenes existen más de 1,200 clubes de niños y niñas. Las comunidades organizan los clubes para que los jóvenes tengan lugares seguros y buenos adonde ir. Formar parte de estos clubes no cuesta mucho dinero, así es que casi cualquier niño o niña puede inscribirse.

AHORA TE TOCA A TI

Escribe el borrador de tu informe. Usa el esquema que hiciste.

Estrategias que usan los buenos escritores

- Presenta tu tema con datos interesantes.
- Escribe otros datos para apoyar tus subtemas.
- Termina con un párrafo de conclusión.

 Usa una computadora para escribir tu borrador. Puedes usar la tecla para borrar (Delete) para eliminar las oraciones que decidas escribir de nuevo.

365

CAPÍTULO 30

Informe de investigación

Revisar

Organización y elaboración

Vuelve a leer tu borrador y piensa en estas preguntas:

- ¿Cómo puedo hacer mi comienzo más interesante?
- ¿Tiene sentido el orden de mis subtemas?
- ¿Qué datos puedo añadir para apoyar mejor mis subtemas?
- ¿Cómo puedo hacer que mi final sea más sólido?

MODELO

Aquí tienes otra parte del informe de investigación de Lita. Fíjate en que usó varias palabras muy precisas. También añadió una oración con más ejemplos.

> Los clubes ofrecen actividades para después de la escuela a los alumnos cuyos padres trabajan. Los niños y niñas practican deportes y hacen ~~cosas~~ *trabajos manuales* en los clubes. *También aprenden sobre diferentes profesiones y* Las destrezas que aprenden *ayudan dentro de sus comunidades.* los niños y niñas en los clubes les ayudan a llevar una vida ~~buenas~~ *próspera*.

Estrategias que usan los buenos escritores

- Incluye datos que resulten interesantes para tu audiencia.
- Sustituye las palabras poco interesantes con otras más exactas.

💻 Usa las opciones de cortar (Cut) y pegar (Paste) para reorganizar tus datos.

AHORA TE TOCA A TI

Ahora revisa tu informe. Piensa en los datos que podrías añadirle para explicar mejor tus subtemas.

Corregir

CAPÍTULO 30

Informe de investigación

Revisar el uso del idioma

Corregir te sirve para encontrar y resolver los errores gramaticales, ortográficos, de puntuación y de mayúsculas. Si tu informe no contiene errores, tus lectores podrán leerlo más fácilmente.

MODELO

Una vez revisado su informe de investigación, Lita lo corrigió. Aquí tienes otra parte de su informe. ¿Qué faltas de ortografía corrigió? ¿Qué errores de otro tipo corrigió?

> Los clubes han ~~cresido~~ *crecido* con los ñaos. Los primeros clubes comenzaron en la década de 1860, y ~~fueron~~ *eran* ~~solo~~ *sólo* para niños. Más adelante, las niñas pudieron ~~iscribirse~~ *inscribirse* también. hoy, los clubes ayudan a un millón y medio de jóvenes aproximadamente.

AHORA TE TOCA A TI

Ahora corrige la versión revisada de tu informe de investigación. Pide a un compañero que lo lea también para tratar de encontrar errores. Fíjate bien en
- **los errores de gramática.**
- **los errores de ortografía.**
- **los errores en las mayúsculas y minúsculas.**

Estrategias que usan los buenos escritores

- Busca las palabras que no sepas escribir.
- Ten cuidado con las palabras que se confunden fácilmente, como solo y sólo.

Marcas editoriales

- ℘ Borrar texto
- ∧ Añadir texto
- ∂ Mover texto
- ¶ Párrafo nuevo
- ≡ Mayúscula
- / Minúscula
- ○ Corregir ortografía

367

CAPÍTULO 30

Informe de investigación

Publicar

Compartir tu trabajo

Ahora vas a compartir tu informe con tu audiencia. Usa estas preguntas al decidir la mejor manera de publicarlo:

1. ¿Quién es tu audiencia?

2. ¿Debes escribir el ensayo en una computadora o a mano? ¿Debes escribirlo en letra de molde o en cursiva?

3. ¿Crees que una presentación de multimedios sería una forma interesante de presentar tu informe? Usa los pasos que aparecen en la página 369.

Reflexionar sobre lo escrito

 Usar tu portafolio ¿Qué aprendiste sobre lo que escribiste en este capítulo? Escribe tu respuesta a las siguientes preguntas.

1. ¿La sección de Antes de escribir te ayudó a hacer tu informe de investigación? ¿Cómo?

2. ¿Qué tipo de errores cambiaste al corregir tu texto?

Coloca tus respuestas y tu informe de investigación en tu carpeta. Luego observa los diferentes trabajos escritos que hay en tu carpeta y léelos. ¿Cuál es el mejor trabajo? Escribe una o dos oraciones explicando cómo han mejorado tus escritos.

USANDO TU Manual

• Usa las pautas de la página 500 para evaluar tu informe.

Presentación de multimedios

TECNOLOGÍA

Las presentaciones de multimedios comprenden varios medios de comunicación, como ilustraciones, videos, música o actuación. Después de pensarlo un rato, Lita decidió compartir su informe con su clase haciendo una presentación de multimedios. Lee estos pasos para seguir su ejemplo.

PASO 1 Decide qué componentes de multimedios pueden servirle a tu audiencia para comprender tu informe mejor. ¿Puedes usar fotos, dibujos, videos y música? ¿Puedes representar alguna parte de tu informe actuando?

PASO 2 Consigue permiso para usar los aparatos que necesites, como una casetera o una videocasetera. Si necesitas "actores", pide voluntarios de tu clase.

PASO 3 Planifica cuándo usarás los distintos medios en tu presentación. Prepáralos de antemano.

PASO 4 Organiza tu presentación. Escribe notas con lo que vayas a decir. Ensaya tu presentación.

PASO 5 Al final de tu presentación, responde a las preguntas que te hagan tus compañeros de clase.

Estrategias para la *presentación de multimedios*

- Escoge componentes que toda tu audiencia pueda ver y escuchar.
- Aprende a usar todos los aparatos antes de tu presentación. Practica el uso de todos los componentes.
- Asegúrate de que todos los aparatos que vayas a usar funcionen correctamente.

Unidad 5
Repaso de gramática
CAPÍTULO 25
Más sobre los adjetivos
páginas 308–317

Artículos *páginas 308–309*

A. Elige el artículo correcto que está entre paréntesis ( ) en cada oración.

1. Los becerros nacen en (una, la) primavera.
2. (Un, Unos) veterinario examina los recién nacidos.
3. El doctor trae (unos, un) ayudante.
4. (Los, Un) becerros están saludables.
5. El nacimiento fue toda (un, una) aventura.

Apócope del adjetivo *páginas 310–311*

B. Elige el adjetivo correcto que está entre paréntesis ( ) para completar cada oración.

6. Hubo una (gran, grande) cosecha este año.
7. Éste ha sido el (primer, primero) año en varios que no ha habido sequía.
8. El año pasado fue un año (mal, malo).
9. Mis tíos tienen un (grande, gran) campo de maíz.
10. La agricultura es una (buen, buena) industria para el país.

Adjetivos comparativos y superlativos *páginas 312–313*

C. Escribe la forma comparativa correcta del adjetivo que está entre paréntesis.

11. Nuestras ovejas producen la lana (suave) del mundo.
12. Nuestra lana es (buena) que las de otras granjas ovejeras.
13. Estos corderos parecen ser (activos) que ésos.
14. Son (juguetones) que los otros corderos.
15. La lana de otros lugares es (mala) que la nuestra.

370

Adverbios *páginas 318–319*

Unidad 5
Repaso de gramática
CAPÍTULO 26

Adverbios
páginas 318–327

A. Escribe el adverbio que dice *cómo* ocurre la acción de cada oración.

1. Mi gatito salió corriendo rápidamente.
2. Se subió fácilmente al tejado.
3. Maulló muy fuerte cuando no se pudo bajar.
4. Mi vecino, el Sr. Kwan, llamó suavemente al gatito.
5. El gatito le saltó ansiosamente a los brazos.

Adverbios de lugar y tiempo *páginas 320–321*

B. Escribe el adverbio que dice *cuándo* y *dónde* ocurre la acción de cada oración.

6. Linda visita la biblioteca frecuentemente.
7. Le gusta ir allí con su mejor amiga.
8. Buscan libros buenos dondequiera.
9. Pronto encuentran tres cuentos interesantes.
10. Ahora Linda está lista para irse a casa.

Adverbios de cantidad *páginas 322–323*

C. Escribe el adverbio que dice *cuánto* ocurre la acción de cada oración.

11. El carro estaba corriendo demasiado.
12. El policía se le pudo acercar bastante.
13. La sirena sonó mucho.
14. Nunca me había asustado tanto.
15. Luego no me preocupé más.

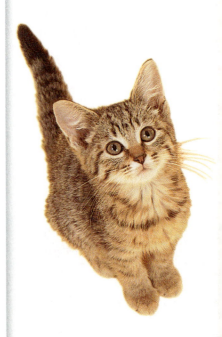

Unidad 5
Repaso de gramática
CAPÍTULO 28
Más sobre adverbios y adjetivos
páginas 336–345

¿Adjetivo o adverbio? *páginas 336–337*

A. Escribe si la palabra subrayada es un adjetivo o un adverbio. Luego escribe el sustantivo o verbo que describe.

1. Fui <u>temprano</u> al museo nuevo.
2. Había <u>muchísimas</u> pinturas.
3. Escogí <u>algunos</u> recuerdos en la tienda del museo.
4. El museo <u>antiguo</u> era mucho más pequeño.
5. "Vuelvan pronto", dijo <u>alegremente</u> la guía turística.

El lugar del adverbio en las oraciones *páginas 338–339*

B. Escribe el adverbio que está entre paréntesis ( ) en cada oración. Coloca el adverbio en un lugar diferente de la oración.

6. (regularmente) Los turistas visitan nuestra ciudad.
7. (más) Lo que les gusta es el nuevo museo de las ciencias.
8. (dondequiera) Hay lugares interesantes.
9. (ahora) El museo nuevo está abierto.
10. (pronto) Vendrán más visitantes.

Más, menos, mucho y poco *páginas 340–341*

C. Escribe si la palabra subrayada es un adjetivo o un adverbio. Luego escribe el sustantivo o verbo que describe.

11. Hacen falta <u>muchos</u> voluntarios para limpiar el parque.
12. Ya lo han limpiado un poco, pero hace falta limpiarlo <u>más</u>.
13. Cuesta <u>mucho</u> trabajo limpiarlo.
14. Cuesta <u>menos</u> si todos cooperan.
15. Hay <u>poco</u> espacio en la ciudad para los parques, y hay que cuidarlos.

372

Unidad 5
Repaso de gramática
CAPÍTULO 29
Problemas ortográficos
páginas 346–355

La *b* y la *v*, la *ll* y la *y*   páginas 346–349

A. Completa cada oración con la palabra correcta que está entre paréntesis ( ).

1. Es una tienda muy (vuena, buena).
2. Vi muchas (abes, aves) exóticas allí.
3. Le compré unos juguetes (nuevos, nuebos) a mi perro.
4. El supermercado queda al cruzar la (calle, caye).
5. Podemos hacer un fricasé de (pollo, poyo) esta noche.

La *g* y la *j*   páginas 348–349

B. Completa cada oración con la palabra correcta que está entre paréntesis ( ).

6. El dueño es todo un (personage, personaje).
7. Siempre (corrije, corrige) a los cajeros si no son amables.
8. Hay revistas de (jeografía, geografía).
9. Los empleados tienen que (recoger, recojer) las devoluciones.
10. No quiero que (deje, dege) de venir a este supermercado.

La *s*, la *c* y la *z*   páginas 350–351

C. Completa cada oración con la palabra correcta que está entre paréntesis ( ).

11. Viajamos a un pueblo que queda (cerca, serca) del mar.
12. Mi mamá iba (condusiendo, conduciendo).
13. Yo quería ver los botes (pezqueros, pesqueros).
14. Sentimos la (briza, brisa) marina que nos acariciaba.
15. Comimos pescado fresco junto al (océano, oséano).

373

Unidad 5
Conclusión

Escribir sobre otras materias: Estudios sociales

Historia oral

¿Cómo es tu vecindario? ¿Cómo era hace muchos años? ¿Cómo ha cambiado? Busca un vecino que haya vivido en tu vecindario por muchos años. Pídeles permiso a tus padres o a la persona que te cuida para entrevistar al vecino. Podrías aprender muchas cosas acerca de la historia de tu vecindario. Los pasos que siguen te ayudarán.

Busca un vecino para entrevistar

- Pide a los miembros de tu familia que te ayuden a decidir a quién entrevistar.

- Fija una cita con tu vecino. Decidan la fecha y la hora.

- Piensa en tomar notas durante la entrevista. Pide permiso si quieres grabar la entrevista.

Hazle preguntas a tu vecino acerca de tu vecindario

Hazle las siguientes preguntas a tu vecino:

- ¿Qué aspecto tenía el vecindario cuando usted se mudó aquí?

- ¿Quién vivía en el vecindario? ¿En qué trabajaban?

- ¿Qué tipos de negocios y casas había aquí?

- ¿Qué cambios importantes han ocurrido en nuestra comunidad?

- ¿Qué aspectos del vecindario han permanecido iguales?

Haz un informe de tu vecindario

- Usa las notas de la entrevista para escribir un informe. Da información acerca del vecino que entrevistaste. Explica lo que dijo.

- Publica tu informe en un boletín de la clase o en el sitio de Internet de tu clase. Envíaselo por correo electrónico a las personas de tu vecindario.

Libros de lectura

Hablemos de cambios y distancias
por Maria Martínez I Vendrell
FICCIÓN
Blas y su familia se mudan a una granja. Aunque todos allí son amables, él no está a gusto, entonces decide tomar el tren para ir a la ciudad y visitar a sus viejas amistades.

Mira cómo salen las estrellas
por Riki Levinson
FICCIÓN
Una niña escucha un relato de su abuela. El relato cuenta la historia de unos hermanos que emprenden un largo viaje en barco para reunirse con su familia.

Unidad 6

Gramática Uso y puntuación

Escritura Expresiva

CAPÍTULO 31
Palabras negativas e indefinidas..... 378

CAPÍTULO 32
Comas y dos puntos............... 388

CAPÍTULO 33
El arte de escribir:
Elaboración
Escribir un estudio de un personaje 398

CAPÍTULO 34
Comillas y diálogos 406

CAPÍTULO 35
Títulos........................... 416

CAPÍTULO 36
Proceso de escritura
Escribir un cuento................. 426

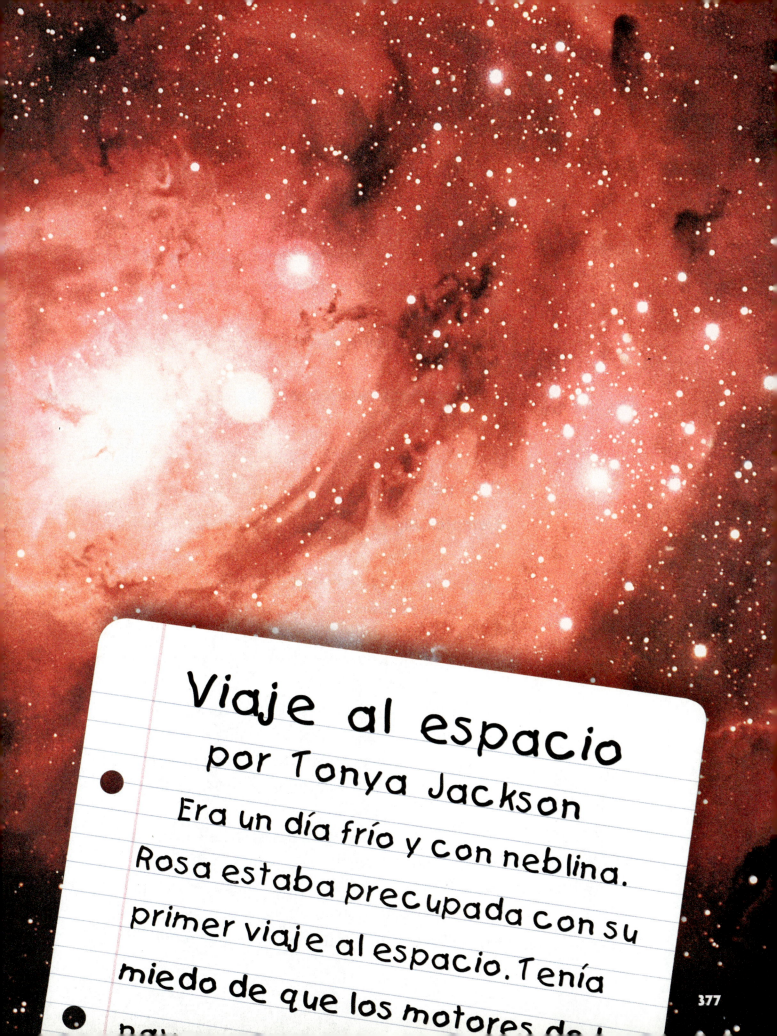

Viaje al espacio
por Tonya Jackson

Era un día frío y con neblina. Rosa estaba precupada con su primer viaje al espacio. Tenía miedo de que los motores de l

CAPÍTULO 31

Palabras negativas e indefinidas

Palabras negativas

Las palabras *no*, *nunca* y *jamás* son **palabras negativas**.

Las palabras *no*, *nunca* y *jamás* son adverbios que cambian el significado de la oración.

Ejemplos:

Creo que **no** hay tema más importante que las ciencias.

Jamás tendríamos la electricidad ni la televisión sin las ciencias.

Nunca entenderíamos el mundo sin las ciencias.

Práctica dirigida

A. Di la palabra negativa de cada oración.

Ejemplo: Algunas personas no conocen las ciencias.
    no

1. Las ciencias no tratan de una sola cosa.
2. Jamás podrías saber todo acerca de las ciencias con sólo leer un libro.
3. Las ciencias nos dan respuestas que no teníamos antes.
4. Es posible que nunca lleguemos a entender algunas cosas.
5. Algunas cosas no son fáciles de entender.
6. Jamás debes pensar que ya se ha descubierto todo en el mundo.
7. El mundo natural nunca deja de sorprendernos.
8. Los datos científicos no son opiniones.
9. Las ideas científicas no se pueden usar hasta que los científicos las comprueban.
10. Un experimento que no se puede repetir no sirve.

El poder de las palabras

in·ves·ti·gar *v.* Estudiar algo a fondo para hallar los datos y los detalles.

Práctica individual

B. Escribe la palabra negativa de cada oración.

Ejemplo: ¿No crees que Thomas Edison fue un gran inventor?
No

11. Thomas Edison nunca fue un buen estudiante.
12. Su mamá no se preocupó y le enseñó todo lo que sabía.
13. De niño, Edison no paraba de leer libros.
14. Jamás tuvo miedo de hacer experimentos.
15. Los problemas auditivos no desanimaron al joven Edison.
16. Uno de sus primeros inventos jamás se llegó a usar.
17. Aun así, Edison nunca se rindió.
18. La mayor parte de los hogares no tenían electricidad cuando Edison inventó la luz eléctrica.
19. ¡Yo jamás podría vivir sin energía eléctrica!
20. El invento favorito de Edison fue el fonógrafo, y no la luz eléctrica.

> **Recuerda**
> que las palabras negativas como *no*, *nunca* y *jamás* son adverbios que cambian el significado de la oración.

Conexión con la escritura

Diario de un escritor: Ideas para cuentos Piensa en un personaje para un cuento acerca de un científico. Escribe el nombre del personaje en el centro de una red. Luego describe al personaje usando palabras negativas, como: "Ella nunca adivina las cosas a ciegas". Escribe esas oraciones en ramales de la red. Usa las ideas de la red para escribir una descripción del personaje.

CAPÍTULO 31

Palabras negativas e indefinidas

Adjetivos indefinidos

Algunos adjetivos indican una cantidad que no es exacta o se refieren a un sustantivo en forma poco clara. Por esta razón se les llama **indefinidos**.

Los adjetivos indefinidos concuerdan en género y número con el sustantivo que describen.

Singulares	Plurales
algún/alguna	algunos/algunas
ningún/ ninguna	ningunos/ ningunas
todo/toda	todos/todas
cierto/cierta	ciertos/ciertas
otro/otra	otros/otras
cualquier	cualesquier/cualesquiera

Ejemplos:

Siempre hacemos **algunos** experimentos.

Ciertas pruebas son más útiles que otras.

Práctica dirigida

A. Di cuál es el adjetivo indefinido de cada oración. Luego di el sustantivo que describe.

Ejemplo: Gracias a los hermanos Wright, otras personas comenzaron a viajar en avión.
otras, personas

1. Ellos intentaron inventar alguna máquina voladora.
2. Tuvieron que superar algunos fracasos.
3. Tenían que probar todo aparato que inventaran.
4. Ciertas personas pensaban que ellos nunca lograrían volar.
5. Pero estaban dispuestos a hacer cualquier cosa.

Práctica individual

B. Lee cada oración. Si el adjetivo indefinido concuerda con el sustantivo, escribe *correcto*. Si no concuerda, escribe la oración correctamente.

Ejemplo: Algunos día quisiera ser científica.
Algún día quisiera ser científica.

6. Debes hacer alguna experimento para saber lo que es la ciencia.
7. Te puede pasar cualesquiera cosa si trabajas solo en el laboratorio.
8. Ciertos experimentos son espectaculares.
9. Otras experimentos tardan mucho en tener un efecto.
10. Algunos científicas se dedican a hacer experimentos de química.
11. Todas científico tiene que ser muy paciente.
12. Hay ciertas ramas de las ciencias que son más complicadas que otras.
13. Ninguno tema científico es aburrido si se entiende.
14. Todos estudiante debe aprender a hacer experimentos.
15. Cierto colegios tienen laboratorios grandes.

Recuerda

que algunos adjetivos como *algún, todo, cierto, otro* y *cualquier* son indefinidos. Indican una cantidad que no es exacta o se refieren a un sustantivo en forma poco clara. Concuerdan en género y número con el sustantivo que describen.

Conexión con la escritura

El arte de escribir: Punto de vista Elige un grupo de objetos que tengan algo en común. Obsérvalos como si fueras un científico. Descríbelos usando palabras indefinidas, por ejemplo:

"Algunos objetos son _____.
Otros objetos _____".

Usa esas ideas para escribir un párrafo descriptivo acerca de esos objetos.

CAPÍTULO 31

Palabras negativas e indefinidas

Más sobre las palabras negativas

Las palabras negativas sirven para cambiar el significado de una oración a lo opuesto.

Ya conoces varios tipos de palabras negativas. Otras palabras negativas son pronombres como *nadie* y *nada*.

Ejemplos:
Nadie trabaja solo en el campo de las ciencias.
A veces no necesitas **nada** para hacer ciencia excepto los ojos para observar.

Compara las palabras negativas y las palabras positivas de la siguiente tabla.

Palabras negativas	Palabras positivas
no	sí
nadie	alguien, todos
nada/ningún/ninguno	todo
nunca	siempre, a veces

Práctica dirigida

A. **Convierte cada oración en una oración negativa para que tenga sentido. Di la palabra negativa que puede sustituir la palabra subrayada.**

Ejemplo: Alguien tiene que decirte que las ciencias son divertidas.   *Nadie*

1. Puedes usar un libro de experimentos si algún adulto puede ayudarte.
2. Siempre sabes los datos interesantes que hallarás en un libro.
3. No hay algo más interesante que descubrir datos nuevos.
4. Sí debes usar el laboratorio si nadie puede ayudarte.
5. Nunca rechaces toda oportunidad de investigar la naturaleza.

Práctica individual

B. Convierte cada oración en una oración negativa para que tenga sentido. Escribe la oración con una palabra negativa que sustituya la palabra subrayada.

Ejemplo: <u>Siempre</u> he estudiado química.
Nunca he estudiado química.

6. ¿<u>Sí</u> has oído hablar de George Washington Carver?
7. No podía investigar <u>algo</u> que no fueran las plantas y los animales.
8. Cuando era niño, él no conocía a <u>alguien</u> que fuera científico.
9. <u>Siempre</u> tenía tiempo libre para ir a la escuela.
10. A los diez años se dio cuenta de que no podía aprender <u>algo</u> más en la granja donde vivía.
11. No tenía <u>algún</u> conocido que lo ayudara a estudiar.
12. <u>Alguna</u> universidad lo quería aceptar.
13. Aun así, George Washington Carver <u>siempre</u> se dio por vencido.
14. No dejó que <u>algo</u> lo detuviera, y se graduó en ciencias en 1896.
15. <u>Sí</u> debemos darnos por vencidos ante los obstáculos.

> **Recuerda**
> que las palabras negativas como *no, nunca, jamás, ninguno, ninguna, nadie* y *nada*, sirven para cambiar el significado de una oración a lo opuesto.

Conexión con la escritura

Escritura de la vida real: Anuncio Escribe un anuncio de un producto que podría ser útil para un científico. Usa palabras positivas y negativas en el anuncio. Luego intercambia el anuncio con un compañero. Corrijan cualquier error que tengan los anuncios y luego léanlos en la clase.

CAPÍTULO 31
Palabras negativas e indefinidas

Práctica adicional

A. Escribe la palabra negativa de cada oración.
páginas 378–381

Ejemplo: ¿No conoces al científico Elroy Rodríguez?
No

1. La familia de Elroy Rodríguez nunca fue rica.
2. Elroy jamás dejó de estudiar.
3. En la escuela ningún maestro le enseñó que las plantas pueden curar a la gente.
4. Aprendió de su familia que hay otras medicinas curativas.
5. El Dr. Rodríguez sabe que las plantas de chile pueden ayudar a curar a las personas que no se encuentran bien.

B. Escribe el adjetivo indefinido adecuado de la casilla para completar cada oración.
páginas 380–381

Ejemplo: ¿Has oído hablar del científico Zorro Astuto _____ vez?
alguna

cierto   cierta   toda   otra   cualquier

6. Zorro Astuto no pudo ir a la escuela hasta que llegó a _____ edad.
7. Pero cuando llegó a la escuela aprovechó _____ oportunidad para estudiar.
8. Aprovechó también al máximo _____ oportunidad de estudio a lo largo de su vida.
9. Él piensa que actualmente no existen prácticas de producir energía sin hacerle _____ daño a la tierra.
10. Por eso está abocado a la tarea de crear _____ forma de energía menos dañina.

Recuerda

que las **palabras negativas** como *no*, *nunca* y *jamás* cambian el significado de la oración. Algunos adjetivos como *algún*, *ningún*, *todo*, *cierto*, *otro* y *cualquier* son negativos o indefinidos. Indican una cantidad que no es exacta o se refieren a un sustantivo en forma poco clara. Concuerdan en género y número con el sustantivo que describen.

Para hallar más actividades con las palabras negativas e indefinidas, visita **The Learning Site:**
www.harcourtschool.com

C. Escribe cada oración con una palabra negativa que sustituya la palabra subrayada. *páginas 382–383*

Ejemplo: Robert Jones <u>siempre</u> dejaba de hacer preguntas cuando era niño.
Robert Jones nunca dejaba de hacer preguntas cuando era niño.

11. <u>Sí</u> tenía un juego de química, así que inventaba sus propios experimentos.
12. Inventaba cosas que <u>alguien</u> se había imaginado jamás.
13. No había <u>algo</u> que le gustara más que los inventos.
14. En <u>algún</u> momento se dio por vencido en la unversidad.
15. Jones <u>siempre</u> dudó que llegaría a ser científico.
16. Se preguntaba si no habría <u>alguna</u> manera mejor de cultivar las cosechas.
17. Los inventores <u>siempre</u> pueden olvidar los datos científicos.
18. <u>Algún</u> inventor puede crear su invento sin saber por qué funciona.
19. <u>Alguien</u> debe estar satisfecho con lo que ya sabe.
20. Si no hacemos avances científicos, no descubriremos <u>algo</u> nuevo.

> **Recuerda**
> que las palabras negativas como *no, nunca, ninguno, ninguna, nadie* y *nada*, sirven para cambiar el significado de una oración a lo opuesto.

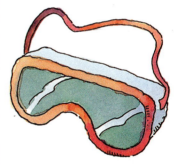

Conexión con la escritura

Ciencias Imagina que eres un científico y que acabas de inventar un tipo de zapato nuevo que ayuda a las personas a llegar más rápidamente a los lugares. Describe lo que funcionó y lo que no funcionó cuando hiciste los experimentos. Explica lo que pueden hacer y lo que no pueden hacer los zapatos. Usa varias palabras negativas en la descripción.

CAPÍTULO 31

Palabras negativas e indefinidas

Repaso del capítulo

Lee el párrafo. Elige la mejor manera de escribir cada parte subrayada y marca la letra de tu respuesta. Si la parte subrayada no necesita cambios, marca la respuesta "No hay error".

(1) ¿<u>Ninguna</u> has pensado acerca de los inventos que te rodean? Un invento comienza con una idea, pero casi (2) <u>siempre</u> termina allí el proceso. Cuesta mucho trabajo inventar cosas nuevas. (3) <u>Ningunos inventores</u> trabajan en laboratorios. (4) <u>Otra trabajan</u> en la mesa de la cocina o en el sótano de su casa. (5) <u>Algunos inventores</u> se vuelven ricos enseguida con sus inventos. (6) Pero hay otros inventos que a <u>algún</u> le interesan al principio.

1   **A**   Alguna
     B   Alguna vez
     C   Nada
     D   No hay error

2   **F**   ningún
     G   nunca
     H   algún
     J   No hay error

3   **A**   Algo inventores
     B   Nadie inventores
     C   Algunos inventores
     D   No hay error

4   **F**   Otros trabajan
     G   Todo trabaja
     H   Alguien trabajan
     J   No hay error

5   **A**   Nunca inventores
     B   No inventores
     C   Ningún inventores
     D   No hay error

6   **F**   nadie
     G   no
     H   nada
     J   No hay error

SUGERENCIA

Lee las instrucciones con atención. Asegúrate de entender exactamente lo que debes hacer.

Para hallar más actividades con las que prepararte para las pruebas, visita *The Learning Site:*
www.harcourtschool.com

Comparar imágenes

A veces los artistas dibujan imágenes para que las palabras de un escritor se puedan entender mejor. Al escoger imágenes para un cuento, es importante seleccionar las que mejor correspondan con el cuento o con los personajes.

Imagina que un escritor creó un cuento cómico acerca de un científico. Al científico le encanta su trabajo, pero siempre comete muchos errores. Esto es porque hace todo al revés. Si fueras el escritor del cuento, querrías tal vez comparar los siguientes dibujos y decidir cuál corresponde mejor con tu cuento. Sigue estos tres pasos para comparar los dibujos:

1. Enumera los aspectos en los que se parecen los dibujos.
2. Enumera los aspectos en los que se diferencian los dibujos.
3. Observa las listas que escribiste. Decide qué dibujo corresponde mejor con el personaje que se describe en el cuento.

AHORA TE TOCA A TI

Escribe un párrafo breve acerca de un científico. Crea tres dibujos rápidos de la persona que has imaginado. Luego, intercambia tus dibujos y el párrafo que escribiste con los de un compañero. Usa los pasos de arriba para comparar los dibujos que hizo tu compañero. Elige el dibujo que mejor corresponde con el párrafo de tu compañero. Dile a tu compañero por qué lo elegiste.

SUGERENCIA

Recuerda que los lectores tienen que saber cómo el personaje actúa y lo que siente, no solamente cómo luce. Asegúrate de fijarte en esos aspectos cuando leas y cuando compares los dibujos de los personajes.

CAPÍTULO 32
Comas y dos puntos

Las comas

Una coma (,) separa las partes de una oración para que el significado quede claro.

Tres o más palabras en una lista forman una **enumeración**. Se usa una coma después de cada elemento de la enumeración, pero no pongas una coma delante de las palabras *y* ni *o*, ni después de la última palabra de la enumeración.

Ejemplo:
Me gustan las montañas, los valles y las islas.

Cuando te diriges a una persona con su nombre, pon una coma después del nombre. Además, usa comas después de las palabras *Sí*, *No* y *Bueno* cuando están al principio de una oración.

Ejemplos:
Lilia, ¿me preparas el almuerzo para la caminata?
Sí, te lo preparo.

El poder de las palabras

mi•ne•ral *s.* Un material de la naturaleza que no proviene de ninguna planta ni animal.

Práctica dirigida

A. Di dónde hay que colocar las comas en cada oración. Prepárate para explicar por qué.

Ejemplo: Voy a encontrarme con Maribel Pablo y Tania.
Voy a encontrarme con Maribel, Pablo y Tania.

1. El Museo de Ciencias tiene exhibiciones del reino mineral vegetal y animal.
2. Rosa ¿quieres venir con nosotros al museo?
3. Sí quiero ir con ustedes.
4. Olga voy a encontrarme con ustedes.
5. Nos podemos encontrar en la tienda del museo en el planetario o en la cafetería.

Práctica individual

B. Escribe cada oración. Añade las comas donde sea necesario.

Ejemplo: Fui remando con papá el Sr. Jiménez y Elena.
Fui remando con papá, el Sr. Jiménez y Elena.

6. Cantamos tarareamos silbamos y hablamos mientras remábamos.
7. Sí la verdad es que la isla parecía estar muy lejos.
8. Papá ¿de qué está hecha la arena?
9. Está hecha de minerales y piedras cortantes redondas y muy pequeñas.
10. Bueno pasamos cerca de una playa arenosa.
11. Sr. Jiménez quisiera saber cómo llegó allí la arena.
12. El viento la lluvia el sol y las olas convierten las rocas en arena.
13. Hay arena en las costas de las islas ríos lagos y océanos.
14. Señor ¿podremos bañarnos en la playa?
15. Papá la arena está caliente.

Recuerda

que debes usar una coma después de cada elemento de una enumeración, pero no delante de las palabras *y* ni *o*, ni después de la última palabra de la enumeración. Además, cuando te diriges a una persona con su nombre, pon una coma después del nombre. Usa comas después de las palabras *Sí, No* y *Bueno* cuando están al principio de una oración.

Conexión con la escritura

Diario de un escritor: Tomar notas
Habla con un compañero sobre los tipos de roca que has visto en tu vecindario. Luego haz una lista de esas rocas. Elige dos rocas de tu lista y escribe una oración acerca de cada una. En tus oraciones, usa palabras exactas para dar tres detalles acerca del aspecto y la textura de las rocas. Asegúrate de usar las comas correctamente.

CAPÍTULO 32

Comas y dos puntos

Más sobre las comas

La coma se usa antes y después de una frase que aclara o amplía lo que se está diciendo. Además, a menudo se usa antes de palabras como *pero*, *aunque*, *sin embargo* y *pues*.

Ejemplos:
Eduardo, **que es mi hermano**, vio fósiles en el museo.
Vio muchos fósiles, **pero** no pudo tocarlos.

Práctica dirigida

A. Di dónde hay que colocar las comas en cada oración. Prepárate para explicar por qué.

Ejemplo: El museo que es muy grande tiene exhibiciones interesantes.
El museo, que es muy grande, tiene exhibiciones interesantes.

1. Ayer fuimos al museo. Sin embargo no vimos la pintura que buscábamos.
2. Llegamos temprano al museo pero tuvimos que esperar.
3. La sala de los minerales que estaba muy llena tiene piedras espectaculares.
4. Nos fuimos aunque no habíamos terminado de ver el museo.
5. Pues has venido con la mamá de Raúl que es mi vecino.

390

Práctica individual

B. Escribe cada oración. Añade las comas donde sea necesario.

Ejemplo: A mis tías que viven en España les gusta buscar fósiles.

A mis tías, que viven en España, les gusta buscar fósiles.

6. No llegamos a la cima del monte aunque escalamos todo el día.
7. Mis tías que viven en el campo tienen una vida sencilla.
8. Mi tía Amelia es muy activa aunque es bastante mayor.
9. Ángeles que es mi prima vive cerca de mi tía.
10. Ella cuida las gallinas por la mañana pero sus amigas vienen a visitarla por la tarde y le quitan el tiempo.

> **Recuerda**
> que la coma se usa antes y después de una frase que aclara o amplía lo que se está diciendo. Además, a menudo se usa antes de palabras como *pero, aunque, sin embargo* y *pues*.

Conexión con la escritura

Arte Imagina que sabes dónde se encuentra una mina escondida. Traza un mapa para indicar la ubicación de la mina. Luego escribe un párrafo que diga cómo encontrar la mina y el mineral que hay en la mina. Usa las comas necesarias en las enumeraciones y explicaciones.

CAPÍTULO 32

Comas y dos puntos

Los dos puntos

Los **dos puntos** indican una pausa larga. Van seguidos de una aclaración o continuación.

Los dos puntos se usan después de los saludos en las cartas o notas, y cuando se va a citar algo.

Ejemplo:

Querida Abuela:

Gracias por el ópalo. Mi amiga Graciela me dijo: "Es la piedra más bonita que he visto en mi vida".

Los dos puntos también se usan para presentar ejemplos, a menudo después de las palabras *por ejemplo, son los siguientes* o *como sigue*.

Ejemplo:

Me gustan las piedras preciosas, **por ejemplo:** los diamantes, las esmeraldas y los rubíes.

Práctica dirigida

A. Di dónde hay que colocar los dos puntos en cada oración. Prepárate para explicar por qué.

Ejemplo: Me gustan las actividades como el senderismo, el montañismo y la acampada.
Me gustan las actividades como: el senderismo, el montañismo y la acampada.

1. Estimado Sr. López Le escribo esta carta para reservar una plaza en su campamento.
2. Mi mamá me dijo "Puedes ir de campamento".
3. Tengo que llevar lo siguiente loción para el sol, una linterna y repelente contra insectos.
4. En el folleto dice "No se permiten animales".
5. Querido Julio Me voy de campamento mañana.

Práctica individual

B. Escribe cada oración. Añade los dos puntos donde sea necesario.

Ejemplo: Querida Marisol Quiero ir de excursión.
Querida Marisol:
Quiero ir de excursión.

6. Querida Isabel Quiero que nos acompañes de escalada a New Hampshire.
7. A Marisol le encanta observar los pájaros, por ejemplo las garzas, las gaviotas y los patos.
8. Marisol y su papá han escalado las siguientes montañas el Monte Washington, el Monte Lincoln y el Monte Madison.
9. Marisol me dijo "¡Qué bueno que nos vas a acompañar!".
10. Me indicó que trajera lo que sigue unos zapatos cómodos, una mochila y una cantimplora.
11. Cuando íbamos por el sendero, vimos huellas de los animales que siguen ciervos, ardillas y osos.
12. Un letrero en el sendero decía "Ayúdanos a conservar el sendero limpio".
13. Marisol preguntó "¿Son de un ciervo estas huellas?"
14. Su papá respondió "No, son de un caballo".
15. Querida Marisol Gracias por estas vacaciones inolvidables.

Recuerda

que los dos puntos indican una pausa larga y van seguidos de una aclaración o continuación. Se usan después de los saludos al principio de las cartas o notas, o cuando se va a citar algo. Los dos puntos se usan para presentar ejemplos, a menudo después de las palabras *por ejemplo, son los siguientes* o *como sigue.*

Conexión con la escritura

El arte de escribir: Voz personal Imagina que tú y un compañero son fósiles. Decide qué planta o animal eras antes. Escribe una carta sobre los cambios que te han ocurrido. Por ejemplo, ¿eres las huellas de un dinosaurio? ¿Te cubrían las rocas? Usa los dos puntos correctamente en tu carta.

CAPÍTULO 32
Comas y dos puntos

Recuerda

que se usa coma después de los elementos de una enumeración, pero no delante de *y* ni *o*, ni después del último elemento. Al dirigirte a una persona, pon una coma después de su nombre. Usa comas después de *Sí, No* y *Bueno* al principio de una oración. Usa una coma antes y después de una frase que aclara o amplía, y antes de palabras como *pero, aunque, sin embargo* y *pues*.

Para hallar más actividades con las comas y los dos puntos, visita **The Learning Site:** www.harcourtschool.com

Práctica adicional

A. Escribe cada oración. Añade comas donde sea necesario. *páginas 388–389*

Ejemplo: Daniel en el Valle de la Muerte hace mucho calor.
Daniel, en el Valle de la Muerte hace mucho calor.

1. Puede llegar a hacer más de 100 grados mañana tarde y noche.
2. Bueno si hace tanto calor, no me gustaría estar afuera de día.
3. Si te lo preguntaran ¿sabrías que el Valle de la Muerte es un desierto?
4. Sí es un desierto con muchos minerales.
5. ¿Sabías que el agua la sal el calor y el aire no dañan el oro?

B. Escribe cada oración. Añade comas donde sea necesario. *páginas 388–391*

Ejemplo: Iremos a las cuevas entraremos y buscaremos dibujos prehistóricos en las paredes.
Iremos a las cuevas, entraremos y buscaremos dibujos prehistóricos en las paredes.

6. Entramos en la cueva pero no pudimos ver casi nada.
7. Tino que trajo la linterna la olvidó en el carro.
8. Logramos ver huellas impresas dibujos de animales y una gran escena de caza con humanos prehistóricos y animales.
9. Pudimos ver cosas interesantes aunque no había mucha luz.
10. La caverna principal que es la que tiene dibujos de toros y caballos estaba muy oscura.

C. Escribe cada oración. Añade dos puntos donde sea necesario. *páginas 392–393*

Ejemplo: Querida Ilia Fuimos a visitar las cavernas.
Querida Ilia:
Fuimos a visitar las cavernas.

11. Fui con las siguientes personas mamá, papá, mi hermano Luis y mi amiga Miriam.
12. El letrero de la entrada decía "Bienvenidos a las cavernas de Luray".
13. Aprendimos muchas palabras nuevas, por ejemplo estalactitas, estalagmitas y espeleología.
14. Mi papá dijo "Nunca he visto un lugar tan espectacular".
15. Querida Ilia Ahora quiero ir a visitar las cuevas de Camuy en Puerto Rico.

D. Escribe la carta. Añade comas y dos puntos donde sea necesario. *páginas 388–393*

Querido Gustavo
Te quiero contar de mi viaje a las Montañas Rocosas. Pasamos por muchos lugares bonitos, por ejemplo montañas ríos lagos y bosques. Gustavo no te imaginas lo hermosos que son los paisajes. Bueno los animales y las plantas también son interesantes. Mi tío dijo "Me gustaría mudarme aquí".

Recuerda

que los dos puntos indican una pausa larga y van seguidos de una aclaración o continuación. Se usan después de los saludos al principio de las cartas o notas, o cuando se va a citar algo. Se usan para presentar ejemplos, a menudo después de las palabras *por ejemplo, son los siguientes* o *como sigue.*

Conexión con la escritura

Tecnología Piensa en alguien a quien le quieras escribir una carta. ¿Qué le contarás? Haz una lista de viajes que hayas hecho a un paraje natural. Elige uno para describirlo en tu carta. Escribe la carta en la computadora. Enumera las cosas que viste y las actividades que hiciste. Usa las comas y los dos puntos correctamente. Puedes cambiar el tamaño de la letra para que tu carta sea más fácil de leer.

CAPÍTULO 32

Comas y dos puntos

Repaso del capítulo

Para hallar más actividades con las que prepararte para las pruebas, visita *The Learning Site:*
www.harcourtschool.com

SUGERENCIA
Lee la oración completa antes de decidir qué puntuación añadirle.

Lee la carta. Algunas partes están subrayadas. Elige la mejor manera de escribir cada parte y marca la letra de tu respuesta. Si la parte subrayada no necesita cambios, marca la respuesta "No hay error".

---

(1) Querido Latrell

Acabamos de regresar. (2) Latrell nos divertimos mucho en (3) Boston, pero me alegro de estar de regreso en casa. (4) Vi muchos pájaros peces y conchas en la playa. Tomé una foto de un letrero muy antiguo (5) que decía "Los carpinteros de la zona hicieron los paseos tablados de la playa para proteger las dunas". Fuimos a las siguientes (6) playas la de Crane la de Wingaersheek y la de Singing.

---

1 A Querido: Latrell
  B Querido Latrell:
  C Querido Latrell,
  D No hay error

2 F Latrell, nos divertimos
  G Latrell nos, divertimos
  H Latrell nos: divertimos
  J No hay error

3 A Boston pero me alegro
  B Boston pero, me alegro
  C Boston: pero me alegro
  D No hay error

4 F pájaros, peces y conchas
  G pájaros, peces, y conchas
  H pájaros, peces y conchas,
  J No hay error

5 A que decía, "Los carpinteros
  B que decía: "Los carpinteros
  C que: decía "Los carpinteros
  D No hay error

6 F playas la de Crane, la de Wingaersheek y la de Singing
  G playas: la de Crane, la de Wingaersheek y la de Singing
  H playas: la de Crane, la de Wingaersheek, y la de Singing
  J No hay error

396

Presta atención cuando estés fuera del salón de clases

ESCUCHAR Y HABLAR

Cuando las personas dan indicaciones, usan palabras especiales. Nombran direcciones, distancias y puntos de referencia. Un punto de referencia es un lugar como un edificio grande, un río o una loma. Fíjate en estos tipos de palabras cuando escuches indicaciones.

Dirección	Distancia	Puntos de referencia
izquierda, derecha al este recto	cuadras, millas, pies, metros cerca, lejos	Cruza el puente... Cuando veas una casa blanca y grande...

Aquí tienes algunas ideas que te ayudarán a seguir indicaciones:

- Visualiza en tu mente lo que se supone que hagas.
- Pide a la persona que te está dando las indicaciones que las repita.
- Repite las indicaciones a la persona que te las dio.
- Sigue en un mapa las instrucciones que te den.
- Escribe las indicaciones.

AHORA TE TOCA A TI

Con un compañero, elige un lugar del salón de clase adonde quieres que vayan tus compañeros. Luego, traza un mapa de la ruta.

- **Rotula los puntos de referencia del salón, como ventanas, armarios o escritorios.**
- **Haz una X en el punto de partida y una X en el punto final.**
- **Traza una línea que indique el camino que deben seguir las personas desde el punto de partida hasta el punto final.**

Intercambien las indicaciones con las de otro grupo y observen si sus compañeros pueden seguir sus indicaciones.

SUGERENCIA

Prueba una o dos de las ideas enumeradas cuando hagas la actividad de AHORA TE TOCA A TI. Observa cuál te funciona mejor.

CAPÍTULO 33

El arte de escribir

Escritura expresiva

Elaboración

Imagina que quieres escribir para expresar una idea o una emoción. Para expresar esto puedes usar un lenguaje bien pintoresco y descriptivo. Un estudio de un personaje requiere este tipo de lenguaje para describir a una persona.

Lee el siguiente pasaje del libro *Allá en casa*. Fíjate cómo la escritora describe un personaje del cuento.

MODELO DE LITERATURA

Ernestina reconoció al tío June Avery enseguida. Se acordaba de lo que dijo mamá: "Seguramente te traerá flores". Además, tenía los mismos ojos chispeantes y las mejillas mofletudas, como manzanas al horno, que tenía la abuela Zula en la antigua fotografía de mamá.

Estaba esperándonos en el andén cuando la Estrella Plateada entró lentamente en la estación del condado de Robeson. Cuando alcanzó a ver a Ernestina, escudriñando a través de la ventana, su rostro se iluminó con una amplia sonrisa.

— de *Allá en casa*
por Gloria Jean Pinkney

Analiza el modelo

1. ¿A quién describe la autora?
2. ¿Cómo lo reconoció Ernestina?
3. ¿Qué tipo de persona crees que es él? ¿Por qué lo crees?

Elaborar

Elaborar el texto significa usar ideas y palabras que ayuden a los lectores a formarse una imagen mental de la persona que estás describiendo. Observa la tabla de la página siguiente.

Estrategias para la elaboración	Cómo usar las estrategias	Ejemplos
Usa lenguaje figurado.	• El lenguaje figurado describe algo comparándolo con otra cosa.	• mejillas mofletudas como manzanas al horno • pelo blanco como la nieve
Usa palabras precisas.	• Elige palabras que digan exactamente lo que quieres decir.	• "... alcanzó a ver a Ernestina, escudriñando a través de la ventana..."

AHORA TE TOCA A TI

PIENSA EN LA ELABORACIÓN **Con dos o tres compañeros, estudia varios cuentos y busca ejemplos de cómo los escritores describen a los diferentes personajes. Habla de los ejemplos con el grupo.**

Responde a estas preguntas:

1. ¿Qué personaje describe el escritor?
2. ¿Cómo te ayuda el escritor a formarte una imagen mental del personaje?
3. ¿Hace comparaciones para describir al personaje? Si las hace, explica las comparaciones.
4. ¿Qué palabras usa el escritor para describir al personaje en forma exacta?

CAPÍTULO 33

Escritura expresiva

Usa lenguaje figurado

A. Lee cada oración. En tu hoja de papel, escribe lo que el escritor compara en cada oración.

1. Los ojos de Julia brillaban como diamantes.
2. Los brazos de papá eran fuertes como el acero.
3. Su cabello largo era una bandera ondulante en el viento.
4. Willie corre como una araña con sus piernas largas y delgadas.
5. Las voces de los niños eran pequeños cascabeles tintineando de la risa.
6. La manta era suave como un gatito.
7. La emoción se extendió como un reguero de pólvora.
8. El carro nuevo era la luz de sus ojos.
9. La alegría brillaba en los ojos de mamá como un rayito de sol.
10. Este perfume huele como flores recién cortadas.

B. Elige una palabra de la casilla para completar cada comparación. Escribe las oraciones completas en tu hoja de papel.

| pájaros | algodón | sol |
| jardín | rosas | |

11. Las mejillas sonrojadas del bebé eran como ____.
12. El ceño fruncido del abuelo era como ____.
13. El sombrero de colores de la Sra. Martínez parece un ____ en su cabeza.
14. Su sonrisa es cálida como el ____.
15. Sus manos son ____ que revolotean buscando donde posarse.

Usa palabras precisas

C. Elige una palabra más precisa de la casilla para sustituir la palabra subrayada en cada oración. Vuelve a escribir la oración en tu hoja de papel.

> agua   martillo   corretea   rebotó
> agradable   una cesta   recorrer
> interruptor   amistosa   divertida

1. Pedro tiene una sonrisa <u>buena</u>.
2. Pasamos un rato <u>bueno</u> en la fiesta.
3. Tuvieron que <u>caminar</u> un gran trecho hasta la cima de la montaña.
4. A Kelly le gusta <u>jugar</u> en el riachuelo.
5. Pon la basura en esa <u>cosa</u> verde.
6. ¿Dónde está el <u>botón</u> para encender la luz?
7. Papá usó una <u>herramienta</u> para meter estos clavos.
8. Miro cómo el perro <u>anda</u> por el parque.
9. El patinaje es una manera <u>buena</u> de hacer ejercicio.
10. La pelota <u>cayó</u> en los escalones.

Pensar y escribir

Escribir para anotar ideas Todos usamos lenguaje figurado a diario. Por ejemplo, quizá digas que algo es azul como el cielo o que alguien corre como el viento. ¿Por qué nos gusta usar, escuchar y leer el lenguaje figurado? Escribe tus ideas en tu diario.

CAPÍTULO 33

Escritura expresiva

Estudio de personaje

Gloria Jean Pinkney escribió una descripción del tío June Avery. Pablo decidió escribir un estudio del personaje de Jessie, la tía de su madre. Al leer lo que Pablo escribió, fíjate cómo elabora su descripción.

MODELO

lenguaje figurado
palabras precisas

La primera vez que conocí a la tía Jessie, que es la tía de mi mamá, no sabía qué pensar de ella. La tía Jessie es delgada como un palo. Ella frunció el ceño y masculló: "Así que tú eres Pablo, ¿o no?"

"Sí, tía Jessie", le respondí cortésmente.

lenguaje figurado

De repente soltó una risa como si fuera el rugido de un león. "Vamos a ser grandes amigos", declaró.

Yo no lo sabía en ese entonces, pero la tía Jessie tenía razón.

Analiza el modelo

1. La descripción de Pablo, ¿te da una imagen clara de la tía Jessie? ¿Por qué?
2. ¿Cómo usa Pablo el lenguaje figurado en su descripción?
3. ¿Cómo usa Pablo las palabras precisas para elaborar su descripción?
4. ¿Qué tipo de persona es la tía Jessie? ¿Por qué?

AHORA TE TOCA A TI

TEMA DE ESCRITURA Elige un personaje interesante que hayas visto en una película o en un vídeo. Escribe un estudio del personaje para describírselo a tus compañeros. Trata de que tu descripción sea interesante y precisa.

ESTUDIA EL TEMA Pregúntate lo siguiente:

1. ¿Cuál es tu propósito para escribir?
2. ¿Quién es tu público?
3. ¿Cuál es el tema?
4. ¿Qué forma de escrito usarás?

Antes de escribir y hacer el borrador

Planifica el estudio del personaje. Elige un personaje que te gustaría describir. Piensa en detalles que puedes dar a los lectores para ayudarlos a imaginar el personaje. Usa un diagrama como el siguiente para organizar tus ideas.

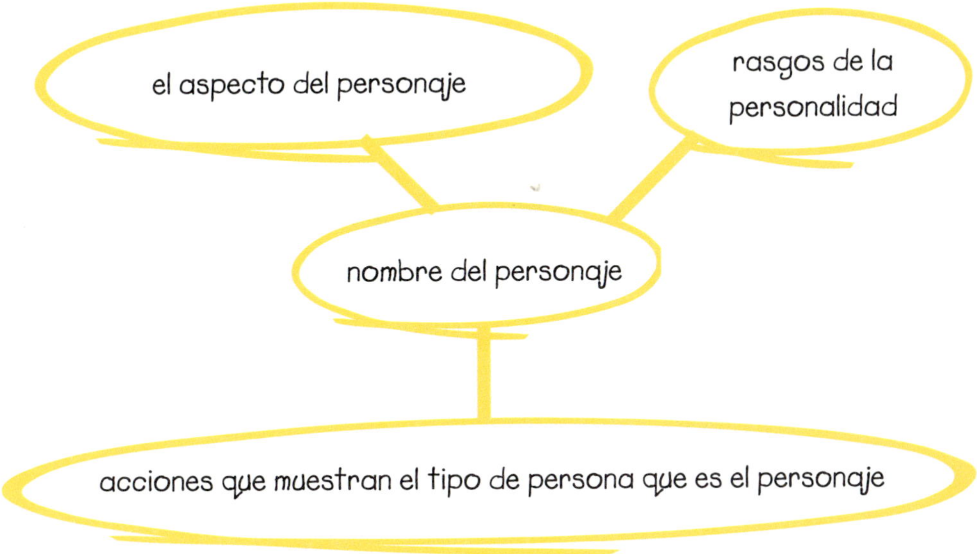

- el aspecto del personaje
- rasgos de la personalidad
- nombre del personaje
- acciones que muestran el tipo de persona que es el personaje

---

USANDO TU Manual

- Usa el diccionario de sinónimos para encontrar palabras interesantes y precisas para usar en tu estudio de personaje.

CAPÍTULO 33

Escritura expresiva

Editar

Vuelve a leer el borrador de tu estudio de personaje. ¿Quieres añadir o cambiar algo? Usa esta lista como guía para revisar tu trabajo.

- ☑ ¿Le das al lector una imagen clara del personaje?
- ☑ ¿Hay detalles que puedas añadir para describir mejor al personaje?
- ☑ ¿Puedes añadir lenguaje figurado para ayudar al lector a entender la descripción?
- ☑ ¿Usaste palabras precisas?

Usa esta lista para corregir la ortografía:

- ☑ Empecé las oraciones con letra mayúscula.
- ☑ Usé los signos correctos al principio y al final de las oraciones.
- ☑ Usé las negaciones correctamente.
- ☑ Usé las comas y los dos puntos correctamente.
- ☑ Usé el diccionario para verificar cómo se escriben las palabras.

Marcas editoriales

- ℱ Borrar texto
- ∧ Añadir texto
- ↺ Mover texto
- ¶ Párrafo nuevo
- ≡ Mayúscula
- / Minúscula
- ◯ Corregir ortografía

Compartir y reflexionar

Haz una copia final de tu estudio de personaje. Compártela con un compañero. Hablen de cómo ambos pueden mejorar el texto. Escribe tus ideas en tu diario.

Cómo observar obras de arte

En un estudio de personaje, el escritor usa las palabras para describir al personaje. Un artista puede dibujar o pintar una imagen para mostrar el aspecto de una persona. Los detalles del dibujo o pintura también te ayudan a comprender la personalidad de la persona.

Observa esta pintura. Se llama *Mujer con gato*. La pintó un pintor famoso llamado Auguste Renoir.

AHORA TE TOCA A TI

Habla con dos o tres compañeros sobre la pintura *Mujer con gato*. Hablen de las preguntas que siguen:

- **¿Por qué crees que el pintor decidió poner un gato en la pintura?**
- **¿Qué sabes de la mujer por la manera en que sostiene al gato?**
- **¿Qué otros detalles observas en la pintura?**
- **¿Cómo puedes describir a la mujer con palabras? Usa palabras precisas y ejemplos de lenguaje figurado.**
- **¿De qué otras maneras podría haberte mostrado el artista el tipo de persona que es la mujer?**

Detail, National Gallery of Art, Washington, Gift of Mr. and Mrs. Benjamin E. Levy

CAPÍTULO 34
Comillas y diálogos

Las comillas

Las palabras exactas de alguien son una cita directa. Las comillas (" ") se usan para escribir las palabras exactas de alguien.

Las comillas se ponen antes y después de las palabras exactas del que habla.

Ejemplos:

Gabriela escribió: "Ya sé cómo se genera el calor".

"Tiene que ver con la energía", añadió.

Las comillas también se usan para indicar lo que piensa alguien.

Ejemplo:

"Quisiera saber cómo se hacen los termómetros", pensó Rolando.

El poder de las palabras

e•ner•gí•a *s.* La capacidad de hacer trabajo o de dar potencia; potencia eléctrica o de calor.

Práctica dirigida

A. Di si cada oración tiene una cita exacta o no.

Ejemplo: "La materia está hecha de partículas", dijo Gabriela. *cita directa*

1. Ella dijo que se necesita energía para que las partículas se muevan.
2. Kareem dijo: "Las partículas siempre se están moviendo".
3. "Cuando algo está caliente, tiene mucha energía", dijo Marcia.
4. Explicó que mientras más caliente esté el objeto, más rápido se están moviendo las partículas.
5. Marcia preguntó: "¿Saben mucho de las partículas ustedes?"

Práctica individual

B. Escribe cada oración. Añade comillas donde sea necesario.

Ejemplo: Hoy vamos a estudiar los termómetros, dijo la Sra. Ramírez.

"Hoy vamos a estudiar los termómetros", dijo la Sra. Ramírez.

6. Dijo: El termómetro mide el calor.
7. Roberto pensó: En mi casa se usa un termómetro para ver si tenemos fiebre.
8. ¿Para qué sirven los termómetros?, preguntó Alfonso.
9. La maestra le dijo: El termómetro nos dice la temperatura que hace afuera.
10. Me pregunto qué temperatura hace ahora, pensó Analisa.
11. Los termómetros tienen números, explicó la Sra. Ramírez.
12. Ella nos dijo: Los números indican la temperatura.
13. Nidia dijo: El agua hierve a los 100 grados.
14. ¡Tienes razón!, dijo la Sra. Ramírez.
15. Rosario pensó: ¿A qué temperatura se congelará el agua?

Recuerda

que las comillas se usan para escribir las palabras exactas de alguien. Se ponen antes y después de las palabras exactas del que habla. También se usan para decir lo que piensa alguien.

Conexión con la escritura

Escritura de la vida real: Tira cómica Con un compañero, dibuja una tira cómica que muestra cómo las temperaturas calurosas y frías afectan a las personas. Usa las comillas para indicar las palabras exactas que dicen los personajes.

407

CAPÍTULO 34
Comillas y diálogos

Más sobre las comillas

Cuando uses las comillas, debes asegurarte de usar los demás signos de puntuación y las mayúsculas correctamente.

Ya sabes que para presentar una cita se usan dos puntos (:). La cita comienza con mayúscula. La coma o el punto que sigue a una cita se escribe después de las comillas. Los signos finales de interrogación y de exclamación se escriben dentro de las comillas.

Ejemplo:

El maestro dijo: "La Tierra recibe energía del sol".

"¿Cuánta energía habrá en la Tierra?", pensó Ramón.

Práctica dirigida

A. Di cómo corregirías la puntuación y el uso de mayúsculas de cada oración.

Ejemplo: La luz es un tipo de energía dijo el Sr. Nadal.
"La luz es un tipo de energía", dijo el Sr. Nadal.

1. El Sr. Nadal preguntó "¿sabían que la energía de la luz le da el color a las cosas?"
2. "¡Qué interesante" exclamó Tomás.
3. "qué ven cuando miran un espejo", preguntó el Sr. Nadal.
4. Jessica contestó "me veo a mí misma"
5. "Tu reflejo es la luz que vuelve rebotada del espejo" dijo.

Práctica individual

B. Cada oración tiene errores en la puntuación o en el uso de mayúsculas. Corrige los errores.

Ejemplo: Carolina dijo "La Tierra gira como un trompo.
Carolina dijo: "La Tierra gira como un trompo".

6. el movimiento de la Tierra se llama rotación", continuó.
7. Gerónimo añadió: "La Tierra rota una vez al día"
8. "La Tierra siempre está en movimiento pensó Carolina.
9. ¿Saben por qué hay luz durante el día?, preguntó Carolina.
10. Natalia dijo "es de día cuando nuestra zona de la Tierra está de cara al sol".
11. "no entiendo muy bien lo del día y la noche" pensó Francisco.
12. Entonces Francisco preguntó: ¿Cómo puede ser de día aquí y de noche en otro lugar?
13. Carolina explicó: "cuando la Tierra rota, una parte de la Tierra está de cara al sol y la otra no.
14. "Es de noche en el lado de la Tierra que no está de cara al sol" añadió.
15. "¡ya entiendo", exclamó Francisco.

> **Recuerda**
> que cuando uses comillas, debes asegurarte de usar los demás signos de puntuación y las mayúsculas correctamente.

Conexión con la escritura

Diario de un escritor Habla con un compañero de por qué los cuentos que se desarrollan por la noche pueden dar miedo. ¿Son siempre alegres los cuentos que se desarrollan durante el día? Escribe tres oraciones acerca de lo que comenten. Usa comillas para escribir las palabras exactas que cada uno usó.

CAPÍTULO 34
Comillas y diálogos

La puntuación en el diálogo

Un diálogo es una conversación entre dos o más personas.

En un diálogo, se usa una raya o guión largo para indicar que alguien empieza a hablar. Se usan palabras como *dijo*, *exclamó*, *añadió*, *explicó*, *preguntó* y *contestó* para indicar quién habla.

Ejemplos:

—¿Qué aprendiste hoy? —preguntó la mamá de Hugo.

La raya se pone justo antes de quién habla y después si lo que la persona dice continúa. Los signos de interrogación y exclamación van dentro de las rayas. La coma o el punto va después de la raya.

Ejemplo:

—Empezamos a hacer un modelo del sistema solar —añadió—, pero no lo terminaremos pronto.

—¡Qué interesante! —dijo mamá.

Práctica dirigida

A. En cada oración, di las palabras que indican quién habla.

Ejemplo: —Cada vuelta alrededor del sol —nos dijo Marcos— se llama una revolución.
nos dijo Marcos

1. —¿Qué son las estaciones? —preguntó Pilar.
2. —¡Es muy interesante! —exclamó Marcos—. Cada revolución dura un año.
3. Sandra añadió: —Además, la Tierra está inclinada.
4. —Sí —dijo Marcos—, tienes razón.
5. —Esa inclinación causa las estaciones —añadió Marcos.

410

Práctica individual

B. Escribe el nombre de la persona que habla en cada oración.

Ejemplo: —¿Sabes de dónde salen las sombras? —preguntó Milagros. *Milagros*

6. —Sí —contestó Pepe—, la luz del sol proyecta las sombras.
7. —Por la mañana los árboles tienen sombras largas —añadió.
8. —A medida que la Tierra rota —explicó Juanita—, las sombras se van haciendo más cortas.
9. Kim dijo: —Al mediodía las sombras son muy cortas.
10. —Más tarde —continuó— las sombras se alargan de nuevo.

Recuerda que se usa una raya o guión largo para indicar que alguien empieza a hablar en un diálogo y para indicar las palabras que dicen quién habla.

Conexión con la escritura

Tecnología Trabaja con un compañero para escribir un diálogo entre dos personas que hablan acerca de las estaciones. Escribe tus oraciones en una computadora. Usa la puntuación y las mayúsculas correctamente en el diálogo.

CAPÍTULO 34
Comillas y diálogos

Recuerda

que las comillas se usan para escribir las palabras exactas de alguien o para indicar lo que piensa alguien. Cuando uses las comillas, asegúrate de usar los demás signos de puntuación y las mayúsculas correctamente.

Práctica adicional

A. Escribe cada oración. Añade comillas donde sea necesario. *páginas 404–405*

Ejemplo: Elisa nos dijo: La energía del sol puede cambiar la presión del aire sobre la Tierra.
Elisa nos dijo: "La energía del sol puede cambiar la presión del aire sobre la Tierra".

1. Ese cambio en la presión del aire causa tormentas, continuó.
2. Eso quiere decir que el sol puede causar tormentas, añadió.
3. Los rayos del sol te pueden quemar la piel, dijo.
4. Amalia pensó "No toda la energía solar nos beneficia.
5. Por eso hay que usar una crema protectora que diga: Factor de protección 15.

B. Cada oración tiene errores de puntuación o del uso de mayúsculas. Escribe cada oración y corrige los errores. *páginas 404–407*

Ejemplo: Chana dijo "el centro del sol se llama el núcleo".
Chana dijo: "El centro del sol se llama el núcleo".

6. El núcleo es pequeño en comparación con el tamaño del sol" nos dijo.
7. ¿Saben lo caliente que está, preguntó.
8. ¡Ella dijo que está a 27 millones de grados!"
9. Yo pensé: ¡Qué calor!
10. Me imagino una caricatura del sol con un letrero que dice: No toque.

Para hallar más actividades con comillas y diálogos, visita **The Learning Site:** www.harcourtschool.com

C. En cada oración, indica las palabras que dicen quién está hablando. *páginas 408–409*

Ejemplo: Ishiro explicó: —Una mancha solar es una zona más fría del sol.
Ishiro explicó

11. —Como están más frías, se ven más oscuras —continuó.
12. —Hay muchas manchas en el sol —dijo Antonio.
13. —Sí —añadió Ishiro—, y a veces las manchas pueden causar explosiones de energía.
14. La maestra preguntó: —¿Cómo se le llama a esa energía?
15. —Se le llama una erupción solar —dijeron a la vez los dos niños.

D. Escribe cada oración y corrige los errores. *páginas 408–409*

Ejemplo: —muchas manchas solares son más grandes que la Tierra dijo la Sra. Pérez.
—*Muchas manchas solares son más grandes que la Tierra —dijo la Sra. Pérez.*

16. La maestra preguntó —¿sabías que una erupción solar puede provocar viento en el sol?
17. No, no lo sabía —contesté.
18. —qué ocurre entonces? —preguntó Daniel.

Recuerda

que se usa una raya o guión largo para indicar que alguien empieza a hablar en un diálogo y para indicar las palabras que dicen quién habla.

Conexión con la escritura

El arte de escribir: Palabras que indican orden

Escribe un diálogo entre dos alumnos que describen el movimiento de la Tierra alrededor del sol. Usa palabras que indican el orden en el tiempo, como *primero, luego, entonces* y *finalmente*.

CAPÍTULO 34
Comillas y diálogos

Repaso del capítulo

Para hallar más actividades de preparación para las pruebas, visita *The Learning Site:* www.harcourtschool.com

SUGERENCIA
Lee todas las respuestas posibles con atención antes de elegir la respuesta correcta.

Lee el diálogo. Algunas oraciones necesitan signos de puntuación. Elige la letra del signo correcto, o elige "Está correcta."

(1) La Sra. Masterson dijo: "Hay muchas maneras de producir energía.

(2) Mi hermana Camelia le dijo que una de las maneras es quemar combustible.

(3) —Tienes razón le dijo la Sra. Masterson.

(4) —Pero cómo usan energía las personas? —pregunté yo.

(5) —Bueno —respondió ella, usamos la energía para cocinar.

(6) —También leí en el libro lo siguiente: "La energía se usa para calentarnos en invierno.

(7) Además —añadió—, creo que la energía calienta el agua que usamos para lavarnos la cara.

(8) —¡Caramba —exclamó la Sra. Masterson—. Tú sí que entiendes cómo funciona la energía.

1 A punto
   B comillas
   C coma
   D Está correcta.

2 F raya
   G coma
   H signo de interrogación
   J Está correcta.

3 A comillas
   B raya
   C punto
   D Está correcta.

4 F signo de interrogación
   G punto
   H raya
   J Está correcta.

5 A comillas
   B punto
   C raya
   D Está correcta.

6 F comillas
   G punto
   H coma
   J Está correcta.

7 A comillas
   B raya
   C coma
   D Está correcta.

8 F signo de interrogación
   G signo de exclamación
   H raya
   J Está correcta.

414

Tomar una prueba

Ya sabes que debes estudiar antes de una prueba para salir lo mejor que puedas. Además, hay estrategias que puedes usar durante una prueba como ayuda. La tabla que sigue da varias estrategias para dar pruebas y dice cómo te pueden ayudar. ¿Has usado alguna de estas estrategias antes?

Estrategia	Lo que hace
Lee las instrucciones y las preguntas con atención.	Te ayuda a entender exactamente lo que tienes que hacer en la prueba.
Busca palabras clave en las instrucciones.	Te ayuda a saber rápidamente al tipo de pregunta que debes responder.
Planifica tu tiempo.	Te ayuda a terminar la prueba a tiempo.
Lee todas las respuestas posibles antes de elegir la correcta.	Te ayuda a elegir la respuesta correcta.
Elimina las respuestas que sabes que son incorrectas.	Te ayuda a concentrarte en las respuestas más probables.
Vuelve atrás para asegurarte de que hayas respondido a todas las preguntas.	Te ayuda a contestar todas las preguntas sin saltarte alguna.

AHORA TE TOCA A TI

Vuelve a la prueba de Repaso del capítulo de la página 414. Usa las estrategias que acabas de aprender y da la prueba de nuevo. ¿Te ayudaron las estrategias?

CAPÍTULO 35
Títulos

Títulos subrayados

Un **título** es el nombre de algo.

Subraya los títulos de los libros, revistas y periódicos. Para que los lectores no se confundan, es importante escribir bien los signos de puntuación de los títulos.

Ejemplos:

El libro <u>Las fuerzas que nos rodean</u> dice que una fuerza es lo que empuja o hala los objetos.

Un artículo de <u>Ciencias para niños</u> dice que la fuerza acelera o frena las cosas.

Un informe del periódico <u>Ciencias</u> dice que la gravedad es una fuerza invisible.

El poder de las palabras

in•vi•si•ble *adj.* Que no se puede ver.

Práctica dirigida

A. Indica cuál es el título en las siguientes oraciones. Di qué palabras deberían estar subrayadas.

Ejemplo: El Libro científico de las fuerzas tiene una foto de alguien con un martillo para representar la fuerza.
<u>Libro científico de las fuerzas</u>

1. Isabel Carrillo escribió un artículo para la revista Obras científicas.
2. Leí sobre la fuerza muscular en el libro Fuerzas, fuerzas, fuerzas.
3. Un artículo de El Diario dice que un objeto puede estar sometido a varias fuerzas distintas.
4. El libro Movimiento habla sobre las distintas fuerzas.
5. Un artículo de la revista Ciencias divertidas dice que una fuerza puede deformar un objeto.

Práctica individual

B. Subraya el título del libro, revista o periódico.

Ejemplo: Fuerza y movimiento trata sobre la fricción.

Fuerza y movimiento

6. Un artículo de La ciencia y la naturaleza explica que la fricción hace que los objetos se detengan.
7. El periódico Ciencia elemental para niños dice que las zapatillas de deporte producen mucha fricción.
8. Un patinador en el libro Todo movimiento muestra cómo se deslizan los patines por el hielo.
9. El libro Hala y empuja dice que también el aire puede detener los objetos.
10. El libro Manual del movimiento para jóvenes científicos define fricción como una fuerza que detiene a los objetos.
11. La revista Experimentos enseña cómo medir la fuerza de nuestros músculos.
12. Fuerzas de empuje, el nuevo libro del doctor Fuentes, indica cómo medir la fricción.
13. Un artículo de la revista Aves dice que la fricción apenas afecta al vuelo de los pájaros.
14. Un experimento del libro Ciencias culinarias indica que el aceite es más resbaloso que el agua.
15. Un dibujo de Fuerza en movimiento muestra cómo las fuerzas cambian la forma de las cosas.

> **Recuerda**
> subrayar los títulos de los libros, revistas o periódicos.

Conexión con la escritura

Ciencias Imagina cómo se inventaron algunas de las máquinas que hay en tu casa. Escoge tres máquinas y escribe una carta a un amigo describiendo títulos imaginarios de libros sobre cada una de esas máquinas.

CAPÍTULO 35
Títulos

Títulos con comillas

Pon comillas antes y después de los títulos de cuentos, poemas, artículos de revista, artículos de periódico y canciones.

Ejemplo:

Rita inventó una canción divertida llamada **"El rap de la gravedad".**

El cuento **"La foca talentosa"** trata sobre una foca que mantiene una pelota en equilibrio gracias a la fuerza de gravedad.

El poema de Antonia se titula **"Sendero bajo la luna".**

Práctica dirigida

A. Busca el título que hay en cada oración. Indica dónde deberían colocarse las comillas.

Ejemplo: La emoción de lanzarse en paracaídas es un poema que trata sobre la sensación que produce la fuerza de gravedad.
"La emoción de lanzarse en paracaídas"

1. Como la fuerza de gravedad no se ve, Tomás tituló su cuento sobre un hombre invisible El hombre gravitatorio.
2. Planeando es una canción sobre las hojas en otoño.
3. Agárrate fuerte es un relato real sobre una montaña rusa.
4. La vida de Isaac Newton es un artículo sobre los descubrimientos de este científico.
5. A la vez es un poema simpático sobre las cosas que caen a la misma velocidad.

418

Práctica individual

Recuerda

que debes poner comillas antes y después de los títulos de los cuentos, poemas, artículos de revista, artículos de periódico y canciones.

B. Escribe de nuevo cada oración. Pon comillas antes y después de los títulos de cuentos, canciones, artículos y poemas.

Ejemplo: Fuerza mayor es un mito griego.
"Fuerza mayor" es un mito griego.

6. El poema Máquinas potentes dice que las máquinas aumentan la capacidad del hombre.
7. En el cuento La edad de las pirámides, la gente usa los planos inclinados para construir pirámides.
8. El sonido de la rueda se repite en el poema La rueda de Ramón.
9. El artículo de revista Pedaleo potente explica cómo funcionan las bicicletas.
10. El cuento La manzana de la gravedad relata cómo Isaac Newton descubrió la gravedad.
11. Combatiendo la fricción es un cuento sobre un hombre que trabaja con carros de carreras.
12. "Las fuerzas de la naturaleza" trata sobre una mujer que lucha contra la fuerza del viento y el agua.
13. Mundo en movimiento es un artículo sobre las fuerzas que generan el movimiento.
14. Hala y empuja es una canción.
15. La noria es una canción sobre una máquina.

Conexión con la escritura

Diario de un escritor: Títulos para cuento
Seguramente tendrás varias ideas para escribir un cuento o un poema, pero ¿qué título le pondrías? Los títulos deben captar la atención de los lectores. Anota varios títulos para un cuento o un poema. Fíjate bien y escríbelos correctamente.

CAPÍTULO 35
Títulos

Letras mayúsculas en los títulos

Escribe con mayúscula la primera palabra de los títulos y los nombres de personas, animales y lugares.

Algunos títulos sólo llevan la primera palabra con mayúscula. Pero si una palabra del título es un nombre propio (el de una persona, animal o lugar), también se escribirá con mayúscula.

La primera palabra se escribe con mayúscula para que los lectores sepan que se trata de un título.

Ejemplo:
Mi papá está leyendo Las mil y una noches.

Robinson Crusoe lo escribió Daniel Defoe.

"La perrita Lassie" es un cuento sobre un perra muy noble e inteligente.

Mi hermana estudia el libro Crónicas de América.

Práctica dirigida

A. Escribe correctamente las mayúsculas de los siguientes títulos.

Ejemplo: "las máquinas hacen el trabajo más fácil"
"Las máquinas hacen el trabajo más fácil"

1. las máquinas sencillas
2. "la polea en la construcción de las pirámides de egipto"
3. el plano inclinado
4. la invención de la rueda
5. "el plano inclinado y los monumentos aztecas del yucatán"

Práctica individual

B. Escribe de nuevo cada título usando correctamente las mayúsculas.

Ejemplo: máquinas y fuerzas
Máquinas y fuerzas

6. "el torno en la herrería de España"
7. la historia de las tijeras
8. "el hacha en la francia prehistórica"
9. "la evolución de las herramientas"
10. petete y los utensilios

Recuerda que debes poner en mayúscula la primera palabra de todos los títulos, y los nombres de personas, animales y lugares.

C. Lee los siguientes títulos. Si están bien escritos, escribe "bien", y si no lo están, escríbelos correctamente.

Ejemplo: "el viento y el aprovechamiento de energía en los estados unidos"
"El viento y el aprovechamiento de energía en los Estados Unidos"

11. la historia de los cubiertos en alemania
12. "El doctor Ferraro y el estudio de la palanca"
13. "¿Qué es un taladro?"
14. el hombre primitivo y las herramientas
15. "noelia y la palanca"

Conexión con la escritura

Escritura de la vida real: Publicidad Haz un anuncio para un producto. Puedes usar la máquina que has inventado, o puedes escoger otro producto. Tu anuncio debe indicar para qué sirve el producto, y dónde comprarlo. Escribe una lista con varias revistas imaginarias en las que podrías publicar tu anuncio. No olvides subrayar los títulos de la revista y usar las mayúsculas correctamente.

CAPÍTULO 35

Títulos

Práctica adicional

Recuerda

que debes <mark>subrayar</mark> los títulos de los libros, revistas y periódicos. Escribe entre <mark>comillas</mark> los títulos de los cuentos, canciones, artículos de revistas y artículos de periódico. Escribe con <mark>mayúscula</mark> la primera palabra de cada título, y los nombres de personas, animales y lugares.

A. Escribe las oraciones. Subraya los títulos de los libros, revistas y periódicos. Pon entre comillas los títulos de los cuentos, poemas, artículos y canciones. *páginas 416–419*

Ejemplo: El libro Trabajo explica cómo se mueven los objetos.
El libro Trabajo *explica cómo se mueven los objetos.*

1. El libro Tú y el trabajo trata sobre máquinas que mueven cosas.
2. Cantamos la canción Subiendo hasta arriba.
3. Un artículo de la revista Ciencias para niños explica la importancia de la invención de la rueda.
4. Un artículo de El correo de Medellín explica que el cuerpo humano tiene varias palancas.
5. El poema Grácil andar trata sobre un paseo.
6. Mi canción La escalinata trata sobre cómo los peldaños sirven para subir desniveles.
7. El libro Fuerza y trabajo explica que las ruedas se inventaron a lo largo de miles de años.
8. Un artículo titulado ¿Qué es la física? dice que la física es la ciencia que estudia la fuerza y el movimiento.
9. El cuento Ingravidez trata sobre el espacio.
10. Santiago escribió un poema llamado Ni arriba ni abajo.

B. Lee los siguientes títulos. Si están bien escritos, escribe "bien". Si están mal, escríbelos correctamente. páginas 420–421

Ejemplo: Fuerzas que aplastan *bien*

11. "nadie cae hacia abajo"
12. la fuerza y los objetos comunes
13. "Experimentos sobre el movimiento de la bicicleta"
14. Rampas para Monopatines
15. "Ruedas que Ruedan"

C. Las siguientes oraciones contienen títulos con errores. Escribe las oraciones corrigiendo los errores. páginas 416–421

Ejemplo: Mi maestra leyó un cuento llamado Empuja, empuja, empuja.
Mi maestra leyó un cuento llamado "Empuja, empuja, empuja".

16. Mi cuento se titula Superfuerza.
17. Mi libro de ciencias, Nuestro mundo, dice que la fuerza es lo que empuja y tira de los objetos.
18. También decidí añadir unas ideas de un artículo de El mundo de las ciencias.
19. En El libro de las fuerzas había una fotografía de un hombre levantando pesas para demostrar la fuerza.
20. Mi próximo poema se llamará Mis fuerzas favoritas.

Conexión con la escritura

El arte de escribir: Escoger una forma literaria
Busca una idea que escribiste en tu diario. Escríbela de nuevo en forma de cuento. Ponle título a tu cuento y usa las mayúsculas correctamente.

CAPÍTULO 35
Títulos

Repaso del capítulo

Las palabras subrayadas de cada oración contienen errores. Escoge la respuesta correcta.

1. La canción Trabajo sobre ruedas trata de cómo las ruedas facilitan el trabajo.
   - A La canción "Trabajo Sobre Ruedas"
   - B La canción Trabajo sobre ruedas
   - C La canción "Trabajo sobre ruedas"

2. Un artículo de la revista Diviértete con la historia dice que las ruedas se inventaron hace más de 6,000 años.
   - D la revista Diviértete con la historia
   - E la revista "Diviértete con la historia"
   - F la revista Diviértete Con La Historia

3. El libro Inventores de todos los tiempos dice que nadie sabe quién inventó la rueda.
   - A El libro Inventores de todos los tiempos
   - B El libro Inventores De Todos Los Tiempos
   - C El libro "Inventores de todos los tiempos"

4. El artículo Rodamientos Redondos explica cómo se usan los rodamientos en las bicicletas.
   - D Rodamientos redondos
   - E "Rodamientos redondos"
   - F "Rodamientos Redondos"

5. En el libro Misterio en el rancho, una polea es la clave para resolver el misterio.
   - A En el libro "Misterio en el rancho"
   - B En el libro "misterio en el rancho"
   - C En el libro Misterio en el rancho

SUGERENCIA
No olvides leer todas las opciones antes de escoger una respuesta.

Para hallar más actividades de preparación para las pruebas, visita *The Learning Site:*
www.harcourtschool.com

424

Interpretar una ilustración

Cuando miras una ilustración, debes hacerte las siguientes preguntas:

1. **¿Qué es lo que trata de decir el ilustrador?** A veces, las ilustraciones informan o explican. A menudo, los ilustradores y pintores quieren decir algo con sus obras. ¿Cuál es la idea principal de esta ilustración? ¿Cómo la transmite el ilustrador?

2. **¿Qué detalles observas?** Fíjate en los detalles y piensa cómo comunican la idea principal.

3. **¿Qué quieren decir los detalles?** A veces, los detalles de una ilustración pueden tener más de un significado. Por ejemplo, además de ser un ave, una paloma puede simbolizar la paz.

SUGERENCIA
Busca elementos artísticos en el cuadro, como las líneas, las formas, los colores y el espacio. Observa cómo el pintor usa estos elementos para contar algo o para expresar un estado de ánimo.

AHORA TE TOCA A TI

Fíjate bien en este cuadro. Responde a las tres preguntas de arriba. Di qué piensas del cuadro. Explica tu reacción ante él.

MODELO DE LITERATURA

ESCRITORA PREMIADA

Los cuentos pueden ser divertidos de leer y escribir porque tienen personajes, lugares y argumentos. Recuerda que los personajes pueden ser reales o imaginarios. Al leer este cuento de Alma Flor Ada, sigue los sucesos que les ocurren a los personajes y fíjate cómo la autora desarrolla el texto para contar la historia.

Mediopollito

por Alma Flor Ada
ilustrado por Kim Howard

Un día, en un rancho mexicano, nace un pollito que sólo tiene un ojo, una pata, un ala y la mitad de las plumas que los demás pollitos. Los animales del rancho deciden llamarlo "Mediopollito", y colman de atenciones a este pollito tan especial.

Un día oyó a las golondrinas, que eran grandes viajeras, hablando de él: —Ni siquiera en la corte del virrey, en la misma Ciudad de México, hay nadie tan extraordinario.

CAPÍTULO 36

Cuento

Entonces Mediopollito decidió que era hora de dejar el rancho. Una mañana, muy temprano, se despidió de todos deciendo en voz alta:

—*¡Adiós, adiós!*
¡Me voy a Ciudad de México
a ver la corte del virrey!

Y *chum, pum, chum, pum* emprendió su camino, saltando con su único pie.

Mediopollito no había caminado muy lejos cuando se encontró un arroyo cuyas aguas estaban estancadas por unas ramas.

—Buenos días, Mediopollito—le dijo el arroyo—. ¿Me puedes quitar estas ramas que me detienen el paso?

Mediopollito le quitó las ramas y las tiró a un lado. Pero cuando el arroyo lo invitó a que se quedara un rato para bañarse y nadar en el agua, Mediopollito le contestó:

—*No tengo tiempo que perder.*
¡Me voy a Ciudad de México
a ver la corte del virrey!

Y *chum, pum, chum, pum* emprendió su camino, saltando con su único pie.

Al poco rato, Mediopollito se encontró con un pequeño fuego, apenas encendido, entre unas piedras.

—Buenos días, Mediopollito—le dijo el fuego—. ¿Me puedes abanicar un poquito con tu ala? Estoy por apagarme.

Mediopollito abanicó el fuego con su ala, y éste se avivó. Pero cuando el fuego lo invitó a que se quedara un rato para entrar en calor, Mediopollito le contestó:

—*No tengo tiempo que perder.*
¡Me voy a Ciudad de México
a ver la corte del virrey!

Y *chum, pum, chum, pum* emprendió su camino, saltando con su único pie.

Después de caminar un poquito más, Mediopollito se encontró con el viento enredado en unos árboles.

—Buenos días, Mediopollito—le dijo el viento—. ¿Me puedes desenredar para que yo pueda seguir mi camino?

Mediopollito desenredó las ramas. Pero cuando el viento lo invitó a que se quedara a jugar y le ofreció soplarlo de un lado a otro como una hoja seca, Mediopollito le contestó:

—*No tengo tiempo que perder.*
¡Me voy a Ciudad de México
a ver la corte del virrey!

CAPÍTULO 36
Cuento

Y *chum, pum, chum, pum* emprendió su camino, saltando con su único pie. Y por fin, llegó a la Ciudad de México.

—Buenas tardes—dijo Mediopollito a los guardias del palacio en sus uniformes muy finos y adornados—. He venido a ver al virrey.

Uno de los guardias se empezó a reír. El otro le dijo: —Lo mejor es que vayas a la puerta de atrás y entres por la cocina.

Y Mediopollito fue *chum, pum, chum, pum* alrededor del palacio a la puerta de la cocina.

En cuanto lo vio el cocinero, dijo: —¡Qué suerte! Este pollo es lo que me hace falta para hacerle la sopa a la virreina—. Y con eso tiró a Mediopollito en una olla llena de agua que tenía en el fogón.

Cuando Mediopollito sintió lo caliente que estaba el agua, gritó: —¡Fuego, fuego, ayúdame! Por favor, no me quemes.

El fuego le contestó: —Tú me ayudaste a mí cuando yo necesité ayuda, así que ahora me toca ayudarte a ti. Dile al agua que salte encima de mí y me apague.

Entonces Mediopollito le pidió al agua: —¡Agua, agua, ayúdame! Brinca encima del fuego y apágalo para que no me pueda quemar.

Y el agua le contestó: —Tú me ayudaste a mí cuando yo necesité ayuda, así que ahora me toca ayudarte a ti. Y saltó en el fuego y lo apagó.

Cuando el cocinero regresó, vio que el agua estaba toda derramada y el fuego estaba apagado.

—Este pollo no se merece tanto trabajo —dijo enojado. Y con eso agarró a Mediopollito por la pata y lo lanzó por la ventana.

Cuando Mediopollito se vio dando vueltas por el aire, gritó:

—¡Viento, viento, ayúdame, por favor!

Y el viento le contestó: —Tú me ayudaste a mí cuando yo necesité ayuda, así que ahora me toca ayudarte a ti.

El viento sopló con fuerza. Lo remontó más y más alto hasta que el pobre gallito se posó en una de las torres del palacio.

—Desde aquí podrás verlo todo, Mediopollito, sin peligro de volver a caer en la olla.

Y, desde ese día, las veletas tienen gallitos parados en un solo pie que miran todo lo que ocurre en la Tierra y apuntan en la dirección que sopla su amigo el viento.

El poder de las palabras

vi-rrey *s.* Una persona que ayuda a un rey a gobernar un país, una colonia o una provincia.

Analiza el modelo

1. ¿Cómo desarrolla el texto Alma Flor Ada en el primer párrafo para darle al lector más detalles acerca de las golondrinas?
2. Da al menos dos ejemplos de lenguaje figurativo o de palabras exactas que la autora usa para describir a un personaje, el lugar o el argumento.
3. ¿A qué personajes ayuda Mediopollito en su camino a Ciudad de México?
4. ¿De qué manera cuenta Mediopollito con esos personajes para resolver su propio problema?

CAPÍTULO 36

Escribir un cuento

LA LECTURA Y LA ESCRITURA

Partes de un cuento

Alma Flor Ada les contó a sus lectores un cuento con personajes que se ayudan unos a otros. Mira el cuento que sigue, escrito por una estudiante que se llama Ruth. Fíjate en cómo usa la elaboración.

MODELO

¡Lo encontré!

    El empleado les dijo: "Vayan a la puerta 48 para tomar el vuelo 233 a Houston". Papá, Mamá y Tasha arrastraron sus bolsos hasta la máquina de rayos X. Entonces fueron hasta la puerta 48.

    El tiempo pasaba a paso de tortuga. Un señor alto de pelo canoso estaba usando el teléfono público cerca de ellos. Más tarde la encargada de la puerta anunció: "El vuelo 233 se ha retrasado dos horas".

    Mamá y Tasha fueron al teléfono para decírselo al abuelo. Cuando mamá ya volvía a su asiento, Tasha gritó: "¡Mamá, se te quedaron las llaves!"

    "Esas no son mis llaves" contestó mamá. Tasha pensó en el señor alto del pelo canoso. Fue adonde estaba y le preguntó: "¿Son suyas estas llaves?"

    "Sí, gracias.": dijo. El señor le dijo que su

- lugar/personajes
- lenguaje figurado
- personaje/suceso
- suceso
- diálogo/problema
- suceso/diálogo/solución del problema
- elaboración

432

apellido era Fuentes. Por fin la encargada anunció el vuelo 233. Tasha fue a recoger su mochila, pero no estaba allí. Entonces se acordó de que la había puesto en el suelo junto a la puerta de seguridad. El Sr. Fuentes oyó a Tasha contárselo a sus padres. El Sr. Fuentes dijo: "Yo puedo ir a buscarla. Tú me ayudaste cuando me hizo falta".

Pronto, Tasha vio al Sr. Fuentes, que volvía con la mochila. ¡Sus patines estaban a salvo!

— suceso

— suceso/diálogo

— solución del problema

Analiza el modelo

1. ¿Cuál es el propósito de Ruth? Explica.
2. ¿Qué dice Ruth acerca del lugar?
3. ¿De qué manera logra el diálogo hacer que el cuento parezca real?

Resume el modelo

Usa una red de palabras para resumir el cuento de Ruth. Di cuál es el lugar, los personajes principales y los sucesos importantes.

El arte de escribir

Elaboración Ruth usó la elaboración para contar mejor su relato. Di qué palabras exactas o figuradas usó para ayudarte a entender lo que ocurrió en el cuento. Luego, vuelve a escribir tres oraciones del cuento de Ruth para que den más detalles acerca de un personaje.

433

CAPÍTULO 36

Escribir un cuento

Antes de escribir

Propósito y audiencia

Ya has leído muchos tipos de cuentos. En esta lección, escribirás un cuento para compartirlo con estudiantes más pequeños.

> **TEMA DE ESCRITURA** Escribe un cuento para estudiantes más pequeños acerca de un viaje. Tu personaje principal puede salir de un lugar conocido y viajar a un lugar nuevo. Puede conocer a otros personajes y resolver un problema.

Antes de empezar, piensa en tu audiencia y propósito. ¿Quiénes serán tus lectores? ¿Qué tipo de cuento dusfrutarían?

MODELO

Ruth empezó a pensar en el cuento. Decidió de qué personajes trataría y dónde sería. Luego se imaginó lo que les podría pasar a sus personajes.

- Título
  - Personajes: Tasha, Mamá, Papá, Sr. Fuentes
  - Lugar: el aeropuerto
  - Sucesos
    - La familia deja las maletas y el vuelo está retrasado
    - Tasha devuelve las llaves del Sr. Fuentes.
    - El Sr. Fuentes devuelve la mochila de Tasha.

AHORA TE TOCA A TI

Decide de qué va a tratar tu cuento. Usa una red para organizar tus ideas.

Estrategias que usan los buenos escritores

- Decide cuál será el propósito de tu cuento. ¿Debería divertir, enseñar o persuadir?
- Genera una lluvia de ideas en cuanto a los sucesos del cuento.

Borrador

CAPÍTULO 36
Escribir un cuento

Organización y elaboración

Sigue estos pasos como ayuda para organizar tu cuento:

PASO 1 **Capta el interés de la audiencia**
Escribe acerca de un suceso o usa un diálogo que le interese al lector.

PASO 2 **Cuenta los sucesos en orden**
Cuenta los sucesos en el orden en que ocurren.

PASO 3 **Resuelve el problema**
El personaje principal debe hallar una manera de resolver el problema.

MODELO

Lee el primer párrafo del cuento. ¿Cómo capta la atención del lector? ¿Qué palabras usa para ayudarte a ver el lugar?

> El empleado les dijo: "Vayan a la puerta 48 para tomar el vuelo 233 a Houston". Papá, Mamá y Tasha arrastraron sus bolsos hasta la máquina de rayos X. Entonces fueron hasta la puerta 48.

AHORA TE TOCA A TI

Ahora, haz un borrador de tu cuento. Observa la red que hiciste antes de escribir para obtener ideas. Vuelve a leer los cuentos de Alma Flor Ada y Ruth para ver cómo usaron la elaboración.

Estrategias que usan los buenos escritores

- Usa la elaboración para dar detalles acerca de los personajes.
- Usa palabras exactas para contar el problema o problemas que el personaje principal tiene que resolver.

Usa una computadora para hacer el borrador de tu cuento. Puedes usar la tecla de borrar (Delete) para eliminar las partes que quieres cambiar.

CAPÍTULO 36

Escribir un cuento

Revisar

Organización y elaboración

Vuelve a leer el borrador. Piensa en estas preguntas:

- ¿Es interesante el principio?
- ¿Están los sucesos en orden de manera que tengan sentido?
- ¿Cómo los detalles muestran el entorno?
- ¿Resuelve el problema el personaje?

MODELO

Aquí tienes una parte del cuento de Ruth. Fíjate en las palabras exactas y el diálogo que usa para hacer que la acción parezca ser real.

> El tiempo pasaba a paso de tortuga.
> ~~Esperaron en el área de espera.~~ Un señor **alto de pelo canoso** estaba usando el teléfono público cerca de ellos. Más tarde la ~~señora que estaba en~~ **encargada de** la puerta ~~dijo que~~ **anunció: "** el vuelo 233 se **ha** ~~había~~ retrasado dos horas**."**
> Mamá y Tasha fueron al teléfono para decírselo al abuelo. Cuando mamá ya volvía a su asiento, Tasha le ~~dijo~~ **gritó: "Mamá, se te quedaron** ~~que se le habían quedado~~ las llaves**!"**
> **"Esas no son mis llaves" contestó Mamá.**
> ~~pero ella dijo que no eran de ella.~~

AHORA TE TOCA A TI

Revisa tu cuento. Busca lugares donde puedas usar palabras exactas o figuradas para ayudar al lector a "ver" el lugar, los personajes y los sucesos.

Estrategias que usan los buenos escritores

- Incluye detalles acerca de los personajes y los sucesos.
- Usa una variedad de oraciones e incluye diálogo.

🖥 Usa el ratón para hacer clic en las palabras y oraciones y arrastrarlas. Así podrás moverlas dentro del cuento.

Corregir

CAPÍTULO 36

Escribir un cuento

Revisar el uso del idioma

Cuando corriges el texto, buscas errores en la gramática y ortografía. También buscas errores en la puntuación y en el uso de mayúsculas. Es posible que los lectores no entiendan el cuento si no corriges los errores.

MODELO

Aquí tienes otra parte del cuento de Ruth. Fíjate cómo Ruth corrigió los errores de puntuación. ¿Qué más corrigió?

> Por fin la encargada anunció el ~~buelo~~ *vuelo* 233. Tasha fue a recoger su mochila, pero no estaba allí. Entonces se ~~acordo~~ *acordó* de que la había puesto en el suelo junto a la puerta de ~~segridad~~ *seguridad*. El Sr. Fuentes ~~oímos~~ *oyó* a Tasha contárselo a sus padres. Dijo: "yo puedo ir a buscarla, tú me ayudaste cuando me hizo falta."

AHORA TE TOCA A TI

Después de revisarlo, corrige la ortografía de tu cuento. Vuelve a leerlo varias veces para:
- comprobar que no haya errores gramaticales ni de ortografía
- comprobar que no haya errores de puntuación
- comprobar que no haya errores en el uso de mayúsculas

Estrategias que usan los buenos escritores

- Asegúrate de que no hayas olvidado ninguna palabra.
- Comprueba la ortografía.
- Usa signos de puntuación.

Marcas editoriales
- Borrar texto
- Añadir texto
- Mover texto
- Párrafo nuevo
- Mayúscula
- Minúscula
- Corregir ortografía

437

CAPÍTULO 36
Escribir un cuento

Publicar

Compartir tu trabajo

Ha llegado el momento de publicar el cuento. Piensa en la audiencia que escogiste y responde a estas preguntas para elegir la mejor manera de compartir tu cuento.

1. ¿Quién es tu audiencia?
2. Si añades ilustraciones, ¿ayudarían a la audiencia a entender el cuento?
3. ¿Puede tu audiencia leer el cuento? ¿Tendrás que leerles el cuento? Usa la información de la página 439 para leer el cuento en voz alta.

Reflexionar sobre lo escrito

 Usar tu portafolio ¿Qué aprendiste acerca de lo que escribes en este capítulo? Escribe la respuesta a cada pregunta que sigue:

1. ¿Podría un lector describir al personaje principal de tu cuento? ¿Por qué?

2. ¿Está claro el problema del cuento? ¿Por qué?

3. Lee las pautas de tu Manual. ¿Qué calificación le darías a lo que escribiste? Explica tu respuesta.

Coloca tus respuestas y tu cuento en el portafolio. Compara el cuento con lo que escribiste en los capítulos 6, 21 y 33. Escribe varias oraciones para explicar hasta qué punto cumpliste tus objetivos y cómo podrías hacerlo mejor.

USANDO TU Manual

- Usa las pautas de la página 501 para evaluar el cuento que escribiste.

Equipo de trabajo

ESCUCHAR Y HABLAR

Has estado leyendo cuentos sobre personas que ayudan a los demás. Ahora tienes la oportunidad de trabajar con un compañero y ayudarlo a él o a ella a dar una presentación. Ruth y una amiga decidieron leerle el cuento de Ruth a una clase de primer grado. Con un compañero, tú también puedes presentar un cuento de la misma manera. Sigue estos pasos:

PASO 1 Escribe tu cuento en letra de molde en una cartulina. Escribe con letra grande. Así los niños de primer grado podrán seguir el texto mientras lees. Deja espacio para poner ilustraciones.

PASO 2 Pide a tu compañero que te ayude a corregir el cuento.

PASO 3 Con la ayuda de tu compañero, añade ilustraciones al cuento.

PASO 4 Practica la lectura en voz alta leyéndoselo a tu compañero. Decide si irás señalando las ilustraciones.

PASO 5 Pide a tu compañero que te ayude a montar la cartulina. Lee el cuento a los estudiantes. Cada uno de ustedes puede leer las palabras que dicen diferentes personajes.

Estrategias para escuchar y hablar

Las estrategias que siguen te ayudarán a convertirte en un mejor narrador:

- Apréndete bien tu cuento para que no tengas que leer todas las palabras cuando lo presentes.
- Dale variedad al sonido de tu voz para que concuerde con lo que pasa en el cuento. Por ejemplo, puede que quieras sonar emocionado, asustado o contento.
- Di el diálogo como si fueras el personaje.

Unidad 6
Repaso de gramática
CAPÍTULO 31
Palabras negativas e indefinidas
páginas 378–387

Palabras negativas *páginas 378–379*

A. Escribe la palabra negativa de cada oración.

1. Yo no podía creer todas las cosas que Thomas Edison inventó.
2. Jamás supe que había inventado tantas cosas.
3. Nunca hubo electricidad en las casas hasta entonces.
4. La bombilla eléctrica no lo detuvo en su afán por inventar otras cosas.
5. Nunca olvidaremos los inventos de Edison.

Adjetivos negativos e indefinidos *páginas 380–381*

B. Escribe cada oración. Corrige los errores de los adjetivos negativos e indefinidos.

6. Parecería que no queda ninguna descubrimiento por hacer acerca de la Tierra.
7. Aun así, todas científico sigue buscando respuestas.
8. Es difícil pensar en alguno lugar que le quede a los científicos por ir.
9. Siempre encontramos cierta criaturas que antes no se conocían.
10. Ningún persona lo sabe todo acerca del mundo.

Más sobre las palabras negativas *páginas 382–383*

C. Escribe cada oración. Sustituye la palabra positiva subrayada por una negativa para cambiar el sentido de la oración.

11. Algún tema me gusta más que las ciencias.
12. No hay algo que me guste más.
13. Siempre me ha interesado otra cosa que las ciencias.
14. No me pierdo alguna clase jamás.
15. A todos les gusta las ciencias más que a mí.

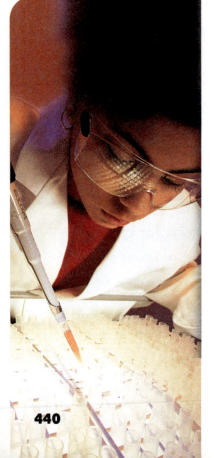

440

Las comas *páginas 388–389*

A. Añade comas donde sea necesario.

1. "Miguel ¿sabías que hace muchos miles de años la gente hacía herramientas de pedernal?"
2. Bueno necesitaban herramientas para preparar las pieles de los animales.
3. La azuela era una herramienta hecha de pedernal madera y cuero.
4. Hacían herramientas capaces de cortar raspar pelar y picar.
5. Sí el pedernal era una piedra muy útil.
6. El carbón que usamos es roca pero comenzó a formarse hace muchos años a partir de plantas.
7. El carbón que en un principio consistía de plantas hoy es duro.
8. Las plantas se pudrieron quedaron enterradas y se fueron endureciendo.
9. Más plantas se pudrieron con el tiempo cayeron sobre las capas anteriores y las aplastaron.
10. Esas plantas que se convirtieron en carbón se usan hoy como combustible.

Los dos puntos *páginas 392–393*

B. Añade dos puntos donde sea necesario.

11. Querida tía Rosa Gracias por la tarjeta que me enviaste.
12. La escuela me gusta, y la maestra me dijo "Tienes talento para las ciencias".
13. Estudiamos las siguientes rocas el azufre, el carbón, la piedra pómez y la arcilla.
14. El libro de ciencias dice "La piedra pómez se usa para suavizar la piel".
15. Mi mamá me dijo "Sí, yo uso la piedra pómez para suavizarme los pies cuando me baño"

Unidad 6 Repaso de gramática

CAPÍTULO 32

Comas y dos puntos
páginas 388–397

Unidad 6
Repaso de gramática
CAPÍTULO 34
Comillas y diálogos
páginas 406–415

Las comillas *páginas 406–407*

A. Vuelve a escribir cada oración. Añade comillas donde sea necesario.

1. Carol dijo: En mi casa no calentamos el agua de la alberca.
2. Su papá siempre dice: Debemos conservar la energía.
3. Pedro pensó: El agua debe ponerse muy fría.
4. Les dieron un adhesivo que dice: En esta casa se usa la energía solar.
5. Me parece que es una buena idea, dijo Pedro.

Más sobre las comillas *páginas 408–409*

B. Escribe cada oración usando las mayúsculas y los signos de puntuación correctamente con las comillas. Si la oración está correcta, escribe *Correcta*.

6. "¿Se puede nadar en tu alberca todo el año, Preguntó Pedro.
7. Carol explicó "cuando el sol va descendiendo, los árboles le dan sombra a la alberca.
8. Ella continuó: "El sol no calienta tanto durante el invierno".
9. no se puede usar todo el año pensó Pedro".
10. ¡Quiero venir a nadar en tu alberca en verano, dijo Pedro.

Puntuación en el diálogo

páginas 410–411

C. Escribe cada oración. Añade rayas donde sea necesario.

11. —Derek, vi un arco iris ayer por la tarde dijo Jamila.
12. ¿Tenía muchos colores el arco iris? —preguntó Derek.
13. Sí, era de muchos colores diferentes contestó Jamila.
14. Si te fijas —dijo Derek—, verás que los arco iris parecen estar a gran altura.

Títulos subrayados *páginas 416–417*

A. Subraya el título de los libros, revistas o periódicos.

1. Para su informe, Robin está leyendo La gravedad, por Tess Gerrit.
2. Para divertirse, leyó Patas arriba: Peripecias con la gravedad.
3. Andrés tiene una copia de Globos en la alberca.
4. En El Nuevo Día, José leyó un artículo del espacio.
5. También averiguó datos interesantes en una revista llamada Enfoque en el firmamento.

Títulos con comillas *páginas 418–419*

B. Coloca comillas antes y después de los títulos de cuentos, artículos o canciones de cada oración.

6. Daniela le enseñó a sus hermanitos la canción De colores.
7. Se inventó otra canción y le puso La gravedad me atrapa.
8. Roberto escribió una canción llamada Déjame ir, gravedad mía.
9. Escribió un artículo titulado La fuerza de gravedad para el periódico escolar.
10. Daniela y Roberto quieren escribir un cuento llamado El día que la gravedad dejó de funcionar.

Letras mayúsculas en los títulos *páginas 420–421*

C. Escribe cada título usando las mayúsculas correctamente.

11. "experimentos sencillos para jóvenes científicos"
12. Newton Y La Gravedad
13. Las leyes de Gravedad
14. "Gravedad Cómica"
15. El Movimiento y la gravedad

Unidad 6
Repaso de gramática
CAPÍTULO 35

Títulos
páginas 416–425

443

Unidad 6 Conclusión

Escribir sobre otras materias: Ciencias

Relato de un inventor

La mayoría de los inventos se crearon para resolver problemas. Con un grupo de compañeros investiga a un inventor famoso del pasado. Escribe un relato que muestre cómo intentó resolver un problema al inventar algo. Sigue estos pasos.

Investiga la historia del inventor

- ¿Qué hizo el inventor? ¿Cuándo y dónde vivía? ¿Lo ayudaron otras personas?
- ¿Qué problema quería resolver el inventor?
- ¿Cómo funcionaba el invento? ¿Resolvió el problema?
- ¿Qué le pasó al inventor luego?

Escribe el relato

- Usa los datos que hallaste durante tu investigación para escribir tu relato.
- Asegúrate de que el relato tenga principio, desarrollo y final.
- Un narrador puede contar parte del relato, pero asegúrate de incluir diálogo entre los personajes.
- Ilustra el relato. Haz dibujos o usa un programa de dibujo por computadora.

Publica tu relato

- Exhibe tu relato en un tablero de anuncios en el salón de clase.

Libros de lectura

El piñatero
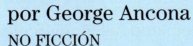
por George Ancona
NO FICCIÓN
Don Ricardo le trae gran alegría a todos los de su pueblecito con sus títeres, máscaras y piñatas.

Rosaura en bicicleta

por Daniel Barbot
FANTASÍA
La gallina Rosaura quiere una bicicleta de cumpleaños. Todo parece indicar que esto es imposible hasta que llega un hombre diestro que consigue fabricar el aparato deseado.

El sancocho del sábado

por Leyla Torres
FICCIÓN
María Lilí aprende de su ingeniosa madre cómo hacer un sancocho cuando no hay dinero para comprar los ingredientes.

Repaso acumulativo Unidad 1

Las oraciones

Oraciones páginas 24–27

Escribe cada oración. Escribe si es una *afirmación*, un *mandato*, una *pregunta* o una *exclamación*.

1. El recital de piano fue el miércoles.
2. Catalina tocó una pieza de Beethoven.
3. ¿Te gustó su interpretación?
4. ¡Estuvo realmente estupenda!
5. Escucha la próxima pieza con atención.

Sujetos y predicados

páginas 34–37, 52–55

Subraya el sujeto completo una vez y el predicado completo dos veces. Luego, haz un círculo alrededor del sujeto simple y del predicado simple.

6. El papá de Noemí es arquitecto.
7. Su papá diseñó la casa donde viven.
8. Los amigos de Noemí observaron la construcción.
9. La familia de Noemí se mudó a la casa el mes pasado.
10. La familia está muy contenta con su nuevo hogar.

Oraciones completas páginas 62–63

Forma una oración completa. Si es una oración completa, escribe *oración completa*.

11. Fui a una ópera que se llama Hansel y Gretel.
12. Un cuento de hadas, pero se desarrollaba en la época moderna.
13. Las palabras de los cantantes aparecían más arriba del escenario.
14. Muy bonita, y los disfraces fueron excelentes.
15. Varias escenas miedo, pero yo sabía que tendría un final feliz.

Sustantivos propios y comunes *páginas 92–95*

Sustituye las palabras subrayadas con sustantivos propios.

1. Esa niña duerme ocho horas al día.
2. Aquel niño necesita nueve horas al día de sueño.
3. La universidad estatal hizo un estudio sobre el sueño.
4. Varios profesores estuvieron a cargo del estudio.
5. Los profesores descubrieron que algunas personas necesitan dormir diez horas al día.

Sustantivos singulares y plurales *páginas 102–107*

Escribe la forma plural de cada sustantivo.

6. Lisa come muchos (alimento) nutritivos.
7. Le gusta comer (fruta) y (vegetal).
8. Lo que más le gusta son las (cereza).
9. También come (frijol) y (nuez).
10. Come además diferentes tipos de (pan) y (queso).

Género del sustantivo *páginas 120–123*

Escribe los sustantivos de cada oración. Escribe si cada uno es femenino o masculino.

11. El papá de Carlos trabaja en una obra.
12. Está encargado de la seguridad de los obreros.
13. Los trabajadores usan casco para protegerse la cabeza.
14. Ser el encargado es una responsabilidad importante.
15. Tiene la vida de las personas en sus manos.

Repaso acumulativo Unidad 2

Más sobre sustantivos y verbos

Repaso acumulativo Unidad 3

Más sobre los verbos

Verbos principales y verbos auxiliares páginas 166–169

Elige el verbo auxiliar correcto que está entre paréntesis para completar cada oración. Luego subraya el verbo principal.

1. La clase de Yolanda (hemos, está) hablando de la basura que hay en el parque Decatur.
2. (Han, Van) planificado limpiar el parque.
3. La clase (va, estoy) a usar bolsas de basura que le han donado.
4. La asociación cívica los (han, está) ayudando.
5. El parque nunca (ha, van) estado tan limpio.

Tiempos verbales páginas 176–179, 194–197

Escribe cada oración. Indica si el verbo está en tiempo presente, tiempo pasado o tiempo futuro.

6. La familia de Lino vivió en Rusia.
7. Su bisabuelo viajó a la ciudad de Nueva York.
8. De allí se mudó a un pueblo en Wisconsin.
9. Ahora toda la familia de Lino vive en Wisconsin.
10. Ellos volverán a Rusia de visita algún día.

Verbos irregulares páginas 204–209

Escribe el verbo correcto que está entre paréntesis ( ) en cada oración.

11. Nuestro senador (irió, fue) a la escuela a dar un discurso.
12. Yo (llegué, llegé) temprano al auditorio ese día.
13. El senador (quere, quiere) que todos sepamos la importancia de votar.
14. Nos (pede, pide) que animemos a nuestros padres y parientes a votar.
15. Yo (pondré, poneré) de mi parte para animarlos.

Pronombres *páginas 234–239, 244–245*

Escribe un pronombre que sustituya las palabras subrayadas de cada oración.

1. A mis amigos y a mí nos gustan los océanos.
2. Tú y yo obtenemos muchos alimentos del océano.
3. Los científicos estudian los océanos y la importancia de que estén limpios.
4. La Dra. Chávez quiere estudiar más.
5. Varias reporteras escribieron un artículo sobre la Dra. Chávez.

Pronombres posesivos

páginas 262–263

Elige el pronombre posesivo correcto que está entre paréntesis ( ) y escribe cada oración.

6. Él no podía ver los cometas desde su patio, así que vino al (nuestros, nuestro)
7. Yo observé el cielo con mi telescopio y ella lo observó con el (suya, suyo).
8. Pablo trajo su cámara, porque la (mía, mío) está en casa de mi abuela.
9. Las fotos que tomó Pablo son (suyas, suya).
10. Rosa y yo estamos muy orgullosas de las (nuestros, nuestras).

Adjetivos *páginas 272–277*

Escribe cada oración. Subraya los adjetivos.

11. Los pingüinos del acuario son graciosos.
12. Se tambalean en sus patas cortas.
13. En el agua, un pingüino es muy rápido.
14. La cabeza de un pingüino parece una pequeña boya que flota.
15. Los pingüinos hacen muchos sonidos cómicos.

Repaso acumulativo Unidad 4

Pronombres y adjetivos

Repaso acumulativo Unidad 5

Artículos, adjetivos y adverbios

Artículos y apócopes *páginas 308–311*

Vuelve a escribir cada oración. Usa el artículo correcto y el apócope del adjetivo si corresponde.

1. (Una, La) familia Acevedo tiene una (grande, gran) manada de cabras.
2. Fue el (primero, primer) establecimiento de cría de cabras de (el, la) zona.
3. (Los, El) queso que hacen es muy (buen, bueno).
4. (Las, Los) dueños nunca han tenido un (malo, mal) año.
5. (Un, El) pedazo que tengo es el (tercer, tercero) pedazo que me como hoy.

Adverbios *páginas 318–321*

Escribe la oración. Subraya los adverbios.

6. La familia Gómez se mudó recientemente.
7. Enseguida compraron una casa en el campo.
8. Ahora su hijo está en nuestra escuela.
9. Corre más velozmente que ningún otro niño.
10. Ganó fácilmente la carrera de la semana pasada.

Problemas ortográficos

páginas 346–351

Elige la palabra correcta que está entre paréntesis ( ) y escribe cada oración.

11. Hay un mercado rural (cerca, serca) de la casa de mis (avuelos, abuelos).
12. (Ayí, Allí) compramos (huevos, huebos) frescos.
13. También es (posible, posivle) comprar jaleas y mermeladas.
14. Venden (muebles, muevles) y (siyas, sillas).
15. Cuando vamos, saludamos a todos los (vecinos, becinos).

Repaso acumulativo Unidad 6

Uso y puntuación

Palabras negativas e indefinidas *páginas 378–383*

Usa una palabra de la casilla para llenar el espacio en blanco. Usa cada palabra una sola vez.

> Nadie   nunca   algún   No   nada

1. Yo _____ antes había visto un arco iris.
2. _____ sabíamos que los arcos iris tienen tantos colores.
3. _____ podía creer lo claros que se veían los colores.
4. Después de unos minutos no se veía _____.
5. ¿Has visto _____ arco iris antes?

Comas *páginas 388–391*

Añade comas donde sea necesario.

6. Un terremoto sacudió a California Arizona y Nevada.
7. "Manuel el terremoto ocurrió por la mañana."
8. Sacudió las casas despertó a la gente y asustó a muchas personas.
9. No no hubo heridos.
10. Bueno menos mal

Comillas *páginas 406–409*

Añade comillas donde sea necesario.

11. ¿Hace mucho frío hoy?", preguntó Brenda.
12. El Sr. Fuentes dijo: Hace diez grados.
13. ¡Qué frío!, pensó Brenda.
14. El pronóstico del periódico decía: Parcialmente nublado.
15. Brenda pensó: Espero que salga el sol.

451

Repaso acumulativo
Unidades 1–6

Uso del lenguaje

Lee cada oración. Observa las palabras subrayadas de cada una. Puede haber un error de puntuación, de mayúsculas o del uso de las palabras. Si hallas un error, elige la respuesta que es la mejor manera de escribir la parte subrayada de la oración. Si no hay ningún error, elige "Está correcta".

1. Ese saxofón es <u>el tuya</u>.
   - A la tuya
   - B el tuyo
   - C el mía
   - D Está correcta

2. Gregorio es <u>más mejor</u> corredor que Víctor.
   - F el más mejor
   - G muchísimo
   - H mejor
   - J Está correcta

3. <u>Ninguno compañero</u> ha llegado tarde.
   - A Nadie compañero
   - B Ningún compañero
   - C Ninguna compañero
   - D Está correcta

4. Inés se comió <u>un grande pedazo</u> de pastel.
   - F un gran pedazo
   - G un pedazo gran
   - H un granda pedazo
   - J Está correcta

5. <u>"¿Cómo funciona el termómetro preguntó Jaime?"</u>
   - A "¿Cómo funciona el termómetro? preguntó Jaime"
   - B "¿Cómo funciona el termómetro preguntó" Jaime?
   - C "¿Cómo funciona el termómetro?", preguntó Jaime.
   - D Está correcta

Expresión escrita

Usa el párrafo que sigue para responder a las preguntas 1–4.

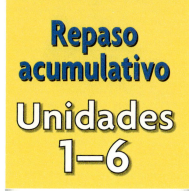

> Los colonos holandeses se establecieron en mi pueblo en el siglo diecisiete. Ellos viajaron en barco por el río Hudson. Construyeron casas. Construyeron iglesias. Muchas de las casas todavía existen. Mi pueblo se llama Monte Mata. El año que viene me mudaré a un pueblo diferente. Muchas personas piensan que "mata" es un nombre extraño para un pueblo, pero en realidad significa "planta".

1 Elige la mejor oración inicial para el párrafo.

- **A** Mi pueblo es uno de los más antiguos de la zona.
- **B** Los ingleses colonizaron algunos pueblos.
- **C** Mi pueblo queda a orillas del río Hudson.
- **D** Los holandeses son las personas que vienen de Holanda.

2 ¿Qué oraciones se pueden combinar mejor?

- **F** la 2 y la 3
- **G** la 5 y la 6
- **H** la 3 y la 4
- **J** la 1 y la 2

3 Elige la mejor oración final que podrías añadirle al párrafo.

- **A** Algunos colonizadores volvieron a Holanda.
- **B** Los edificios antiguos todavía existen.
- **C** Monte Mata se enorgullece de su patrimonio holandés.
- **D** Nadie de Monte Mata habla holandés ya.

4 ¿Qué oración de las que siguen no corresponde en el párrafo?

- **F** Los colonos holandeses se establecieron en mi pueblo a principios del siglo diecisiete.
- **G** Ellos construyeron casas.
- **H** Mi pueblo se llama Monte Mata.
- **J** El año que viene me mudaré a un pueblo diferente.

453

CAPÍTULO 1
Oraciones
páginas 24–33

Práctica adicional

A. Escribe si cada oración es una afirmación, un mandato, una pregunta o una exclamación. *páginas 26–27*

1. A David le gustan las vacaciones.
2. ¿Qué es lo que más le gusta?
3. Le gusta ir de pesca con su tío Alfredo.
4. También monta en bicicleta junto al río.
5. ¡Vio unas grullas espectaculares!

B. Escribe cada oración. Añade los signos de puntuación correctos. *páginas 28–29*

6. Un día vio un gran pez cerca de la orilla del río
7. Cómo trató de atraparlo David
8. Sabes lo que le ocurrió
9. Caramba, se caló hasta los huesos
10. Qué hiciste durante las vacaciones

C. Lee cada grupo de palabras. Pon las palabras en un orden lógico. Forma el tipo de oración indicada. Usa los signos de puntuación correctos. *páginas 24–29*

11. Mandato: la cuerda lanza al agua
12. Exclamación: pez enorme tan qué
13. Pregunta: hago qué ahora
14. Mandato: tensa cuerda la mantén
15. Mandato: pescado el trae orilla la a
16. Afirmación: comeremos pescado el nos luego
17. Afirmación: mí a no gusta me cocinar
18. Pregunta: fogata se cómo hace una
19. Exclamación: hambre tengo qué ahora
20. Mandato: pronto muy comamos

Práctica adicional

CAPÍTULO 2
Sujetos y sustantivos
páginas 34–43

A. Escribe cada oración. Subraya el sujeto completo. Luego haz un círculo alrededor del sujeto simple. *páginas 34–35*

1. La clase está planificando una actividad.
2. Muchos estudiantes ofrecieron sus ideas.
3. Una idea fue recolectar monedas de un centavo.
4. Las monedas servirán para comprar equipo para la escuela.
5. Un estudiante está a cargo del proyecto.

B. Escribe los sustantivos de cada oración. *páginas 36–37*

6. Muchos estudiantes trajeron monedas.
7. La maestra hizo un cartel para mostrar cuántas monedas se habían recolectado.
8. Mary puso el cartel en el pasillo.
9. El director contribuyó sus monedas.
10. El proyecto escolar fue un gran éxito.

C. Combina cada grupo de oraciones para formar una sola oración que tenga un sujeto compuesto. Escribe la oración nueva. *páginas 38–39*

11. Los padres trajeron monedas. Los niños trajeron monedas. Los maestros trajeron monedas.
12. El director contó las monedas. Una estudiante contó las monedas.
13. Los niños recibieron barquillos de helado. Las niñas recibieron barquillos de helado.
14. Estos balones se compraron con el dinero. Esas esterillas de gimnasia se compraron con el dinero.

CAPÍTULO 4
Predicados/Verbos
páginas 52–61

Práctica adicional

A. Escribe cada oración. Subraya el predicado completo. Subraya el predicado simple dos veces. *páginas 52–53*

1. Las condiciones del tiempo cambian bastante en muchas partes del mundo.
2. Yo pienso irme de vacaciones a una isla.
3. Los habitantes de Hawai siempre disfrutan de buen tiempo.
4. Algunos lugares tienen condiciones frías afuera y albercas adentro.
5. Algunas personas se divierten con los esquís y los trineos.

B. Escribe el verbo de cada oración. *páginas 54–55*

6. La gente siempre habla del clima.
7. Los niños juegan con sus cometas en el viento de primavera.
8. Niños y adultos nadan durante el verano.
9. La brisa se pone más fresca en el otoño.
10. El cielo generalmente está gris en invierno.

C. Lee las oraciones de cada grupo. Luego escribe una sola oración que tenga un predicado compuesto. *páginas 56–57*

11. El cielo está azul. El cielo tiene muchas nubes esponjosas y blancas.
12. Una persona vigila los cambios del tiempo. Una persona anuncia las tormentas.
13. Algunas personas se preparan para las tormentas fuertes. Algunas personas compran linternas.
14. Algunas tormentas fuertes rugen como un tren. Algunas tormentas fuertes pasan pronto.

Práctica adicional

CAPÍTULO 5

Oraciones simples y compuestas
páginas 62–71

A. Escribe *oración completa* si el grupo de palabras forma una oración completa. Si no, escribe una oración completa. páginas 62–63

1. Tito y Laura juegan béisbol cuando salen de la escuela.
2. En el parque que queda cerca de su casa.
3. Todos sus amigos en el campo de béisbol.
4. Tres jugadores son lanzadores.
5. Durante el juego.

B. Escribe si cada oración es una oración simple o compuesta. páginas 64–65

6. El bateador trató de pegarle a una pelota mal lanzada.
7. Tito bateó un jonrón, y su equipo ganó el juego.
8. El entrenador es un maestro.
9. Los juegos terminan cuando oscurece.
10. Pablo es un buen bateador y a Jessica le gusta ser lanzadora.

C. Usa la palabra que aparece para combinar cada par de oraciones y formar una oración compuesta. páginas 64–65

11. Marta juega en primera base. A veces juega en el jardín derecho. *o*
12. Juan es un lanzador excelente. También corre muy rápido. *y*
13. Ricardo es un buen bateador. Es aun mejor como jardinero. *pero*
14. Nuestro equipo llegó a las finales. No ganamos. *pero*
15. El año que viene practicaremos más. Quizás ganemos el campeonato. *y*

457

CAPÍTULO 7
Más sobre los sustantivos
páginas 92–101

Práctica adicional

A. Escribe los sustantivos de cada oración.
páginas 92–93

1. Los buenos lectores disfrutan de los libros bien escritos.
2. La clase hizo una lista de cuentos emocionantes en el pizarrón.
3. Un buen cuento no tiene que ser largo.
4. ¿Rescatará el caballero a la reina del dragón?
5. Mi maestro le lee un cuento de misterio a la clase.

B. Vuelve a escribir cada oración. Escribe los sustantivos propios con mayúscula.
páginas 94–95

6. El Sr. jiménez dice que los libros están llenos de datos.
7. El Dr. yun dice que hay ideas fascinantes en los libros.
8. ¿Has ido a visitar la biblioteca del museo del niño?
9. Mi amigo roberto se lleva muchos libros.
10. Mucha gente compra libros en la librería mariposa azul.

C. Escribe la abreviación de la palabra o palabras subrayadas. *páginas 96–97*

11. Terminamos el libro a las 11:30 <u>de la mañana</u>.
12. A la 1:00 <u>de la tarde</u> grabamos ideas en un casete.
13. A <u>usted</u> le dieron tres minutos para grabar cada mensaje.
14. Hicimos las grabaciones en el <u>departamento</u> audiovisual.
15. La <u>señorita</u> Alvarado nos ayudó.

458

Práctica adicional

A. Escribe los sustantivos plurales de cada oración. Luego escríbelos en singular.
páginas 102–103

1. A muchos padres e hijos les gustan los animales.
2. Los conejos de Tom tienen varios recipientes de agua.
3. Los perros mojados se sacuden el pelaje después de los baños.
4. A los gatos les gusta explorar agujeros y perseguir juguetes.
5. Las serpientes y las iguanas son mascotas interesantes.

B. Forma un sustantivo plural con el sustantivo singular que está subrayado.
páginas 104–105

6. A los caballos les gustan los <u>cereal</u>.
7. El granjero pone los <u>arnés</u> en cajas.
8. Uno de los <u>animal</u> se comió unas moras.
9. El granjero tiene dos <u>potro</u>.
10. Las <u>oveja</u> tienen lana suave y rizada.
11. Los <u>ciervo</u> beben agua de la cisterna.
12. Los <u>ganso</u> nadan en el lago.
13. ¿Oíste los <u>ratón</u> en el granero?
14. Hay tres <u>salmón</u> en el lago.
15. Me mojé los <u>pie</u> en el lago.

C. Escribe el sustantivo plural de cada oración. Luego escribe la forma singular. páginas 106–107

16. Hay muchos peces en el lago.
17. Los gallos hacen las paces en el gallinero.
18. Le traigo haces de heno al caballo.
19. Trabajamos en el campo con una guadaña y varias hoces.
20. Al pájaro le gustan las nueces.

CAPÍTULO 10

Género del sustantivo
páginas 120–129

Práctica adicional

A. Escribe si el sustantivo subrayado de cada oración es femenino o masculino.
páginas 120–121

1. La maestra nos habla de las estaciones.
2. A Adolfo le gusta el otoño.
3. Su hermana prepara platos especiales.
4. Las niñas rastrillan las hojas secas.
5. Los perros juegan alegres y revuelven las hojas.

B. Escribe si el sustantivo que está subrayado es femenino o masculino. páginas 120–123

6. Los empleados fueron al almuerzo.
7. Los hijos también fueron al almuerzo.
8. Los invitados e invitadas recibieron varios premios.
9. El cocinero tostó las semillas de calabaza.
10. La directora anunció a los ganadores.
11. Una narradora contó un cuento.
12. El payaso nos dijo muchas adivinanzas.
13. Vimos pájaros y varias ardillas.
14. La jefa de mi mamá hizo varios chistes.
15. Mi hermana jugó al fútbol en la hierba.

C. Escribe si el sustantivo subrayado es femenino o masculino. Si es femenino, escribe la forma masculina, y si es masculino, escribe la forma femenina.
páginas 124–125

16. Nos divertimos en las fiestas que hacen tus vecinos.
17. La gata de los vecinos siempre participa.
18. Mi papá se pone una corbata blanca.
19. Saludamos a las señoras que viven allí.
20. Mi hermano come muchas galletas.

Práctica adicional

CAPÍTULO 11

Verbos de acción y los verbos *ser* y *estar*

páginas 130–139

A. Escribe cada oración. Subraya el verbo de cada oración. páginas 130–131

1. El automóvil es una manera de viajar.
2. El Modelo T llevó a los primeros conductores a todas partes.
3. Los primeros carros de motor eran negros.
4. Ahora los carros se hacen de colores.
5. ¿Dónde está tu carro?

B. Escribe cada oración. Subraya el verbo de acción de cada oración. páginas 132–133

6. Los pilotos viajan alrededor del mundo.
7. Los aviones pasan por el cielo día y noche.
8. Algunos sólo llevan carga.
9. Los aeropuertos manejan una gran cantidad de equipaje.
10. Los niños visitan a sus abuelos por avión.

C. Escribe el verbo de cada oración. Escribe si es un verbo de acción o una forma del verbo *ser* o *estar*. páginas 132–135

11. Algunas personas van a los lugares por tren.
12. Los trenes son lentos cuando hay nieve.
13. A veces escalan montañas empinadas.
14. Algunas personas viajan en barcos.
15. Todos están muy a gusto en el barco.

D. Escribe cada oración, usando la forma correcta del verbo *ser* o *estar* que está entre paréntesis ( ). páginas 134–135

16. Yo (estoy, soy) una persona alegre.
17. Yo (estoy, soy) en un torneo de tenis.
18. Mi papá (es, está) una persona activa.
19. Mamá y papá (son, están) caminando más.
20. Mis amigos (son, están) en el equipo.

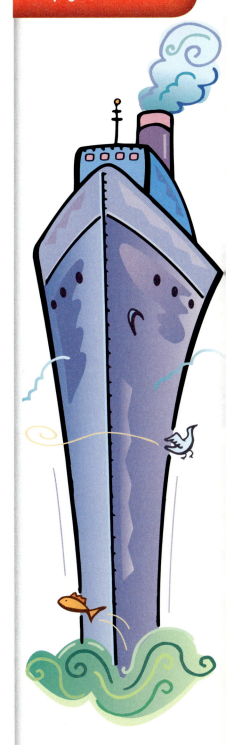

461

CAPÍTULO 13

Verbos principales y auxiliares
páginas 166–175

Práctica adicional

A. Escribe cada oración. Haz un círculo alrededor del verbo auxiliar y subraya el verbo principal. *páginas 166–169*

1. La estudiante nueva les está sonriendo a todos.
2. Le hemos dado la bienvenida a nuestra clase.
3. ¿Has hecho nuevos amigos alguna vez?
4. ¿Te vas a sentar con ella a la hora de almuerzo?
5. La hemos invitado a participar en los juegos.

B. Haz una tabla de dos columnas. Pon como encabezados *Verbos auxiliares* en la primera columna y *Verbos principales* en la segunda. *páginas 166–169*

6. La estudiante nueva no ha conocido a nadie de nuestra escuela.
7. Sus padres se han mudado aquí desde Nueva Jersey.
8. Estábamos hablando de su escuela anterior.
9. Ella va a conocer a los demás niños.
10. Les está sonriendo para que sepan que es simpática.

C. Escribe el verbo en infinitivo de cada oración. *páginas 170–171*

11. Los demás niños pueden tardar algunos días en hablarte.
12. Todavía te tienen que conocer.
13. Es normal ser tímido cuando se llega a una escuela nueva.
14. No debo olvidar que las amistades toman tiempo.
15. Es emocionante ir a una escuela nueva.

Práctica adicional

CAPÍTULO 14

Verbos en tiempo presente
páginas 176–185

A. Escribe cada oración y subraya el verbo. Escribe si el verbo indica una acción que está ocurriendo en el presente, que ocurrió en el pasado o que ocurrirá en el futuro.
páginas 176–177

1. A René le gusta la historia.
2. Él aprendió mucho de las personas mayores.
3. Ellos le contaron las diferencias entre sus años de infancia y la actualidad.
4. René pronto estudiará la antigua Roma.
5. Él piensa sacar libros de la biblioteca.

B. Elige la forma correcta del tiempo presente del verbo en paréntesis. *páginas 178–179*

6. La clase (estudia, estudias) historia.
7. Cada estudiante (llevo, lleva) ropa de la época colonial.
8. René se (pone, ponemos) un uniforme del ejército.
9. Las faldas de las niñas (llegan, llegamos) al suelo.
10. Los amigos de René (traes, traen) disfraces de personajes famosos.

C. En cada oración, di cuál es el sujeto. Escribe el verbo correcto. *páginas 180–181*

11. René (aprendemos, aprende) mucho cuando mira el canal de historia en la televisión.
12. El canal (pasa, pasas) informes del pasado.
13. La época anterior a las cámaras (aparece, aparecemos) representada con pinturas.
14. Los niños (busco, buscan) datos en Internet.
15. Estos libros (explicamos, explican) la historia de la Guerra civil.

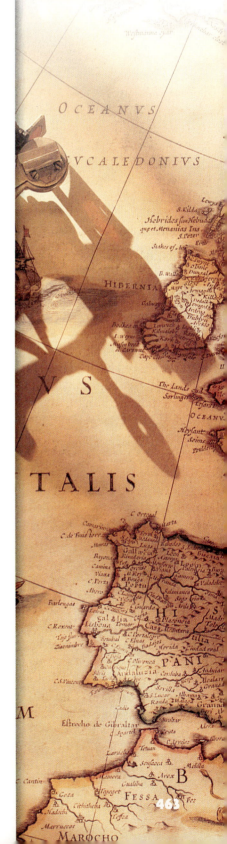

CAPÍTULO 16
Verbos en tiempo pasado y futuro
páginas 194–203

Práctica adicional

A. Escribe el verbo de cada oración. Indica si está en *tiempo pasado* o *futuro*. páginas 194–195

1. Un escritor famoso visitará mi escuela.
2. El escritor traerá su violín para tocarlo.
3. Jaime y Maki le escribieron una carta.
4. El escritor nos envió un cartel.
5. Invitaremos a otro autor a la escuela el año que viene.

B. Escribe cada oración con el verbo que está en paréntesis ( ). Forma el tiempo verbal que aparece al final de la oración. páginas 196–197

6. Nosotros (prometer) que le daríamos una cálida bienvenida al escritor. (tiempo pasado)
7. El alcalde (honrar) al autor con una cinta especial. (tiempo futuro)
8. Sus aficionados lo (recibir) en el aeropuerto. (tiempo futuro)
9. Los maestros (planificar) una actividad de la clase. (tiempo pasado)
10. Nosotros (comprar) sus libros y los pusimos en la biblioteca. (tiempo pasado)

C. Escribe la forma correcta del verbo que está en paréntesis ( ) en cada oración. páginas 198–199

11. El día de la actividad, nos (apresuraremos, apresuramos) para llegar a la escuela.
12. Después de saludar al escritor, la maestra (desaparece, desapareció) detrás del telón.
13. La multitud (aplaude, aplaudió) al escritor.
14. Todos (recordaremos, recordamos) su visita en los próximos meses.
15. Yo (decidiré, decidí) que es mi nuevo ídolo.

464

Práctica adicional

CAPÍTULO 17

Verbos irregulares
páginas 204–213

A. Escribe la oración. Elige el verbo correcto que está entre paréntesis ( ) para completar cada oración. páginas 204–205

1. Yo (fui, irí) a un campo muy hermoso.
2. Allí (tocé, toqué) los pétalos de las flores.
3. (Cargé, Cargué) con un libro al campo.
4. Mi papá me (leyó, leó) el principio y yo quiero leer el resto.
5. Me (protejo, protego) de los rayos del sol.

B. Escribe la oración. Elige el verbo correcto que está entre paréntesis ( ) para completar cada oración. páginas 206–207

6. Me (contan, cuentan) que los niños de la ciudad cultivan vegetales en jardines urbanos.
7. Primero (encuentran, encontran) un terreno vacío.
8. Ellos (consiguen, conseguen) las semillas de los agricultores.
9. Luego (comenzan, comienzan) a hacer surcos en la tierra.
10. Le (piden, peden) a la ciudad que les permita usar las tomas de agua para regar el jardín.

C. Escribe el verbo que está en paréntesis ( ) para completar cada oración. páginas 208–209

11. Yo (veno, vengo) al jardín los domingos.
12. (Salo, Salgo) de mi casa temprano para encontrarme con los demás voluntarios.
13. (Tengo, Teno) que regar las semillas y quitar las malezas.
14. Todos nos (ponimos, pusimos) ropa vieja.
15. Nosotros (tuvimos, tenimos) que ensuciarnos para sacar las malezas.

CAPÍTULO 19
Pronombres
páginas 234–243

Práctica adicional

A. Escribe todos los pronombres de la oración. Escribe si cada uno es singular o plural.
páginas 234–237

1. Bruno me sonrió mientras les daba de comer a las tortugas.
2. Mari lo miraba, pero no las quería tocar.
3. A ella le gustan más los conejos.
4. Él le dijo que éstas son muy divertidas.
5. Ella observó: "Les gusta comer lechuga".

B. Escribe el pronombre que puede sustituir al sustantivo o sustantivos subrayados.
páginas 236–237

6. <u>Mari y Bruno</u> tienen perros.
7. Sacan a pasear a <u>los perros</u> al parque.
8. <u>Mari</u> tiene un pastor alemán.
9. Mari trajo al perro para que <u>Mónica y yo</u> lo conociéramos.
10. Yo le dije a Mari: "<u>Mari</u>, tienes un perro hermoso".

C. Lee cada par de oraciones. Halla la palabra o palabras que cada pronombre subrayado sustituye. páginas 238–239

11. Mari y Tania hablaron de sus animales. <u>Ellas</u> decidieron hacer un concurso de animales.
12. Bruno quiere traer sus animales también. Él <u>los</u> cuida mucho.
13. Isabel tiene una gata. Ella <u>la</u> traerá al concurso.
14. Los conejos de Bruno corren mucho. <u>Éstos</u> podrían ser estrellas de atletismo.
15. Bruno, Mari y yo hicimos un cartel. <u>Nosotros</u> escribimos: "Concurso de mascotas" en éste.

466

Práctica adicional

A. Escribe cada oración usando el pronombre correcto que está entre paréntesis.
páginas 244–247

1. (Yo, Te) voy mucho a la tienda de los papás de Nidia.
2. A (la, ella) también le encanta estar allí.
3. Los clientes a menudo (ella, la) llaman por su nombre.
4. Sus papás (nosotras, nos) dan regalitos.
5. (Les, Ellos) saben que a nosotras nos gusta ayudarlos.

B. Escribe *pronombre personal* o *pronombre complementario* para identificar la palabra subrayada de cada oración. *páginas 244–247*

6. <u>Nosotras</u> pasamos los sábados en la tienda.
7. Las estanterías vacías <u>nos</u> dan mucho que hacer.
8. <u>Tú</u> viniste con tu mamá el sábado pasado.
9. <u>Ustedes</u> encontraron unas telas que querían.
10. La mamá de Nidia te <u>las</u> envolvió.

C. Escribe el pronombre demostrativo de cada oración. *páginas 248–249*

11. Las herramientas que hay que poner en la vitrina son éstas.
12. Ésas también se pueden poner.
13. ¿Te acuerdas de aquéllas que guardamos en el armario?
14. Ése es el armario donde las pusimos.
15. También guardamos algunas herramientas en aquél.

CAPÍTULO 20

Pronombre personal, complementario y demostrativo
páginas 244–253

467

CAPÍTULO 22
Más sobre los pronombres
páginas 262–271

Práctica adicional

A. Escribe los pronombres posesivos de cada oración. *páginas 262–263*

1. Como a Melissa le gusta el color rosado, la maleta rosada es suya.
2. La cartera azul es mía.
3. Voy a poner mi abrigo y el tuyo cerca de la puerta.
4. Así por lo menos no se nos quedarán los nuestros.
5. ¿Son tuyas estas botas?

B. Escribe el pronombre indefinido de cada oración. *páginas 264–265*

6. Alguien se llevó las maletas al carro.
7. Pudo haber sido cualquiera.
8. Aquí no queda ninguna.
9. Una está en la habitación.
10. Todos vamos al aeropuerto.

C. Escribe el pronombre interrogativo que corresponde en cada espacio en blanco. *páginas 266–267*

11. ¿_____ vamos a hacer estas vacaciones?
12. ¿_____ nos va a acompañar?
13. ¿_____ hace que no nos vamos de vacaciones?
14. ¿_____ han sido tus vacaciones favoritas?
15. ¿_____ quieres hacer este año?

Práctica adicional

CAPÍTULO 23

Adjetivos
páginas 272–281

A. Escribe el adjetivo o adjetivos de cada oración. páginas 272–273

1. A muchas personas les gustan los cumpleaños.
2. Algunas personas cumplen años el mismo día.
3. Hay pasteles redondos y cuadrados.
4. El pastel de mi mamá tiene rosas rojas en el centro.
5. ¡Probé un pastel delicioso!

B. Escribe el adjetivo de cada oración y el sustantivo al que describe. Luego escribe si son masculinos o femeninos. páginas 274–275

6. Muchas fiestas de cumpleaños son en verano.
7. Quiero probar un pedazo pequeño de pastel.
8. Hay globos amarillos por todas partes.
9. En la fiesta pusieron música moderna.
10. ¡Fue una celebración muy divertida!

C. Escribe el adjetivo de cada oración y el sustantivo al que describe. Luego escribe si son singulares o plurales. páginas 276–277

11. Los pasteles de cumpleaños generalmente tienen muchas velas.
12. A veces sólo tienen una vela grande.
13. En la fiesta hay un payaso simpático.
14. El payaso usa globos para hacer formas divertidas.
15. El mejor juego es el de ponerle el rabo al burro.

469

CAPÍTULO 25

Más sobre los adjetivos
páginas 308–317

Práctica adicional

A. Escribe cada oración usando el artículo correcto que está en paréntesis. *páginas 308–309*

1. ¿Has ido a (un, los) aeropuerto alguna vez?
2. (Los, El) aeropuertos son interesantes.
3. Generalmente llevas (una, las) maletas al mostrador de una aerolínea.
4. Puede que necesites (un, una) carrito para llevar las maletas.
5. Es posible que (la, el) alarma del detector de metales salga sonando.

B. Escribe cada oración. Usa el apócope del adjetivo correcto que está en paréntesis ( ).
páginas 310–311

6. Hoy es un (bueno, buen) día para viajar.
7. El cielo está despejado y el pronóstico es (buen, bueno).
8. No es aconsejable despegar cuando hace (malo, mal) tiempo.
9. Viajamos en un avión muy (grande, gran).
10. Fue mi (primer, primero) viaje en avión.

C. Escribe cada oración, usando la forma comparativa o superlativa correcta del adjetivo que está entre paréntesis ( ).
páginas 312–313

11. Los asientos de primera clase son (caros) que los de clase turista
12. Los asientos de clase turista son (estrechos) que los de primera clase.
13. Ese asistente de vuelo fue el (simpático).
14. El servicio en primera clase es (bueno) que en la clase turista.
15. El aeropuerto de Chicago es (concurrido) de los Estados Unidos.

470

Práctica adicional

CAPÍTULO 26
Adverbios
páginas 318–327

A. Escribe el adverbio de cada oración. Luego escribe el verbo al que describe. páginas 318–323

1. Mi mamá hace postres frecuentemente.
2. Yo la observo atentamente para aprender cómo hacerlos.
3. Ella siempre me dice que hay que medir todo con precisión.
4. Para hacer merengues, hay que batir las claras muy bien.
5. Los ingredientes deben mezclarse completamente.

B. Escribe el adverbio de cada oración. Escribe si dice *cómo*, *cuándo*, *dónde* o *cuánto* ocurre una acción. páginas 318–323

6. Me gusta mucho hacer galletas en la cocina.
7. Allí reúno los ingredientes para la masa.
8. Nunca hago galletas sin preguntarle a mi mamá si puedo.
9. Generalmente sigo mi receta favorita.
10. Mide la harina correctamente en tazas.
11. Mezcla los ingredientes secos con la harina cuidadosamente.
12. Finalmente vierte la mezcla húmeda sobre la mezcla seca.
13. Fíjate siempre en la hora cuando metas las galletas al horno.
14. Si no quieres que se quemen, no te demores demasiado en sacarlas.
15. ¡Aquí tienes mis galletas favoritas!

CAPÍTULO 28

Más sobre los adverbios y los adjetivos

páginas 336–345

Práctica adicional

A. Indica si la palabra subrayada es un adjetivo o un adverbio. *páginas 336–337*

1. El ejercicio <u>constante</u> te ayuda a mantener el cuerpo sano.
2. Si corres <u>rápidamente</u>, la capacidad de los pulmones te aumentará.
3. <u>Muchos</u> músculos de las piernas también se te ejercitarán.
4. Es divertido montar en una bicicleta <u>veloz</u>.
5. Haz ejercicio <u>frecuentemente</u> para estar en forma.

B. Escribe el adverbio que está entre paréntesis ( ). Ponlo en el mejor lugar de la oración. *páginas 338–339*

6. (constantemente) Los niños jugaron al fútbol durante el picnic.
7. (luego) Jugaron al baloncesto.
8. (tranquilamente) Algunas personas navegaron por el río.
9. (atentamente) Los salvavidas observaban la alberca.
10. (alegremente) Todas las familias conversaban.

C. Indica si la palabra subrayada es un adjetivo o un adverbio. Luego escribe el sustantivo o verbo al que describe. *páginas 340–341*

11. <u>Pocos</u> estudiantes fallaron la prueba de condición física.
12. Hacía <u>mucho</u> calor el día de la prueba.
13. Algunos estudiantes corrieron muy <u>poco</u>.
14. La mayor parte de ellos corrió <u>más</u>.
15. Los maestros les recomendaron a los niños que hicieran <u>más</u> ejercicio.

Práctica adicional

CAPÍTULO 29

Problemas ortográficos
páginas 346–355

A. Escribe cada oración usando la palabra correcta que está entre paréntesis.
páginas 346–355

1. Solimar se va de (biaje, viaje) al Japón.
2. Tiene una maleta (nueva, nueba).
3. No podremos (hablar, havlar) por teléfono.
4. Las cartas serán la (clabe, clave).
5. Nos despedimos en la (oriya, orilla) del mar.
6. El barco se llama el (Rell, Rey) del Atlántico.
7. ¡(Ya, Lla) se va el barco del puerto!
8. Ellos están (penzando, pensando) en viajar.
9. Es (emocionante, emosionante) planificar viajes para otras personas.
10. Hay que conocer sus (gustos, guztos).
11. Necesito comprar un (pasage, pasaje).
12. Si voy en carro, sólo necesito dinero para la gasolina y los (peajes, peages).
13. Tengo un mapa (jeográfico, geográfico).
14. Todavía no sé si (cojer, coger) por el norte.
15. Me (dirijo, dirigo) hacia la Florida.

B. Escribe cada oración usando la palabra correcta. páginas 354–355

16. Vi la (llama [s.], llama [v.]) olímpica en Barcelona.
17. Fui a la pista del estadio olímpico y me sentí como un (as, haz) del deporte.
18. No creo que (halla, haya) visto un estadio tan grande antes.
19. El grupo de turistas se (calló, cayó) cuando el guía empezó a hablar.
20. La guía (pasa [s.], pasa [v.]) a la pista para contarnos una anécdota.

CAPÍTULO 31

Palabras negativas e indefinidas

páginas 378–387

Práctica adicional

A. Escribe cada oración y subraya la palabra negativa. *páginas 378–379*

1. Sonia le dijo a su hermana que nunca se perdería.
2. Nadie cambiará de opinión.
3. Jamás se detuvo en planificar la aventura.
4. Sus amigos no creían que ella iría.
5. Ninguno de sus amigos quiso ir con ella.

B. Elige un adjetivo de la casilla para completar la oración. *páginas 380–381*

cualquier   ninguna   alguna   todo   Ningún

6. Sus amigos trataron de buscar ——— manera de persuadirla.
7. Le hubieran dicho ——— cosa.
8. ——— razonamiento la pudo convencer
9. No hubo ——— manera de detenerla.
10. Rechazó ——— comentario.

C. Escribe la oración con una palabra negativa que sustituya a la palabra subrayada. *páginas 382–383*

11. Yo <u>siempre</u> podría ser tan valiente como Sonia.
12. <u>Sí</u> tengo planeada ninguna gran aventura.
13. Ella no tenía <u>alguna</u> preocupación.
14. <u>Todo</u> del viaje le asustaba.
15. <u>Alguien</u> quiso viajar con ella.
16. Yo <u>siempre</u> me iría de viaje sola.
17. Sonia no conoce a <u>todos</u> en el lugar adonde va.
18. <u>Alguno</u> de sus amigos la apoya.
19. Yo no creo que <u>algo</u> le salga mal.
20. <u>Sí</u> hay nadie más valiente que Sonia.

Práctica adicional

CAPÍTULO 32

Comas y dos puntos
páginas 388–397

A. Escribe la oración. Añade comas donde sea necesario. *páginas 388–391*

1. Gerardo se llevó su cámara y fue a buscar gente pájaros y animales silvestres.
2. Si vas a Santa Rosa una cuidad muy bonita ¿qué encontrarás allí?
3. Gerardo que fue a Santa Rosa encontró muchas cosas.
4. Él halló iguanas conejos cactus y amigos.
5. Exploró el desierto acampó y luego fue a la escuela y conoció a sus compañeros.
6. Pues tuvo que esperar para revelar las fotos porque todos los lugares de revelado estaban cerrados.
7. Gerardo sonríe porque te vamos a tomar una foto.
8. ¡Sí me encantan las fotos!
9. Gerardo les mostró todas sus fotos que eran excelentes al maestro.
10. Paquito Natalia Eugenia y Simón salían en las fotos.

B. Vuelve a escribir la carta. Añade comas y dos puntos donde sea necesario. *páginas 388–393*

11. Estimado Sr. Fuentes
12. La Srta. Juncos que es mi tía me dijo "Escríbele al Sr. Fuentes sobre tu exposición".
13. Estuve en Santa Rosa y tomé fotos de los siguientes temas la fauna la flora y los paisajes.
14. Puede ir a ver las fotos en las siguientes fechas 5 y 6 de mayo 8 y 9 de junio y todo el mes de agosto.
15. Atentamente Gerardo

CAPÍTULO 34

Comillas y diálogos

páginas 406–415

Práctica adicional

A. Escribe cada oración y añade comillas donde sea necesario. páginas 406–407

1. El titular del periódico decía: Alcaldesa pide voluntarios.
2. Queremos que todos participen en nuestro programa de voluntariado, dijo la alcaldesa en una conferencia de prensa.
3. Raúl pensó: Quizás me debería ofrecer de voluntario.
4. Su mamá le dijo: ¿Por qué no te apuntas de voluntario en el centro de reciclaje?
5. Fui a apuntarme en un local que decía: Centro de reciclaje municipal.

B. Corrige los errores de puntuación y el uso de mayúsculas. páginas 406–409

6. La alcaldesa dijo "Necesitamos más voluntarios.
7. ¿Saben qué tan grande es la ciudad?, preguntó.
8. Betsy exclamó: es enorme.
9. "el programa de voluntariado será muy importante dijo la alcaldesa".
10. Francisco pensó todos debemos participar.

C. Escribe cada oración y subraya las palabras que dicen quién habla. páginas 410–411

11. —Por eso es importante que no tiremos basura —continuó la alcaldesa.
12. Raúl exclamó: —¡Será un trabajo duro!
13. —Sí —dijo Betsy—, pero podemos hacerlo entre todos.
14. —¿Tienen alguna pregunta? —preguntó la alcaldesa.
15. —Todo está claro —contestaron Betsy y Raúl—. ¿Cuándo empezamos?

Práctica adicional

CAPÍTULO 35

Títulos
páginas 416–425

A. Escribe cada oración. Subraya los títulos de todos los libros, revistas y periódicos. páginas 416–417

1. Los personajes principales de La telaraña de Carlota son un cerdo y una araña.
2. La revista El libro gordo de Petete tenía un artículo acerca de las arañas.
3. El Mundo tenía un reportaje sobre un cerdo llamado Wilbur.
4. ¿Has leído el libro Alí Babá y los cuarenta ladrones?
5. Mi hermana escribió una crítica en La Gaceta de la Escuela Central.

B. Escribe cada oración. Ponles comillas a los títulos de los cuentos, poemas, artículos y canciones. páginas 418–419

6. Caminante no hay camino es un poema famoso.
7. Leí un artículo sobre la poesía titulado Otros peligros de la poesía.
8. Mi canción favorita es En mi viejo San Juan.
9. Caperucita Roja es un cuento de niños muy conocido.
10. Escribí un poema que se llama El final.

C. Vuelve a escribir cada título usando las mayúsculas correctamente. páginas 420–421

11. "Los Tres Cerditos"
12. poemas para niños
13. "La Zorra Y La Cigüeña"
14. "singing in the rain"
15. cuentos populares tejanos

477

Manual

Contenido

Modelos de escritura 480

Pautas para escribir 496

Destrezas y estrategias de estudio 502

Estrategias de ortografía 524

Modelos de caligrafía 528

Diccionario de sinónimos 530

Glosario 548

Modelos de escritura

Narrativa personal

Una **narrativa** es un cuento. Una **narrativa personal** es un cuento sobre la propia experiencia del escritor.

Cómo escribir una narrativa personal

- Escribe desde tu **punto de vista.** Usa *yo, me* y *mi*.
- Cuenta un **suceso** que te haya ocurrido.
- Incluye **detalles** que ayuden a los lectores a imaginar visualmente el suceso.
- Expresa cómo te hizo sentir el suceso.

punto de vista del autor en primera persona y usando mi

comienzo/ detalles

parte central/ detalles

final/detalles

punto de vista del autor

Menos mal que no se escapó del todo

Estoy loca por mi gatita Felisa. Mi mamá y mi papá me la regalaron cuando cumplí seis años. Felisa duerme en mi cama todas las noches y me levanta cada mañana.

Pero el verano pasado, pensé que la había perdido para siempre. Mi familia se mudó a una casa nueva que había como a una milla. Felisa se asustó por el ruido de los muebles moviéndose en el traslado y se escapó. No pudimos encontrarla por ninguna parte. Yo no quería irme, pero teníamos que mudarnos a la casa nueva sin ella.

Cada día me sentía más y más triste. Entonces, una mañana, como diez días después de mudarnos, oí unos arañazos y un "miau" junto a la puerta. ¡Era Felisa! Nos había encontrado ella solita. Yo siempre supe que los gatos eran listos. ¡Nunca dejaré que se vuelva a perder!

Ensayo de instrucciones

Los **ensayos de instrucciones** indican cómo hacer algo. Las instrucciones siempre están en orden.

> **Cómo escribir un ensayo de instrucciones**
>
> - Escribe un párrafo introductorio que diga lo que vas a enseñar a hacer.
> - Escribe una lista con todos los materiales necesarios.
> - Escribe oraciones que expliquen los pasos en orden.
> - Usa palabras de secuencia como *primero, después, entonces* y *finalmente* para indicar el orden correcto.

Es divertido decorar una mesa para una fiesta. Una forma de hacerlo es con animales hechos de frutas y vegetales. Imagínate que quieres hacer un caballo. Aquí tienes varios pasos que te ayudarán. — **párrafo introductorio**

Necesitas los siguientes materiales:
- frutas (bayas, plátanos y otras frutas de colores)
- vegetales (pimientos rojos y verdes, pepinos, zanahorias y lechuga)
- palillos

— **materiales que necesitará el lector**

Primero, escoge una fruta o un vegetal grande para el cuerpo, como un plátano o un pepino. Después, corta una zanahoria en tiras para hacer las piernas. Entonces, ponle un pequeño pimiento por cabeza. Para los ojos ponle bayas, y para las orejas, trocitos de pimiento rojo. Pégaselos a la cabeza con palillos. Después, hazle la crin y la cola con lechuga recortada. Finalmente, únele las piernas, la cabeza, la crin y la cola al cuerpo con palillos.

— **pasos en orden/ palabras de secuencia**

Ensayo persuasivo

Un **ensayo persuasivo** explica la opinión del autor sobre un tema. El autor trata de persuadir al lector para que opine como él.

Cómo escribir un ensayo persuasivo

- Escribe una oración principal que diga lo que opinas sobre el tema.
- Da razones que apoyen tu opinión. Añade detalles para aclarar tus razones.
- Escribe las razones más fuertes al final.
- Al final de tu ensayo, explica tu opinión sobre el tema otra vez. Pide a tus lectores que entren en acción.

oración principal que expresa la opinión

A mucha gente le gusta jugar y ver diferentes deportes. Yo creo que el béisbol es el mejor deporte de todos. Todos los aficionados al deporte deberían aprender a jugar béisbol.

razones y detalles

El béisbol es un deporte divertidísimo. Si lo practicas a menudo, se te pondrán bien fuertes los brazos y las piernas. También correrás más rápido. El béisbol te enseña a trabajar en equipo con otros compañeros. Cuando tu equipo gana, es muy divertido. Pero lo mejor es el compañerismo que existe entre los componentes de cada equipo.

invita a la acción

El béisbol es mi deporte favorito. Nos mantiene en forma, y fomenta el compañerismo y el trabajo en equipo. Averigua qué ligas pequeñas se juegan en tu barrio e inscríbete.

Ensayo crítico

Un **ensayo crítico** explica las ventajas y desventajas de un tema.

Cómo escribir un ensayo crítico

- Capta el interés de los lectores con tu introducción.
- Escribe un párrafo sobre las desventajas y otro sobre las ventajas.
- Usa oraciones con detalles y ejemplos claros.
- Resume lo que piensas en un párrafo final.

Visita de verano

Mis primos vienen a visitarnos todos los veranos. Siempre tengo ganas de verlos, porque me caen muy bien. Pero también hay algunas cosas que no me gustan de sus visitas.

Las visitas de mis primos tienen también algunas desventajas. Uno de mis primos duerme en mi cama cuando viene de visita, así es que yo tengo que dormir en el piso. Además tengo que compartir mis cosas con mis primos. A veces uno de mis primos me deja los libros manchados de mantequilla de cacahuate.

Siempre nos divertimos de lo lindo cuando vienen de visita. Ésa es la principal ventaja. Por ejemplo, siempre vamos a algún lugar especial, como el parque acuático o los juegos de béisbol. Yo me divierto mucho jugando con mis primos.

Cuando regresan a su casa, los echo mucho de menos. Por eso, aunque sus visitas tengan algunas desventajas, siempre tengo ganas de que vuelvan al año siguiente.

- título
- introducción
- desventajas y detalles sobre ellas
- ventajas y detalles sobre ellas
- final

Informe de investigación

Un **informe de investigación** da información sobre un tema. Los autores reúnen datos de distintas fuentes, como libros o revistas. Toman notas para recordar los datos y hacen esquemas para organizar estos datos. Entonces escriben su informe.

Cómo escribir un informe de investigación

- Escribe un párrafo interesante para presentar tu tema.
- Con la ayuda de tus notas, escribe párrafos detallados sobre cada uno de los temas principales en tu esquema. No olvides escribir en tus propias palabras.
- Escribe un párrafo para concluir tu informe.

título — Pequeñas colaboradoras

introducción/ tema principal —
Las hormigas no son solamente unos insectitos comunes. Son unas criaturas bien interesantes. Construyen sus propias casas, trabajan en equipo y ayudan a la naturaleza y a los hombres.

subtema y detalles —
Las hormigas habitan en todas las regiones del planeta, menos en las que son demasiado frías. Viven juntas en comunidades llamadas colonias. Cada colonia puede tener desde una docena hasta un millón de hormigas. La mayoría de las hormigas construyen sus propias viviendas en túneles subterráneos. Sin embargo, algunas hormigas viven en los troncos de los árboles o en otras plantas.

Las colonias de hormigas están muy bien organizadas. Cada hormiga tiene una función que cumplir dentro de la colonia. La mayoría de las hormigas son obreras. Son las encargadas de construir y proteger el hormiguero. También tienen que buscar la comida para toda la colonia y ocuparse de las hormiguitas. Cada colonia cuenta con una hormiga reina, cuya tarea principal consiste en poner huevos. Las hormigas macho viven en el hormiguero sólo a tiempo parcial.

— subtema y detalles

Las hormigas son muy importantes para la naturaleza. Sirven para mantener el equilibrio necesario en el planeta. Como se alimentan de otros insectos, las hormigas impiden que otras especies de insectos crezcan demasiado. Las hormigas también son buenas para el hombre. Con sus hormigueros, desmenuzan la tierra dura. Y lo que beneficia a los agricultores nos beneficia a todos, puesto que la mayoría de los alimentos que consumimos procede del campo.

— subtema y detalles

Mucha gente piensa que las hormigas son sólo una plaga porque se meten en los edificios habitados por gente que no las quiere. En realidad, las hormigas son muy, muy trabajadoras, y muy importantes para todo el mundo. A lo mejor, a partir de ahora verás con otros ojos a estas pequeñas colaboradoras.

— párrafo final

Cuento corto

Un **cuento corto** explica una idea principal. Un cuento corto tiene un principio, una parte central y un final.

Cómo escribir un cuento corto

- Escribe un comienzo. Nombra los personajes del cuento y di dónde se desarrolla la acción. Da a los personajes un problema que resolver.
- Escribe una parte central del cuento. Cuenta lo que los personajes hacen para resolver el problema.
- Escribe el final. Explica cómo se resolvió el problema.
- Ponle un título al cuento.

título

comienzo: personajes, lugar, problema

El jaguar y los monos

Era una mañana en la selva. El sol brillaba por entre las copas de los árboles, alumbrando el suelo selvático. Un arroyo fluía en silencio por las rocas y hasta los pájaros estaban dormidos. De hecho, todo dormía en la selva, menos los monos, porque los monos parecen no dormir jamás. Siempre se mantienen ocupados saltando de rama en rama y divirtiéndose. Esta mañana, los monos comenzaron a chillar escandalosamente.

Cerca de allí, el jolgorio de los monos despertaba a un jaguar somnoliento. Estiró el espinazo y rugió. Estaba de muy mal humor.

—Tengo que lograr que se callen esos monos —dijo el jaguar—. Necesito dormir.

El jaguar se dirigió hacia las plataneras. Agarró racimos y racimos de plátanos. Luego se dirigió a los mangos. Agarró montones y montones de mangos. El jaguar gigante llevó sus plátanos y sus mangos a la otra punta de la selva.

Cuando regresó a su casa, el jaguar les dijo a los monos:

—Tienen una sorpresa esperándoles al otro lado de la selva —dijo—. ¡Corran a ver qué es antes de que otros la descubran!

— parte central

Los monos salieron corriendo con todas sus fuerzas. Cansado, el jaguar se fue a dormir de nuevo. Por fin podía dormir tranquilo todo lo que quisiera.

— final

Párrafo descriptivo

Un **párrafo descriptivo** explica cómo es un objeto, un sentimiento, un suceso o cualquier otra cosa.

Cómo escribir un párrafo descriptivo

- Usa palabras vívidas para describir el aspecto, el sonido, el sabor y el tacto de las cosas.
- Puedes expresar tu punto de vista personal y decirle al lector lo que te parece algo.

palabras vívidas

punto de vista personal

> La rosaleda era un arco iris de colores. Cada arbusto estaba cubierto de flores hacinadas. Había pequeñas rosas pintadas de tenues sombras rosadas y amarillas. Junto a ellas estaban las flores de mayor tamaño. Eran de un rojo chillón y de morado real. Parecían decirme: "¡Contémplanos! ¿Verdad que somos preciosas?" Eran demasiado hermosas como para arrancarlas, así es que me limité a inhalar su dulce aroma.

Crítica de un libro

Una **crítica de un libro** cuenta de lo que trata un libro. Explica lo que piensa el escritor sobre el libro.

Cómo escribir una crítica de un libro

- Escribe el título del libro y el nombre del autor en la primera oración.
- Escribe sobre los personajes más importantes y la idea principal.
- Luego cuenta los sucesos importantes.
- Incluye detalles interesantes, pero no cuentes cómo termina.
- Da tu opinión del libro y explica por qué le puede gustar o no a quien lo lea.

<u>La reunión de doña Araña</u>, de David Gonzaga, es un libro fantástico rimado que trata sobre una araña que se siente sola. Cuando ve pasar volando a los insectos, los invita a tomar el té. Pero ninguno acepta la invitación, porque no quieren convertirse en la próxima comida de la araña. Desencantada, doña Araña trata de tomar el té con insectos de goma, pero no resultan nada divertidos. Entonces, doña Araña intenta encontrar la manera de conseguir que vengan a tomar el té con ella los insectos de verdad.

El libro me gustó porque está escrito en rima y porque las ilustraciones son bien bonitas. Me encantó el final porque me hizo desear ser amiga de doña Araña.

— título y nombre del autor
— personaje más importante e idea principal
— sucesos/ detalles importantes
— mi opinión del libro

Un párrafo que compara

Un párrafo que compara indica las semejanzas entre dos o más personas, lugares o cosas.

Cómo escribir un párrafo que compara

- Escribe una oración principal. Nombra las personas o cosas que vas a comparar y explica en qué se parecen.
- Escribe oraciones con detalles que den ejemplos claros.
- En las oraciones con detalles, escribe las personas o cosas que compares en el mismo orden que la oración principal.

oración principal — Los periquitos y los guacamayos se parecen porque son del mismo color, viven en pareja y comen lo mismo.

oraciones con detalles — Ambos pueden tener las plumas azules, rojas, amarillas y verdes. A los periquitos y los guacamayos les gusta vivir en pareja, y a menudo los vemos reunidos en grupos más grandes por las noches. Tanto los periquitos como los guacamayos comen frutos secos, bayas y semillas. Una cosa interesante que les gusta comer a ambos es la arcilla. Todas las mañanas veo como 500 periquitos y guacamayos comiendo trozos de arcilla junto al río.

Un párrafo que contrasta

Un párrafo que contrasta indica las diferencias entre dos o más personas, lugares o cosas.

Cómo escribir un párrafo para contrastar

- Escribe una oración principal. Nombra las personas o cosas y explica en qué se diferencian.
- Escribe oraciones con detalles que den ejemplos claros.
- En las oraciones con detalles, escribe las personas o cosas en el mismo orden que la oración principal.

periquitos   guacamayos

Los periquitos y los guacamayos son de diferente tamaño, y emiten sonidos distintos. — oración principal

Los periquitos son pequeños y delgados. Miden entre siete y once pulgadas de longitud. Los guacamayos son aves muy grandes y pueden llegar a medir cuarenta pulgadas. Los periquitos pían muy fuerte, pero no tanto como los guacamayos. Los guacamayos emiten un sonido fuerte como un chirrido capaz de asustar a cualquier animal que pretenda comérselos. — oraciones con detalles

Carta a un amigo y su sobre

La **carta a un amigo** va dirigida a personas que conoces bien. Este tipo de carta tiene un encabezamiento, un saludo, un texto principal, un cierre y una firma.

Una **nota de agradecimiento** es un tipo de carta a un amigo. Sirve para darle las gracias a alguien por un regalo o por hacer algo.

Cómo escribir una carta a un amigo

- Escribe un encabezamiento con tu dirección y la fecha.
- En el saludo, pon el nombre de la persona a quien le estés escribiendo.
- En el texto, explica el motivo de tu carta.
- Antes de firmar, despídete.
- Firma abajo.

Nota de agradecimiento

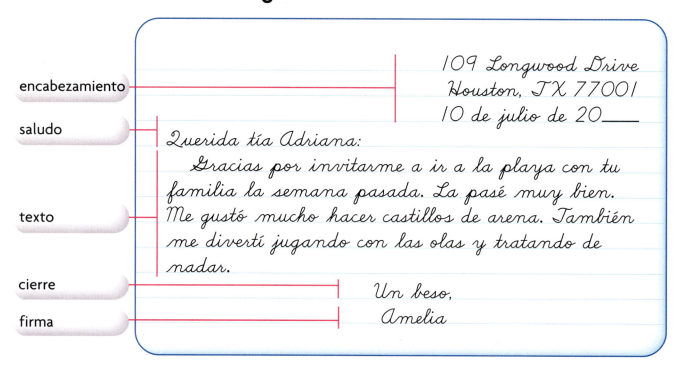

encabezamiento — 109 Longwood Drive, Houston, TX 77001, 10 de julio de 20___

saludo — Querida tía Adriana:

texto — Gracias por invitarme a ir a la playa con tu familia la semana pasada. La pasé muy bien. Me gustó mucho hacer castillos de arena. También me divertí jugando con las olas y tratando de nadar.

cierre — Un beso,

firma — Amelia

Sobre

Una vez que hayas escrito tu carta, puedes mandarla por correo. Fíjate bien y escribe correctamente los datos en el sobre.

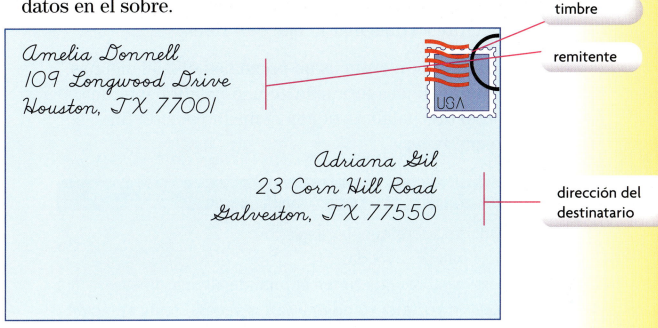

La dirección del destinatario es la dirección de la persona a quien va dirigida la carta. El remitente es la dirección de la persona que escribe la carta. Se escribe en la parte superior izquierda o en la parte de atrás del sobre.

La dirección del destinatario y el remitente deben tener una abreviatura postal del nombre del estado. También llevan un código postal, que es un número especial que sirve para que la oficina de correos sepa adónde llevar la carta.

Tu sobre debe llevar un timbre como pago por enviar la carta. El timbre se coloca en la parte superior derecha del sobre.

Abreviaturas postales

Alabama AL	Illinois IL	Nebraska NE	Carolina del Sur SC
Alaska AK	Indiana IN	Nevada NV	Dakota del Sur SD
Arizona AZ	Iowa IA	New Hampshire NH	Tennessee TN
Arkansas AR	Kansas KS	New Jersey NJ	Texas TX
California CA	Kentucky KY	Nuevo México NM	Utah UT
Colorado CO	Louisiana LA	Nueva York NY	Vermont VT
Connecticut CT	Maine ME	Carolina del Norte NC	Virginia VA
Delaware DE	Maryland MD	Dakota del Norte ND	Washington WA
Distrito de Columbia DC	Massachusetts MA	Ohio OH	Virginia Occidental WV
Florida FL	Michigan MI	Oklahoma OK	Wisconsin WI
Georgia GA	Minnesota MN	Oregon OR	Wyoming WY
Hawaii HI	Mississippi MS	Pennsylvania PA	
Idaho ID	Missouri MO	Rhode Island RI	
	Montana MT		

Poemas: con rima y sin rima

Un **poema** es una manera que tienen los escritores de describir algo o de expresar sus sentimientos por algo. Los poetas usas palabras vívidas para ayudar a los lectores a imaginar lo que describen.

Un **poema con rima** es un poema en el cual algunas o todas las líneas terminan en una palabra que rima. Cuando dos palabras tienen el mismo sonido final, se dice que *riman*.

Cómo escribir un poema con rima

- Decide sobre qué vas a escribir.
- Usa palabras vívidas.
- Usa palabras que rimen al final de algunas líneas.
- Lee en voz alta tu poema varias veces. Presta atención a la rima.

Aquí tienes dos poemas que riman sobre un animal:

> Mi perro
> Husmea y olfatea todo el
> día.
> Pese a ser viejito, está lleno de
> alegría.
>
> Un buen amigo
> Mi perro es mi amigo.
> Mi perro es leal.
> Me siento tan mal
> cuando no está conmigo...

palabras que riman — día / alegría

palabras que riman — amigo / conmigo

Escribir poemas sin rima

No todos los poemas riman. Los **poemas sin rima** no son como los cuentos. Tienen distinto aspecto y suenan distintos. También usan un lenguaje especial.

Cómo escribir un poema sin rima

- Escoge un tema.
- Usa palabras vívidas.
- Repite palabras y sonidos.

Un poema que no tiene una rima regular es el **poema de verso libre.** Fíjate en las palabras vívidas del siguiente poema. Presta atención a la repetición del sonido "l", y de la frase "remanso de paz, Montanela".

La laguna de Montanela

La luna pende de un hilo
en el cielo oscuro sobre el lago,
remanso de paz, Montanela.

Contemplo frente a una loma
el solo astro lunero,
remanso de paz, Montanela.

Mi alma encuentra la calma en la laguna de Montanela.

Pautas para escribir

Escritura expresiva: *Narrativa personal*

Las mejores narrativas personales cumplen con todos los puntos que aparecen en la lista que sigue. Puedes usarla así:

Antes de escribir Lee la lista para recordar cómo puedes escribir la mejor narrativa personal posible.

Durante la escritura Compara tus borradores con la lista para ver cómo puedes mejorar la narrativa personal.

Después de la escritura Compara tu trabajo con la lista para ver si cumple con todos los puntos de las mejores narrativas personales.

PUNTUACIÓN DE 4 ★★★★

★ La narrativa concuerda muy bien con el propósito para escribir. La audiencia para quien se escribió la disfrutaría.

★ La narrativa tiene un principio claro que dice cuál es el problema, una parte central que dice los sucesos en orden, y un final que da la solución del problema.

★ La narrativa tiene descripciones y detalles vívidos que ayudan al lector a visualizar los sucesos.

★ La narrativa tiene palabras y frases interesantes, como sustantivos específicos, verbos vívidos, palabras sensoriales y comparaciones.

★ Se ha escrito una variedad de oraciones para que la narrativa sea más interesante de leer.

★ La narrativa tiene muy pocos errores de ortografía, gramática y puntuación.

¿Qué otros puntos son importantes en una narrativa personal?

Escritura informativa: *Ensayo de instrucciones*

Los mejores ensayos con instrucciones cumplen con todos los puntos que aparecen en la lista que sigue. Puedes usarla así:

Antes de escribir Lee la lista para recordar cómo puedes escribir el mejor ensayo con instrucciones posible.

Durante la escritura Comprueba tus borradores con la lista para ver cómo puedes mejorar el ensayo con instrucciones.

Después de la escritura Comprueba tu trabajo con la lista para ver si cumple con todos los puntos.

PUNTUACIÓN DE 4 ★★★★

- El ensayo concuerda muy bien con el propósito para escribir. La audiencia para quien se escribió lo disfrutaría.

- El ensayo tiene un principio claro que presenta el tema, una parte central que da datos o instrucciones acerca del tema en un orden lógico y un final que resume o llega a una conclusión.

- El ensayo tiene descripciones y detalles vívidos que añaden información acerca de los datos o instrucciones.

- El ensayo tiene palabras y frases interesantes, especialmente sustantivos específicos.

- Se ha escrito una variedad de oraciones para que el ensayo sea más interesante de leer.

- El ensayo tiene muy pocos errores de ortografía, gramática y puntuación.

¿Qué otros puntos son importantes en este ensayo?

Escritura persuasiva: *Ensayo persuasivo*

Los mejores ensayos persuasivos cumplen con todos los puntos que aparecen en la lista que sigue. Puedes usarla así.

Antes de escribir Lee la lista para recordar cómo puedes escribir el mejor ensayo persuasivo posible.

Durante la escritura Comprueba tus borradores con la lista para ver cómo puedes mejorar el ensayo persuasivo.

Después de la escritura Comprueba tu trabajo con la lista para ver si cumple con todos los puntos.

PUNTUACIÓN DE 4 ★★★★

- El ensayo está bien escrito para persuadir a una audiencia.
- El ensayo tiene una opinión que se expresa claramente al principio, una parte central que da buenas razones que apoyan la opinión y un final que vuelve a expresar la opinión y hace un llamado a la acción.
- El ensayo tiene descripciones y ejemplos que dan más información acerca de las razones.
- El ensayo tiene palabras y frases interesantes, como sustantivos específicos, verbos vívidos, lenguaje emotivo y comparaciones.
- Se ha escrito una variedad de oraciones para que el ensayo sea más interesante de leer.
- El ensayo tiene muy pocos errores de ortografía, gramática y puntuación

¿Qué otros puntos son importantes en un ensayo persuasivo?

Escritura informativa: *Ensayo crítico*

Los mejores ensayos críticos cumplen con todos los puntos que aparecen en la lista que sigue. Puedes usarla así:

Antes de escribir Lee la lista para recordar cómo puedes escribir el mejor ensayo crítico posible.

Durante la escritura Comprueba tus borradores con la lista para ver cómo puedes mejorar el ensayo crítico.

Después de la escritura Comprueba tu trabajo con la lista para ver si cumple con todos los puntos.

PUNTUACIÓN DE 4 ★★★★

- El ensayo crítico concuerda bien con el propósito para escribir. La audiencia para quien se escribió lo entendería.

- El ensayo tiene un principio claro que presenta el tema, una parte central que explica la información y las ideas acerca del tema, y un final que resume o llega a una conclusión.

- El ensayo tiene descripciones y detalles vívidos que añaden información acerca del tema.

- El ensayo tiene palabras que señalan y frases que ayudan al lector a entender la relación que tienen las ideas entre sí.

- El ensayo tiene pocos errores de ortografía, gramática y puntuación.

¿Qué otros puntos son importantes en un ensayo crítico?

Escritura informativa: *Informe de investigación*

Los mejores informes de investigación cumplen con todos los puntos que aparecen en la lista que sigue. Puedes usarla así:

Antes de escribir Lee la lista para recordar cómo puedes escribir el mejor informe de investigación posible.

Durante la escritura Comprueba tus borradores con la lista para ver cómo puedes mejorar el informe de investigación.

Después de la escritura Comprueba tu trabajo con la lista para ver si cumple con todos los puntos.

PUNTUACIÓN DE 4

★ El informe de investigación concuerda con el propósito para escribir. La audiencia lo entendería.

★ El informe tiene un principio claro que presenta el tema. La parte central explica la información y las ideas acerca del tema. El final resume o llega a una conclusión.

★ El informe presenta ideas e información que provienen de una variedad de fuentes.

★ El informe tiene descripciones, detalles vívidos o partes narrativas que añaden información acerca del tema.

★ El informe tiene palabras que señalan y frases que ayudan al lector a entender la relación que tienen las ideas entre sí.

★ Se ha escrito una variedad de oraciones para que el informe sea más interesante de leer.

★ El informe tiene pocos errores de ortografía, gramática y puntuación.

¿Qué otros puntos son importantes en un informe?

Escritura expresiva: *Cuento*

Los mejores cuentos cumplen con todos los puntos que aparecen en la lista que sigue. Puedes usarla así:

Antes de escribir Lee la lista para recordar cómo puedes escribir el mejor cuento posible.

Durante la escritura Comprueba tus borradores con la lista para ver cómo puedes mejorar el cuento.

Después de la escritura Comprueba tu trabajo con la lista para ver si cumple con todos los puntos de los mejores cuentos.

PUNTUACIÓN DE 4 ★★★★

- El cuento concuerda bien con el propósito para escribir. La audiencia para quien se escribió lo disfrutaría.

- El cuento tiene personajes desarrollados y se lleva a cabo en un lugar. Los personajes resuelven un problema al final del cuento.

- El cuento tiene descripciones y detalles vívidos que ayudan al lector a visualizar los sucesos.

- El cuento tiene palabras y frases interesantes, como sustantivos específicos, verbos vívidos, palabras sensoriales y comparaciones.

- Se ha escrito una variedad de oraciones para que el cuento sea más interesante de leer.

- El cuento tiene pocos errores de ortografía, gramática y puntuación.

¿Qué otros puntos son importantes en un cuento?

Destrezas y estrategias de estudio

Hojear y repasar un texto

Hojear es mirar un libro o cuento rápidamente. Hojear te ayuda a hallar las ideas principales de un libro o un cuento. Además, te puede ayudar a decidir si quieres leer el libro o cuento.

Repasar un texto es leer rápidamente buscando información sobre un tema. Cuando repasas un libro o cuento, busca palabras clave acerca del tema que buscas. Las palabras clave pueden aparecer en los títulos, en los encabezados, o en el texto mismo del libro o cuento.

Sugerencias para hojear y repasar un texto

1. Lee los **títulos de los capítulos** en el **contenido** que aparece al principio.
2. Mira el **índice** para hallar los temas principales.
3. Lee el **principio** para decidir si quieres leer el libro o capítulo entero.
4. Busca **palabras clave**. Algunos libros o cuentos tienen palabras clave escritas en **negrita** que te dicen las ideas principales.

Fotos de animales

por Celia Coburn

Supón que quieres aprender más sobre cómo tomar fotos. Repasa la selección a continuación para ver lo que un fotográfo hace en su trabajo. Antes de comenzar, piensa qué palabras podrían ser las palabras claves para este tema.

David Jones es un fotógrafo de animales en su medio natural. A veces toma fotos debajo del agua. Dice que es importante buscar el mejor lugar para tomar fotos.

Cada vez que sale a tomar fotos, Jones busca el mejor lugar para colocar la cámara, de modo que sus fotos sean más interesantes. A veces toma fotos del amanecer sobre alguna playa, pero a veces también toma fotos en el mar profundo y oscuro. Ha ido al Ártico cubierto de hielo para tomar fotos de morsas.

La belleza de la naturaleza.

Este primer párrafo contesta tus preguntas.

Las palabras en círculos son las palabras claves que debes notar al repasar el escrito.

Este párrafo te da más información.

Cómo usar las partes de un libro

Los libros tienen partes especiales que te ayudan a buscar información.

Parte delantera del libro

La **portada interior** te dice
- el título del libro.
- el nombre del autor.
- el nombre de la compañía que hizo o publicó el libro.
- la ciudad o ciudades donde está la compañía.

La **página de derechos** te dice
- el año en que se hizo el libro.

El **contenido** te da una lista de
- las diferentes partes o capítulos.
- el título de cada capítulo.
- la página en la que empieza cada capítulo.

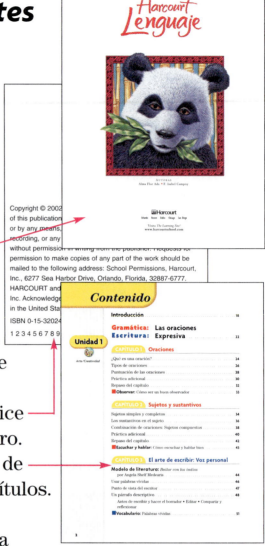

Parte final del libro

El **glosario**
- da el significado de las palabras importantes del libro.
- está organizado en orden alfabético.

El **índice** muestra los temas.
- un **renglón** es un tema principal del libro.
- los números de las páginas te dicen dónde puedes encontrar información acerca del tema.
- una **remisión** te informa de otro renglón que tiene más información.

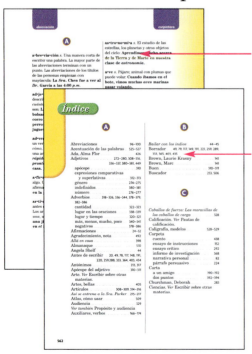

Cómo usar un diccionario

Un **diccionario** te dice el significado de las palabras.

Las palabras del diccionario están organizadas en **orden alfabético**. Las **palabras guía** ubicadas en la parte superior de cada página son la primera y la última palabra de la página. Para buscar una palabra, usa las palabras guía para decidir qué página contiene la palabra.

A cada palabra que se define en un diccionario se le llama un artículo. El artículo está escrito en letra oscura.

manual *adj.* Que se ejecuta con las manos: *trabajo manual.* **2.** Dícese del dispositivo que necesita la intervención de una persona, por oposición a dispositivo mecánico. ◆ *s. m.* **3.** Libro en que se resume lo más substancial de una materia.

manualidad n.f. Trabajo realizado con las manos. ◆ **manualidades** n.f. pl. **2.** Trabajos manuales propios de los escolares.

La **definición** da el significado de la palabra. Cuando una palabra tiene más de un significado, las definiciones están numeradas.

La letra o letras que siguen a la palabra dicen la **parte de la oración** que es la palabra. La mayoría de los diccionarios usan abreviaturas.

Cómo usar Internet

La mayor parte de las computadoras se pueden conectar a Internet. Se puede usar Internet para buscar información, para trabajar o para divertirte.

Cuando conectas tu computadora a Internet, quedas **en línea.** Esto significa que tu computadora puede comunicarse con otras computadoras por Internet.

En Internet, la información se encuentra en **páginas web.** Cada página web tiene su propia **dirección.** El final de la dirección te indica qué tipo de página es.

.gov significa que es una página del gobierno.
.org significa que es la página de una organización.
.com significa que es la página de una persona o de una empresa.

A veces quizá no sepas qué página web deseas. Puedes usar un **buscador** que te ayude. Puedes escribir palabras clave con el teclado, y el buscador hallará páginas web que tengan información acerca de esas palabras.

Además, puedes comunicarte con personas que conoces. Una manera de comunicarse es por medio del correo electrónico. El correo electrónico se parece al correo normal, pero es mucho más rápido. Puedes enviarle una nota, una foto o una canción a alguien. Sólo necesitas su dirección electrónica. Una dirección electrónica funciona como la dirección de una casa.

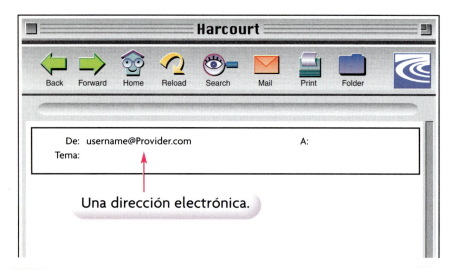

Una dirección electrónica.

Cómo usar una enciclopedia

Una **enciclopedia** es una colección de libros con información de muchos temas diferentes. Cada **volumen** o libro tiene una o más letras en el lomo. Las letras van de la A a la Z. A veces los libros también tienen un número.

Los temas de una enciclopedia están en orden alfabético. Si quieres saber más acerca del subártico, lo buscas en el volumen 10, *S-T*.

Las **palabras guía** te dicen el primer y el último tema de la página.

Los **artículos** te dan información de los temas de la enciclopedia.

Rancho se refiere en general al lugar donde se crían vacas y ovejas. Este artículo trata del cuidado de vacas y ovejas. Para más información acerca de ranchos para turistas, los lugares donde los turistas pueden conocer cómo era la vida en el Viejo Oeste, ver **Rancho para turistas.**

Las **remisiones** te dicen dónde buscar información acerca de un tema relacionado.

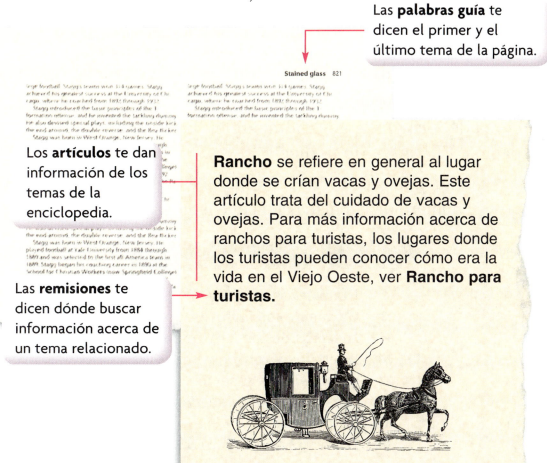

Cómo usar revistas y periódicos

Los **periódicos** y las **revistas** son buenas fuentes de información de todo tipo de temas. Un periódico relata los sucesos de actualidad en tu vecindario y en el mundo. Las revistas tienen reportajes y fotos de temas especiales. Si conoces las partes de una revista o periódico, se te hará más fácil buscar información.

La tabla de contenido te da una lista de los artículos de una revista o periódico. Hallarás el contenido cerca del principio, generalmente en la segunda página. El contenido te dice

- el título de cada artículo o reportaje.
- el número de la página en la que empieza.

Cómo usar un atlas

Un **atlas** es un libro de mapas. Un atlas mundial tiene mapas de todos los países del mundo. Algunos tipos de atlas tienen mapas de un solo país. Los diferentes mapas muestran información diferente de los lugares.

Los colores del mapa se usan para mostrar la altitud del terreno. La **leyenda** te dice lo que significan los colores. En este mapa, el color marrón indica áreas montañosas altas. El color azul indica los ríos.

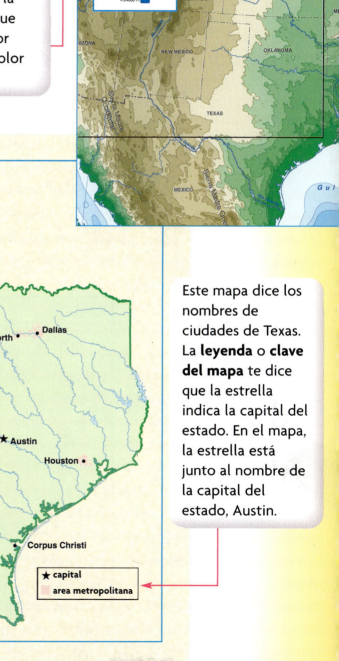

Este mapa dice los nombres de ciudades de Texas. La **leyenda** o **clave del mapa** te dice que la estrella indica la capital del estado. En el mapa, la estrella está junto al nombre de la capital del estado, Austin.

509

Cómo usar un almanaque

Un **almanaque** es un libro de datos. Contiene información acerca de gente, lugares, tiempo, deportes, historia y sucesos importantes. La mayor parte de los almanaques también tienen datos acerca de diferentes países. Se publica un almanaque nuevo cada año.

Todos los almanaques tienen un **índice**, que enumera todos los temas del almanaque. El índice te dice la página donde puedes hallar los datos que quieres.

Estados Unidos de América
Productos agrícolas de Texas

TIPO	CANTIDAD PRODUCIDA
maíz	201,600,000 bushels
algodón	4,345,000 bushels
heno	7,815,000 toneladas
avena	3,400,000 bushels
soya	7,020,000 bushels
trigo	75,400,000 bushels

España

Área: 195,364 millas cuadradas **Número de personas:** 39,167,744 (1999) **Idioma:** Español **Capital:** Madrid **Cosechas importantes:** aceitunas, uvas para el vino, cereales **Industrias importantes:** ropa, zapatos, acero, automóviles, barcos

Un almanaque puede presentar los datos en mapas, tablas o diagramas.

Cómo usar un mapa

Un **mapa** es un dibujo que muestra cómo se vería un lugar desde arriba. Un mapa puede mostrar una parte extensa del mundo, un país entero, una ciudad o un lugar más pequeño como un centro comercial. Los mapas también pueden ayudar a las personas a llegar de un lugar a otro.

Aquí tienes un mapa del Parque Nacional del Gran Cañón del Colorado. Tiene características que aparecen en muchos mapas.

La **brújula** te dice en qué dirección está el norte (N), el sur (S), el este (E) y el oeste (O).

La **escala** te indica qué distancia real hay entre dos lugares.

La **leyenda** te dice lo que significan las indicaciones y símbolos del mapa. Por ejemplo, en este mapa las líneas grises indican los límites de las reservas indígenas y las tolditas verdes indican campamentos.

Cómo usar gráficas

Las **gráficas** se usan para presentar información. De una manera fácil de entender, las gráficas hacen comparaciones de datos que se miden con números.

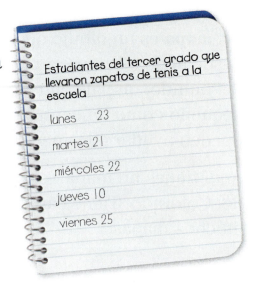

Imagina que una estudiante contó la cantidad de compañeros que llevaron zapatos de tenis a la escuela. Lo hizo todos los días durante una semana y anotó la información que aparece aquí. La información se puede presentar en una **gráfica de barras**.

Hay una barra para cada día de la semana. La altura de cada barra dice cuántos estudiantes llevaron zapatos de tenis ese día.

La información también se puede presentar en una **gráfica lineal**.

La gráfica lineal muestra cómo cambia algo con el tiempo.

Cómo usar tablas

Una **tabla** es una manera de presentar muchos datos de una forma fácil de usar.

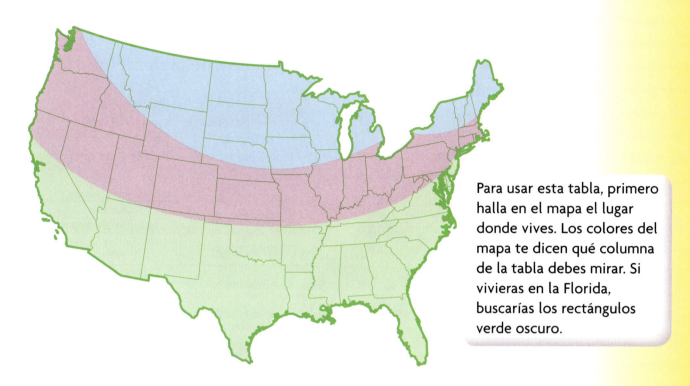

Para usar esta tabla, primero halla en el mapa el lugar donde vives. Los colores del mapa te dicen qué columna de la tabla debes mirar. Si vivieras en la Florida, buscarías los rectángulos verde oscuro.

Esta tabla dice las mejores fechas para sembrar ciertas plantas en diferentes partes de los Estados Unidos.

pepino	7 de mayo al 20 de junio	7 de abril al 15 de mayo	7 de marzo al 15 de abril
lechuga	15 de mayo al 30 de junio	1ro de marzo al 31 de marzo	15 de febrero al 7 de marzo
calabacín	15 de mayo al 15 de junio	15 de abril al 30 de abril	15 de marzo al 15 de abril
boniato	15 de mayo al 15 de junio	21 de abril al 2 de mayo	23 de marzo al 6 de abril
sandía	15 de mayo al 30 de junio	15 de abril al 7 de mayo	15 de marzo al 28 de marzo

En la Florida deben sembrarse los pepinos entre el 7 de marzo y el 15 de abril.

hilera

columna

Halla lo que quieras sembrar a la izquierda. Luego desplázate hacia la derecha hasta que llegues a la columna que corresponde a tu área del mapa.

Cómo usar cuadros

Un **cuadro** es una ilustración que presenta información. Algunos cuadros tienen columnas. El que sigue dice cuánta comida le debes dar a un perro. Para usar el cuadro, busca el peso de tu perro en la columna de la izquierda. La columna de la derecha dice cuánto le debes dar de comer cada día.

Cuánto le debes dar de comer a tu perro	
Peso del perro	Cantidad de comida
3-10 libras	de 1/3 a 3/4 de taza
10-20 libras	de 3/4 a 1 1/4 de taza
20-30 libras	de 1 1/4 a 1 1/2 taza
30-40 libras	de 1 1/2 a 1 3/4 de tazas
40-60 libras	de 1 3/4 a 2 1/3 de tazas
60-80 libras	de 2 1/3 a 2 3/4 de tazas
80-100 libras	de 2 3/4 a 3 1/3 de tazas

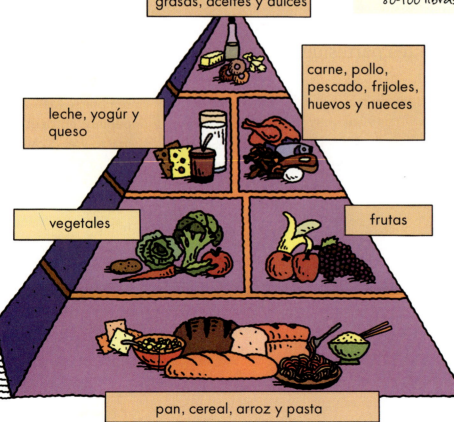

La **pirámide alimenticia** es otro tipo de cuadro. Define los diferentes grupos alimenticios y te dice cuántas porciones de cada grupo debes comer cada día.

514

Cómo usar gráficas circulares

Una **gráfica circular** es una buena manera de presentar las partes de algo entero. Si miras el tamaño de las tajadas del círculo, sabes lo que hace un estudiante típico de tercer grado en un día.

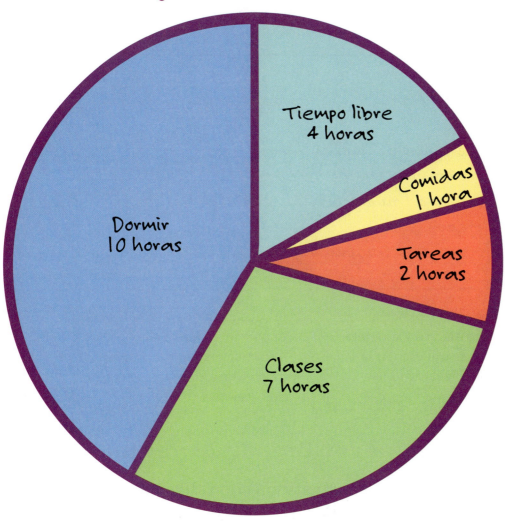

Cómo tomar notas

Si **tomas notas**, eso te ayudará a recordar lo que lees. Puedes leerlas para comprobar tus datos al escribir un informe.

Una buena manera de tomar notas es escribirlas en tarjetas. Haz una tarjeta diferente para cada idea principal. Eso te permite ordenar las tarjetas de diferentes maneras, y puede ayudarte a escribir un informe.

> Gail Gibbons, Palabras del tiempo y lo que significan
>
> ¿Qué tipos de nubes hay?
> 1. cúmulos (nubes esponjosas) – buen tiempo
> 2. cirros (nubes con surcos a gran altura) – buen tiempo
> 3. estratos (nubes bajas y grises) – lluvia o nieve

Escribe en la tarjeta el título y el autor del libro donde encontraste la información. Si la fuente tiene las páginas numeradas, escribe el número de la página.

Escribe la idea principal de la información en la tarjeta. A veces es útil escribir la idea principal como una pregunta.

Escribe los datos y detalles más importantes. Escribe la información con tus propias palabras. Escribe frases en lugar de oraciones.

Tomar notas con organizadores gráficos

Los **organizadores gráficos** son útiles para tomar notas. Un **diagrama de S-Q-A** es un buen diagrama para tomar notas. El diagrama tiene tres columnas.

- Antes de leer, escribe lo que ya **sabes** del tema en la columna **S**.
- Piensa en lo que **quieres** averiguar. Escribe esas preguntas en la columna **Q**.
- A medida que lees, escribe lo que **aprendes** en la columna **A**.

Nubes		
S	**Q**	**A**
La humedad del aire forma las nubes. La lluvia sale de las nubes.	¿Qué tipos de nubes hay? ¿Qué hace que las nubes suelten la humedad?	cúmulos (nubes esponjosas) cirros (nubes con surcos) estratos (nubes bajas y grises)

Una **red** también puede ser útil al tomar notas. Una red es una buena manera de mostrar las conexiones entre los datos o las ideas.

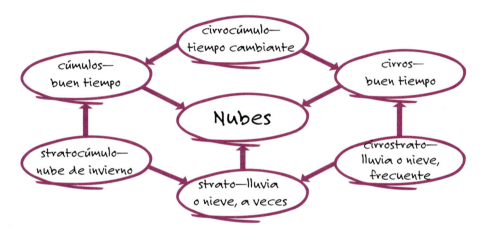

Un **diagrama de Venn** te ayuda a comparar dos cosas. El diagrama de Venn que sigue presenta en qué se parecen y en qué se diferencian la lluvia y la nieve.

Cómo resumir información

Un **resumen** es una corta explicación con tus propias palabras que incluye

- la idea principal de la obra.
- los datos más importantes que apoyan la idea principal.

Escribir un resumen es una buena manera de asegurarte de que entendiste lo que leíste. Un resumen también puede ayudarte a recordar algo luego.

Lee los párrafos que siguen. Busca la idea principal y los detalles de apoyo más importantes. Luego lee el resumen. Fíjate que solamente dice las ideas más importantes.

> Los osos panda gigantes y los osos panda rojos son muy diferentes. Los pandas gigantes son enormes animales blancos y negros. Tienen forma de oso. Los pandas gigantes tienen la cabeza redonda y el cuerpo gordo. Miden entre cinco y seis pies. También tienen la cola corta y se pueden tener en pie sobre las patas traseras. Puede que los pandas adultos parezcan adorables, ¡pero no son poca cosa! Por lo general pesan de 200 a 300 libras. Bai-yun, un oso panda del zoológico de San Diego, llegó a pesar 600 libras después de dar a luz a su osezno (un panda bebé). Los pandas gigantes llegan a comer ochenta y cinco libras de bambú al día.

El oso panda rojo, en cambio, es mucho más pequeño. Pesa alrededor de once libras y por lo general mide unos dos pies (sin incluir la cola). Tiene un pelaje marrón rojizo y la cara de color claro con manchas rojas debajo de cada ojo. Los pandas rojos no son activos durante la mayor parte del día. Sin embargo, son excelentes trepadores. Como los mapaches, usan sus garras delanteras para agarrarse. Duermen en árboles durante casi todo el día. Sólo buscan comida en la madrugada y al atardecer. Además, al contrario de los pandas gigantes, los pandas rojos comen otras cosas además del bambú. A veces comen frutas y moras.

Resumen

Los pandas gigantes y los pandas rojos son diferentes. Los pandas gigantes son mucho más grandes que los rojos. Los pandas rojos trepan mucho y comen una mayor variedad de comida que los pandas gigantes.

¿Cómo resumirías los párrafos con una sola oración?

Esquema

Una manera de entender la información es hacer un **esquema.** Te ayudará a ver cuáles son las partes y los detalles principales. Puedes usar un esquema como ayuda para planificar lo que escribes.

Sugerencias para hacer esquemas
• Haz un esquema antes de escribir. • El tema del esquema es el título. • Las ideas más importantes se llaman temas principales. • Escribe cada tema principal después de un número romano y un punto. • Los detalles acerca de un tema principal se llaman subtemas. • Escribe cada subtema después de una letra mayúscula y un punto.

En este esquema se usan palabras y frases para las ideas principales y los detalles de apoyo. También puedes hacer un **esquema de oraciones**, en el cual todos los elementos sean oraciones completas.

Marmotas americanas

I. Nombre
    A. Nombre original
    B. Lo que significa el nombre en inglés
II. Dónde viven las marmotas americanas
    A. En la zona noreste de los Estados Unidos y Canadá
    B. En bosques y granjas
    C. En patios
III. La conducta de las marmotas americanas
    A. Activas durante el día
    B. Duermen bajo tierra
    C. Duermen durante todo el invierno
    D. Se despiertan un día dado
    E. Si ven su sombra vuelven a irse a dormir
    F. Duermen por seis semanas más hasta que llega la primavera

Aquí tienes el informe sobre las marmotas que se escribió usando el esquema. Compara el esquema con el informe.

Marmotas americanas

El nombre original de las <u>marmotas americanas</u> sale de la palabra de los indígenas norteamericanos <u>otchek</u> u <u>otchig</u>. Uno de los nombres que se les da a las marmotas en inglés significa "cerdo de tierra", porque son redondas como los cerdos y cavan agujeros en la tierra.

El primer párrafo habla del **nombre** de la marmota.

Las marmotas americanas habitan toda la zona noreste de los Estados Unidos y del Canadá. Viven en los bosques y en las granjas. También les encantan los patios de las casas.

El segundo párrafo dice **dónde viven las marmotas.**

Las marmotas americanas se desplazan durante el día. Por la noche, duermen bajo tierra. Duermen durante todo el invierno. Por lo general se despiertan alrededor del 2 de febrero. A ese día se le llama el Día de la Marmota. Según la leyenda, si la marmota ve su sombra, se va a dormir de nuevo. Duerme por seis semanas más y la primavera llega a las seis semanas.

El tercer párrafo habla de la **conducta** de las marmotas.

Estrategias para tomar pruebas

Sigue estas sugerencias para tomar todo tipo de pruebas.

En la clase:
- Escucha con atención. Escribe los datos importantes.
- Haz preguntas.

La noche antes de la prueba:
- Estudia en un lugar tranquilo e iluminado.
- Hojea el libro de texto y vuelve a leer tus notas.

Pruebas de selección múltiple

Una prueba de selección múltiple te pide que elijas la respuesta correcta de entre varias respuestas posibles.

Aquí tienes varios consejos para tomar pruebas de selección múltiple:

- Responde primero a las preguntas fáciles.
- Lee cada opción y tacha las que sabes que son incorrectas.
- Comprueba tus respuestas.

Aquí tienes un ejemplo de una pregunta de prueba:

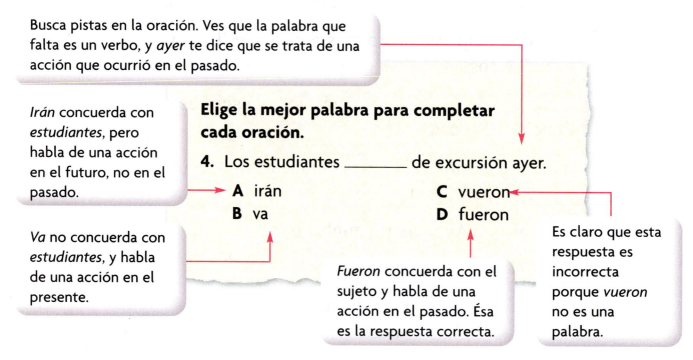

Pruebas de desarrollo

En una **prueba de desarrollo** te piden que escribas respuestas con oraciones o párrafos.

Cómo entender las preguntas de una prueba de desarrollo

Igual que siempre que escribes, piensa en tu propósito y audiencia cuando des una prueba de desarrollo. ¿Se te pide que informes o persuadas a la audiencia? ¿Se te pide que compares o contrastes algo?

Expresa la idea principal claramente al principio. Usa muchos detalles para hablar de las ideas principales. Usa los pasos del proceso de escritura que aprendiste en los capítulos de escritura: preparación para la escritura, hacer un borrador, revisar, corregir y publicar.

Sugerencias que te ayudarán a tomar pruebas de desarrollo.
1. Lee las preguntas cuidadosamente.
2. Haz un plan.
3. Contesta todas las partes de la pregunta.
4. Revísalo.

Explica Cuando explicas algo, das más detalles sobre el tema.

Compara Cuando comparas dos o más cosas, escribes en qué se parecen las cosas.

Contrasta Cuando contrastas dos o más cosas, escribes en qué se diferencian las cosas.

Describe Cuando describes algo, das detalles al respecto. Puedes decir cómo luce, suena o lo que hace.

Resuelve un problema Algunas preguntas te dan información y luego te piden que resuelvas un problema. Piensa en el problema y lee la información varias veces. Subraya las palabras importantes de la pregunta. Luego explica las solución en la respuesta.

Estrategias de ortografía

Usa los cinco pasos que siguen para aprender una palabra nueva.

PASO 1 **Pronuncia** la palabra. Piensa en ocasiones en que alguien la haya usado. Piensa lo que significa.

PASO 2 **Observa** la palabra. Fíjate si tiene prefijos y sufijos que conozcas. Fíjate en la raíz de la palabra. Piensa en palabras que se escriben de forma parecida. Piensa en palabras que tienen el mismo significado.

PASO 3 **Deletrea** la palabra en tu mente. Piensa en los sonidos de las letras. Trata de visualizar la palabra en tu mente.

PASO 4 **Escribe** la palabra mientras la observas. Fíjate en la manera en que formaste las letras. Escríbela de nuevo si no la escribiste clara o correctamente.

PASO 5 **Comprueba** lo que has aprendido. Tapa la palabra y escríbela de nuevo. Si no la escribes correctamente, repite los pasos.

La acentuación de las palabras

Todas las palabras están hechas de sílabas. Todas las sílabas tienen por lo menos una **vocal** (*a, e, i, o, u*). Debes aprender a dividir las palabras en sílabas para saber dónde se coloca el acento escrito (´).

- Cuando una sola consonante está entre vocales, la consonante forma una sílaba con la vocal que le sigue.
  Ejemplos: bu-ta-ca, re-ga-la-do, me-sa

- Los siguientes pares de letras siempre forman una sílaba con la vocal que les sigue: *pl, bl, cl, gl, fl, pr, br, cr, gr, fr, tr, dr*.
  Ejemplos: **pl**a-no, ha**bl**a, co-**br**a, po-**dr**e-mos, **cl**a-ro, **tr**a-to

- Cuando hay una combinación de otras dos consonantes iguales o diferentes (que no sean los pares de arriba), la primera consonante se agrupa con la vocal anterior y la segunda consonante se agrupa con la vocal que le sigue.
  Ejemplos: á**r**-**b**ol, es-**c**u-chan, cé**s**-**p**ed

- Si hay tres consonantes juntas (que no sean los pares de arriba), las dos primeras consonantes se agrupan con la vocal anterior, y la tercera consonante se agrupa con la vocal que sigue.
  Ejemplos: o**bs**-**t**á-cu-lo, co**ns**-**p**i-rar

El acento escrito

En todas las palabras que tienen más de una sílaba siempre hay una sílaba más fuerte que las demás. Hay ciertas reglas que indican si esta sílaba fuerte debe llevar acento escrito (´) sobre la vocal o no.

- Las palabras que tienen la fuerza de pronunciación en la última sílaba se llaman **agudas**. Las palabras agudas llevan acento escrito cuando terminan en vocal, *n* o *s*.
    Ejemplos:
    Llevan acento escrito: sa**lió**, jar**dín**, des**pués**
    No llevan acento escrito: hospi**tal**, co**rrer**, ca**paz**

- Las palabras que tienen la fuerza de pronunciación en la penúltima sílaba se llaman palabras **graves** o **llanas**. Las palabras graves llevan acento escrito cuando terminan en vocal o consonante que no sea *n* ni *s*.
    Ejemplos:
    Llevan acento escrito: **ár**bol, **cés**ped, a**zú**car
    No llevan acento escrito: **siem**pre, es**cu**chan, can**ta**bas

- Las palabras que tienen la fuerza de pronunciación en la antepenúltima sílaba se llaman **esdrújulas**. Todas las palabras esdrújulas llevan acento escrito.
    Ejemplos:
    be**llí**simo, **mú**sica, **pá**jaros

Palabras de una sola sílaba

Las palabras de una sola sílaba generalmente no se acentúan. Pero en algunos casos, una palabra de una sílaba se acentúa para diferenciarla de otra que se escribe igual pero que significa algo diferente.

Ejemplos:
sí (afirmación): **Sí**, me encantaría recibir una carta.
si (para expresar una condición): **Si** me escribes, te responderé enseguida.

él (pronombre personal): **Él** es muy simpático.
el (artículo masculino): **El** cartero llegó temprano.

tú (pronombre personal): **Tú** me escribiste una carta.
tu (posesivo): Reconozco **tu** letra.

mí (pronombre): Esta carta es para **mí**.
mi (posesivo): Tiene **mi** nombre escrito.

té (bebida caliente): ¿Quieres un poco de **té** con galletas?
te (pronombre complementario): **Te** lo sirvo ahora mismo.

Modelos de caligrafía

Alfabeto cursivo

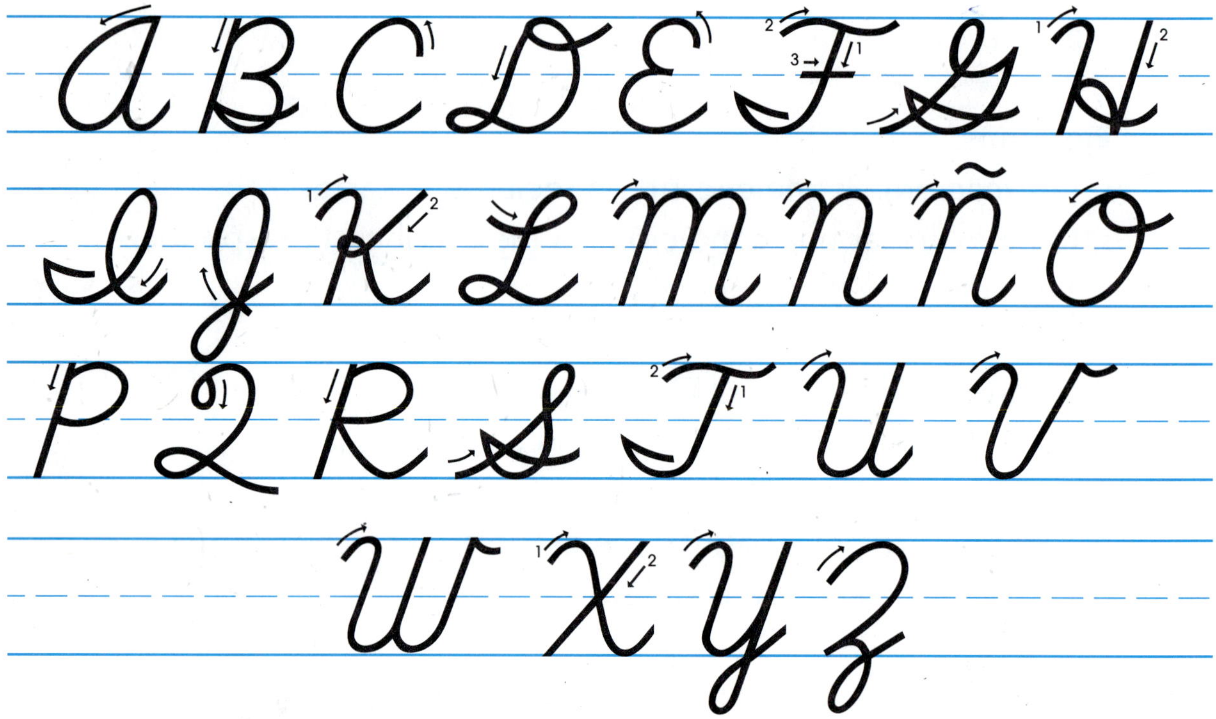

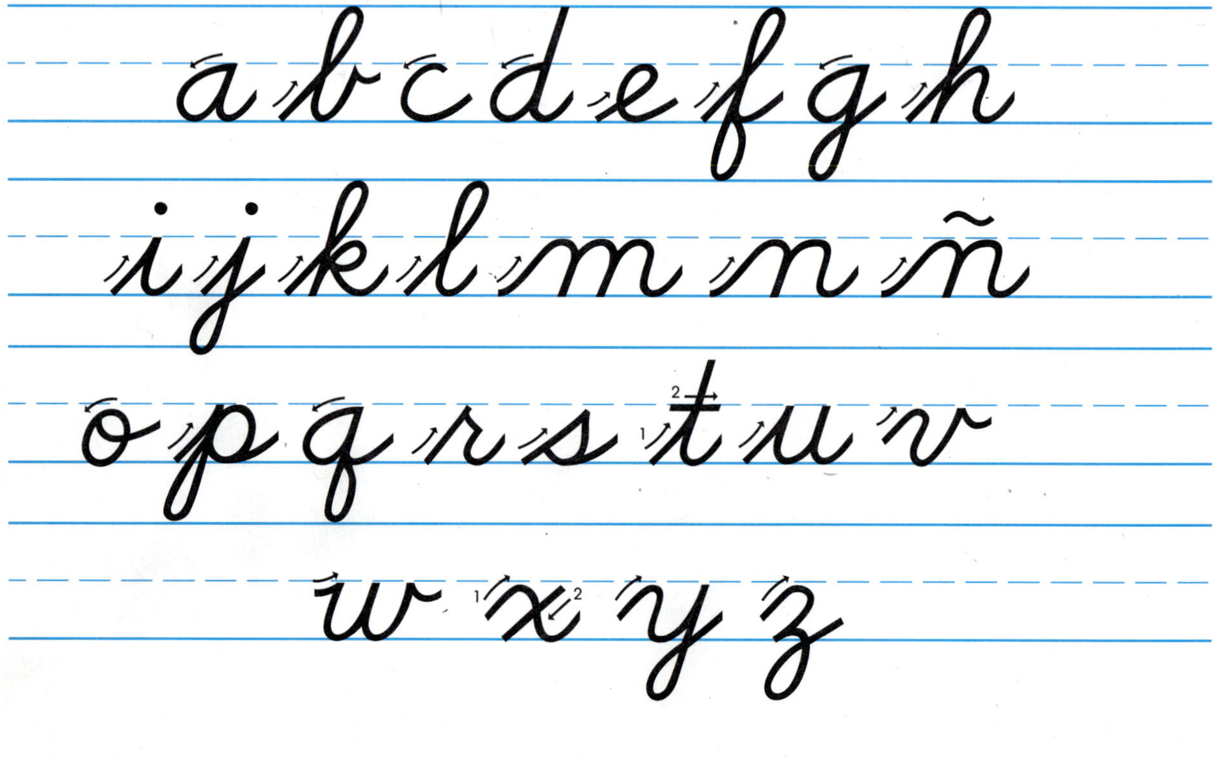

A B C D E F G H
I J K L M N Ñ O
P Q R S T U V
W X Y Z

a b c d e f g h
i j k l m n ñ
o p q r s t u v
w x y z

Alfabeto cursivo D'Nealian

A B C D E F G H
I J K L M N Ñ O
P Q R S T U V
W X Y Z

a b c d e f g h
i j k l m n ñ o p
q r s t u v w
x y z

Diccionario de sinónimos

Uso del diccionario de sinónimos

> Un **sinónimo** es una palabra que significa casi lo mismo que otra palabra.
> Un **antónimo** es una palabra que significa lo contrario que otra palabra.

Los **diccionarios de sinónimos** son importantes porque sirven para encontrar la palabra exacta que deseas. Si tuvieras que escribir sobre el clima de esta fotografía, podrías decir que es frío. Si quieres usar una palabra que signifique *muy, muy frío*, puedes buscar en el libro de sinónimos la palabra *frío*. Uno de los sinónimos de *frío* es *gélido*. *Gélido* puede ser una palabra mucho mejor para describir el clima de la fotografía. *Gélido* puede ser mejor, porque es una palabra vívida y exacta. *Exacta* significa que transmite el significado correcto. *Vívida* significa que hace que la escena tenga vida.

El clima es *frío*.
El clima es *gélido*.

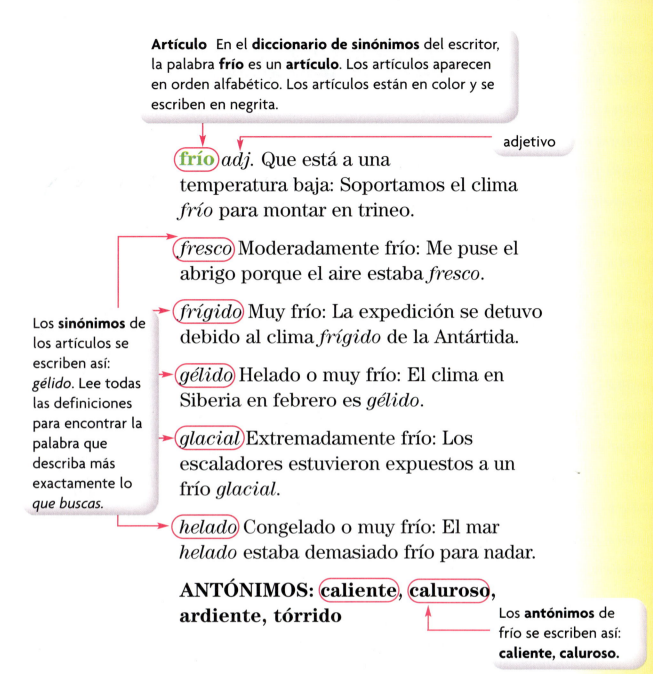

Artículo En el **diccionario de sinónimos** del escritor, la palabra **frío** es un **artículo**. Los artículos aparecen en orden alfabético. Los artículos están en color y se escriben en negrita.

adjetivo

frío *adj.* Que está a una temperatura baja: Soportamos el clima *frío* para montar en trineo.

fresco Moderadamente frío: Me puse el abrigo porque el aire estaba *fresco*.

Los **sinónimos** de los artículos se escriben así: *gélido*. Lee todas las definiciones para encontrar la palabra que describa más exactamente lo *que buscas*.

frígido Muy frío: La expedición se detuvo debido al clima *frígido* de la Antártida.

gélido Helado o muy frío: El clima en Siberia en febrero es *gélido*.

glacial Extremadamente frío: Los escaladores estuvieron expuestos a un frío *glacial*.

helado Congelado o muy frío: El mar *helado* estaba demasiado frío para nadar.

ANTÓNIMOS: caliente, caluroso, ardiente, tórrido

Los **antónimos** de frío se escriben así: **caliente, caluroso.**

También puedes buscar los antónimos y sinónimos de una palabra en el índice del diccionario de sinónimos.

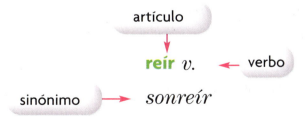

artículo

reír *v.* ← verbo

sinónimo → *sonreír*

En el índice aparece *sonreír* como sinónimo de **reír**. Si quieres usar otra palabra que signifique lo mismo que *sonreír*, puedes buscar **reír** en el libro de sinónimos.

Diccionario de sinónimos

bueno

agarrar *v.* Tomar fuertemente con la mano: Nos *agarramos* a la barra del autobús.
atrapar Agarrar algo que se mueve: Mi gato *atrapa* ratones todos los días.
capturar Apresar algo que se mueve: El policía logró *capturar* al bandido que huía.
pillar Atrapar algo: Se le *pilló* el cinturón al cerrar la puerta.
tomar Agarrar algo con la mano: *Tomó* el plato y lo dejó en la mesa.
ANTÓNIMOS: soltar, liberar, desasir

agradable *adj.* Que gusta: Hace un día *agradable* para pasear.
amable Generoso, educado: Luis es el más *amable* de mis primos.
atractivo Que atrae o que capta la atención: Aquellos uniformes resultaban muy *atractivos*.
bueno Admirado, que se comporta bien: Ángela es una *buena* atleta.
complaciente Que complace a los demás: Mi tía Ana era siempre *complaciente*.
educado De buenos modales: El embajador era muy *educado*.
simpático Que es amable y bueno: Nuestros *simpáticos* vecinos vinieron a saludarnos.
ANTÓNIMOS: malo, desagradable, maleducado

asustado *adj.* Que ha recibido un susto o sorpresa: Mi perro estaba *asustado* por los truenos.
acongojado Angustiado, abrumado: Sonia se sintió *acongojada* por el peligroso viaje.

atemorizado Que siente temor: El valiente luchador no estaba *atemorizado* antes del combate.
preocupado Inquieto, asustado: Andrés estaba *preocupado* por los resultados de la prueba de matemáticas.
temeroso Que tiene miedo: *Temeroso* de los leones, el domador novato entró en la jaula.
ANTÓNIMOS: tranquilo, calmado, sosegado, envalentonado

bonito *adj.* Agradable a la vista: Aquel pez brillante de color azul plateado era *bonito*.
apuesto De aspecto agradable, especialmente de manera noble o digna: Mi abuelo era un hombre muy *apuesto*.
hermoso Especialmente lindo de ver o escuchar: La cantante tenía una voz *hermosa*.
precioso Digno de estimación y aprecio: La vista de aquel horizonte junto al mar era *preciosa*.
ANTÓNIMOS: feo, horrible, desgarbado

bueno *adj.* Que no es malo, útil: Regalar juguetes a los niños enfermos es una *buena* idea.
benévolo Que hace cosas buenas: Jaime I fue un rey *benévolo*.
excelente Muy bueno: Leímos una crítica *excelente* de la película.
generoso Que da más de lo normal: El alcalde fue *generoso* con los habitantes de la aldea.

532

honrado Que actúa con buen sentido del honor: Mi padre es un hombre muy *honrado*.
ANTÓNIMOS: malo, injusto, egoísta, deshonrado

caliente *adj.* Que está a una temperatura alta: El café estaba muy *caliente* al sacarlo del fuego.
ardiente Muy caliente: El sol *ardiente* comenzaba a agotar a los exploradores.
candente A una temperatura tan alta que funde el metal: El hierro *candente* se dobla más fácilmente.
hirviente A una temperatura tan alta que un líquido saca burbujas: Ten cuidado con el agua *hirviente*.
tórrido Extremadamente caliente: La parte central de África tiene unos veranos *tórridos*.
ANTÓNIMOS: frío, fresco, helado, gélido, frígido

caminar *v.* Desplazarse con las piernas: Algunos niños *caminan* desde que tienen once meses.
andar Ir de un sitio a otro a pie: *Andar* es un buen ejercicio físico.
pasear Caminar tranquilamente: Me encanta *pasear* por la pradera.
marchar Caminar con cierto paso: Las tropas *marcharon* por la avenida de la ciudad.

camino *s.* Un trozo de tierra por donde se va de un sitio a otro: El *camino* hasta nuestro pueblo está en buenas condiciones.
avenida Una calle especialmente ancha: El desfile recorrió toda la *avenida* principal.
autopista Una carretera principal: A las cinco de la tarde hay mucho tráfico por la *autopista*.
sendero Un camino o calle estrecha: Los nadadores fueron a pie por el *sendero* hasta llegar al lago.
ruta Camino que se toma para algo: La *ruta* de la expedición era bastante más corta de lo esperado.
calle Camino entre edificios o terrenos: Si sales a jugar a la *calle*, ten cuidado con los carros.
senda Camino muy estrecho: Fuimos al huerto del abuelo por la *senda* que hay junto al riachuelo.

cocinar *v.* Preparar alimentos al fuego: Tuvimos que *cocinar* el pescado antes de comerlo.
asar Cocinar algo al fuego: Antes de *asar* el pollo, mamá lo preparó perfectamente.
freír Cocinar con aceite caliente: Los restaurantes *fríen* las papas antes de servirlas con las hamburguesas.
hervir Calentar un líquido hasta que salen burbujas: El agua *hierve* cuando está muy caliente.
hornear Cocinar al horno: En la panadería *hornean* los bizcochos.
preparar Alistar un alimento para comerlo: *Prepararemos* la cena y nos sentaremos a la mesa.

comer *v.* Tragar alimento: Para mantenernos saludables, tenemos que *comer*.
almorzar Comer el almuerzo: Descansamos un rato para poder *almorzar*.
cenar Comer la cena: Después de *cenar* nos fuimos a la cama.

533

contento | **cortar**

desayunar Comer el desayuno: Me encanta *desayunar* con mi familia.
devorar Comer algo con ansia: Después de no comer nada desde la mañana, *devoramos* la merienda.
masticar Moler con los dientes la comida: Hay que *masticar* bien la comida antes de tragarla.
merendar Comer la merienda: Siempre *meriendo* pan y chocolate.
morder Hundirle los dientes a algo: Le di el bizcocho antes de *morderlo*.
mordisquear Dar pequeños mordiscos: La ardilla *mordisqueaba* las bellotas sin parar.
tragar Hacer que la comida pase de la boca al aparato digestivo: La comida espesa es difícil de *tragar*.

contento *adj.* Lleno de alegría: La niña estaba tan *contenta* que saltaba y cantaba sin parar.
alegre Que hace gracia o que divierte: Los payasos *alegres* nos hicieron reír toda la tarde.
complacido Satisfecho por algo: El carpintero quedó muy *complacido* con la mesa que había hecho.
entusiasmado Lleno de emoción o entusiasmo: Todos esperamos *entusiasmados* la llegada de la Navidad.
feliz Lleno de felicidad o alegría: Mi abuelita es *feliz* cuando vamos a visitarla.
jovial Alegre, de buen humor: Regresaron del partido de béisbol *joviales* y riendo.
ANTÓNIMOS: triste, apenado, infeliz, deprimido

correr *v.* Desplazarse a pie más rápidamente que al caminar: Tuvimos que *correr* para llegar a tiempo a la escuela.
aligerar Acelerar el ritmo al que se hace algo: *Aligera* el paso, que llegamos tarde.
apresurarse Darse prisa: Nos *apresuramos* a cerrar las ventanas cuando comenzó a llover.
trotar Correr al trote como los caballos: Por la mañana me gusta salir a *trotar* un ratito para hacer ejercicio.
ANTÓNIMOS: parar, retardar

cortar *v.* Dividir o romper en varias partes: *Corte* el pastel en diez pedazos.
partir Dividir o romper algo: Los ingenieros diseñan los barcos para que no se *partan*.
picar Deshacer algo en partes pequeñas: *Picamos* la carne antes de asarla.
rajar Dividir en rajas: Tuvieron que *rajar* la tela que protegía el contenido de la caja.
rebanar Cortar en rebanadas: *Rebana* el pan antes de untar la miel.
tallar Cortar una escultura: El escultor *talla* su segunda obra para el palacio.
trasquilar Cortarle el pelo a un animal: El pastor *trasquilaba* las ovejas todas las primaveras.
trocear Cortar en trozos: Preparamos el postre *troceando* la fruta.
ANTÓNIMOS: juntar, unir, componer

crecer *v.* Aumentar de tamaño, edad o cantidad: Si riegas las plantas, *crecerán*.
aumentar Dar mayor extensión a algo: *Aumentaron* la superficie del campo de béisbol.
criarse Crecer en los años de la infancia: Yo me *crié* en Guanabacoa.
desarrollarse Crecer y formarse: Es importante hacer ejercicio para *desarrollar* bien los músculos.
elevar Aumentar o subir algo: *Elevaron* los precios de los juguetes.
ANTÓNIMOS: encoger, disminuir, menguar, morir, marchitarse

decir *v.* Poner algo en palabras: No te avergüences de *decir* tus virtudes.
describir Decir cómo es algo: ¿Me puedes *describir* esta ilustración?
mencionar Decir algo de pasada: ¿*Mencionaste* a qué hora tenemos que irnos?
narrar Contar algo con detalle: Tiene deseos de *narrar* toda su aventura.
susurrar Hablar en voz muy baja: Es mejor *susurrar* para no despertarlo.

descansar *v.* Dejar de hacer una actividad: Hernán *descansará* después de su partido de tenis.
dormir Descansar el cuerpo y la mente con los ojos cerrados: Mucha gente sueña cuando *duerme*.
dormitar Dormir poco profundamente: Los marineros *dormitaban* hasta su próxima guardia.
relajarse Dejar de estar tenso: Tras su examen de matemáticas, José tuvo que salir y *relajarse*.
reposar Dejar de hacer algo para recuperar fuerzas: Conviene *reposar* antes de la larga caminata.
ANTÓNIMOS: despertar, trabajar

descanso *s.* Breve cese de actividad: Me tomé un *descanso* y dejé de estudiar durante media hora.
recreo Momento en que se deja de trabajar o de estudiar en la escuela: Durante el *recreo* jugamos a las canicas.
reposo Periodo en el cual no hay actividad: Mi abuelito tuvo que guardar *reposo* por sus problemas de corazón.
vacaciones Días en que las escuelas y las oficinas están cerradas: Las *vacaciones* de verano son las que más me gustan.

dibujar *v.* Hacer ilustraciones con un lápiz o un marcador: Me gusta *dibujar* caballos.
bosquejar Hacer un dibujo rápidamente para dar una idea general: *Bosquejó* su idea para el cartel.
diseñar Dibujar planos para algo que se puede construir: Julia *diseñará* nuestro castillo de juguete para que podamos construirlo.
ANTÓNIMO: borrar

535

encontrar *v.* Dar con algo que se busca: No puedo salir a la calle si no *encuentro* mi abrigo.
descubrir Hallar algo antes que nadie: Los detectives *descubrieron* al culpable.
hallar Dar con alguien o algo: *Hallaron* la hoz que habían perdido en la huerta.
localizar Encontrar el lugar donde se encuentra algo: *Localizaron* la calle que buscaban con el mapa.
registrar Buscar algo con cuidado: La policía *registró* a los sospechosos.
ANTÓNIMOS: esconder, tapar, cobijar, encubrir, enterrar

enojado *adj.* Con el ánimo molesto: *Enojada*, la niña dio una patada en el piso.
enfadado Que está enojado: Mi hermano estaba *enfadado* conmigo por desordenarle la habitación.
furioso Con mucha ira o enojo: El perro se puso *furioso* cuando el gato le quitó la comida.
irritado Molesto por alguien o por algo: El maestro estaba *irritado* porque la clase no se comportó bien.
ANTÓNIMOS: sereno, plácido, tranquilo

esperar *v.* Permanecer quieto hasta que algo ocurra, desear que algo ocurra: Tuvimos que *esperar* hasta la tarde para ver pasar a los actores.
entretener Distraer: Los atletas se *entretuvieron* firmando autógrafos.
quedarse Permanecer en un mismo lugar: Nos *quedamos* en el hotel un par de noches.
retrasar Dejar algo para después, hacer que alguien llegue tarde: Todo aquel trabajo *retrasó* mi salida para el aeropuerto.
ANTÓNIMOS: aligerar, apurar, apresurar

frío *adj.* Que está a una temperatura baja: Soportamos el clima *frío* para montar en trineo.
fresco Moderadamente frío: Me puse el abrigo porque el aire estaba *fresco*.
frígido Muy frío: La expedición se detuvo debido al clima *frígido* de la Antártida.
gélido Helado o muy frío: El clima en Siberia en febrero es *gélido*.
glacial Extremadamente frío: Los escaladores estuvieron expuestos a un frío *glacial*.
helado Congelado o muy frío: El mar *helado* estaba demasiado frío para nadar.
ANTÓNIMOS: caliente, caluroso, ardiente, tórrido

fuerte *adj.* Que tiene fuerza o potencia: Si corres todos los días, se te pondrán *fuertes* las piernas.
poderoso Que tiene mucha fuerza o poder: El *poderoso* huracán no pasó por nuestro estado.
potente Que tiene mucha fuerza física: Armstrong es un ciclista muy *potente*.

536

resistente Que tiene una fuerza duradera: Para correr una maratón hay que ser muy *resistente*.
ANTÓNIMOS: débil, frágil, delicado, cobarde

ganar *v.* Terminar una carrera o competencia en primer lugar: ¿Quién *ganará* la final de tenis?
triunfar Hacer algo muy bien o mejor que otros: Ríos *triunfó* en el torneo de París.
vencer Ganarle a alguien: El equipo de mi barrio *venció* al del pueblo vecino.
ANTÓNIMOS: perder, fracasar

gracioso *adj.* Que causa risa: Todos rieron con el chiste tan *gracioso*.
agudo Divertido, pero de un modo inteligente: Amelia siempre tiene comentarios bien *agudos*.
alegre Que hace gracia, o que divierte: Los payasos *alegres* nos hicieron reír toda la tarde.
divertido Gracioso, que provoca sonrisa: Nos contaron un cuento bien *divertido*.
entretenido Que resulta divertido: Fue un partido de fútbol *entretenido*.
ANTÓNIMOS: serio, aburrido, pesado

grande *adj.* De tamaño mayor de lo normal: La caja era demasiado *grande* para cargarla.
colosal De proporciones muy grandes: El *colosal* castillo resistió la invasión.

descomunal De tamaño gigante: El *descomunal* Everest es casi imposible de escalar.
enorme De tamaño mucho mayor de lo normal: El elefante del circo era *enorme*.
gigantesco De tamaño exagerado: El *gigantesco* jugador de baloncesto medía el doble de Genaro.
inmenso Muy grande o vasto: En el *inmenso* mar viven millones de especies diferentes.
ANTÓNIMOS: pequeño, minúsculo, diminuto, chico

hablar *v.* Convertir las ideas en palabras: Le gusta *hablar* sobre los caballos.
comentar Hablar sobre un tema: El catedrático *comentó* sobre el medio ambiente.
charlar Hablar mucho, hablar sobre cosas sin importancia: La maestra no quiere que los estudiantes *charlen* durante la clase.
chismorrear Hablar sobre asuntos de los demás: *Chismorrear* no es de buena educación.

hacer *v.* Producir algo: *Haremos* un castillo de arena en la playa.
construir Hacer algo uniendo partes o materiales: *Construyeron* un puente junto a nuestra tienda.
crear Hacer algo usando la imaginación o alguna habilidad especial: Los músicos *crean* un estado de ánimo especial.
fabricar Hacer algo con herramientas: Lograron *fabricar* muchos zapatos en poco tiempo.

formar Hacer algo dándole forma: El artesano *formaba* las vasijas y platos con las manos.

montar Ensamblar las partes de un producto: Para *montar* la maqueta del edificio, pasaron muchas horas de trabajo.

terminar Construir algo totalmente sin que falten piezas: Al *terminar* la obra, los arquitectos quedaron satisfechos.

ANTÓNIMOS: destruir, destrozar, deshacer, desmontar

interesante *adj.* Que capta la atención: Aprendimos muchas cosas *interesantes* con el video que vimos en la clase.

emocionante Que causa emoción o entusiasmo: Fue una final muy *emocionante*.

entretenido Que es divertido y capta la atención: El libro era tan *entretenido*, que no podía parar de leer.

fascinante Que causa asombro: La primera expedición al Everest fue realmente *fascinante*.

ANTÓNIMOS: aburrido, soso

lanzar *v.* Hacer que algo se desplace por los aires: *Lánzale* la pelota a Francisco.

arrojar Lanzar algo con fuerza para que caiga: *Arrojaron* al mar los peces demasiado jóvenes.

botar Echar algo fuera: *Botamos* la basura a la hora que nos pidió mamá.

impulsar Hacer que algo se ponga en movimiento: Ernesto *impulsó* el columpio de su hermana.

listo *adj.* Que piensa o aprende rápidamente: Pedro era tan *listo* que hacía las restas mentalmente.

agudo Que piensa muy rápidamente: Pepe es muy *agudo* y siempre dice los chistes más graciosos.

astuto Que engaña o evita los engaños: El zorro es un animal muy *astuto*.

despierto Vivo y listo: A la hora de responder a preguntas, Antonio era el más *despierto*.

inteligente Que es muy capaz de pensar y discurrir: Para ser arquitecto, hay que ser *inteligente*.

sabio Que sabe mucho: Mi abuelo siempre contesta mis preguntas, por eso me parece muy *sabio*.

ANTÓNIMOS: tonto, torpe, ingenuo

llamar *v.* Hablar en voz alta: El maestro nos *llamó* por orden alfabético a todos.

bramar Dar gritos o hablar en voz alta: Algunos sargentos *braman* al darles órdenes a los soldados.

chillar Hablar a gritos: El revisor tenía que *chillar* para que le oyeran los pasajeros del tren.

exclamar Hablar con entusiasmo: "¡Qué rico!", *exclamó* Julia al probar el estofado.

gritar Levantar la voz más de lo normal: El entrenador tiene que *gritar* para que los jugadores lo oigan.

nombrar Llamar a alguien por su nombre: *Nombraron* a todos los jugadores de ambos equipos por las bocinas del estadio.

telefonear Llamar por teléfono: Tengo que *telefonear* a mi amiga.

vociferar Hablar a grandes voces: Dejé de *vociferar* y decidí comportarme bien.

llevar *v.* Trasladar de un sitio a otro: *Llevábamos* unas bolsas demasiado pesadas.

arrastrar Llevar algo por el piso: *Arrastramos* el piano hasta el comedor con mucho cuidado.

cargar Llevar algo pesado: *Cargamos* las cajas en la camioneta.

transportar Trasladar con algún medio de transporte: Los camiones *transportan* todo tipo de mercancías.

trasladar Llevar una cosa de un lugar a otro: Cuando nos mudamos tuvimos que *trasladar* todos los muebles a la nueva casa.

ANTÓNIMOS: dejar, descargar

malo *adj.* Que no es bueno, que puede causar daño: Comer demasiada grasa es *malo*.

dañino Que causa mal o perjuicio: El frío es *dañino* para la cosecha.

desagradable Que no es agradable: La gripe es una enfermedad *desagradable*.

grave Muy dañino: No hacer ejercicio puede tener *graves* consecuencias para la salud.

malvado Muy malo, de malas intenciones: El ogro *malvado* le mintió a Isabel.

pobre Que no es lo suficientemente bueno: La obra de teatro era demasiado *pobre*.

ANTÓNIMOS: bueno, agradable, benigno, beneficioso

mezclar *v.* Unir y juntar varias cosas: Según las instrucciones, hay que *mezclar* primero los huevos y la harina.

añadir Agregarle una cosa a otra: Si le *añades* amarillo al azul, obtendrás pintura verde.

batir Mezclar algo removiéndolo con fuerza: Hay que *batir* la mezcla para que salga bien el bizcocho.

combinar Mezclar dos cosas o más: Para llevar una dieta equilibrada, hay que *combinar* los vegetales, grasas, hidratos de carbono y proteínas.

unir Juntar varias cosas: Hay que *unir* la leche y el jugo en un mismo recipiente.

ANTÓNIMOS: dividir, separar, desunir, fragmentar

muy *adv.* Indica gran cantidad de algo: Mi familia está *muy* orgullosa de mí.

enormemente En gran cantidad: Le estoy *enormemente* agradecida por lo que ha hecho.

extremadamente En grandes cantidades: La huerta de mi abuelo es *extremadamente* productiva.

terriblemente Mucho: Algunos deportistas pueden ser *terriblemente* arrogantes cuando ganan.

nuevo

tremendamente De gran manera: Algunos deportes pueden ser *tremendamente* peligrosos.
ANTÓNIMOS: apenas, poco, escasamente

nuevo *adj.* Recién hecho, estrenado o llegado: El *nuevo* maestro se presentó a toda la clase.
actual De ahora: Mis compañeros *actuales* son los que mejor me caen.
fresco Recién tomado del árbol o planta: La fruta *fresca* tiene muchas vitaminas.
inédito Que no ha sido publicado o descubierto: Esta novela es todavía *inédita* en México.
moderno Que se ha producido recientemente, a la moda: Mi papá se compró un traje bien *moderno*.
reciente Último en hacerse, producirse o pescarse: El pescado más *reciente* es el más rico.
ANTÓNIMOS: viejo, usado, gastado

parar *v.* Dejar de moverse: Los carros *pararon* para dejar pasar a la ancianita.
cesar Dejar de hacer o ocurrir algo: *Cesaron* los vientos y salió el sol.
detenerse Parar de hacer algo: Los obreros *detuvieron* su trabajo por un minuto.
interrumpir Detener una actividad momentáneamente: El presidente *interrumpió* su discurso para dejar hablar al ministro.

paralizar Impedir que algo se mueva: La tormenta *paralizó* toda la ciudad.
ANTÓNIMOS: empezar, arrancar, mover, continuar

parte *s.* Una porción de algo entero: Me guardo una *parte* del melón que sobró.
fracción Una parte de algo entero: Sólo les correspondió una *fracción* de la herencia.
pedazo Un trozo de algo: Partió el pan y les dio un *pedazo* a cada uno de sus hijos.
sección Una división de algo, una parte de una zona: La *sección* de juguetería está en el cuarto piso.
trozo Una sección de algo: Todavía tenemos que comer un *trozo* del pastel.
ANTÓNIMOS: entero, total, totalidad

pensar *v.* Formar ideas en la mente, tener una opinión: *Piensa* bien antes de marcar la respuesta.
cavilar Pensar mucho o preocuparse por algo: A veces *cavilo* demasiado sobre cosas del pasado.
considerar Pensar en algo: *Considera* todas tus opciones antes de decidir.
imaginar Formar una imagen mental de algo: ¿Te *imaginas* cómo sería vivir bajo el agua?
reflexionar Pensar en algo detenidamente: *Reflexionemos* antes de hablar.

pequeño *adj.* Que no es de gran tamaño, cantidad o importancia: No tenía hambre, así es que elegí un trozo de pizza *pequeño*.

540

bajo De poca estatura: Los hombres somos *bajos* comparados con las jirafas.

corto De poca longitud: El lápiz era tan *corto* que casi no podía escribir con él.

chico De tamaño pequeño: El monito más *chico* era el más cómico.

diminuto Pequeñísimo: Las hormigas parecen *diminutas* cuando las comparamos con los elefantes.

menudo Pequeño: El otro pan era más *menudo*.

minúsculo De muy poco tamaño: Las bacterias son realmente *minúsculas*.

ANTÓNIMOS: grande, enorme, gigantesco, descomunal, inmenso, colosal

persona *s.* Un hombre, mujer, niña o niño: La bicicleta es para una sola *persona*.

hombre Un ser humano varón y adulto: El *hombre* se sentó junto a su hijo.

humano Toda persona: Esa huella es de un *humano*.

mujer Un ser humano hembra y adulto: La *mujer* del abrigo rojo es mi hermana.

poner *v.* Dejar algo en un lugar: *Pon* los zapatos dentro de la caja.

colocar Mover algo con cuidado adrede: Los muchachos *colocaron* el armario junto a la ventana.

dejar Abandonar algo en un sitio: *Deja* la maceta donde estaba y riégala, por favor.

esparcir Separar o derramar algo que está junto: *Esparcieron* arena por las calles tras la nevada.

rociar Esparcir un líquido en pequeñas gotas: Mi mamá *rocía* las rosas para humedecerlas.

preguntar *v.* Interrogar o hacer preguntas: Es importante *preguntar* cuando uno no entiende algo en la clase.

consultar Someter una duda a otra persona: Tuvimos que *consultar* cuáles eran las ventajas de la compra.

examinar Observar o estudiar algo detenidamente: *Examinamos* las causas de la niebla.

ANTÓNIMOS: contestar, responder, replicar

problema *s.* Una situación mala o peligrosa: Las tormentas pueden causarles muchos *problemas* a los agricultores.

dificultad Algo que preocupa y que debe resolverse: Este problema de matemáticas tiene varias *dificultades*.

incordio Cosa incómoda o agobiante: Las moscas en verano pueden ser *incordias*.

molestia Lo que produce incomodidad: Después de la operación sentía *molestias* en la muñeca.

preocupación Nerviosismo por algo que puede ocurrir: Observaban con *preocupación* que no paraba de nevar.

ANTÓNIMOS: facilidad, ventaja, comodidad

pueblo *s.* Una ciudad pequeña: Camilo vive en un *pueblo* de San Juan.
aldea Un pueblo pequeño: En su *aldea* sólo hay dos semáforos.
ciudad Un pueblo grande: La *ciudad* tiene muchos edificios altos.
comunidad Grupo de gente que vive en una misma zona y comparte ciertos intereses: Todos los años tenemos un desfile en mi *comunidad*.

rápido *adj.* Que se mueve a gran velocidad: El equipo necesita corredores *rápidos* para ganar la carrera.
ágil Que se mueve con rapidez: Los gatos y otros felinos son *ágiles*.
veloz Que es rápido: Es el tren más *veloz* de Europa.
ANTÓNIMOS: lento, calmado, torpe

roto *adj.* En pedazos: El tazón estaba *roto* en el piso.
partido Que se ha dividido en varios trozos: El espejo estaba *partido* y tuvimos que comprar otro.
quebrado Hecho pedazos: La viga estaba *quebrada* y por eso cedió.
ANTÓNIMOS: reparado, arreglado

saltar *v.* Moverse rápidamente del piso al aire: Mi perro *saltó* por encima de la verja.
botar Dar brincos: La pelota *bota* y *bota*.
brincar Dar saltos: El cabrito comenzó a *brincar* al mes de nacer.
danzar Bailar y dar saltos: *Danzando* y saltando llegaron a casa después de ganar la competencia.
rebotar Salir despedido al dar contra algo: El balón *rebotó* afuera de la cancha.

sano *adj.* Que se siente y está bien; libre de enfermedad: El deporte nos ayuda a mantenernos *sanos*.
fuerte Que tiene salud y fuerza: El nadador estaba muy *fuerte* después de meses de entrenamiento.
normal No enfermo: El doctor dijo que ya tengo la piel *normal*.
robusto Fuerte y resistente: Los mineros tienen que ser bien *robustos*.
saludable Que es bueno para la salud: Las verduras son bien *saludables*.
ANTÓNIMOS: enfermo, débil, decaído, enfermizo

silencioso *adj.* Que no produce ningún ruido, en calma: Los ladridos del perro se oían mejor en el bosque *silencioso*.
calmado Que está tranquilo o en calma: El mar estaba bien *calmado* antes de la tormenta.
pacífico En paz o sin mucho movimiento: Los fenicios eran un pueblo *pacífico*.
quieto Que no se mueve: Por favor, quédate *quieto* mientras te pongo la curita.
tranquilo En calma o inmóvil: El animal estaba más *tranquilo* después de comer.
ANTÓNIMOS: ruidoso, hablador, bullicioso, inquieto

sonreír *s.* Expresar alegría con la cara y un movimiento de la boca: *Sonreír* es un gesto simpático.
carcajearse Reír mucho: Los soldados se *carcajeaban* al ver lo diminuto que era Robin.
reír Mostrar satisfacción emitiendo ciertos sonidos: Algunos cuentos hacer *reír* a los niños.

tierra *s.* Superficie sólida de nuestro planeta: Desde el avión veíamos el mar y la *tierra*.
suelo La superficie que pisamos: Los objetos caen al *suelo* por la ley de gravedad.
terreno Espacio de tierra: El señor Gonzaga tiene varios *terrenos* en aquella ladera.

tirar *v.* Mover algo hacia ti: Para apagar la luz, *tira* de la cadenita.
arrastrar Llevar algo por el piso: *Arrastramos* el piano hasta el comedor con mucho cuidado.
estirar Tirar el extremo de algo para alargarlo: *Estiré* la sábana para meterla bajo el colchón.
jalar Estirar de algo con fuerza: El pescador *jalaba* de su caña para sacar el pescado del agua.
remolcar Arrastrar un vehículo por medio de una cuerda: Hubo que *remolcar* el barco para que entrara en el puerto.
ANTÓNIMO: empujar

triste *adj.* Que no está feliz ni contento: Los días de lluvia me ponen *triste*.
apenado Que siente pena o tristeza por algo: Cuando mi gatito se lastimó la pata, todos quedamos bien *apenados*.
infeliz Que le falta felicidad: El egoísmo hace *infeliz* a la gente.
ANTÓNIMOS: feliz, contento, alegre, satisfecho

ver *v.* Percibir algo con los ojos: ¿*Viste* la puesta del sol?
avistar Ver algo desde lejos: Los marineros *avistaron* tierra el 3 de enero de 1497.
fijarse Mirar algo con atención: *Fíjate* en el mapa para orientarte bien.
mirar Ver algo: *Miré* a ambos lados de la calle antes de cruzar.
observar Ver algo detenidamente: A Daniela le gusta *observar* los insectos.

viejo *adj.* Que ha vivido o existido mucho tiempo: Las herramientas de piedra del museo son muy *viejas*.
antiguo De hace muchos años: Los coches muy *antiguos* tienen mucho valor.
gastado Que ya ha sido utilizado: El carro no prendió porque tenía la batería *gastada*.
usado Que ya ha sido gastado o estrenado: Ramón vendía herramientas *usadas* que estaban en buenas condiciones.
ANTÓNIMOS: nuevo, actual, fresco, reciente, moderno, inédito

Diccionario de sinónimos (índice)

A

aburrido gracioso *adj.*
aburrido interesante *adj.*
acongojado asustado *adj.*
actual nuevo *adj.*
actual viejo *adj.*
agarrar *v.*
ágil rápido *adj.*
agradable *adj.*
agradable malo *adj.*
agua tierra *s.*
agudo gracioso *adj.*
agudo listo *adj.*
aire tierra *s.*
aldea pueblo *s.*
alegre contento *adj.*
alegre gracioso *adj.*
alegre triste *adj.*
alejar tirar *v.*
aligerar correr *v.*
aligerar esperar *v.*
almorzar comer *v.*
amable agradable *adj.*
andar caminar *v.*
antiguo viejo *adj.*
añadir mezclar *v.*
apenado contento *adj.*
apenado triste *adj.*
apenas muy *adv.*
apresurar esperar *v.*
apresurarse correr *v.*
apuesto bonito *adj.*
apurar esperar *v.*
ardiente caliente *adj.*
ardiente frío *adj.*
arrancar parar *v.*
arrastrar llevar *v.*
arrastrar tirar *v.*
arreglado roto *adj.*
arrojar lanzar *v.*

asar cocinar *v.*
astuto listo *adj.*
asustado *adj.*
atemorizado asustado *adj.*
atractivo agradable *adj.*
atrapar agarrar *v.*
aumentar crecer *v.*
autopista camino *s.*
avenida camino *s.*
avistar ver *v.*

B

bajo pequeño *adj.*
batir mezclar *v.*
beneficioso malo *adj.*
benévolo bueno *adj.*
benigno malo *adj.*
bonito *adj.*
borrar dibujar *v.*
bosquejar dibujar *v.*
botar lanzar *v.*
botar saltar *v.*
bramar llamar *v.*
brincar saltar *v.*
bueno *adj.*
bueno agradable *adj.*
bueno malo *adj.*
bullicioso silencioso *adj.*

C

caliente *adj.*
caliente frío *adj.*
calmado asustado *adj.*
calmado rápido *adj.*
calmado silencioso *adj.*
caluroso frío *adj.*
calle camino *s.*
caminar correr *v.*
caminar *v.*
camino *s.*
candente caliente *adj.*

capturar agarrar *v.*
carcajearse sonreír *v.*
cargar llevar *v.*
cavilar pensar *v.*
cenar comer *v.*
cesar parar *v.*
cielo tierra *s.*
ciudad pueblo *s.*
cobarde fuerte *adj.*
cobijar encontrar *v.*
cocinar *v.*
colocar poner *v.*
colosal grande *adj.*
colosal pequeño *adj.*
combinar mezclar *v.*
comentar hablar *v.*
comer *v.*
comodidad problema *s.*
complacido contento *adj.*
complaciente agradable *adj.*
componer cortar *v.*
comunidad pueblo *s.*
considerar pensar *v.*
construir hacer *v.*
consultar preguntar *v.*
contento *adj.*
contento triste *adj.*
contestar preguntar *v.*
continuar parar *v.*
correr *v.*
cortar *v.*
corto pequeño *adj.*
crear hacer *v.*
crecer *v.*
criarse crecer *v.*
charlar hablar *v.*
chico grande *adj.*
chico pequeño *adj.*
chillar llamar *v.*
chismorrear hablar *v.*

544

D

danzar **saltar** *v.*
dañino *malo adj.*
débil *fuerte adj.*
decir *v.*
dejar **llevar** *v.*
dejar **poner** *v.*
delicado *fuerte adj.*
deprimido **contento** *adj.*
desagradable **agradable** *adj.*
desagradable **malo** *adj.*
desarrollarse **crecer** *v.*
desasir **agarrar** *v.*
descansar *v.*
descanso *s.*
descargar **llevar** *v.*
descomunal **grande** *adj.*
descomunal **pequeño** *adj.*
describir **decir** *v.*
descubrir **encontrar** *v.*
desgarbado **bonito** *adj.*
deshacer **hacer** *v.*
deshonrado **bueno** *adj.*
desmontar **hacer** *v.*
despabilado **listo** *adj.*
despertar **descansar** *v.*
destrozar **hacer** *v.*
destruir **hacer** *v.*
desunir **mezclar** *v.*
detenerse **parar** *v.*
devorar **comer** *v.*
dibujar *v.*
dificultad **problema** *s.*
diminuto **grande** *adj.*
diminuto **pequeño** *adj.*
diseñar **dibujar** *v.*
disminuir **crecer** *v.*
divertido **gracioso** *adj.*
dividir **mezclar** *v.*
dormir **descansar** *v.*
dormitar **descansar** *v.*

E

educado **agradable** *adj.*
egoísta **bueno** *adj.*
elevar **crecer** *v.*
emocionante **interesante** *adj.*
empezar **parar** *v.*
empujar **tirar** *v.*
encoger **crecer** *v.*
encontrar *v.*
encubrir **encontrar** *v.*
enfadado **enojado** *adj.*
enojado *adj.*
enorme **grande** *adj.*
enorme **pequeño** *adj.*
enormemente **muy** *adv.*
entero **parte** *s.*
enterrar **encontrar** *v.*
entretener **esperar** *v.*
entretenido **gracioso** *adj.*
entretenido **interesante** *adj.*
entusiasmado **contento** *adj.*
envalentonado **asustado** *adj.*
escasamente **muy** *adv.*
esconder **encontrar** *v.*
esparcir **poner** *v.*
esperar *v.*
esprintar **correr** *v.*
estirar **tirar** *v.*
estúpido **listo** *adj.*
examinar **preguntar** *v.*
excelente **bueno** *adj.*
exclamar **llamar** *v.*
extremadamente **muy** *adv.*

F

fabricar **hacer** *v.*
facilidad **problema** *s.*
fascinante **interesante** *adj.*
feliz **contento** *adj.*
feliz **triste** *adj.*
feo **bonito** *adj.*
fijarse **ver** *v.*
formar **hacer** *v.*
fracción **parte** *s.*
frágil **fuerte** *adj.*
fragmentar **mezclar** *v.*
freír **cocinar** *v.*
fresco **caliente** *adj.*
fresco **frío** *adj.*
fresco **nuevo** *adj.*
fresco **viejo** *adj.*
frígido **caliente** *adj.*
frígido **frío** *adj.*
frío *adj.*
frío **caliente** *adj.*
fuerte *adj.*
fuerte **sano** *adj.*
furioso **enojado** *adj.*

G

ganar *v.*
gastado **nuevo** *adj.*
gastado **viejo** *adj.*
gélido **caliente** *adj.*
gélido **frío** *adj.*
generoso **bueno** *adj.*
gigantesco **grande** *adj.*
gigantesco **pequeño** *adj.*
glacial **frío** *adj.*
gracioso *adj.*
grande *adj.*
grande **pequeño** *adj.*
grave **malo** *adj.*
gritar **llamar** *v.*

H

hablador **silencioso** *adj.*
hablar *v.*
hacer *v.*
hallar **encontrar** *v.*

helado caliente *adj.*
helado frío adj.
hermoso bonito adj.
hervir cocinar v.
hirviente caliente adj.
hombre persona s.
honrado bueno adj.
hornear cocinar v.
humano persona s.

I

imaginar pensar v.
impulsar lanzar *v.*
incordio problema s.
inédito nuevo adj.
inédito viejo *adj.*
infeliz contento *adj.*
infeliz triste adj.
injusto bueno *adj.*
inmenso grande adj.
inmenso pequeño *adj.*
inquieto silencioso *adj.*
inteligente listo adj.
interesante *adj.*
interrumpir parar v.
irritado enojado adj.

J

jalar tirar v.
jovial contento adj.
juntar cortar *v.*

L

lanzar *v.*
lento rápido *adj.*
liberar agarrar *v.*
listo *adj.*
localizar encontrar v.

LL

llamar *v.*
llevar *v.*

M

maleducado agradable *adj.*
malo *adj.*
malo agradable *adj.*
malo bueno *adj.*
malvado malo *adj.*
marchar caminar *v.*
marchitarse crecer *v.*
masticar comer v.
mencionar decir v.
menguar crecer *v.*
menor persona s.
menudo pequeño adj.
merendar comer v.
mezclar *v.*
minúsculo grande *adj.*
minúsculo pequeño adj.
mirar ver v.
moderno nuevo *adj.*
moderno viejo *adj.*
molestia problema s.
montar hacer v.
morder comer v.
mordisquear comer v.
morir crecer v.
mover parar *v.*
mujer persona s.
muy *adv.*

N

narrar decir v.
nombrar llamar v.
normal sano adj.
nuevo *adj.*
nuevo viejo *adj.*

O

observar ver v.

P

pacífico silencioso adj.
paralizar parar v.

parar *v.*
parte s.
partido roto adj.
partir cortar v.
pasear caminar v.
pedazo parte s.
pensar *v.*
pequeño *adj.*
pequeño grande *adj.*
persona *s.*
pesado gracioso adj.
picar cortar v.
pillar agarrar *v.*
plácido enojado *adj.*
pobre malo adj.
poco muy adv.
poderoso fuerte adj.
poner *v.*
precioso bonito adj.
preguntar *v.*
preocupación problema s.
preocupado asustado adj.
preparar cocinar v.
problema *s.*
pueblo *s.*

Q

quebrado roto adj.
quedarse esperar v.
quieto silencioso adj.

R

rajar cortar v.
rápido *adj.*
rebanar cortar v.
rebotar saltar *v.*
reciente nuevo adj.
reciente viejo *adj.*
recreo descanso s.
reflexionar pensar v.
registrar encontrar v.
reír sonreír v.
relajarse descansar v.

remolcar **tirar** *v.*
reparado *roto* *adj.*
replicar *preguntar* *v.*
reposar **descansar** *v.*
reposo **descanso** *s.*
resistente **fuerte** *adj.*
responder *preguntar* *v.*
retardar *correr* *v.*
retrasar **esperar** *v.*
rociar **poner** *v.*
roto *adj.*
ruidoso *silencioso* *adj.*
ruta **camino** *s.*

S
sabio **listo** *adj.*
saltar *v.*
saludable **sano** *adj.*
sano *adj.*
satisfecho *triste* *adj.*
sección **parte** *s.*
senda **camino** *s.*
sendero **camino** *s.*
separar *mezclar* *v.*
sereno *enojado* *adj.*
serio *gracioso* *adj.*
silencioso *adj.*
simpático *agradable* *adj.*
soltar *agarrar* *v.*
sonreír *v.*
sosegado *asustado* *adj.*
soso **interesante** *adj.*
suelo **tierra** *s.*
susurrar *decir* *v.*

T
tallar **cortar** *v.*
tapar *encontrar* *v.*
telefonear **llamar** *v.*
temeroso **asustado** *adj.*
terminar **hacer** *v.*
terreno **tierra** *s.*
terriblemente **muy** *adv.*
tierra *s.*
tirar *v.*
tomar **agarrar** *v.*
tonto *listo* *adj.*
torpe *listo* *adj.*
torpe *rápido* *adj.*
tórrido **caliente** *adj.*
tórrido *frío* *adj.*
total *parte* *s.*
totalidad *parte* *s.*
trabajar *descansar* *v.*
tragar **comer** *v.*
tranquilo *asustado* *adj.*
tranquilo *enojado* *adj.*
tranquilo *silencioso* *adj.*
transportar **llevar** *v.*
trasladar **llevar** *v.*
trasquilar **cortar** *v.*
tremendamente **muy** *adv.*
triste *adj.*
triste *contento* *adj.*
triunfar **ganar** *v.*
trocear **cortar** *v.*
trozo **parte** *s.*

U
unir **cortar** *v.*
unir **mezclar** *v.*
usado *nuevo* *adj.*
usado **viejo** *adj.*

V
vacaciones **descanso** *s.*
veloz **rápido** *adj.*
vencer **ganar** *v.*
ventaja *problema* *s.*
ver *v.*
viejo *adj.*
viejo *nuevo* *adj.*
vociferar **llamar** *v.*

Glosario

Cómo usar el glosario

Al igual que un diccionario, el glosario que sigue enumera las palabras en orden alfabético. Contiene las palabras de *El poder de las palabras*, así como términos gramaticales y formas de escritura que se tratan en este libro. Para buscar una palabra, un término gramatical o una forma de escritura, búscalo por la primera letra o palabra del término que buscas.

Para ahorrar tiempo, usa las **palabras guía** de la parte superior de cada página. Son la primera y la última palabra definidas en esa página. Fíjate en las palabras guía para ver si la palabra que buscas cae entre ambas según el orden alfabético.

Aquí tienes un ejemplo de un artículo de glosario:

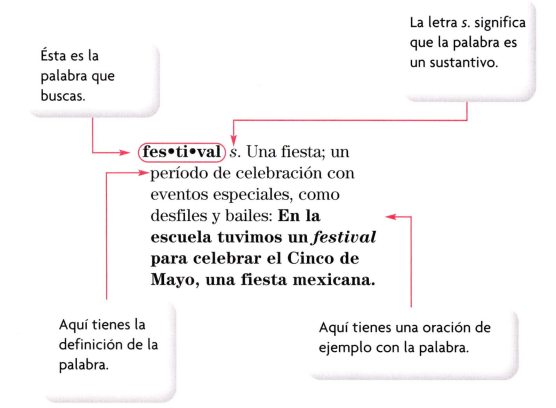

a•bre•via•ción *s.* Una manera corta de escribir una palabra. La mayor parte de las abreviaciones terminan con un punto. Las abreviaciones de los títulos de las personas empiezan con mayúscula: **La *Sra*. Chen fue a ver al *Dr*. García a las 4:00 *p.m.***

ad•je•ti•vo *s.* Una palabra que describe un sustantivo. Unos dicen *cuántos* hay y otros dicen de *qué tipo* son: **La Srta. Ling compra *cinco* bolsas de tierra para su jardín. Yo corro *varias* veces por semana. El perro *grande* y *marrón* es juguetón.**

ad•ver•bio *s.* Una palabra que describe un verbo. Un adverbio puede decir *cómo*, *cuándo*, *dónde* o *cuánto* ocurre una acción: **Caminamos al cine *rápidamente*. La película empieza *pronto*. El cine queda *cerca* de la casa.**

a•fir•ma•ción *s.* Una oración que dice algo. Usa un punto (.) al final de una afirmación: **Los patos ponen huevos en la primavera.**

ar•tí•cu•lo *s.* Una palabra que se pone antes del sustantivo para determinarlo. Los artículos son *el, la, los, las, un, una, unos* y *unas*: **Vimos *un* gorila, *una* jirafa y muchos animales más en *el* zoológico.**

as•tro•no•mí•a *s.* El estudio de las estrellas, los planetas y otros objetos del cielo: **Aprendimos mucho acerca de la Tierra y de Marte en nuestra clase de *astronomía*.**

a•ve *s.* Pájaro; animal con plumas que puede volar: **Cuando íbamos en el bote, vimos muchas *aves* marinas pasar volando.**

bo•rras•co•so(a) *adj.* Agitado, violento, tormentoso: **Los pescadores no pudieron salir esa noche *borrascosa*.**

ca•ni•no *adj.* Relativo al perro; que pertenece al grupo de animales como el perro, el zorro y el lobo: **El lobo es un animal *canino*.**

ca•ries *s.* Un agujero en un diente, causado por el deterioro: **Tommy acudió al dentista para que le llenara las *caries*.**

car•pin•te•ro(a) *s.* Persona que hace, construye o repara cosas de madera: **El *carpintero* construyó una mesa y varias sillas.**

carta a un amigo | **dibujos animados**

car·ta a un a·mi·go Una carta escrita en estilo familiar a alguien conocido. El propósito de la carta es intercambiar novedades o enviar un saludo: **Josué le escribió una *carta* a su mejor amigo Ramón para contarle de sus vacaciones.**

cas·co *s.* Uña del pie de los caballos: **Sabíamos que se acercaban por el camino porque oímos el ruido de los *cascos* contra el suelo.**

co·ma *s.* Un signo de puntuación (,) que separa partes de la oración, le indica al lector dónde hacer una pausa y ayuda a aclarar el significado: **Sí, me gustan las zanahorias, el brócoli y el apio. Me gustan los pepinos, pero prefiero los tomates.**

com·bi·nar o·ra·cio·nes Unir las ideas relacionadas para formar una oración en lugar de dos o tres: **Hoy nieva. Hoy hace viento. *Hoy nieva y hace viento.***

co·mi·llas *s.* Signos de puntuación (" ") que se usan para mostrar las palabras exactas que dice alguien o para indicar el título de un cuento, poema o canción: **: "Me encanta leer cuentos", dijo Emma. Su cuento favorito es "La casa en la calle Mango" por Sandra Cisneros.**

co·mu·ni·dad *s.* Todas las personas que viven en el mismo lugar; el lugar, distrito o zona donde vive la gente: **Los vecinos de mi *comunidad* organizaron un grupo de vigilancia en el vecindario.**

con·cor·dan·cia en·tre el su·je·to y el ver·bo La forma de un verbo en una oración debe corresponder o concordar con el sujeto: **Ella *bebe* jugo de naranja con el desayuno. Nosotros *bebemos* leche.**

crí·ti·ca de un li·bro Un artículo que dice de qué trata un libro. También dice lo que el escritor piensa del libro: **Pablo escribió una *crítica de un libro* llamado *Lobos*, y dijo que le gustó el libro.**

cuen·to *s.* Una forma de escritura que tiene personajes y argumento. Un cuento es inventado y tiene principio, parte central y final: **El *cuento* que leímos hoy en clase trata de un cerdo que quiere ganarse un premio en la feria del condado.**

des·te·llo *s.* Un brillo de luz vivo y corto: **Las cuentas metálicas despedían *destellos* reflejados del sol.**

de·ta·lle *s.* Un dato o ejemplo que ayuda a explicar un tema: **Rishi dio muchos *detalles* acerca de lo que comen los animales de la granja en su cuento sobre la niñez en el campo.**

di·bu·jos a·ni·ma·dos Una serie de dibujos que se muestran a modo de película con figuras que se mueven:

Los niños vieron unos *dibujos animados* muy divertidos acerca de los pingüinos.

di·vi·dir en pá·rra·fos Separar la información o las ideas en párrafos o grupos de oraciones centrados en una idea principal: **Es importante *dividir en párrafos* la información para organizar un informe de investigación.**

e·co·lo·gí·a *s.* La relación entre las plantas, los animales y el ambiente que los rodea: **Estamos estudiando la *ecología* de la selva tropical en nuestra clase de ciencias.**

e·la·bo·ra·ción *s.* Desarrollar y ampliar un tema añadiendo detalles y razones: **El uso de la *elaboración* por parte del autor en su descripción de Alaska nos mostró cómo el tiempo, la transportación, la fauna y la industria pesquera afectan a la gente que vive allí.**

e·le·gir las pa·la·bras Usar palabras y frases seleccionadas para dar el efecto deseado por parte del escritor: **Las *palabras que elige* el escritor dejan claro que le encantan los perros.**

em·pre·sa *s.* Una actividad que se hace para ganar dinero: **La nueva *empresa* de Manuel es poner un puesto de limonada.**

e·ner·gí·a *s.* La capacidad de hacer trabajo o de dar potencia; potencia eléctrica o de calor: **Después de comer una comida saludable, LaToya tuvo suficiente *energía* para terminar sus quehaceres.**

en·sa·yo con ins·truc·cio·nes Un ensayo que da una explicación paso a paso de cómo hacer algo: **El *ensayo con instrucciones* de Marina daba los pasos para hacer un batido de fresas.**

en·sa·yo crí·ti·co Un ensayo que explica los aspectos buenos y malos de un tema: **Roberto escribió acerca de lo que le gusta y lo que no le gusta del invierno en su *ensayo crítico*.**

en·sa·yo per·sua·si·vo Una forma de escritura que expresa lo que el escritor piensa de un tema. El escritor intenta persuadir al lector de que esté de acuerdo con él: **El *ensayo persuasivo* de Ángela animaba a los lectores a hacer ejercicio tres veces por semana.**

es·que·ma *s.* Una manera de organizar la información dividida en partes principales y detalles: **Hicimos un *esquema* para planificar lo que íbamos a escribir.**

ex·cla·ma·ción *s.* Un tipo de oración que expresa una emoción fuerte. Lleva un signo de exclamación al principio (¡) y otro al final (!): **¡Caramba, qué gran idea!**

ex•pe•rien•cia *s.* Algo que uno ha vivido; conocimiento o habilidad que se gana al hacer algo: **Paco adquirió *experiencia* de trabajo cuando trabajó durante el verano en la tienda de su papá.**

Fah•ren•heit *s.* Una escala de temperatura que marca 32 grados en el punto de congelación del agua y 212 grados en el punto de ebullición del agua: **La temperatura promedio del verano pasado fue de 75 grados en la escala *Fahrenheit*.**

fan•ta•sí•a *s.* Imaginación; una creación, como un cuento, que es diferente de la realidad: **El cuento del cerdito que habla es de *fantasía*.**

fe•de•ral *adj.* Que tiene que ver con el gobierno central de un país: **Cuando la familia de Virginia fue a Washington, D.C., visitaron varios edificios *federales* y aprendieron mucho acerca del gobierno estadounidense.**

fes•ti•val *s.* Una fiesta; un período de celebración con eventos especiales, como desfiles y bailes: **En la escuela tuvimos un *festival* para celebrar el Cinco de Mayo, una fiesta mexicana.**

gé•ne•ro *s.* Es la cualidad de un sustantivo, adjetivo o pronombre que indica si es masculino o femenino: **Los adjetivos del *género* femenino concuerdan con los sustantivos femeninos.**

ho•mó•fo•no *s.* Una palabra que suena igual que otra palabra, pero que significa algo diferente y se escribe de manera diferente: ***Hola*, ¿cómo estás? Cuando estaba en la playa, vi una *ola* gigante.**

ho•mó•gra•fo *s.* Una palabra que se escribe igual que otra palabra, pero que tiene un significado diferente: **Lo hice *como* me dijiste. Yo no *como* mucha carne.**

i•lu•mi•nar *v.* Llenar de luz: **Cuando oscurece, se *ilumina* el campo de juego para que los jugadores puedan ver.**

in•fi•ni•ti•vo *s.* Es la forma básica del verbo. Siempre termina con *ar*, *er* o *ir*. El infinitivo es la base que se cambia para formar los tiempos verbales y para concordar con el sujeto: **El infinitivo del verbo *escribe* es *escribir*.**

in·for·me de in·ves·ti·ga·ción Una forma de escritura que da información sobre un tema. Los escritores reúnen datos de varias fuentes, como libros y revistas: **Elena fue a la biblioteca a buscar información acerca de los delfines para su** *informe de investigación*.

ins·cri·bir·se *v.* Apuntar el nombre de uno en un registro oficial, por ejemplo en una lista de votantes: **Cuando Claudia cumplió dieciocho años, se** *inscribió* **para votar en las elecciones presidenciales.**

ins·tru·men·to *s.* Un objeto que se usa para tocar música: **Mi** *instrumento* **musical favorito es la guitarra.**

in·ves·ti·gar *v.* Estudiar algo a fondo para hallar los datos y los detalles: **El policía tuvo que** *investigar* **la escena del crimen para poder resolver el crimen.**

in·vi·si·ble *adj.* Que no se puede ver: **No puedes ver el oxígeno en el aire porque es** *invisible*.

in·vi·ta·ción *s.* Una forma de escritura que se usa para invitar a alguien a una fiesta o a otra actividad: **Javier envió** *invitaciones* **para su cumpleaños.**

L

len·gua·je e·fec·ti·vo Lenguaje que da información de una manera clara e interesante: **El párrafo de Juan estaba escrito con** *lenguaje efectivo*, **lleno de verbos y adjetivos vívidos.**

len·gua·je fi·gu·ra·ti·vo Palabras que se usan de una manera poco común para crear una descripción vívida: **Michelle usó** *lenguaje figurativo* **para comparar a una luciérnaga con una linterna que se prende y se apaga.**

li·te·ra·tu·ra *s.* Una colección de obras escritas con imaginación y habilidad. Los cuentos, los poemas y las obras de teatro son ejemplos de literatura: **Una de las obras favoritas de** *literatura* **de mi mamá es Marianela.**

man·da·to *s.* Un tipo de oración que da una orden o que da instrucciones. Usa un punto (.) al final de un mandato: **Dales de comer a los patos.**

mi·ne·ral *s.* Un material de la naturaleza que no proviene de ninguna planta ni animal: **Las piedras, los metales, las gemas y el petróleo son** *minerales* **que hay en la tierra.**

narrativa personal

na·rra·ti·va per·so·nal Un relato verdadero de las experiencias del autor: **Escribí acerca de mis vacaciones de verano cuando nos pidieron una *narrativa personal*.**

ne·ga·ción *s.* Una palabra que significa "no". Algunas negaciones son *nunca, no, nadie, ningún* y *nada*: ***No* había *ningún* imperio más grande que la Unión Soviética. Los Estados Unidos *no* es más grande que Canadá.**

no·ta de a·gra·de·ci·mien·to Una forma de escritura que sirve para darle las gracias a alguien por un regalo o por hacer algo: **Siempre debes escribir una *nota de agradecimiento* después de recibir un regalo.**

nu·trien·te *s.* Algo en la comida que ayuda a las personas, animales y plantas a mantenerse sanos: **Los vegetales y las frutas son sanos porque tienen muchos *nutrientes*.**

o·ra·ción *s.* Un grupo de palabras que expresa una idea completa. Una oración comienza con mayúscula, puede empezar y termina con un signo de puntuación, y tiene sujeto y predicado: **Los patos viven cerca del lago. ¿Está fría el agua? ¡Sí, está congelada!**

párrafo descriptivo

o·ra·ción com·pues·ta Una oración formada por dos o más oraciones simples. Las oraciones se unen con coma (,) y con *y, o* o *pero*: **Sara salió con sus amigas *y* saltaron la cuerda juntas.**

o·ra·ción sim·ple Una oración que tiene sujeto y predicado y expresa una idea completa: **Sara fue a la escuela. Maki encontró una moneda.**

pa·la·bras de se·cuen·cia Palabras que le dicen al lector el orden de los pasos o las ideas: **Las *palabras de secuencia* que usó el autor fueron *primero, luego, entonces* y *finalmente*.**

pa·la·bras e·xac·tas Palabras que son muy específicas y no son generales: **El maestro pidió que usáramos *palabras exactas*, como *tigre* en lugar de *animal*.**

pa·la·bras ví·vi·das Palabras interesantes que ayudan al lector a visualizar lo que el escritor escribe: ***Gigantesco* y *corretear* son ejemplos de *palabras vívidas*.**

pá·rra·fo des·crip·ti·vo Trabajo escrito que da detalles sobre algo. Un párrafo descriptivo puede describir un objeto, una emoción, un suceso o cualquier otra cosa: **En mi *párrafo descriptivo*, di muchos detalles acerca del tiempo.**

554

pá·rra·fo que com·pa·ra Un párrafo que dice en qué se parecen dos o más personas, lugares o cosas: **El *párrafo que compara* de Nancy era sobre las semejanzas entre las ranas y los sapos.**

pá·rra·fo que con·tras·ta Un párrafo que dice en qué se diferencian dos o más personas, lugares o cosas: **Chin escribió un *párrafo que contrasta* acerca de las diferencias entre las mariposas y las polillas.**

pe·ren·ne *adj.* Se dice de las plantas que no mueren en el invierno. **Esas flores tienen un aroma *perenne*.**

po·e·ma *s.* Una forma de escritura que usa palabras vívidas o poco comunes para describir algo o expresar lo que el autor siente por algo. A menudo un poema tiene rima y ritmo: **Nuestra clase escribió un *poema* de cómo nos sentimos el primer día de clases.**

pre·cau·ción *s.* Cuidado que se toma por adelantado; una medida que se toma para evitar un daño o un peligro: **Como *precaución* contra los rayos dañinos del sol, usamos loción protectora en la playa.**

pre·di·ca·do *s.* La parte de una oración que dice lo que el sujeto de la oración es o lo que hace. El predicado generalmente va después del sujeto: **Mi familia *fue al festival el sábado*.**

pre·di·ca·do com·ple·to Todas las palabras que dicen lo que el sujeto de la oración es o lo que hace: **El estudiante *terminó sus tareas a las 8 p.m.***

pre·di·ca·do com·pues·to Dos o más predicados que tienen el mismo sujeto. Generalmente se usa la palabra *y* u *o* para unir los predicados: **Su hermano *canta o baila*. Papá *corta, rastrilla y riega el césped*.**

pre·di·ca·do sim·ple La palabra o palabras principales del predicado completo. El predicado simple siempre es un verbo: **Amy *dio* una vuelta a la pista. Vladimir *tocó* el piano toda la mañana.**

pre·gun·ta *s.* Una oración que pide una respuesta. Lleva un signo de interrogación al principio (¿) y otro al final (?): **¿*Cuántos patos hay en el estanque?***

pro·fe·sión *s.* El trabajo de una persona, o su carrera: **Alma Flor Ada es escritora de *profesión*.**

pro·nom·bre *s.* Una palabra que reemplaza uno o más sustantivos: **Luis colecciona estampillas. *Él* colecciona estampillas. Miguel y Chan intercambian estampillas. *Ellos* intercambian estampillas.**

pro·nom·bre com·ple·men·ta·rio Un pronombre que reemplaza uno o varios sustantivos del predicado. Recibe la acción del verbo o dice a quién o para quién se hace una acción: **Mi mamá me preparó el almuerzo. Mi mamá me *lo* preparó.**

pro-nom-bre de-mos-tra-ti-vo Un pronombre que reemplaza un sustantivo que nombra una cosa y dice si está cerca o lejos en cuanto a tiempo o distancia: **Me gusta ese libro, pero prefiero *éste*.**

pro·nom·bre fe·me·ni·no Un pronombre que reemplaza un sustantivo que nombra a una niña, mujer o hembra, o a una cosa de género femenino. Las palabras *ella*, *nosotras*, *ellas*, *la* y *las* son pronombres femeninos: **Susana vino a mi casa. *Ella* vino a mi casa. Me gusta la camisa que compré. La camisa es *mía*.**

pro·nom·bre mas·cu·li·no Un pronombre que reemplaza un sustantivo que nombra a un niño, hombre o macho, o a una cosa de género masculino. Las palabras *él*, *nosotros*, *ellos*, *lo* y *los* son pronombres masculinos: **Miguel estudia para la prueba. *Él* estudia para la prueba. Busco el libro de ciencias. *Lo* busco.**

pro·nom·bre plu·ral Un pronombre que reemplaza un sustantivo plural o dos o más sustantivos. Las palabras *nosotros*, *ustedes*, *ellos*, *nos* y *los* son pronombres plurales: **Los niños ponen estampillas en el álbum. *Ellos las* ponen en el álbum. Carlos mostró sus estampillas a Bruno y a mí. Carlos *nos* mostró las estampillas.**

pro·nom·bre po·se·si·vo Un pronombre que indica que algo es de alguien. **El perro de mi amigo es más grande que el *tuyo*.**

pro·nom·bre sin·gu·lar Un pronombre que reemplaza un sustantivo singular. Las palabras *yo*, *tú*, *él*, *ella*, *lo* y *la* son pronombres singulares: **Astrid le dio a Ishiro una estampilla de México. *Ella* se *la* dio a *él*.**

pro·pó·si·to *s.* Una razón para hacer algo, como escribir: **El *propósito* de mi informe de investigación es informar a los lectores acerca de los perros de trabajo.**

pu·bli·ci·dad *s.* Algo que se da a conocer al público, especialmente por medio de anuncios pagados: **La *publicidad* en la televisión dijo que tendrás los dientes más blancos si usas la nueva pasta dental.**

pú·bli·co *s.* Las personas a las que llega un libro, programa u otra obra: **Los lectores son el *público* de un escritor.**

pun·to *s.* Signo de puntuación (.) que se usa con las abreviaciones y al final de una afirmación o mandato: ***Pág.* es la abreviación de *Página*. Espera tu turno.**

punto de vista del autor La manera en que se expresa un escritor para que el lector sepa lo que siente con respecto al tema: **El *punto de vista de la autora* es que el verano es la estación que menos le gusta.**

raíz *s.* Es la parte más básica de una palabra, sin terminaciones ni prefijos: **La *raíz* del verbo *comer* es *com*.**

rural *adj.* Que pertenece al campo y no a la ciudad: **Las fotografías de iglesias del campo y de otras escenas *rurales* son muy populares en los calendarios.**

signos de interrogación Signos de puntuación que se usan al principio (¿) y al final (?) de una oración que hace una pregunta: **¿Regaste las plantas?**

signos de puntuación Símbolos que se escriben en las oraciones para que el significado quede claro. Los signos de interrogación y de exclamación se usan al principio y al final de las oraciones. El punto se escribe al final solamente. Otros signos se usan en otras partes de la oración: **¿Adónde fueron hoy? Fuimos al lago a patinar. ¡Fue muy divertido, Adrián!**

sujeto *s.* La parte de la oración que nombra a la persona o cosa de la que trata la oración. Generalmente, el sujeto está al principio de la oración: ***Ricardo* fue al supermercado. *Los gatos* correteaban por la calle.**

sujeto completo El sujeto simple y todas las demás palabras del sujeto que lo describen: ***Mi hermana menor* toma clases de ballet.**

sujeto compuesto Dos o más sujetos que tienen el mismo predicado. Generalmente se usan las palabras *y* u *o* para unir los sujetos: ***Janet y David* fueron a la tienda.**

sujeto simple La palabra principal del sujeto completo de la oración: **Mi *papá* trabaja en su jardín.**

sustantivo común Un sustantivo que nombra cualquier persona, animal, lugar o cosa. Los sustantivos comunes comienzan con minúscula: **El *agricultor* les dio *heno* a los *caballos*.**

sustantivo específico Un sustantivo que nombra una cosa en particular en lugar de un grupo entero de cosas: ***Pera* es un sustantivo específico, pero *fruta* no lo es.**

sustantivo femenino Un sustantivo que nombra a una persona o animal que sea niña, mujer o hembra, o cosas del género femenino. A menudo termina en *-a* o *-as*. ***Señora*, *gallina* y *cama* son sustantivos femeninos.**

sus·tan·ti·vo mas·cu·li·no Un sustantivo que nombra a una persona o animal que es niño, hombre o macho, o cosas del género masculino. A menudo termina en *-o* u *-os*. *Pablo*, *toro* y *suelo* son sustantivos masculinos.

sus·tan·ti·vo plu·ral Un sustantivo que nombra a más de una persona, animal, lugar o cosa. Se añade *s* o *es* a casi todos los sustantivos en singular para formar el plural: Los *estudiantes* llevaron los *libros* a la biblioteca.

sus·tan·ti·vo pro·pio Un sustantivo que nombra a una persona, animal, lugar o cosa en particular: *Andrés* visitó la *estatua de la Libertad*.

sus·tan·ti·vo sin·gu·lar Un sustantivo que nombra a una persona, animal, lugar o cosa: La *niña* vive cerca de mi *casa*. El *lago* es profundo. Ese *bote* es veloz.

tiem·po ver·bal La forma del verbo que dice cuándo ocurrió la acción. Dice si la acción ocurre ahora, si ocurrió en el pasado, o si ocurrirá en el futuro: Sandra le *envía* un mensaje por correo electrónico a Pepe. Pepe *habló* con Sandra ayer. Mañana se *verán* en la escuela.

tí·tu·lo *s.* El nombre de algo, como un libro, una revista o un periódico. Los títulos de obras largas, como los libros y los periódicos, se subrayan o se ponen en cursiva. Los títulos de obras más cortas, como los poemas y los cuentos, se ponen entre comillas: ¿Leíste El principito? Estoy leyendo un poema que se llama "Navegante".

tra·di·ción *s.* Una costumbre que pasa de padres a hijos: La familia de Francisco celebra muchas *tradiciones* venezolanas.

va·cu·na *s.* Medicina que introduce en el cuerpo gérmenes de cierto tipo para prevenir una enfermedad: A los niños se les puede poner una *vacuna* para protegerlos de las paperas.

va·rie·dad en las o·ra·cio·nes Una manera de darle interés a lo que se escribe combinando diferentes tipos de oraciones: Este cuento es divertido porque tiene mucha *variedad en las oraciones*.

ver·bo de ac·ción Un verbo que dice lo que hace el sujeto de la oración: La niña *corrió* por el patio.

ver·bo au·xi·liar Un verbo que funciona con un verbo principal para expresar una acción. El verbo auxiliar siempre va antes del verbo principal: Lourdes le *ha* escrito una respuesta a la carta de su amiga Susana.

ver·bo en tiem·po fu·tu·ro Un verbo que expresa una acción que ocurrirá más tarde. El tiempo futuro de un verbo se forma con terminaciones especiales: **Beto *comprará* uvas en el supermercado.**

ver•bo en tiem•po pa•sa•do Un verbo que expresa una acción que ocurrió en el pasado. El tiempo pasado de un verbo se forma con terminaciones especiales: **Josué *caminó* hasta el parque. Luego *escaló* la colina.**

ver•bo en tiem•po pre•sen•te Un verbo que expresa una acción que ocurre ahora. El tiempo presente de un verbo se forma con terminaciones especiales: **Él *trae* una toalla a la alberca. Ella *nada* en la alberca.**

ver•bo i•rre•gu•lar Un verbo que forma los tiempos verbales cambiando la raíz o las terminaciones que se usan normalmente: **Yo *puedo* ir al supermercado. Mi mamá *fue* conmigo.**

ver•bo prin•ci•pal El verbo más importante del predicado. Va después del verbo auxiliar: **Lourdes ha *leído* la carta de su amiga.**

ver•bo re•gu•lar Un verbo que forma los tiempos verbales quitándole la terminación al infinitivo o la forma básica del verbo, y añadiendo una serie de terminaciones fijas para cada sujeto: ***Caminamos* a la cafetería y nos *comimos* un emparedado.**

ver•bo ví•vi•do *s.* Un verbo de gran impacto que describe la acción de una manera interesante: **En lugar del verbo ir, usa un verbo vívido como *volar o dispararse*.**

vi•rrey *s.* Una persona que ayuda a un rey a gobernar un país, una colonia o una provincia: **El *virrey* le dijo al rey que todos en el reino le deseaban lo mejor.**

vi•si•ble *adj.* Que puede verse: **En los días soleados, las montañas son *visibles* desde mi ventana.**

vo•lun•ta•rio *s.* Una persona que ofrece sus servicios gratis: **Alberto y Diana son *voluntarios* en el refugio local de animales.**

voz per•so•nal La propia manera especial que tiene una persona de expresarse con palabras e ideas: **Ronaldo halló su *voz personal* cuando empezó a escribir poemas.**

El poder de las palabras

astronomía Mi hermano está estudiando Marte en su clase de **astronomía**.

ave El águila es un **ave** majestuosa y el símbolo nacional de los Estados Unidos.

borrascoso Ese día **borrascoso**, los árboles se doblaban con la fuerza del viento.

canino Los perros y los lobos son miembros de la familia **canina**.

caries El dentista le arregló las **caries** a Jaime.

carpintero El **carpintero** martilla los clavos en el escritorio que estaba arreglando.

cascos Las herraduras son arcos de metal que protegen los **cascos** de los caballos.

comunidad Los vecinos de mi **comunidad** decidieron hacer un almuerzo para el vecindario.

confianza Nuestra entrenadora siente **confianza** por nuestro equipo porque practicamos mucho.

cooperan Si tú y tu hermana **cooperan**, trabajarán bien juntas.

destello El sol se refleja en los témpanos, despidiendo **destellos** de luz.

dibujos animados ¿Te gustan las películas de **dibujos animados**, como *La bella y lás bestia* y *El rey de los leones*?

ecología Carmen está estudiando los animales y su ambiente en su clase de **ecología**.

elaboración La Sra. Díaz dijo que si usamos la **elaboración** en los cuentos, podremos explicar mejor cómo son los personajes.

energía Si comes alimentos sanos, tendrás la **energía** necesaria para completar la carrera.

experiencia Beto tiene mucha **experiencia** con los animales porque vive en una granja.

Fahrenheit El aqua hierve a los 212 grados en la escala **Fahrenheit**.

fantasía Julia escribió un cuento de **fantasía** sobre un viaje a Plutón.

federal El papá de Pablo es un funcionario **federal** que trabaja para el gobierno.

festival Disfrutamos de un desfile, de la música y de los bailes durante el **festival** de celebración de la independencia mexicana.

iluminar Las canchas de tenis están **iluminadas** para que la gente pueda jugar después de que oscurezca.

inscribirse Todos los estudiantes que se **inscribieron** en la clase vinieron el primer día.

instrumento El **instrumento** musical favorito de María es el piano.

investigar El detective **investigó** la zona donde habían visto al ladrón por última vez.

invisible Carlos no pudo leer el mensaje porque estaba escrito con tinta **invisible**.

mineral El carbón es un **mineral** que se usa de combustible.

nutriente Los vegetales son buenos para la salud porque tienen muchos **nutrientes**.

perenne Una planta **perenne** no muere en el invierno.

precaución Por **precaución**, asegúrate de que la batería de la alarma contra incendios funcione bien.

profesión Marta quiere jugar en un equipo de fútbol profesional y seguir la **profesión** de atleta.

publicidad Si la **publicidad** no miente, este champú hará que tengas el pelo lustroso y lleno de vida.

rural No hay tanto tránsito en las zonas **rurales** como en la cuidad.

tradiciones Es una **tradición** quebrar una piñata llena de caramelos en las fiestas de cumpleaños.

vacuna Las **vacunas** protegen a los niños de las enfermedades.

virrey El **virrey** les dijo a los súbditos del reino que habrá una reducción de impuestos.

visible Las estrellas no están **visibles** esta noche porque el cielo está nublado.

Índice

A

Abreviaciones 96–100
Acentuación de las palabras . . . 525–527
Ada, Alma Flor 427
Adjetivos 272–280, 308–316,
    336–337, 380–381, 449
   apócope 310
   expresiones comparativas
     y superlativas 312–313
   género 274–275
   indefinidos 380–381
   número 276–277
Adverbios 318–326, 336–344, 378–379,
    382–386
   cantidad 322–323
   lugar en las oraciones 338–339
   lugar y tiempo 320–321
   más, menos, mucho, poco 340–341
   negativos 378–386
Agradecimiento, nota 492
Allá en casa 398
Almanaque 510
Angela Shelf Medearis 44
Antes de escribir . . 49, 78, 117, 148, 191, 220,
    259, 288, 333, 364, 403, 434
Antónimos 213, 317
Apócope del adjetivo 310–311
Arte. *Ver* Escribir sobre otras
   materias.
Artes, bellas 405
Artículos 308–309, 314–316
Así se entrena a la Sra. Parker . . 215–217
Atlas, cómo usar 509
Audiencia 329
Ver también Propósito y audiencia
Auxiliares, verbos 166–174

B

Bailar con los indios 44
Borrador 49, 79, 117, 149, 191, 221, 259, 289,
    333, 365, 403, 435
Brown, Laurie Krasny 141
Brown, Marc 141
Buscador 253, 506

C

*Caballos de fuerza: Las maravillas de
   los caballos de carga* 328
Calificación. *Ver* Manual de
   Referencia del Alumno.
Caligrafía, modelos 528–529
Carpeta
   cuento 438
   ensayo de instrucciones 152
   ensayo crítico 292
   informe de investigación 368
   narrativa personal 82
   párrafo persuasivo 224
Carta
   a un amigo 190–192
   dos puntos 392–394
Churchman, Deborah 283
Ciencias. *Ver* Escribir sobre otras
   materias.

562

Citas 406–409
Claves de contexto 271
Cleary, Beverly 186
Coma 388–391
   aclaraciones 390–391
   comillas 408
   palabras iniciales 388–389
   enumeraciones 388–389
   oraciones compuestas 64–65
   referencias directas 388–389
Comillas 406–414
   títulos 418–419
Comparación y contraste
   escribir para comparar 254–260
   escribir y hablar 261
   párrafo que compara 258–260
Comparar escritura y discursos 261
Compartir 50, 82, 118, 152, 192, 224, 260, 292, 334, 368, 404, 438
Computadoras. *Ver* Tecnología.
Concordancia
   adjetivos 274–280
   pronombres 238–239, 262–263
   sujeto y verbo 180–181, 196–197, 204–212
Conexión con la escritura
   Arte, ... 135, 249, 263, 309, 325, 347, 391
   Ciencias 103, 267, 275, 385, 417
   Diario del escritor 39, 47, 57, 63, 93, 105, 115, 123, 125, 137, 171, 177, 189, 195, 235, 245, 257, 279, 313, 331, 337, 351, 379, 389, 401, 409, 419
   Escritura de la vida real ... 25, 67, 97, 107, 127, 131, 173, 181, 201, 207, 237, 251, 277, 315, 319, 343, 349, 383, 407, 421
   Estudios sociales ... 29, 167, 205, 211, 323, 341
   Música 35

Tecnología 31, 53, 59, 95, 183, 199, 241, 269, 411
Corregir 81, 151, 223, 291, 367, 437
Correo electrónico 199, 506
Crítica de un libro, modelo 489
Crítico, ensayo 282–292
Cuadros
   cómo entender 101
   cómo usar 514–515
S–Q–A 516
Cuento 426–438
   partes 432–433
   representar 83

Dar un informe oral 225
Dar instrucciones orales, cómo 119
Datos y opiniones 203
Demostrativos, pronombres 248–252
Descripción 44–45
Destrezas de estudio. *Ver* Manual de Referencia del Alumno.
Detalles 114
Diálogos 410–411
Diccionario 175, 505
Dividir en sílabas 525
Dos puntos 392–393

E

Editar 50, 118, 192, 260, 334, 404
Elaboración 398–404
   cuento 435–436
   ensayo de instrucciones 149–150
   ensayo crítico 289–290
   informe de investigación 365–366
   narrativa personal 79–80
   párrafo persuasivo 221–222
*El béisbol: Cómo jugar como las
   estrellas* 112
Elegir las palabras 186–189
El más / La más 312–316
El poder de las palabras ... 24, 34, 44, 52,
    62, 75, 92, 102, 112, 120, 130, 145,
    166, 176, 186, 194, 204, 217, 234,
    244, 254, 262, 272, 285, 308, 318,
    328, 336, 346, 361, 378, 388, 406, 416, 431
Enciclopedia 507
Ensayo
   de instrucciones 140–152
   crítico 282–292
   en informe de investigación. 356–368
Entrevista 345
Enumeraciones, comas 388–389
Equipo de trabajo 439
Escribir sobre otras materias
   Arte y creatividad 88
   Ciencias 298, 444
   Estudios sociales 230, 374
   Salud 158
Escritura expresiva
   cuento 426–438, 501
   estudio de un personaje 398–404
   narrativa personal 72–82
   párrafo descriptivo 44–51
Escritura informativa
   ensayo con instrucciones 140–152
   ensayo crítico 282–292
   informe de investigación 356–368
   párrafo informativo 328–334
   párrafo que compara 254–260
Escritura persuasiva ... 186–192, 214–224
Escuchar y hablar. 43, 83, 119, 153, 203, 225,
    261, 281, 397, 439
Esquemas 327, 330, 520–521
Estar. Ver Verbos
Estudios sociales.
   Ver Escribir sobre otras
   materias.
Estudio de un personaje 398–404
Exclamaciones 26–32

F

Femenino. *Ver* Género.
Futuro, verbos en tiempo 194–202

G

Género
   adjetivos 274–275
   pronombres 238–239, 244–252
   sustantivos 120–128
Gibbons, Gail 357
Glosario 243, 504, 548–559
Gráficas 512
Gran 310–311
Guión largo. *Ver* Raya en diálogos.

Haces de luz: Los faros 357–361
Hechos y opiniones 203
Heymsfeld, Carla 215
Hojas peculiares 283–285
Homófonos 355
Homógrafos 355

Ilustraciones, interpretar 425
Información
  organizar 328–331
  párrafos 332–334
Infinitivo 170–171
Informe de investigación 356–368,
                                  484–485, 500
  partes 362–363
Instrucciones
  escritas 116–118
  orales 119, 397
Internet. *Ver* Tecnología.

J

Jin, Sarunna 72

La vida de un tronco 254
Lectura, estrategias 71
Lenguaje figurado 399–400
Diccionario de sinónimos
  del escritor 532–547
  cómo usar 213, 530–531
Libros de lectura 89, 159, 231,
                                   299, 375, 445

M

Mal 310–311
Mandatos 26–32
Manual de Referencia
  del Alumno 479–561
Mapas
  cómo leer 111
  cómo usar 511
Marcas editoriales 50, 81, 118, 151,
                                192, 223, 260, 291,
                                334, 367, 404, 437
Más 340–344
Masculino. *Ver* Género.
Más que 312–313
Mayúsculas
  y comillas 408–409
  en la primera palabra
    de la oración 24–25, 28
  en los sustantivos propios 94–95

565

en los títulos 420–421
en los títulos de las personas . 96–97
Mediopollito 426–431
Mejor 312–316
Menos 340–344
Mi primera amiga americana 72–75
Modelos de caligrafía 528–529
Modelos de escritura. *Ver* Manual de Referencia del Alumno.

Narrativa personal 72–82
partes 76–77
representar 83
Negativo. *Ver* Palabras negativas.
Nombres. *Ver* Sustantivos.
Nota de agradecimiento 492
Notas, cómo tomar 327, 335, 516–517
Número
de adjetivos 276–277
de pronombres 236–242
de sustantivos 102–110

Observar
comparar imágenes 387
interpretar una ilustración 425
leer gráficas y tablas 512–514

observar obras de arte 405
ser un buen observador 33
Opiniones 203
Oraciones
afirmaciones 24–32
combinación 38–42, 56–60, 66–70
compuestas 64–65, 68–69
concordancia 180–181
eficaces 254–257
exclamaciones 26–32
mandatos 26–32
orden de las palabras 24–25
partes 34
preguntas 26–32
principales 113–114
puntuación 28–29
simples 64–65, 68–69
sujeto y sustantivo 34–42, 455
predicado y verbo 52–60, 456
tipos 26–27
variedad 255–256, 287
Oradores invitados 281
Organización
cuento 435–436
ensayo con instrucciones 149–150
ensayo crítico 289–290
informe de investigación 365–366
narrativa personal 79–80
párrafo persuasivo 221–222
Organizar información 328–331
Ortografía
acentuación 525–527
b y *v* 346–347
c, s y *z* 350–351
estrategias 524
g y *j* 348–349
ll y *y* 346–347

566

Palabras
- clave 253, 502
- de secuencia 113, 115
- guía 175
- indefinidas 264–265, 380–381
- negativas 378–385
- precisas 399, 401
- vívidas 45–46, 51

Párrafo
- descriptivo 48–50
- informativo 332–334
- persuasivo 214–224
- que compara 258–260

Partes de un libro 243
- cómo usar 504

Pasado, verbos en tiempo 194–202, 204–207, 210–212

Pautas de calificación. *Ver* Manual de Referencia del Alumno.

Pensar y escribir . . . 47, 115, 189, 257, 331, 401

Peor 312–316

Periódicos, cómo usar 508

Peterson, Cris 328

Pfeffer, Wendy 254

Pinkney, Gloria Jean 398

Poemas, con y sin rima 494–495

Predicados
- compuestos 56–60
- simples 52–53, 58–60
- verbos 54–55, 58–60

Prefijos 185

Preguntas 26–32

Presentación
- multimedia 369
- oral 153, 225

Problemas ortográficos
- *b* y *v* 346–347
- *c, s* y *z* 350–351
- *g* y *j* 348–349
- homófonos y homógrafos 355
- *ll* y *y* 346–347

Procesador de textos 129

Pronombres
- complementarios 246–252
- concordancia 238–242
- demostrativos 248–252
- indefinidos 264–265
- interrogativos 266–270
- masculinos y femeninos 238–239, 244–252
- personales 244–245
- posesivos 262–263
- singulares y plurales 236–237, 240–242

Propósito 329

Propósito y audiencia
- cuento 434
- ensayo crítico 288
- ensayo de instrucciones 148
- informe de investigación 364
- narrativa personal 78
- párrafo persuasivo 220

Publicar 82, 152, 224, 292, 368, 438

Punto de vista 47

Puntos 24–32
- al final de las oraciones 24–25, 28–32
- en abreviaciones 96–100
- con comillas 408–411

Pruebas 415, 522–523

R

Ramona y su madre 186–187
Raya en diálogos 410–414
Repasar un texto 502–503
Representar un cuento 83
Resumir 518–519
Revisar
 cuento 436
 ensayo con instrucciones 150
 ensayo crítico 290
 informe de investigación 366
 narrativa personal 80
 párrafo persuasivo 222
Revistas, cómo usar 508
Rima 494–495

S

Salud. *Ver* Escribir sobre otras materias.
Secuencia, palabras de 113, 115
Seguir instrucciones, cómo 153
Selección de vocabulario 186–189
Ser. Ver Verbos.
Signos de exclamación.
 Ver Signos de puntuación.
Signos de interrogación.
 Ver Signos de puntuación.
Signos de puntuación 28–29
 comas 38–42, 56–60, 64–70, 388–396, 408–414, 475
 comillas 406–414, 418–419
 dos puntos 392–396
 en el diálogo 410–414
 en las oraciones 28–29
 puntos 24–25, 28–31, 96–97, 408–414
 raya en los diálogos 410–414
 signos de exclamación 28–32, 408–409
 signos de interrogación 28–32, 408–409
 subrayado 416–417
Sílabas 525
Sinónimos 213, 317
Sitios web, explorar 253
Sobres 493
S–Q–A, tabla 516
Subrayar títulos de obras
 escritas 416–417
Sufijos 185
Sujeto 34–42
 compuesto 38–39
 concordancia con verbo 180–181
 en oraciones 62–63
 simple 34–37
 sustantivo 34–37
Sustantivo
 común 94–95
 específico 187, 189, 193, 219
 general 193
 género 120–128
 propio 94–95
 singular y plural 102–110
 y adjetivo 272–273

568

Tablas 513
Tecnología
   explorar sitios web 253
   hacer entrevistas para aprender
   más de tu comunidad 345
   hacer una presentación
   multimedia 369
   hacer un video 293
   usar Internet 506
Teirstein, Mark Alan 112
Tema, cómo identificar 113–114
Títulos 416–424, 477
   abreviaciones 96–100
   comillas 418–419
   mayúsculas 94–95, 420–421
   subrayado 416–417
Tomar notas 327, 335, 516–517
Trabajar en equipo 439

Verbos
   auxiliares 166–174
   concordancia con el sujeto . . . 180–181,
                              196–197, 204–212
   de acción 132–133, 136–138
   en los predicados 34–35, 54–55
   infinitivo 170–171
   irregulares 204–212
   predicado 54–55
   principales 166–174
   ser y *estar* . . . 134–137, 204–205, 208–212
   tiempo futuro 194–202, 204–212
   tiempo pasado 194–202, 204–212
   tiempo presente 176–184
   vívidos 187–188, 219
Video, cómo hacer 293
Vocabulario. *Ver también*
   El poder de las palabras.
   clasificar palabras 139
   claves de contexto 271
   diccionario 175, 505
   palabras de muchos lugares 61
   palabras vívidas 51
   prefijos y sufijos 185
   sinónimos y antónimos 317
   sustantivos generales y
      específicos 193
Voz personal 44–50, 77

Acknowledgments

For permission to translate/reprint copyrighted material, grateful acknowledgment is made to the following sources:

Boyds Mills Press: From *Horsepower: The Wonder of Draft Horses* by Cris Peterson. Text copyright © 1997 by Cris Peterson.

Delacorte Press, a division of Random House, Inc.: From *Half-Chicken* by Alma Flor Ada, translated by Rosalma Zubizarreta, illustrated by Kim Howard. Text copyright © 1995 by Alma Flor Ada; illustrations copyright © 1995 by Kim Howard.

Dial Books for Young Readers, a division of Penguin Putnam Inc.: From *Back Home* by Gloria Jean Pinkney. Text copyright © 1992 by Gloria Jean Pinkney.

HarperCollins Publishers: From *Ramona and Her Mother* by Beverly Cleary. Text copyright © 1979 by Beverly Cleary. From *Beacons of Light: Lighthouses* by Gail Gibbons. Copyright © 1990 by Gail Gibbons.

Holiday House, Inc.: From *Dancing with the Indians* by Angela Shelf Medearis. Text copyright © 1991 by Angela Shelf Medearis.

McIntosh and Otis, Inc.: From *A Log's Life* by Wendy Pfeffer. Text copyright © 1997 by Wendy Pfeffer. Published by Simon & Schuster Books for Young Readers.

National Wildlife Federation: "Weird Leaves" by Deborah Churchman from *Ranger Rick* Magazine, October 1999. Text copyright 1999 by the National Wildlife Federation.

Rosenstone/Wender: From *How to Be a Friend: A Guide to Making Friends and Keeping Them* by Laurene Krasny Brown and Marc Brown. Copyright © 1998 by Laurene Krasny Brown and Marc Brown. Published by Little, Brown and Company (Inc.).

Simon & Schuster Books for Young Readers, an imprint of Simon & Schuster Children's Publishing Division: From *Coaching Ms. Parker* by Carla Heymsfeld. Text copyright © 1992 by Carla Heymsfeld.

Steck-Vaughn Company: From *My First American Friend* by Sarunna Jin. Text copyright © 1992 by Steck-Vaughn Company; text copyright © 1991 by Raintree Publishers Limited Partnership. From *Baseball: How to Play the All-Star Way* by Mark Alan Teirstein. Text © copyright 1994 by Steck-Vaughn Company.

Photo Credits

Page Placement Key: (t)-top (c)-center (b)-bottom (l)-left (r)-right (fg)-foreground (bg)-background.

Photos by Richard Hutchings/Harcourt: Page 59, 64, 81, 131, 169, 180, 201, 222, 223, 225, 289, 367, 368, 415.

Stock Photos:
Abbreviations for frequently used stock photo agencies:
PR - Photo Researchers, NY; SM - The Stock Market NY; TSI - Tony Stone Images.

Unit One:
22-23 Bernard Boutrit/Woodfin Camp & Associates; 24 Daudier/Jerrican/PR; 25 Index Stock Photography; 28 The Granger Collection; 33 Harcourt; 34 (bl) Harcourt; 35 (br) Prof. J. H. Nkatia, University of California, Los Angeles, Ethnomusicology Dept.; 39 Joe Sohm/SM; 52 Walter Hodges/TSI; 53 Mark Joseph/TSI; 55 Phil Jude/Science Photo Library/PR; 62 (bl) Joseph Nettis/TSI; 63 (r) The Granger Collection, New York; 69 (tr) The Granger Collection, New York;
Unit Review: Ch. 1 Cathlyn Melloan/TSI; Ch. 2 UCLA Ethnomusicology Program; Ch. 4 Jay S. Simon/TSI; Ch. 5 The Granger Collection.
Unit Two:
90-91 Susan Leavines/PR; 92 Lori Adamski Peek/TSI; 93 Rob Downey/Harcourt; 95 Carl Scofield/Index Stock Photography; 102 (bl) Tom Martin/The Stock Market; 103 (r) Bo Zaunders/The Stock Market; 105 (r) Index Stock Photography; 109 (br) Harcourt; 120 Chip Henderson/TSI; 121 Bachmann/Photo Researchers; 123 Harcourt; 125 Pete Saloutos/SM; 130 (bl) NIBSC/Science Photo Library/PR;
Unit Review: Ch. 7 Robert E. Daemmrich/TSI; Ch. 8 Laurence Monneret/TSI; Ch. 10 Weronica Ankeron/Harcourt.
Unit Three:
164-165 Chris McLaughlin/The Stock Market; 166 Cameramann International; 167 Index Stock Photography; 171 Kevin Horan/Stock, Boston; 388 Roberto De Gugliemo/Science Photo Library/PR; 389 David N. Davis/PR; 391 James Martin/; 393 John M. Roberts/SM; 395 Vanessa Vick/PR;176 (bl) Index Stock Imagery; 177 (br) Bob Daemmrich/Stock, Boston; 179 (br) Ed Young/Science Photo Library/PR; 181 (br) Dana White/PhotoEdit; 194 (bl) Ed Pritchard/TSI; 195 (tr) D. B. Owen/Black Star; 195 (br) Karl Schumacher/The White House; 197 (br) AFP/Corbis; 199 (br) Ross Ressmeyer/Corbis; 204 (bl) Randy Wells/TSI; 205 (r) Index Stock Photography; 207 (r) J. Faircloth/Transparencies, Inc.; 209 (r) Randy Wells/TSI; Ch. 18 (boy running) Howard Kingsnorth/TSI; (soccer) David Stocklein/SM.

Unit Four:
232-233 Lois Moulton/TSI; 234 (bl) David Parker/Science Photo Library/PR; 235 (r) NASA; 237 (r) NASA; 239 (r) Jerry Schad/PR; 245 (r) H.A. Miller/PR; 246 (l) Bob Daemmrich/Stock, Boston; 247 (l) Harcourt; 247 (r) Hans Strand/TSI; 249 (r) Steve Terrill/SM; 251 (r) John Callahan/TSI; 262s Art Wolfe/TSI; 264 Francois Gohier/Photo Researchers; 265 Renee Lynn/Photo Researchers; 267 F. Gohier/PR; Chapter 24 (by topic). poinsettia Robert & Linda Mitchell; kalanchoe spotted succulent leaves, starfish plant, swiss cheese plant and string of beads plant J.H. (Pete) Carmichael/Nature Photographics; silversword Uniphoto; lumpy echeveria Derek Fell; Mexican firecracker Lori Franzen; fir trees Charles Krebs/TSI;
Unit Review: Ch. 19 Kevin Kelley/TSI.
Unit Five:
306-307 Benelux Press/Index Stock Photography; 308 Larry Lefever from Grant Heilman Photography; 309 Adam Jones/PR; 311 B. Seitz/PR; 313 Renee Lynn/PR; 319 (r) James Strachan/TSI; 321 (r) David Madison/TSI; 325 (br) Grantpix/PR; 336 (bl) Bob Daemmrich Photography; 337 (r) David L. Brown/The Picture Cube; 339 (r) Myron Taplin/TSI; 340 (l) David Stoecklein/The Stock Market; 343 (br) Robert E. Daemmrich/TSI; 346 (bl) Rich Franco/Harcourt; 347 (r) Harcourt; 349 (r) Zane Williams/TSI; 351 (r) Richard Pasley/Stock, Boston;
Unit Review: Ch. 25 Larry Lefever/Grant Heilman Photography; Ch. 26 Weronica Ankeron/Harcourt; Ch. 29 Murray & Associates/Picturesque Stock Photo.
Unit Six:
376-377 Kevin Kelley/TSI; 378 (bl) Michal Heron/Woodfin Camp and Associates; 379 (r) National Park Service, Edison National Historic Site; 381 (r) Wright State University Special Collections & Archives (Dayton, OH); 382 (bl) Harcourt; 383 (r) Bonnie Sue/PR; 389 David N. Davis/PR; 391 James Martin/; 393 John M. Roberts/SM; 395 Vanessa Vick/PR; 405 National Gallery of Art, Washington, Gift of Mr. and Mrs. Benjamin E. Levy; 406 Richard R. Hansen/PR; 410 Paul Souders/TSI; 411 Index Stock Photography; 413 Stocktrek/SM; 416 (bl) Jim Corwin/TSI; 417 (r) World Perspectives/TSI; 419 (r) Wolfgang Kaehler; 421 (br) Tony Freeman/PhotoEdit; 423 (tr) L.L.T. Rhodes/TSI; 488 Chris Warbey/TSI; Harcourt;
Unit Review: Ch. 31 I. Burgum/P Boorman/TSI; Ch. 34 Michael Giannechini/PR; Ch. 35 NASA.
Unit Wrap-Ups:
Unit 1 I. Burgum/P. Boorman/TSI; Unit 2 Charles Krebs/SM; Unit 3 Harcourt; Unit 4 Sonny Senser/Harcourt; Unit 5 Tom Sobolik/Black Star/Harcourt; Unit 6 L. P. Winfrey/Woodfin Camp and Associates.
Study Skills:
486 Lee Snider/The Image Works; 488 (parakeet) Chris Warbey/TSI; 502-503 James Randklev/TSI.
Thesaurus:
530 Tom Benoit/TSI; 531 Lillian Gee/Harcourt.

Art List

Harcourt, 23; Elizabeth Wolf, 27; Nathan Young Jarvis, 29; Claude Martinot, 31; Myron Grossman, 36; Harcourt, 37 (Left); Myron Grossman, 38; Elizabeth Wolf, 40; Nathan Young Jarvis, 41; Harcourt, 43; Jane Winsor, 54; Claude Martinot, 56; Nathan Young Jarvis, 65-66; Harcourt, 69 (bottom); Ilya Bereznickas, 71; Stacey Schuett, 72-75; Karen Pritchett, 77-78, 80; Harcourt, 85, 91; Andy Levine, 94; Ilya Bereznickas, 96; Andy Levine, 99; Harcourt, 101; Donna Turner, 103 (bottom), 104 (left), 104 (right), 106; Alexi Natchev, 107; Ken Batleman, 111; Claude Martinot, 122; Ilya Bereznickas, 124; George Ulrich, 127; Andy Levine, 129, 132; Myron Grossman, 133; Christine Mau, 134; Andy Levine, 137; Christine Mau, 139; Karen Pritchett, 153; Elizabeth Wolf, 157; Harcourt, 165; Elizabeth Wolf, 168; Andy Levine, 170; Myron Grossman, 173; Tamara Petrosino, 178; Alexi Natchev, 183; Andy Levine, 193 (ALL); Claude Martinot, 196, 198; Elizabeth Wolf, 203; Tamara Petrosino, 206; Myron Grossman, 208, 211; Ilene Robinette, 214-217; Nathan Young Jarvis, 218; Tammara Petrosino, 226-227; Christine Mau, 228; Tamara Petrosino, 229; Harcourt, 230-231, 233; Myron Grossman, 236; Nathan Young Jarvis, 241(right); Harcourt, 241 (bottom); Christine Mau, 243; Tamara Petrosino, 244; Harcourt, 247 (Snowflake), 248; Andy Levine, 253; Claude Martinot, 263, 266, 268; Jane Wilson, 269; Andy Levine, 271; Donna Turner, 273 (bottom); Karen Pritchett, 276; Donna Turner, 277; Harcourt, 281, 307; Myron Grossman, 310; Karen Pritchett, 312; Patricia Fila, 315; Myron Grossman, 317 (Top), 317 (Bottom); Nathan Young Jarvis, 319; Elizabeth Wolf, 320, 322-323; Ezra Tucker, 338; Alexi Natchev, 341; Myron Grossman, 342; Nathan Young Jarvis, 345; Ilya Bereznickas, 348; Harcourt, 350; Andy Levine, 353; Tamara Petrosino, 355 (All); Harcourt, 372, 377; Karen Pritchett, 369; Myron Grossman, 385; Tamara Petrosino, 387; Elizabeth Wolf, 392; Christine Mau, 397; Myron Grossman, 407; Nathan Jarvis, 408-409; Christine Mau, 418; Andy Levine, 420; Alexi Natchev, 425; Karen Pritchett, 439; L. P. Winfrey/Woodfin Camp And Associates, 444-445; Janet Wilson, 445 (top book); Ron Garnett, 445 (middle book); John and Alexander Wallner, 445 (bottom book); L. P. Winfrey/Woodfin Camp And Associates, 445; Janet Wilson, 445 (top book); Ron Garnett, 445 (middle book)

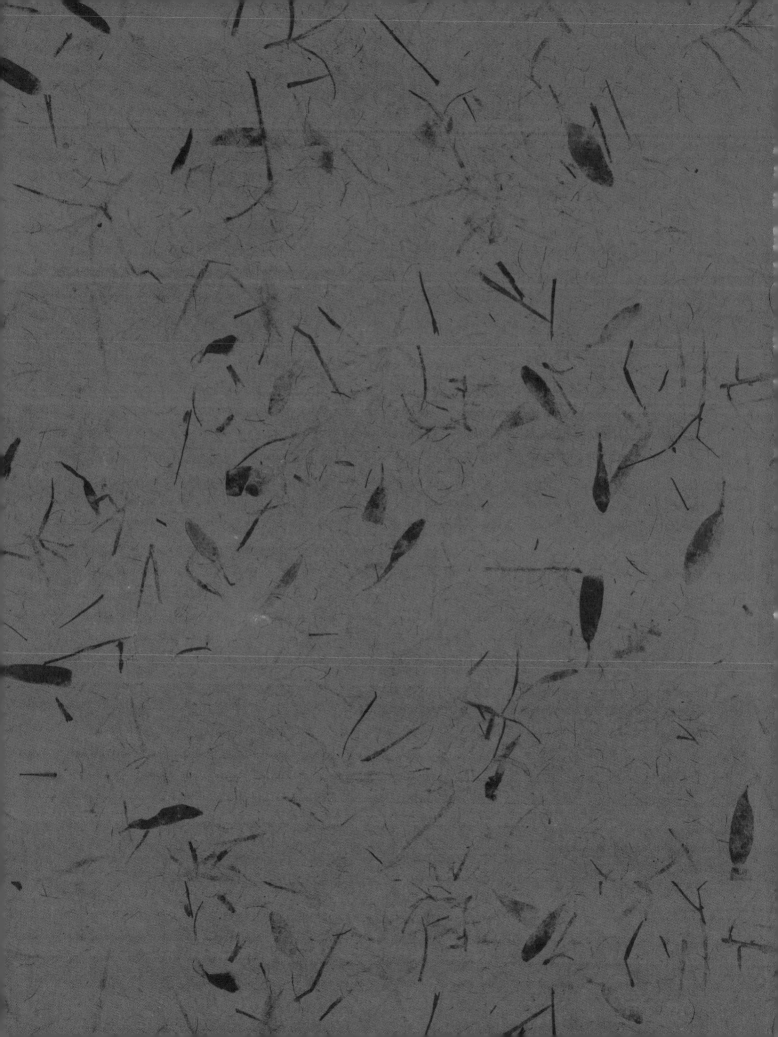